国語教育個体史研究の考察

小西　寿津実

渓水社

第一部　国語教育個体史研究の理論と主張

第二部　国語教育個体史的方法（研究）の生成と深化

第一部では、「第一章　国語教育個体史研究とは何か」において、「個体史研究」の提唱・創成者、野地潤家博士による「個体史研究」の定義と研究領域の種類を整理し、研究の意義と方法を明らかにした。折しも出版された『野地潤家著作集』の①②③④巻が主な研究対象となった。果敢に取り組んだが、具体的な教育営為「松山城北高等女学校」の記録を全面的に基礎づけるには至らなかった。これは小西寿津実さんのみならず、私自身の課題でもある。

「第二章　個体史研究の先行実践としての自分史」では、「自分史」運動の本質的な意義を押さえるとともに、教育研究の拠点としての「個体史研究」との違いを明らかにした。「自分史」は広く一般に流布している言葉であるだけに、両者の区別を明確にしておくことは重要である。小西寿津実さんは、ここで「自分史」そのものの魅力も曇りない眼で捉えている。

第二部「国語教育個体史的方法（研究）の生成と深化」では、まず第一章において、野地潤家博士の「個体史」着想の源を探って、芦田恵之助の「随意選題思想」をとりあげた。ここには汲めども尽きぬ泉がある。

第二章では、「学習個体史」の記述の現場「学習記録」の実際を大村はま先生の実践によってあとづけた。芦田恵之助主宰『同志同行』に発表された、大村はま先生の最も早い時期の実践研究「国語筆記帳について」は、「作文研究」の土台から生い立った「書くこと」そのものの値打ちに足場をおく「学習記録」指導への出発を告げるものである。小西寿津実さんは、自らの生きることを支えてきた「書くこと」の足場をここに見出して、深い満足を得られたに違いない。

第三章は、野地潤家先生が大阪教育大学附属天王寺小学校（五年生）を指導された特別授業「作品を読む―コスモスの詩」を取り上げた。ビデオテープから克明に文字起こしがなされ、その日体育館を包んだ充実した一時間がさながら味わえる記録になっている。ここからさらに、芦田恵之助の授業を記録した青山廣志氏の境地にまで、小

まえがき

「国語教育個体史研究」に正面からいどむには、勇気がいる。少しでもその中に分け入った者なら誰でも、その必要性を痛いほど自覚するのであるが、一方で畏れのために二の足を踏むのがつねである。小西寿津実さんは、その勇気と純粋さをそなえた、まれな実践研究者である。

小西寿津実さんは、平成十二年に鳴門教育大学大学院教科教育学領域・国語教育学専攻に入学し、二年間全力をあげてこの研究に取り組まれた。入学前から、鳴門教育大学学長であられた野地潤家先生に研究・お人柄とも心からの憧憬を抱き、直接学びたいと大学院入学を志した。在学中は、野地潤家先生はすでにご退職になっていたが、幸いにも、研究会その他で直接お目にかかり、研究の具体的な内容にまで踏み込んで、野地先生から温かく時には厳しい励ましのお言葉をいただくことができた。私どもの心からの喜びである。

大学院在学後半にあたる二年目、ゼミ研究の場で私はしばしば、赤い目をした小西さんに会った。それはたいてい、眠ることを忘れて書き続け、あるいは暗い未明に起き出して机に向かった結果であった。話は次々に発展し、心からこの研究を楽しんでいることがうかがわれた。この熱意に、私は、しばしば驚きを禁じ得なかった。

個体史研究は、まさに教育研究の中核にすわる修養の拠点である。しかし、一歩誤ると、自分一個の個別体験のなかで自己満足にとどまることになりやすい。これは少しこの研究に取り組んでみればたちまち気づかされることである。小西寿津実さんは、このことを克服するため、野地潤家博士の「個体史研究」の「理論編」を真剣に学び続けた。その成果としての本書は、巨大な「個体史」の世界を把握しえたというところまでは至り得ていないかもしれないが、確実に「一歩」を踏み出したものである。

本書『国語教育個体史研究の考察』は、次の二部構成、全七章からなる。

西さんが到達されることを祈る。

小西寿津実さんは、「個体史研究」という得がたい研究対象を得た時、思いに任せてわき出るように文章を書きつづけた。あとからあとから湧いてくるせいだろう、私が文章を披見するときは、いつも「途中」であった。個人的なことに属するが、私と小西さんとのかつての学びのなかで最も心残りなことの一つは、文章を厳しくそぎ落とすこと、できるだけ短く書くこと、の共同勉強が不足していたことである。昨年十二月、突然「修士論文を本にします。」と報告を受けたときは、正直に言って内心うろたえた。だが、「初稿」を手にし読み通してみて驚いた。すっきりと無駄なく書かれている。どれだけ時間をかけて推敲されたのか、計り知れないものがあった。

二人の「勉強」のなかで二つめの心残りは、「読みながら問いを立て、問いを立てながら書くこと」の技能を仕上げられなかったことである。私自身は懸命に取り組んだことだったが、指導教官として成功したとは言えない。「問いを立てる」より先に、常に、小西さんの「思い」に巻き込まれたからである。順序として、問いを立てることを後回しにするべきだったのだろうか。これは、野地潤家先生のご助言を仰ぎたいところである。

本書によって、野地潤家先生の提唱された「個体史」研究の実効性が、またひとつ、証明された。小西寿津実さんは、この方法を拠りどころにして、これからの生き方を切り開いていかれるにちがいない。私も、同じ方向をめざしている一人の同行者として、共に歩んでいきたい。

平成十七年六月一日

鳴門教育大学教授　村井万里子

目次

第二部　国語教育個体史的方法（研究）の生成と深化

国語教育個体史研究の考察

序章　研究の目的と方法

第一節　研究の目的

本研究は、「国語教育個体史研究」について、野地潤家博士の理論および実践を考察し、芦田恵之助氏、大村はま氏の実践とあわせて、「国語教育個体史」の考え方の生成・発展・展開をとらえ、その意義をあきらかにすることを目的としている。野地博士の『国語教育個体史』『国語教育実習個体史』や、松山城北高等女学校での、国語教育実践史を考察し、「国語教育個体史」学の成立について考える。野地博士の「国語教育個体史研究」には、わたくしが求めていた真の教師になるには、という答えがあると推測される。国語教育実践の基本問題をとらえ、国語教育個体史による問題の解決をはかるために、わたくし自身が国語教育個体史研究を身につけるためにも、国語教育個体史をあきらかにしたい。中学校で作文の指導をすることに国語教育個体史を書くことを役立てたい。

国語教育実践営為の向上をはかるために、国語教育個体史研究が役立つことを証明したい。「読み、書き、話し、聞く」ことの指導の向上のために、国語教育実践・研究の確かな拠点として、国語教育個体史研究をあきらかにしたい。

第二節　研究の方法

本論文は、次の二部で構成する。

第一部　国語教育個体史研究の理論と主張

第二部　国語教育個体史的方法（研究）の生成と深化

第一部では、国語教育個体史研究の理論について考察する。第一章では、国語教育個体史研究とは何か、について考察する。第一節では、国語教育個体史の定義について考える。国語教育実践史・国語教育生活史・国語教育者成長史・国語学習個体史それぞれについて考察を試みる。第二節では、国語教育個体史記述の意義について考える。第三節では、国語教育個体史の記述方法について、国語教育実践史・国語教育生活史・国語教育者成長史それぞれについて考える。また、ことば自覚の問題として、野地博士の国語教育者成長史の具体例をとりあげる。第四節では、国語教育個体史研究の意義について、国語教育の時間的構造の問題、国語教育実践の基本問題、国語教育個体史記述の困難と問題点、国語教育個体史の研究方法、国語教育個体史論の先行研究について考察する。第二章では、個体史の先行実践としての自分史について、色川大吉氏と足立倫行氏の自分史をとりあげて、個体史との相違点・共通点を考察する。

第二部では、国語教育個体史的方法（研究）の生成と深化として、第一章では、野地潤家博士の「国語教育個体史」の思想の萌芽が、芦田恵之助氏の随意選題にあったのではないか、という仮説のもとに、芦田恵之助氏の随意選題と個体史との関わりについて考える。第二章では、個体史的方法の展開・発展として、大村はま氏の言語生活指導と学習記録について考察する。芦田国語教育の展開として、大村はま氏の学習記録での指導方法をあきらかにする。第三章では、芦田恵之助氏の随意選題による個体史的思想をうけついだと思われる、野地潤家博士の「作品を読む」の特別授業をとりあげて考察する。『国語教育実習個体史』、『国語教育個体史研究実践編』について考察する。

第一部　国語教育個体史研究の理論と主張

第一章　国語教育個体史研究とは何か

第一節　国語教育個体史の定義

1　国語教育個体史とは何か

国語教育個体史とは何か。それは国語教育実践主体としての個体の歴史のことである。国語教育実践主体（授業者）の過去・現在・未来の国語教育実践、生活のすべてを含む全体的統合的な把握（記述）を国語教育個体史と呼ぶ。国語教育個体史の記述方法には、①過去を振り返っての記述、②現在の歩みの即時的記述、③未来に向けての計画の記述、の三つの視点がある。このうち、一番重要なのが現在の記述である。国語教育個体史の記述は現在をありのままにとらえることが要求される。現在の国語教育実践を中心とした生活を記述し、考察・研究をすることが国語教育個体史を研究するということになる。国語教育個体史とは、国語教育実践主体が自らの国語教育実践を向上させることを目的として、自らの授業の歩みを記したもののことである。実践や生活を記すことによって国語教育実践主体が生きてきた証を残すことができる。国語教育個体史を記述することによって自己の歴史を形あるものとしてつかむことができる。国語教育個体史を記述することにより、国語教育通史のなかに自らの歴史を定位することができる。また、そうすることによって国語教育の歴史を把握することができ、自らの国語教育実践に生かすことができる。

野地潤家博士は、『野地潤家著作選集①国語教育個体史研究原理編』のなかで、次のように定義していられる。

実践主体による国語教育実践の営為に関する記録の全体的統合的集積を、国語教育個体史と呼ぶ。（『野地潤家著作選集①国語教育個体史研究原理編』p19）

この「全体的」というのは、営為のすべて生活も含むということである。生活を含むのは、国語が生活の言語である以上、国語教育実践の土台となるのは言語感覚であり、普段の生活で使用している言語が国語であるからである。国語教育実践主体は、言語生活自覚者として、国語を見直しながら生きていく。これは、国語教育実践主体が言語生活者としての言語自覚を持ち、生活のすべてを国語教育実践者として生きる、生活のすべてが国語教育に関係しているという考えによる。生活を含むのは、国語教育実践主体は、二十四時間言語自覚のもと、言語感覚を磨くことに徹して、言語生活者の規範として生きていくべきである、という考えによる。また、次のようにも定義していられる。

国語教育の実践主体が、自己の国語教育者への成長過程、さらには国語教育者（実践主体）としての実践営為の展開、国語教育者としての生活を、主体的に組織的有機的に記述したものを国語教育個体史と呼ぶ。（同上書 p20）

国語教育個体史には、実践主体の個体史記述者としての成長過程が内省のうえに書かれているのがのぞましい。

また、実践営為の展開が、国語教育者としての生活と有機的な連関を持ちながら書かれているのがのぞましい。

国語教育個体史には、国語教育実践史、国語教育生活史、国語教育者成長史がある。「自己の国語教育者への成長過程」を記述したものが、国語教育者成長史であり、「国語教育者（実践主体）としての実践営為の展開」を記述したものが、国語教育実践史であり、「国語教育者としての生活」を記述したものが、国語教育生活史である。次のように書いていられる。

国語教育個体史を記述する部門としては、

1　国語教育者成長史
2　国語教育実践史
3　国語教育生活史

などが考えられる。（同上書 p24）

その他、学習者の立場から実践主体の国語学習体験を記述したものは、国語学習個体史と呼ばれる。著書としては、『昭和前期中学校国語学習個体史——旧制大洲中学校（愛媛県）に学びて——』（野地潤家博士著　渓水社刊　平成十四年七月一日発行）があげられる。国語教育個体史の中で中核となるのは、国語教育実践史である。国語教育実践史を中心に組織的・有機的な関連をもって記述されるのが好ましい。国語教育個体史の記述は、国語教育実践だけでなく、生活や全人格を含むものとなる。有機的な関連については、次のように書いていられる。

実践史によって、実践主体の全生活を把握記述することはむずかしい。実践営為をつつむ日々の国語教育者生活は、生活史の観点から、実践主体によってみずから把握記述されなくてはならない。
実践主体の国語教育実践をつつむ生活行動がどのようなものであるかを把握することは、実践史に記述された実践営為の分析のためにも必要である。国語教育個体史の主軸は、国語教育実践史である。国語教育生活史は、実践営為を包容して、個体史の中心部位の一つをしめる。(同上書 p52)

また、次のようにも書いていられる。

国語教育実践史は、現場の実践の現象性が複雑な様相に立っているため、これを視点別にあるいは分析本位に把握しなければならない。したがって、その点では日々の実践を綜合的に有機的に主体に即してまとめることはむずかしくなる。それを救うて、国語教育事実が国語教育者(実践主体)の生活事実として、どのように生活化されているかを、できるだけ具体的に記述して示すものが国語教育生活史である。(同上書 p26)

国語教育実践が国語教室のなかだけで成り立っているのではないことを、この有機的という言葉は表している。国語教育実践主体の言語生活をとらえ、向上させることができなければ、国語教育実践の向上は期待されないのである。言語主体として、自己の用いる言語を少しでもよくしていこうとする自覚がなければ、言語生活は向上しないのである。

国語教育個体史が、自伝と違うところは、ありのままの現在を書いていくというところである。国語教育実践が成功していないのに、理想化して成功したように書くのでは、現実を歪めてしまう。それでは国語教育実践の記述としてふさわしくない。自伝では、美化されて書くこともあり得る。しかし、国語教育個体史としては、美化して書くことは、国語教育実践そのものを向上させようとする目的の達成の妨げとなる。国語教育個体史を書く姿勢をはっきりさせなくてはならない。『野地潤家著作選集①国語教育個体史研究原理編』には次のように書いていられる。

個体史作業は、その苦行・苦悩の探索過程をそのままとらえ、ありのままに示さなくてはならない。（同上書p38）

充分な教材研究をして授業に臨んでも、生徒が替わると以前うまくいった教材でも同じようにうまくいくとは限らない。その時その時のクラスによって、ずいぶんと授業展開に差異が出てくるものである。できるならうまくいった授業だけを記録したいのが人情ではないだろうか。しかし、うまくいかなかった授業のなかにこそ、自分でも気づかない、指導上の失敗や悪い癖が潜んでいるのではないだろうか。そう考えると貧しい授業も含めて毎日毎時間の授業を実践史として記述し、分析考察を加えていくことには大きな意味がある。

実践主体の営為がどのように未熟で貧しいものであろうと各実践主体は自己の個体史の把握記述に忠実であり、またその作業を通じて、実践主体の営為の全体を拡充させ向上させていかなくてはならない。（同上書p19）

毎日の授業実践を見つめていくことによって、その実践営為が貧しいものであっても、少しずつよりよい授業実践がおこなえるようになるのではないだろうか。さらに念をおすように次のように書いていられる。

実践史記述にあたっては、この現場の現実そのままを記述していくことがだいじである。（同上書p45）

実践主体にとっては、現実そのまま、ありのままを記述して見つめることが何よりも大切なのである。厳しい実践であればあるほど、書き残す意味があるのだ。何よりも正直に現実を隠すことなく書くことがのぞまれている。では、どのような力をもって、現実を見つめ、ありのままを書いていけばよいのであろうか。その根本の力として国語教育への愛情、国語教育にかける熱情が考えられる。この愛情が乏しいと国語教育個体史を書き続けることは困難である。

実践主体にたたえられた国語教育への深い愛情が、この未熟不備の国語教育の実践の現実をかけがえのない実践営為としていとしみをもって実践史の上に刻みこんでいくようにしたい。ありのままの現実を反映し記録する実践史に立ってこそ、各実践主体は自己の着実な実質的前進をはかることができるのである。（同上書p45）

ありのままを見つめることは難しい。失敗した実践記録を残すとなると、とりかえのきかない失敗を突きつけられるような厳しいものがある。しかし、厳しい現実を見つめなければ国語教育実践の向上はのぞめないのである。国語教育に対する愛情なしには、国語教育実践の厳しい現実に立ち向かう力は生まれない。国語教育にかける熱情なしには、自らの国語教育実践を客観的な冷静な眼で見つめ、考察・研究し、現実を受け止めつつ、より良い実践へと前進することは困難である。

根本は、自己の営む国語教育を充実させるために、まずみずからが自己の国語教育営為に深い愛情を注がな

ければならないのである。（同上書 p27）

国語教育実践を進め、実践記録を書くことを重ねていっても、なかなか力がつかないように感じていたのは、研究授業などの指導案を練って教材研究を徹底的にして、うまくいくことを当然のこととしておこなった授業の記録ばかりだったからではないだろうか。日常のうまくいかなかった授業の記録は残していないし、見つめ直すこともしなかったからではないだろうか。自分自身の失敗を見ないようにして、思い出さないようにして、次から次へとおこなっていた授業実践を今ここで思い出すと怖ろしさを感じるとともに、その時の生徒たちに対して取り返しのつかない申し訳ないことをしたという思いがする。研究授業の研究会では、批判を避けて些細なことを誉めたり苦労を労ったりお互いに美化していたように思う。しかし、誉め合うだけでは真の国語教育の上達はない。美化することにより国語教育実践の現実に少しでも歪みを生ずると実質的な前進はない。まず自らの手で、真摯な姿勢で、ありのままの国語教育個体史を書くことから国語教育個体史研究を始めなくてはならない。

国語教育の展開はまず実践主体による国語教育個体史として把握され、記述される。この個体史的作業が国語教育の基本作業として定位されて、はじめて実践営為の展開過程・創造過程は統一的に定着せしめられ、表現される。個体史的表現定着をえて、実践営為は国語教育の事実としてその全一相を示すことになる。（同上書 p19）

日々、国語教育に携わっていても、実際の自分の実践営為を客観的に全体像として見ることができていたであろうか。印象に残る場面だけを覚えていたり、生徒の光ることばや表情だけを喜びとして見つめて満足していただけではなかっただろうか。それでほんとうに実践営為の事実をつかんでいたといえるだろうか。生徒たちにほんとうに力をつけることができていたのであろうか。じっくりと自分自身の授業の実践記録を見つめていたであろうか。そのことを思うとき、改めて国語教育個体史記述の必要性を感じる。国語教育個体史なしには、実際の実践営為を客観的に全体像として見ることはできない。

国語教育個体史が見失われては、国語教育の着実な実質的前進は期待しがたいのである。(同上書 p21)

国語教育実践の向上をはかるためには、まず、国語教育実践主体は、国語教育個体史を書くことを研究の基本にすえることである。国語教育個体史を書くことで自らの国語教育実践の事実をつかまなければならない。国語教育実践の事実をつかまなければ、国語教育実践を向上させることはできない。国語教育実践を向上させるためには、国語教育個体史を書くことが不可欠である。国語教育個体史を記述することは誰にでもできる。また、国語教育実践主体の誰もがしなければならないことである。国語教育個体史の作業なくして国語教育の進歩をのぞむことはできない。それは、国語教育個体史なくして自己の実践営為の事実を正確に全体的につかむことはできないからである。自己の実践営為の全体をつかむことができなければ、分析や考察をすることもできない。自己の実践営為のほんとうを知らないで、実践営為を向上させることはできないのである。

国語教育の実践営為が形式化・惰性化をまぬかれて、真に個性的な展開をするためには、各実践主体は各自の個性に即して、各自の個体史作業を基本にすることを忘れてはならない。(同上書 p19)

個性を伸ばす教育が叫ばれているが、生徒の個性を伸ばすためには、まず、国語教育実践主体が自らの授業実践の工夫を凝らし、独自なものにする努力をしなければならない。自分の個性を伸ばすことができない者に、生徒の個性を伸ばす指導はできない。

個体史（実践史・生活史・成長史）作業については、記述の時間を発見することにつとめれば、資料にはじゅうぶんにめぐまれている。国語教育個体史の自覚に立って、まず個体史作業にかかることが緊要である。（同上書 p37）

国語科の教師は、国語教育個体史を記述する時間を何としても確保しなければならない。自己の授業実践の充実のために、生徒たちの学力向上と豊かな国語生活者を育てるために、国語教育実践主体は、個体史作業にかからなくてはならない。個体史作業とは、日々の実践を追求・把握・記述することである。
では、どのように国語教育個体史を書けばよいのであろうか。
基本となる個体史作業については次のように書いていられる。

自己の営む国語教育実践の現実態を正確に見つめ、その未熟さや困難や失敗にも実践意欲を失うことなく、着実に自己の実践主体としての成長をはかり、その実践営為を充実させるために、国語教育個体史は、実践主体各自によって追求・把握・記述されなくてはならない。（同上書 p27）

まず、国語教育実践主体は、具体的に日々の実践営為を誠実に記述することである。それによって効果的な指導の方法が見えてくる。具体的に記述することによって、自らの授業営為を把握し、冷静に見つめ直すことができる。個々の生徒に即した指導方法が見えてくる。国語教育個体史を記述することで、一人一人の生徒の個性が浮き上がるほどに見えてくる。個々の生徒の実態を記述することで、個々の生徒を個体史的につかみとることができる。

国語教育実践営為を、個体史的観点に立って、各実践主体がめいめいにとらえて具体的に記述してみるところから、国語教育実践の持続的有機的展開への見通しとその効果的な方法とが発見されてくる。(同上書 p20)

個体史は実践主体の営為の記録であるから、実践営為に寄り添って進展する。自分の力以上の個体史は書けないし、自分のありのままの個体史でなければ何の役にも立たないのである。まさに自分自身の赤裸々な記録となる。そして、それが今後の授業実践に役立つ資料となるのである。

自己のおかれた地域社会の中で、与えられた国語教育の環境に立って、その地域社会に適応し、その実践主体にふさわしく国語教育は実践され、そこにその実践主体の国語教育個体史は成立する。そして、実践営為の展開に呼応して、個体史も進展する。(同上書 p21)

個体史は、国語教育実践主体の成長史として見ることもできる。国語教育個体史を記述することによって、自らの歩いてきた道が、国語教育実践の記録として、また、個人の歴史として残される。

実践主体にとってたいせつなのは、なによりも自己の営んだ、また営む、また営みいくであろう国語教育事実である。この意味で、国語教育個体史は、単なる個別史ではなく、実践至上に立ち、事実至上に立つ個性的主体史でなくてはならない。（同上書 p20）

実践に役立つ国語教育研究を考えたとき、まず見つめなければならないのは、自分の実践の事実である。それを見ないで、実践が向上するはずがない。貧しい実践であればあるほど避けることなく、考察・研究の資料として自分自身で真剣に見つめる必要がある。国語教育実践主体にとって一番たいせつなのは自己の実践の事実である。国語教育個体史は誰のものでもない自分だけの自分のためのものである。個性に応じて国語教育個体史は成立する。個体史は自分にしか書けないかけがえのないものである。また、自分に対して一番厳しい批評ができるのも自分である。個体史は、人に見せなくても自分で分析し考察して内省しながら、新たな授業実践を起こしていく原動力となる。国語教育個体史を楽しみながら、一日の締めくくりとして書くようにしたい。毎日が、国語教育個体史を書かないでは終われないというように、一日一日をきちんと整理しながら着実に歩んでいきたい。

国語教育個体史を記述することは、実践主体の義務であるというよりも、まずいきいきとした喜びでなくてはならない。国語教育個体史を追求し、記述するこの喜びは、国語教育者（実践主体）への成長過程において自覚させることが望ましく、やがてこの自覚は国語教育個体史をいっそう充実したものへと深めていくであろう。（同上書 p26）

国語教育実践主体に国語教育個体史を書くことを習慣化させることを考えると、学生のうちから記録することの大切さを自覚させるのがよい。書くことの習慣は若いうちからつけておくのがよい。記録者としての生活は、自分の歴史をきざむことであり、自分自身を見つめることにもつながる。自分自身をだいじに思うことにもつながり、ひいては自分のまわりの生徒たちを一個の人格としてたいせつにすることにもつながる。自分自身と生徒たちをたいせつにすることは、教師として何よりもだいじなことである。国語教育実践主体の生活の中心に書くことがあり、国語教育個体史を書くことが、国語教育実践主体としての心を育てる拠点となるのである。

よりよい国語教育個体史を記述するためには、計画的に学年を追って担任学年を希望していくことがのぞましい。学年を追って担任学年を希望していくことで、現場の実践を主体的な主導的なものにすることができる。また、書く生活によって、正しい話しことばを見直すこともできる。国語教育個体史を記述することは、言語生活者としての鍛錬ともなる。

> 実践主体が良心的によき国語教育個体史を心がけて、その担任を積極的に希望し、計画していく時、現場の営為はいっそういきいきとしたものになるのではなかろうか。(同上書 p24)

学年担任を希望するとき、わたくしは、消極的で、受け身であったと思う。決められた担任をすることが当たり前で、自分から強く希望するということはあまり今までなかった。任されたことをこなしていくという姿勢であった。自分からしたい仕事を獲得していくということはなかった。私は、国語教師として積極的でなかったといえる。その根底にあるものとして、国語教育職業観・価値観の問題がある。国語教育個体史を書くためには、正しい国語教育職業観・価値観に立っていなければならない。そうしなければ、国語教育個体史を書くことはできない。また、国語教育実践者としての生活を確立させることはできない。積極的に後悔のない国語教育個体史を書くためにも、主体的・計画的な教科担任を希望していくことが緊要である。

現場における実践主体の個体史作業が正しい国語教育職業観・価値観に立っていなくては不可能である。（同上書 p38）

正しい国語教育職業観・価値観に立つということは、簡単なようでいて、とても難しいことである。国語教育に対する強い情熱がなければ正しい国語教育観・価値観を持ち続けることは困難である。また、自分だけの狭い視野に立っているだけでもいけない。国語教育個体史を書くことが、独りよがりの自己満足に終わってしまっていてはいけない。

一般国語教育史について学び、たえず国語教育一般の動向を注視しながら、自己の国語教育個体史を把握し記述することにつとめなければならない。（同上書 p37）

国語教育実践主体は、国語教育個体史を記述するうえで、たえず一般国語教育史について学び、国語教育の動向を見つめ、積極的に研究会などに参加し、自己の研究をすすめていくことが緊要である。そのうえで、国語教育個体史を記述することがのぞましい。

2　国語教育実践史

野地潤家博士は、『野地潤家著作選集①国語教育個体史研究原理編』のなかで、国語教育実践史については、次のように書いていられる。

国語教育個体史の主軸をなすもので、国語教育個体史はこれ（国語教育実践史　注引用者）によって主として形成される。（同上書 p25）

国語科教師として生活しているかぎり、国語教育実践が生活の中心となるのは当然である。国語教育実践を中心としながら、国語教育実践だけを見るのではなく、国語生活者として日々の生活のなかの言語としての国語を見つめながら、規範者としての言語自覚の立場に立って生活しなければならない。

一つの視点から統一的に見られるのがのぞましい。ここでは日々の国語教育の実践記録が整備されていなくてはならない。しかも、断片的随意的でなく、統一的意志的にまとめられているのがのぞましい。そのためにも、現実には各実践主体に国語教育個体史の意義と方法とが自覚されて、それによって現場の実践営為が把握され、内省され、向上させられるのがのぞましい。（同上書 p25）

国語教育個体史を記述することが、国語教育実践営為の向上のために必要であることを、国語教育実践主体自身が自覚することが緊要である。国語教育個体史を記述するうえで、国語教育個体史の意義と方法とが自覚されていなければならない。そうでなければ、統一的意志的に国語教育個体史の実践記録をまとめることは難しい。自己の実践営為を、国語教育個体史によって把握し、実践営為の向上をはかる資料として自分自身の反省材料として有効的な利用をするべきである。国語教育個体史の記述を続けることによって、実践営為に対する強い自信と安定した授業実践ができるようになる。また、国語教育個体史研究を続けることによって、授業実践も向上するのである。

国語教育個体史は、個人の単なる断片的実践記録ではなく、それをも含めていっそう統合された国語教育自覚史であり、国語教育実践史である。（同上書 p20）

とあるように、国語教育個体史を書くうえで、国語教育者としての自覚が必要であり、国語教育個体史を国語教育実践主体の国語教育実践史として認識することが重要である。

3　国語教育生活史

国語教育生活史について、野地潤家博士は、『野地潤家著作選集①国語教育個体史研究原理編』のなかで、次のように書いていられる。

国語教育生活史は、国語教育事実を含む全円的な国語教育者（実践主体）生活のうち、とくに国語教育を営みいく実践主体の生活そのものを記述していこうとするものである。（同上書 p52）

国語教育者生活をありのままに記述していこうとするのは、案外難しい。生活が赤裸々になるからである。生活事実として言語生活を記述していくことは、自分のつかうことばを具体的に記述することであり、教材研究、読書内容、研究生活、出来事の受けとめ方などの国語教育に関係する生活と思われるものを、すべて記述していくことになる。国語教育者として、どのような生活をしているか、国語教育の知識や技能が、どのように生活に生かされているかを記述するのが、国語教育生活史である。

国語教育事実が国語教育者の生活事実として、どのように生活化され、どのように位置づけられているかを、できるだけ具体的に記述して示すのが国語教育生活史である。（同上書 p52）

国語教育生活史は、生活そのものの現実を見つめ、できるだけ事実にそって誠実に記述しなければならない。国語教育事実がどのように生活化されるかを考えなければならない。国語教育者として生きるためには、国語教育事実と生活事実は意識のなかでつながっていなければならない。考えてみれば、国語教育者としてどう生きるかということと、生活事実は、つながっている。国語教育事実と生活事実は同じものでなければならない。国語教育者生活のなかのひとつとして国語教育実践営為がおこなわれているのである。国語教育者としての生活は、規範を示すものであることがのぞましい。国語教育者としての生活は、国語教育実践を裏づけるものでなければならない。国語教育者として恥ずべき言語生活をしていてはならない。

4　国語教育者成長史

国語教育者成長史とは、国語教育者に憧れ国語教育者を目指したときから国語教育実践者になったときまでの成長の過程を記したもののことである。

国語教育者成長課程には、①自覚課程から⑧研究課程がある。そのうち、自覚課程については、次のように書いていられる。

　国語教育者成長史においては、実践主体みずから、国語教育についての自覚課程を反省し記述することがのぞましい。（同上書 p31）

まず、国語教育について、いつ、どこで、どのように国語教育者になろうと自覚したのかをできるだけ詳しく編年体で書いておくことがのぞまれる。

　だいじなことは、国語教育への自覚をできるだけはやくたしかにさせるにある。（同上書 p31）

とあるように、教師のスタートラインに立ったときに、あるいは、まだ学生のうちから国語教育者として、自覚して生活しているのと、自分の立場も影響力も知らずに言語生活者としての自覚なしに生きているのとは雲泥の差が出るであろう。そう考えても、国語教育者としての自覚は早いほどよい。国語教育者として、言語生活者として自覚して国語をつかうのと、自覚しないで、生活しているのとでは毎日の積み重ねで大きな差が出ることは、あきらかである。ここでは、自覚することのたいせつさを述べていられる。

成長史は、また一つの国語教育自覚史であって、国語教育の営為に生きがいを感じ、国語教育者（実践主体）として、専念国語教育にうちこむ決意をするまでの経過を見ておくことはたいせつである。（同上書 p25）

人それぞれ国語教育者を目指した動機は異なる。しかし、国語教育者として生きるという自覚をはっきりとさせておかなければならない。そして、初心を忘れて怠ることなく、実践営為にはげみたい。実践営為にはげむためにも、国語教育者として国語教育者成長史を書いておくことは緊要である。

国語教育者成長史においては、実践主体みずから国語教育史について理解を深めた過程を記述しておくのがのぞましい。（同上書 p31）

国語教育の歴史研究を考えたとき、国語教育史がわかっていないとどうにもならない。歴史研究だけでなく、国語教育に関わろうと決心したときにも国語教育史を知っておくことはだいじである。国語教育の歴史を知ることは研究の基礎をかためることになるだけでなく、その歴史の現在のところに自己の営む国語教育実践営為があるということを認識することにもつながる。

5　国語学習個体史

国語学習個体史は、国語教育実践者だけでなく、国語の学習を受けた、すべての生徒が国語学習の歩みの記録を記述することができるものである。国語学習個体史について、野地潤家博士は、『野地潤家著作選集①国語教育個体史研究原理編』のなかで、次のように書いていられる。

国語学習個体史は、学習者（児童・生徒・学生）の学習活動の展開を、学習者みずからかあるいは指導者（実践主体）が把握記述したものである。（同上書 p47）

国語教育個体史としての記録を考えると、国語学習個体史は、学習者本人の記述がのぞましいと考える。それも、学習者である時期に記述の仕方も含めて、他教科の学習記録などを書く力の基礎力として、国語科で学習個体史を書く意欲と力を育てたい。学習個体史を書くことで、学習者の書くことの生活の習慣化をはかりたい。年齢的には、中学一年生くらいからが個体史を書くのに適しているとわたくしは考える。

国語教育の実践営為が向上するためには、国語教育の実践営為が着実に手がたく集積されなくてはならない。その集積定着の基本的方法の一つとして、国語学習個体史の把握記述が考えられる。（同上書 p52）

国語学習者の国語学習個体史を丹念に見ることによって、実践主体自身の国語教育の実践営為が手にとるようにわかるであろう。学習者にどれくらいの力がついているかは国語学習個体史を見ることで一目瞭然である。国語学習個体史を書かせることによって、学習者の成長記録が、学習者自らの手によって記述されることが可能であると思う。

日常の国語学習の指導にあたって、国語学習個体史の視点から各学習者の記録を自覚的に集積させていくこ

とはのぞましいことであり、だいじなことである。（同上書 p51）

国語学習者が、将来国語教育実践主体になったことを考えたとき、学習者としての記録が集積されていることは、実践のうえで役に立つ。そのうえに国語学習個体史として自らの記述があれば、自分の生徒たちへの模範を示すことができる。また、実践主体自らの国語学習個体史があることは、生徒たちに意欲を与え、国語学習個体史を積極的に書くことにつながるであろう。

国語学習個体史を把握し記述するばあいにはそれが国語学習活動の展開に関することだけに、学習者の協力がいっそう緊要なものになってくる。（同上書 p47）

このことは、国語教育実践者だけでなく、実践主体（教師）への協力とみえて、実は学習者自身の力をつけることになる。しかも国語学習個体史を記述することは、結果として両者の信頼関係も築くことになる。

自分自身の国語学習個体史を書くこととともに、現在の記録として生徒たちに国語学習個体史を自主的に書かせることがのぞましい。それは主体的な国語学習者を育てることにもなる。その実践として、大村はま氏の学習記録がある。大村はま氏の学習記録も国語学習個体史の材料と見ることができる。

第二節　国語教育個体史記述の意義

『野地潤家著作選集①国語教育個体史研究原理編』では、国語教育個体史の意義について、次のように述べていられる。

国語教育個体史の意義は、国語教育の実践営為を個体史として各自が把握し、各自の国語教育の営為事実を歴史的現実態としてみつめることによって、国語教育の歴史性を明らかにし、あわせてその歴史性の上に自己の国語教育営為を意欲的に計画的にきずきあげていくところにある。（同上書 p41）

国語教育個体史を歴史研究として見るばあい、右のような意義が考えられるが、国語教育個体史を実践に生かそうと考えると、目標は次のようにとらえることができる。

国語教育個体史の意義を明らかにして、各実践主体が各自の国語教育個体史の追求へと励む時、国語教育の現場は、はじめてその実質的前進を期待することができよう。自己の国語教育への愛情がなく、これを統合的に把握していこうとする計画性も意志もないところに、国語教育実践の積極的な活動を望むことはできない。国語教育個体史の視点に立ってこそ、国語教育の現場は実践主体各自が受動的に惰性的に流れることなく、自己の主体性に立って充実した実践をおしすすめることになろう。そこからはしぜん国語教育研究への着実な意欲も生まれ、いっそう充実した実践営為を期待しうるであろう。（同上書 p27）

国語教育個体史は主体性に立つ充実した実践と、国語教育研究への意欲を生み、積極的な活動を生む。それは、国語教育の現場の実質的前進となる。これが国語教育個体史のわたくしの考える意義である。

国語教育実践史把握にとって必要なことは、この自伝的体制による形象的認識を晩年の回想的形態にのみ固定させないで、実践期にあって自己の授業営為の質量をさながらに精細につかむための方法とすることである。実践主体にとってだいじなことは、日常ふだんにみずから営みつつある厖大な実践量をわれとみずからつかみとってみることである。それには方法として形象的認識の方法が、もっと大胆に率直に採用され適用されなくてはならない。（同上書 p43）

形象的認識の方法を適用し、自己の授業営為の質量を、目に見える形あるものとして実践期に精細につかむことは、その後の実践営為の向上へとつながる。

『野地潤家著作選集①国語教育個体史研究実践編Ⅰ～Ⅲ』の三巻は、一年七か月の松山城北高女での野地潤家博士の実践を記述されたものである。実践記録が残されていれば、もっと大きなものになったであろう。『国語教育実習個体史』は、野地潤家博士の十五日間の国語教育実習の記録である。この二つの例の質量を考えても、形象的認識の方法は採用されなくてはならない。自伝的回想として晩年に楽しむより、今の実践に役立つものとして書くことを楽しみたい。国語教育個体史は思い出として老後の楽しみのために綴られるものではない。国語教育実践者として実践営為に生かすために必要だから書くのである。

芦田恵之助氏の授業が、速記者、青山廣志氏によって鮮やかに記録された。その実践記録がだんだんと工夫を積み重ねられる授業の資料となったことはあきらかである。また、芦田恵之助氏は、自分を知ること、自分の個性を知ることに、日記が役立ったと書いていられる。自分の個性を知ることによって、生徒の個性を知ることができる、と書くことに重きを置いていられる。日記のように毎日欠かさず書く、書くことを習慣化することによって国語教育個体史の記述も定着化するであろう。記録法によって自分の国語教育実践を把握することができる。

国語教育個体史は、実践主体（国語教育者）自覚の結晶と見ることができ、また個性的な国語教育実践の展開を国語教育実践史としてとらえ、国語教育実践を包む国語教育生活をとらえることによって、国語教育者（実践主体）の成長過程・実践過程・生活過程を示すものと考えられよう。この国語教育個体史を追求・把握・記述すること自体は、国語教育の実践営為をいっそう充実せしめ、ひいて一般国語教育史にそれぞれ個性的な独自の寄与をなしうるであろう。（同上書 p27）

また、国語教育実践を学習者の立場からとらえることも当然考えられなければならないことである。

国語学習の活動とその体験の実態を持続的に有機的にとらえるためには、各学習者本位の国語学習個体史の把握記述によらなくてはならない。

各期の国語学習史を集成することによって、国語教育における国語学習個体史はその全一の様相を示すことになる。（同上書 p47）

実践主体側からの国語学習個体史も考えられるが、各期の国語学習個体史の集成や、持続的ということを考えると、同一生徒の国語科の担任を、中学でなら三年間、同じ実践主体ができるとはかぎらない。また、各期を、小学校・中学校・高等学校で考えても、学習者自身が自ら国語学習個体史を継続して書くことが求められる。学習主体が国語学習個体史を書かないと持続的に書くことは難しい。途切れ途切れの国語学習個体史を集成しても、国語学習個体史が全一の様相を示すことはできない。体験の実態を考えても、有機的にとらえるためには学習者本位の記述でなくてはならない。

国語学習個体史は、その国語教育実践史の内実を各学習者に即して個別的に把握し記述するところに成立する。したがって、国語学習個体史は国語教育実践史の内実を形成するものであり、実践史批判の基礎資料ともなるものである。（同上書 p51）

全体としての授業がどうであったかよりも、実際は、一人一人にどのようにうけとられ、個人個人にどのような力がついたかがだいじである。国語学習個体史は、個別的に把握し記述するものなので、細かい授業実践の効果や欠点がよくわかる。国語学習個体史が生徒各自の手で書かれることにより、生徒一人一人の把握が確実なものとなる。

形象・概念両認識を自己の実践営為に集中し、自己省察・自己観察の面で持続的に記録化していくところに、実践主体による国語教育実践史の把握（記述）が実現するのである。（同上書 p46）

国語教育実践の把握は、記述なしには考えられない。すなわち、記述することは把握することである。書いたものを自己省察・自己観察の資料として見つめることもだいじである。書くことによって見えていなかった自分の欠点に気づき、反省する。言語生活を正しくしたいと思って人間的な豊かさを獲得できるかもしれない。書くことでストレスの発散ができるかもしれない。書くことが何物にもかえがたい喜びとなり、書くことなしには一日が終わらなくなるかもしれない。また、そうなるとよいと思う。一日一日のけじめを、一日の終わりに国語教育個体史を書くことでしめくくりたい。そうすれば、国語教育個体史は国語教育実践主体の宝物になるだろう。

国語教育者生活をもりあげ、それを国語教育生活史としてとらえていくことは、国語教育個体史を把握していく上に重要である。(同上書 p56)

この国語教育者生活をもりあげるということは、書く生活を中心としてなされる。また、書くことが、国語教育生活史をとらえていくことにもなる。そうした書く生活は、自分の実践を認め、実践主体としての生活を意欲的な張りのあるものにするであろう。

国語教育個体史の記述をすすめていくために、国語教育者（実践主体）は日常たえず表現者としての生活に励まなくてはならない。実践主体（言語主体）として、わが国語生活に心をこめて励むことは国語教育の根本課題の一つであるが、国語表現の生活に励み、表現力をゆたかにもつことが自己の国語教育の実践営為を把握していく上に大きな力となることはまちがいない。(同上書 p26)

書く力は書くことでなければつけられない。表現者としての自覚をもった生活にはげむことは、国語教育の実践営為を把握する大きな力となる。国語教育個体史を書くことで、書く力がつけば、国語教育個体史記述は何よりの自分自身への褒美となる。その力は、作文指導の面でも、指導者としての模範文を書くうえにも役立つ。

国語教育個体史は自己の実践する国語教育事実の自己把握であるが、その国語把握の力の一つは、国語教育者としての表現者生活に期待しなくてはならない。各実践主体が日常ふだんの国語教育生活を克明にとらえて、これを記述していくためには、表現者生活に誠実に苦しみ、努めなければならない。（同上書 p26）

国語科の教師というだけで、書く仕事をよく頼まれるし、当然のように作文指導もまわってくる。いつでも何でも書ける状態に常にいることは難しい。書くことを国語教育個体史の記述によって習慣化して、いつでも書けるようにしておきたい。国語教育者として、常に表現者生活を送るように心がけることは、国語教育個体史記述によって自覚され実行できる。

実践主体の伝統をふまえる立場によって、国語教育個体史の把握記述の立場もきまる。（同上書 p37）

国語教育個体史と国語教育一般史の関係を考えておくこともだいじである。国語教育一般史の現在の具現態として自己の国語教育個体史があるということを自覚して、国語教育個体史を書くべきである。自己の国語教育個体史の根本には国語教育一般史があるということをたえず考えておかなければならない。

第三節　国語教育個体史の記述方法

1　国語教育実践史の記述方法

野地潤家博士は、『野地潤家著作選集①国語教育個体史研究原理編』のなかで、国語教育実践史については、次のように書いていられる。

国語教育実践史を把握し記述する作業は国語教育個体史における中心作業である。しかも、その作業は実践主体の自己省察・自己観察に立つ記録法を基本的作業としているから、実践史作業は最も主体的な作業といわなくてはならない。（同上書 p46）

書くということは、主体的でなければ成立しない。国語教育実践の把握・記述作業は、国語教育個体史の中心作業である。国語教育実践主体の書こうという意欲がなければ国語教育個体史は書けるものではない。

一個の実践主体が自己の国語教育の実践営為を把握する基本方法は記録法である。（同上書 p41）

国語教育実践の記述方法は記録法が基本となる。記録することで自分の国語教育の実践営為が見えてくる。

国語教育個体史の中心をしめる国語教育実践史は、実践主体の自己把握による持続的な実践営為の記述である。(同上書 p47)

国語教育実践史は、実践主体の実践営為の自己把握による記述になる。書くことを習慣化させて、毎日続けることがだいじである。毎日継続させて記述しないと、国語教育実践史にはならない。

記録法を丹念に継続させていく(同上書 p42)

この毎日書く時間を確保することが、現場では難しい問題になると思う。多忙な生活のなかにあると、二、三時間前のことがわからなくなることがある。そのとき役に立つのは週録をはじめとする実践記録や授業準備のカードなどである。毎日の実践でありながら細かいことは実践の複雑さに紛れ、忘れていってしまっている。記録しないと記憶されずに忘れてしまうものである。

記憶法は定着性・固定性が弱く忘却性が著しい。(同上書 p42)

記憶法に頼ることは、たいへん危険である。どんなに優秀な人でも年齢を重ねることによって、記憶する力は弱まっていく。細かいことや数字は特に記録しておかないと忘れてしまう。記憶法で定着することは難しい。それは、いつのまにか忘れてしまうからである。

次に、国語教育個体史を書くうえで、あきらかにされていなくてはならないことがある。それは書き方である。

記録するには、実践主体に自己の国語教育の実践営為を把握しようとする意志が存在しなくてはならない。意志の存在とともに、把握しうる可能性がたしかめられ、明らかにされていなくてはならない。可能性が明らかにされても、把握の方法が明確に会得されていなくては、その把握・記述をすすめることは困難である。方法が明確にされても、目的が明確になっていなければ充実した成果を収めることはむずかしい。（同上書 p40）

国語教育個体史を記述する意志・可能性・方法・目的がはっきりしていれば、充実した国語教育実践史を書くことができる。

国語教育実践史について、その把握の意志、把握の目的、把握の可能性、把握（記述）の方法が明らかにされれば、実践主体は自己の国語教育の実践営為を把握し記述しうる。（同上書 p41）

国語教育実践史を書こうと決心し、目的・可能性・方法があきらかにされていれば記述することができる。国語教育実践主体の意志、目的、可能性、方法を、野地潤家博士は、次のように述べていられる。

1、　把握の意志

○実践主体みずからの国語教育愛にはぐくまれる。

○はげしい実践意欲にみちびかれる。

○国語教育の実践をみずから価値ある実践営為として創造していこうとする立場から生れる。

2、　把握の目的

○国語教育価値観によってみちびかれる。
3、把握の可能性
○国語教育個体史の自覚に立って、各実践主体が自己の実践営為を持続的に記録していくところにみいだされる。各実践主体がそれぞれの実践営為を計画し、実践し、評価するようにして、そのそれぞれの過程をできるだけ精密に記録化していくことができれば、それを実践把握の手がかりにすることができる。
4、把握の方法
○実践史把握の目的にそい、可能性に立って、把握・記述される実践史それぞれの体制に規定される。(同上書 p41)

国語教育実践史は、右のように、国語教育実践主体の国語教育実践史を書こうとする意志、目的、可能性、方法を自ら研究し、あきらかにすることによって書くことができる。国語教育実践史を支えるものとしては、記録生活が考えられる。

実践営為を文字表現によって定着させ、時間性に立つ歴史的営為を記述しようとする国語教育実践史は、実践主体の内面において記憶法のよさをじゅうぶんに生かしながら、主として記録法（事前記録・即時記録・事後記録）によって、その記述の基本資料をえる。したがって、国語教育実践史把握の対象となる実践生活は記録生活によって支えられるものでなくてはならない。(同上書 p42)

国語教育実践史の具体的な記述方法については、次のように書いていられる。

国語教育実践史記述のための各種資料は、各実践営為の展開に即して、展開過程の前・中・後を通じて随時適切に採録されるのがのぞましい。（同上書 p45）

国語教育実践史を書くために、記録しておこうという意志がつねに働いていなければ、国語教育実践史を書くことは難しくなる。

実践をみずから営みつつ、その営為をみずから記録する作業は想像以上に困難をきわめる。この点については、実践終了後、教室に残って手ばやくメモをとるとか、職員室にかえってからあいている時間を見いだして記録を補っていくとか、さまざまにくふうし、忍耐づよく努力を積まなくてはならない。（同上書 p45）

とにかく書くことが好きか、いつも右手に鉛筆をもっているかしないと書けないかもしれない。国語教育実践史をなんとしても書き続けるのだという任務のような強固な意志がなければ、記述を続けることは非常に困難なことかもしれない。しかし、このように具体的に示されていると、よくわかり心づよい。野地博士の実際に記録された様子が目に見えるようで、はげまされる。

在来、国語教育界において、実践主体が自己の実践営為を把握し記述する方法は二つあった。一つは、自伝的体制による記述であり、他の一つは研究（実践）報告的体制による記述である。

自伝的体制による記述は、創作化、作品化、回想化、随想化する傾向が顕著である。それに比べて、研究（実践）報告的体制による把握記述は、記録化、論文化、論説化する傾向が強い。一つは形象的認識による具体的具象的把握の方法によっており、他の一つは概念的認識による抽象的観念的把握の方法によっている。両者のよって立つ方法がきびしくわけがたい面をもつこともある。また、一個の実践記録が二つの方法を同時に扱ったような記述体制になっていることもある。

国語教育実践史把握（記述）の方法としては、在来もおこなわれてきた二つの方法をそれぞれに生かしていくのがのぞましい。形象的思惟と概念的思惟とは、国語教育の実践営為を把握する上に適切相応に生かされなくてはならない。(同上書 p42)

国語教育実践史の記述は、形象的な思惟として具体的なイメージとして思想感情を表すことと、概念的な思惟として共通性を見いだして論理的に大きくとらえることとが必要となる。

時期区分としては次のように考えられる。

国語教育実践史の時期区分は、分担学年を中心にして、在任期間（新任から離任まで）を一年単位もしくは三年単位（中・高）その他に区分して記述することができる。また、記述体制からは、実践次序にしたがって各学年の同時分担分を記述する方法も考えられ、分担学年本位にまとめていく方法も考えられる。前者は総合体制であり、後者は単一体制である。(同上書 p44)

この時期区分については担任学年によって臨機応変に考えたい。各学年の同時分担を記述する方法は、学年のつながりや程度がよくわかるので、各学年を同時に担任した時にはぜひこの方法をとりたい。国語教育実践主体の心がけとしては、各学年の国語教育実践史を書くためにも、国語教育実践主体が積極的に分担学年を希望することがだいじである。

各記述単位は原則として一主題を中心とする計画性にもとづく実践営為の完結を最小限の一単位とすることができよう。しかし、記述体制の便宜によって、各記述項目は一単位以上を包含することもありうるであろう。

（同上書 p44）

記述に対して、野地潤家博士の考え方は柔軟である。実践はさまざまなものとなることを考えて、国語教育実践史が書きやすい配慮がなされている。

各記述単位の構成は、実践営為の具体相に応じて、それぞれに最もふさわしいように考えられるのがよい。一例を示すと、

1教材の提示　2教材研究の採録　3学習者のノート・各種記録の採録　4実践経過概要の記述　5自己の反省・自己批判　6参考資料の提示　7関連事項の補記

これらの各項による構成が考えられよう。

また、国語教育の実践営為は、これを実践主体の視点からすれば、

1目的　2目標　3内容　4方法　5成果（評価）によって構造づけられる行的体系の展開過程とみることができる。こうした国語教育の実践営為の構造に即して、各記述単位の内容を考えていくのがのぞましい。

（同上書 p44）

この例を参考にして、自分自身にふさわしい国語教育実践の記述単位を構成するのがよいと考えられる。

2　国語教育生活史の記述方法

国語教育生活史の記述方法については、野地潤家博士は、『野地潤家著作選集①国語教育個体史研究原理編』のなかで、次のように述べていられる。

国語教育生活史の記述内容としては、生活の場所からいえば、家庭（下宿）・学校・社会のそれぞれにおける生活行動やその反省が中心になる。このなかで、日々の国語教育の実践営為が実践主体の全生活の中で、どのように営まれるかとらえていくのがのぞましい。（同上書 p54）

生活のすべて、日程まで書きつけるようなものだから、教材研究にかけた時間やがんばり、怠けたことまですべてがあきらかにされる。厳しいものもあるが事実は曲げようがない。国語教育生活史と国語教育実践史がどのように対応しているのかが、国語教育生活史を書くことであきらかになる。一つの実践営為が、教材研究だけではなく、どのような研究生活から生まれてくるのか、その背後に、どれだけの営みがあったのかもとらえることができる。

国語教育生活史の記述形態には、

1　日記形態

2　記録形態（作文形態・随想形態）
3　創作形態
4　詩歌形態

などが考えられる。

1　日記形態　国語教育生活史は、国語教育者（実践主体）みずからの生活記録による。生活記録の一般形態としては、日記が考えられる。生活日記は日々の生活行動を時間的展開に即して記録し加えて印象・感想・反省を述べる。その記述は、簡略にも精細にも臨機に自由におこなうことができる。国語教育生活史の記述形態としては、日々の実践量やその反省を中心に、実践の準備計画などについても、くわしく述べられるのがのぞましい。実践営為の展開は、担任学年の時間が交錯して複雑なかたちをとる。一日単位の現実の実践活動がどのようなかたちをとるか、日記形態においてその実態をそのままに述べておくことはだいじである。

2　記録形態（作文形態・随想形態）　これは、国語教育者生活を、事件本位に、あるいはテーマ本位にくわしく記述していくものである。これも、記録法をとる点では、日記形態に準ずるものとみてよい。ただ、素材の選択が、日記形態に比べて、重点的になる。この形態には、作文形態・随想（感想）形態もある。国語教育者生活を、日録の形態でなく、生活記録（作文）、随想のかたちで把握記述することは、いままでもおこなわれてきた。生活史把握の観点からは、それらが断片的にならないように、国語教育生活史のそれぞれの位置をしめるように配慮されるのがのぞましい。

3　創作形態　これは、前二者が自己の生活事実の記録、あるいは自己の生活経験についての描写、反省であったのに対して、自己の生活経験に取材して、創作としてまとめていくものである。国語教育生活史の記述形態としては、これは特殊形態である。虚構に立った作品の成立も考えられる。多くは、自伝的作品の性格が顕著になるであろう。自己の生活経験や人生体験を創作活動によって形象化するには、特殊の才能を必要とする。実践営為を把握していくばあいの自伝的体制は、この形態と対応するものであるが、それは伝記形態であって、純粋な創作形態ではない。生活史を把握記述していくばあいも、伝記形態に立つ自伝的作品になることはすくなくなかろう。

4　詩歌形態　これも、創作形態と同じように、生活史記述の特殊形態である。この形態には、詩・短歌・俳句その他が考えられる。いずれも、実践主体の抒情面を中心にした創作活動である。この形態についても、それぞれ特殊の才能を必要とするものばかりであるが、国語教育にたずさわる実践主体としては、こうした面に興味をもち、現実にその創作体験をもっているばあいもすくなくない。

国語教育生活史の把握記述にあたっては、以上の四形態を、あるいは個別的に、あるいは総合的にとりあげることがのぞましい。前二者は、一般形態、後二者は、特殊形態であるが、とりわけ、1の日記形態は、生活史記述の基本形態とみられよう。(同上書 p53・54)

1の日記形態を基本として、事件・テーマによって、2の記録形態をとりあげ、3、4も適宜とりいれるのがのぞましい。国語教育実践者として、表現者であることを自覚して、いろいろな記述形態をとりあげてみたい。

国語教育者として生きていくばあい、その生活史の充実を、このような創作の方法に求め、それらの関連についても考えていかなくてはならない。(同上書 p54)

創作形態に立つ小説・自伝・詩歌なども、国語教育生活史のなかに位置づけていくことを国語教育者として考えなければならない。とにかく自分の生活のすべてを書いて書いて書き抜くことである。国語教育生活史を記述するためには、毎日を今を記録することを続けなければならない。

国語教育の実践主体が、日常生活にあって、どのような言語生活を営んでいるか、どのように言語生活を実践し追求しているかを記述しておくのがのぞましい。国語教育の実践営為を深めていくためには実践主体が自覚して自己の言語生活を営んでいくようにしなくてはならない。また、基本形態である日記形態の分化形態として、読書日記その他の言語活動諸部門についての個別日記（メモ・感想なども含める。）をつけていくことも一方法である。(同上書 p55)

国語科教師として自己の発する言語を記述によって確認し、深めていくようにするのは、当然のことである。また、言語感覚を磨いていくようにも努めなければならない。読書日記をつけることで、そのとき読んでいる本が自分の言語生活にどのような影響を与えているのか気づくこともあるであろう。その体験によって、読み聞かせのための適書が見つけられたり、生徒へのより適切な読書指導ができるようになるであろう。それらも国語教育生活史を記述することの副産物になるであろう。

記述形態の分化形態をとる方法は、生活史の記述内容に応じて、それぞれの特殊事情に即して考えられるのがよい。(同上書 p55)

とされている。あくまでも個人が書きやすいように配慮されていられるのがありがたい。どのように分化するかは個人に任せていられる。短歌日記・詩作日記などつけてみるのも、自己の生活をふりかえるにはおもしろいかもしれない。短歌作りや詩作には、その時の感情の動きや情緒や個性が、何よりもはっきり出ていると考えられる。自己の記録として、これ以上に自己に鮮明に、その当時の状況を訴えてくるものはないであろうから、国語教育生活史としては何より優れたものになるかもしれない。日記形態からは想像もできないような創作へと、小さな短歌や詩に残したことばが、真珠の一粒が集まり首飾りを作るように発展していくかもしれない。

国語教育生活史においては、日記形態をとるばあい、対人関係（同僚・児童・生徒・父兄など）の把握が中心に述べられることもすくなくない。（同上書 p55）

国語教育生活史を記述するとしても、毎日の自分の生活をたいせつにして穏やかに生きたいものだが、国語教育に関係があり必要であれば、国語教育生活史として、書きたくないことを書かなければならないことも出てくるであろう。日記には雑然とした本音ばかりが自分本位に書かれているだろう。それを国語教育生活史として、国語教育に関する事柄をとりあげ記述し高めなければならない。「読書日記その他の言語活動の諸部門についての個別日記」（同上書 p55）も必要に応じて書くべきである。

内容上の部門としては、経済・職業・精神・情操・趣味・研究の各生活が考えられる。生活史の記述にあたっては、実践営為を中心としながら、これらの各部門にわたって考慮されるのがのぞましい。（同上書 p55）

国語教育生活史を書くうえで、国語教育実践主体の生活が各部門にわたって豊かであればあるほど、国語教育生活史の内容も豊かになる。その当時、国語教育実践主体が、何に関心を示していたかを記録しておくことは、今後の研究の足がかりとなるであろう。

職業生活については、実践史にくわしく記述される。精神・情操・趣味の各生活については創作形態をとることがすくなくない。研究生活については、実践史部門において、研究報告体制をとるのがふつうであるが、これにはなお多くの問題がつきまとっている。それらは国語教育観や職業観と密接に結びついている。（同上書p55）

精神・情操・趣味については、自然無意識のうちに書かれていることもあるだろう。日記としてベースのものを何もかも書き、そのなかで国語教育生活を中心として書きあらためたものが、国語教育生活史になると思う。また、精神・情操・趣味の各生活について、創作形態をとるのは、その方が現実そのままを主観的にさしさわりも含んで書きやすいことを考慮していられるからかもしれない。

経済生活は、衣食住の生活費の問題にまで及び、現下の問題としては最も切実である。この点についても、できるだけくわしい資料があればいいと思う。（同上書p55）

野地博士が、個体史記述をおこなわれた当時は、戦後の動乱期で、衣食住が困難な時代であった。今でも、経済生活の問題までとらえるとなると厳しいものがある。しかし、個体史研究として一人の人物にとりくもうとすると、家計簿にいたる経済の問題まで見たいとなるのが本心であろう。資料として、その当時の生活状態もよく理解することができる。一般社会の状況を歴史を通して知ることも大切であるが、国語教育個体史研究のうえでは、その個人がどのような生活を営んでいたか、また、その経済生活がどのように個人、家族の生活に影響していたかも、個体史研究の方法が研究対象の個人になり代わって考えるという深い研究方法であるので、本人以上に個人のことを知るためには必要である。

国語教育生活史の時期区分は、実践史の時期区分に対応させてもよい。また、一年ごとにくぎってもよい。実践史の大きな区分にしたがって、その期間内を一年ごとに記述していく方法も考えられる。(同上書 p56)

国語教育実践史と合わせて研究することを考えると、国語教育生活史は、実践史と対応していることがのぞましいが、内容によっては、一年ごとに区切って記述することも考えられる。

3　国語教育者成長史の記述方法

国語教育者に憧れ志してから国語教育実践者になるまでの記録が、国語教育者成長史となる。国語教育者成長史について、野地潤家博士は、『野地潤家著作選集①国語教育個体史研究原理編』のなかで、次のように書いていられる。

他の実践主体の国語教育の実践現場を観察し、記述しておくのがのぞましい。(同上書 p32)

他の実践主体の実践は冷静に見ることができ、たいへん参考となるものである。また、教育実習などの期間は、実践現場の観察も容易である。参加・見学することも可能である。その時期に、詳しい観察記録を残しておくのがのぞましい。

　参加による実践営為の経験を記述しておくのがのぞましい。（同上書ｐ32）

教育実習の期間に、参加させてもらった実践営為の経験を詳しく記述しておくこともたいせつである。その記録は、自身が国語教育実践営為をおこなうときの重要な参考資料となるものである。

次に成長過程の基本課程として考えられるものとして、左記のようなものがあると書いていられる。

国語教育者への成長過程においてふむべき基本課程としては

1　自覚課程
2　基本課程
3　観察課程
4　参加課程
5　知識（理論）課程
6　経験（実践）課程
7　演習課程
8　研究課程

などが考えられる。

国語教育者成長史の把握記述にあたっては、これらの諸課程について、諸記録・諸資料によって、まとめていくようにするのも一つの方法である。また、一般教養・専門教養・教職教養の各系列にわたる領域から、問題点、主題をえらび、各項目をたてて、国語教育者への成長過程を記述していくのも、一つの方法である。（同上書 p57）

こう考えると、国語教育者成長史の把握・記述も、できれば大学時代を中心に書かれるのがのぞましい。大学時代は、国語教育を目指す者としての自覚もはっきりしてくるだろうし、そのための課程も記述しやすいからである。それぞれの課程について、さらに詳しく述べていられる。

5　知識（理論）課程　については、教員養成機関において、国語科教育法を受講する際に、できるだけくわしくノートをとっておくようにしたい。また、国語科教育法日誌をつけるようにしたい。ノートによって、この課程の学習内容や作業内容を記述し反省するようにしたい。国語教育についての基本的知識や原理的理解は、ここに求められなくてはならない。国語教育に関する文献を読んで得た知識やその読後感についても、あわせ採録しておくことがのぞましい。これらは、やがて一般国語教育史との関連を生ずる契機になる。（同上書 p57）

ここで国語科教育法日誌をつくっておくと、国語科教育法に関する文献の記録ノートのはじまりとなる。国語教育実践主体としての研究を続けるためには、国語科教育法の文献や、その読後感などを記したノートがあるというのは、研究の継続を容易なものとする。ぜひつくっておくのがよい。

6　経験（実践）課程　については、所定の記録様式により、あるいはノートによって、教育実習（経験課程）の精細な記録をとっていくようにしたい。（同上書p58）

教育実習の記録のとり方が、後の実践主体としての記録のとり方のもととなるので、もらさず詳しく細かな記録をとるようにしたい。教育実習は、国語教育実践主体としてのはじまりとなるものなので、国語教育実践主体になるという決意のもと心してとりくまなければならない。

3　観察課程　4　参加課程　についても、経験（実践）課程に準じて、把握の方法を考えていくようにすべきである。（同上書p58）

教育実習期間中の授業観察や校内観察は、後に国語教育実践者として授業を観るときの基礎となる。観点を考えて主体的な観察・参加課程が踏めるようにしたい。

7　演習課程　8　研究課程　については、ぜひ演習日誌（あるいは、国語研究会日誌）、卒論日誌をつけるようにしたい。研究課程において、卒業論文にとりくんだ過程を精細に記述しておくことはだいじなことである。卒業論文の作成は、自己とのたたかいであって、その過程は曲折変化にとみ、心情の動揺ははげしい。心身の苦悩にみちた道程において、その研究体験をとらえておけば、実践の現場に立って、国語教育実践者と

しての国語教育研究をすすめていく上にも、役立つことが多い。（同上書 p58）

大学にはいつも同級生をはじめ、話し合える仲間がいるが、実践現場ではいつも隣りに研究仲間がいるとはかぎらない。そのなかで、ひとり研究を進めていくのは至難の業といえるかもしれない。研究時間を確保することにも困難が生じるであろう。そのとき研究を続ける力のもととなってくれるのは自己の卒論日誌と、それを書いたという経験である可能性は高い。

2　基本課程については、教員養成機関において、国語教育史を受講するばあいは、ぜひくわしくノートし、また、みずから理解しえた近代国語教育史（一般史）について、メモをとっておくようにしたい。（同上書 p58）

国語教育個体史を考えるとき、国語教育史は切り離せない関係にある。国語教育史が頭のなかにしっかりはいっているのがよい。国語教育史を学ぶことによって、現在の疑問に対する答えが国語教育史に出てくる文献の中から見つかることもある。先人の足跡をたどることの価値は大きい。

国語教育成長史においては、自照性のつよい生活がみられる。日記形態をとるばあい、本来の生活日記としては、ここに自己告白による浄化がこころみられる。（同上書 p55）

国語教育者成長史を書くことによって、自分自身の心を静かに見つめ直し内省することができる。現実をおちついて見つめることができる。生活日記によって大きく国語教育者成長個体が成長前進することが可能になる。

国語教育者成長史の部門としては、教員養成機関における成長過程ばかりでなく、それ以前の小学校・中学校・高等学校における国語学習の過程をも考えていかなくてはならない。（同上書 p74）

国語学習過程については、国語学習個体史を書くことが考えられる。国語教育実践主体の基礎となっているのは、自らが受けてきた国語教育である。そのことを考えると、小学校・中学校・高等学校における国語学習の過程を見ることは必要である。国語学習個体史を書くことの必要性がここであきらかにされている。

4　ことば自覚の問題——国語教育者成長史の具体例——

国語教育者成長史の具体例として、「ことば自覚の問題」について考える。国語が言語の教科である以上、実践主体の言語感覚というものが影響してくるのは当然のことである。「ことば自覚」とは「一個の言語主体が、その心のうちに、自己の話しことばをほんとうによくしていこうと決意して、自己の話しことばの向上を希求してやまぬ精神状態を」いう。「ことば自覚」について、野地潤家博士は、次のように書いていられる。

　ことば自覚が確立して、はじめてその言語主体の言語生活は、自覚的であるといえる。その言語主体は、言葉の生活に目ざめているといえる。ことばの生活に目ざめてこそ、ことばの習得も切実な意味を示すことになる。したがって、国語教育の基本は、まず指導的立場に立つ言語主体のことば自覚にある。（同上書 p59・60）

国語教育実践者として、日常の言語生活の場を、「ことば養い」の場として考えているであろうか。これは、日常の言語生活から見直すということで意味をもつ。国語を教える以上日常の言語生活にも心をくだいて精進していくのがのぞましいことである。どんな言語生活をしているかがそのまま国語教育実践営為に影響するのであるから、日常の言語生活をどのように過ごしているかということは大きな意味をもつ。

ことば自覚というものがなされていなくては、ことば養いは到底望みえないものとなる。（同上書 p71）

「ことば自覚」の有無によって、ことばの向上はめざましくちがってくると思う。たとえば、何も考えないで文字を書くのと、少しでもきれいに書こうと思って書くのとでは同じ人の書いた文字でもずいぶんと美しさがちがってくる。少なくとも、丁寧に心をこめて書いた文字は読みやすい。話しことばでも、同じことがいえるのではないだろうか。「ことば自覚」が絶えずあって、そのうえで生活していると自然に美しいことば正しいことばを追い求めることができる。「ことば自覚」をもつことによって、実践主体が「ことば生活」に目ざめる。「ことば自覚」をもつことは、国語教育の基本である。常に自己内省のなかにいることができ、内省のなかから少しでも話しことばを磨こうとする心が生まれるのではないだろうか。

人はわかっただけのことしか、教育することができないのではないか。言語主体のことば自覚の度合に応じてのみ、ことばの教育は可能なのではないか。（同上書 p73）

話しことばなどは特にリハーサルなしに、その場その場でつかうものであるから、身についていることばそのものが命となる。ことばの教育として考えたとき、ことば自覚があるのとないのとでは、ことばの指導者として大きな差が出てくるのではないだろうか。その場に一番ふさわしい適切なことばが、いつでも出せることで、生徒との間にも寄り添う気持ちがことばであらわわせ、信頼関係へと発展していけるのではないだろうか。またよい意味での言語生活への影響を与えることができるのではないだろうか。国語教師として、生徒のことばの規範となれることは何よりものぞましいことである。

このことから国語教育実践主体が、いくら教室のなかで正しいことばを使っていても、日常の言語生活が乱れていては、国語の教師としてふさわしくないことに気づいたのである。

野地博士は国語教師の資格ということで次のように書いていられる。

国語教育にあこがれ、志を立てるということは、わたくしのばあい、ことば自覚をともなっていなかったのである。ほんとうにわがことばをよくしよう、わが言語生活を高めようという決意は、残念ながらなかったといわなくてはならぬ。このおそろしさを、いまにして思いしるのである。高師卒業によって、国語教師としての一定の資格を与えられながら、なおわたくしは真の意味の資格をもっていなかったのである。（同上書 p62）

「ことば自覚」があることが国語教師の資格であると、野地博士はとらえていられる。ではいつごろ「ことば自覚」の緊要性に気づかれたのであろうか。野地博士には、一九四三年（昭和十八年）ごろからことば自覚の夜明けが訪れはじめる。

いつとはなしに、われとみずからのことばをよくしよう、美しいりっぱなものにしようと思うようになった。

（同上書 p63）

この「ことば自覚」によって、野地博士の毎日の言語生活が養われていき、国語教育者として、現在の言語感覚をもつにいたられたのである。その実践のひとつとしての呼吸法の問題をとくための良書として、『詩の朗読』(遠藤慎吾　昭和十八年四月一日　芸術学院出版部)をあげていられる。

また、内藤濯の『話の技術』(昭和十七年二月十五日　芸術学院出版部刊)の「はしがき」のなかからも次のような箇所があげられている。

『話術』というかぎり、大勢の前で物を言う場合からふだん物を言う場合までそれを持って来て、生活技術の中心である技術として考えなければ、到底ほんとうのものは生まれて来ないのである。(同上書 p66)

「大勢の前で物を言う場合」だけでなく、「ふだん物を言う場合」にも「話術」をもってきて「生活技術の中心である技術として考え」るということ、そうでなければ「ほんとうのものは生まれて来ない」。

外国語を習得しようとするとき、一番速いのは、その国に留学することである。二十四時間その言語のなかで暮らせば、自然に外国語は身につく。言語の習得は、週二時間など少しの時間でできるものではない。国語も同じ言語である。授業中だけでなく、普段の言語生活から訓練していかないと、正しいことばがつかえるようにはならない。生徒に対して、正しい国語を話す規範とならなければ、国語教師としての値打ちはないのではないだろうか。しかも、意識しないで油断すれば、ことばは次第にぞんざいになるものである。ここに「ことば自覚」というきびしい意識づけが緊要となるのである。

この著書について、野地潤家博士は、次のように述べていられる。

話しことばの向上を希求する者に、その「話」の技術についての具体的に説明が加えられる喜びは、かぎりのないものであった。探索するだけでは人は疲れてしまうであろう。たしかな方法の明示が、ことば自覚を不動のものにしていくのである。(同上書 p67)

「ふだん物を言う場合までそれを持って来て、生活技術の中心である技術として考え」なければ、ほんとうに身につかない、という『話術』として考えると、ことばひとつ発するにも重いものがある。深く考えないで話してしまうわたくしの言語生活など、野地博士から見れば問題あり、ではなかろうか。そう考えると話すことも書くことも考えなしにはできなくなる。

また、一九四三年（昭和十八年）四月、雑誌「新女苑」の五月号（第七巻第五号）にのった高村光太郎氏の「言葉の美しさ——日本の感覚——」という所説のなかから次の部分を引用されている。野地潤家博士が心をひかれた部分である。

A言葉とは意識の連絡である。語と語とのつながりである。つながりの悪い言葉は明確でないし、つながりの微妙でない言葉は美でない。日本語の美しさはてにをはにあると古来言われているのも此の事を指しているものと私は解する。日本語のてにをははどの欧州語よりも此のつながりの意味をはっきりと又単純に示して居り、純粋にその機能を発揮している。日本語には欧州語のような格の変化がないので、それの役を此のてにをはが純粋につとめている。この構造は面白い。つながりは又働き言葉の制動機の役目をつとめる所謂副詞に強い関係がある。副詞が思いのままに使えたら言葉の美しさはぐっと深くなる。ぎこちない言葉というのを見る

と多く副詞が生きていない。（一三ページ）

B的確に、唯一的に表現せられた言葉は実に人の心をうつ。外に言いようのないところまで到達している言葉の美は無類である。（一四ページ）

C表現の唯一無二性を究めるところから、ただの言葉の美も追々に発見されてゆくであろうし、俗悪に見えたものが実は俗悪どころでない美の宿主であったことも分るであろう。

言葉はつながりである。切れぎれなただの言葉の有つ美も、そのつながりに由って生きる。美を発見する眼、語感を感ずる力を養成する外なく、それには現代日常のただの言葉を熱愛する事が第一条件である。（一五ページ）（同上書 p68）

とくに、Aの「副詞が思いのままに使えたら言葉の美しさはぐっと深くなる。ぎこちない言葉というのを見ると多く副詞が生きていない。」C「美を発見する眼、語感を感ずる力を養成する外なく、それには現代日常のただの言葉を熱愛する事が第一条件である。」などは、強く訴える力をもっていたようで、こうした言い方による方法の明示は、ことば自覚に立とうとしていられる野地潤家博士を強くはげましたようである。

また、規範者の出現として、藤原与一氏の講演で感銘を受けられたことをあげていられる。二年間のご講義を通して、野地潤家博士は、藤原与一氏の話法を吸収しつくそうとされ、そのままその話風に染まってしまった時期もあったようである。規範者を見つけ、規範者への純粋な傾倒を体験できるとはなんと幸せなことであろうか。そんな規範者になれたら、国語教育実践主体の日々の努力も報われるし、生徒たちにとってもどんなに幸せなことであろう。日本語の美しさが巷に溢れてくるようになるかもしれない。そう考えると言語生活者として国語教育実践主体のつかうことばは大きな意味をもつ。

規範者の出現の二人目として、瀬群敦氏の簡潔な生活語をあげていられる。

簡潔に至るということは、ことばを惜しんで、余韻をもたせてあることである。簡潔に緊縮されて、しかも要点にじかにふれたことばを学ばねばならない。（同上書 p71）

「簡潔に緊縮されて、しかも要点にじかにふれたことば」それが生活語であるという瀬群敦氏のことばこそ理想といえるものではないだろうか。こうして、自己の生活言語を向上させようと努力するようになってから、野地潤家博士はそれぞれの面で、規範者を見いだしていくことができるようになっていられる。そのなかで、ものいいの理想として、藤原与一氏の、「文学」（岩波書店刊）の昭和十五年（一九四〇年）四月号の、「日本語教育のために」という所説をあげていられる。

この教育の効果は、要するところ彼等に豊かな生活語批判力が賦与せられればよい。更に言へば、味ひ考へては言語生活を営むといふ余裕が出来ればよいのである。

標準語はこの様な人々によつて自然に生育伸張されてゆく。方言と標準語との問題は、逆説的な言ひ方ではあるけれども、人が方言を正しく愛する道を自覚するところから、おのづと解決されてもゆくのである。

国語教育者には、未だ理想的な標準語が与へられてゐない。随つて、今はその人ごとに自覚的な国語教育の道があるばかりである。国語教育者は、益々自らを国語教育しなければならない。さうしてその方法も、究極に於ては考へてものを言ふ、静かにものを言ふといふことに帰するのである。（同上書 p71）

「考へてものを言ふ、静かにものを言ふ」ことが国語教育者が目指すことであり、「自らを国語教育しなければならない」と、藤原与一氏は説いていられる。「自らを国語教育」することは、きわめて困難である。しかし、自分自身の生活語を批判できるようになったら、自己の生活語の向上はめざましいものがあるであろう。

さらに、野地潤家博士は、ものいいの理想として、斎藤瀏氏の作品をあげていられる。

しづけくて時に桜のそよ風に照り頸つ如ももの言ふはよき

というのが見いだされた。わたくしは、話しことばの美の理想を、とくに女性語の美しさを、この歌の象徴するものに求めようとした。ことばの美しさを、まおとめのことばに求めようとした。そこには浪漫主義的傾向をみとめることができる。ことば自覚史の初期の段階に、こうした言語美への憧憬性が存することを忘れてはなるまい。この言語美への憧憬性がことば自覚においてはたす役割は、かなり大きいものではないかと思われる。（同上書 p.72）

このように実践主体が「ことば自覚」をもつことのだいじさを述べていられる。国語教育者に関わらず、「ことば自覚」をもってすべての人が言語生活を送ったとしたら、巷に聞こえる日本語はどんなに美しいことばとなるであろう。「ことば自覚」は規範者の美しいことばと出会うことによって目覚めることも多い。そのためにもわたくし自身も国語教育実践者として「ことば自覚」をもって正しい日本語をつかえる規範者とならなければならない。

第四節　国語教育個体史研究の意義

1　国語教育の時間的構造の問題

国語教育の基本問題として、国語教育のもつ時間的構造の問題がある。国語教育がどのような時間的構造において営まれているかを見ることによって、国語教育の基本構造があきらかになり、歴史研究の一部門としての国語教育個体史研究の位置づけがなされている。

野地博士は『野地潤家著作選集①国語教育個体史研究原理編』のなかで次のように書いていられる。

> 国語教育は、教育主体が、教育客体に、国語を、時所的限定において、目的的方法的に習得させていく実践である。（同上書 p9）

国語教育は、教師が生徒に国語を、決められた場所（教室、あるいは図書室など）で、決められた時間のなかで、国語を目的として、方法として習得させていく実践行為であるということである。

また、次のようにも書いていられる。

> 国語教育は、主体的関連にあって、国語に媒介されながら、国語を対象とする目的的方法的現実活動である。そのかぎりにあって、国語教育は、歴史的実践として、歴史性に立っている。歴史性に立ち、歴史的現実において営まれる国語教育が、その実践構造を時間性に深く根ざしていることは疑いがないであろう。（同上書 p9）

国語教育は、教師と生徒とが主体・客体の立場に立ち、国語をつかって、国語そのものを、目的としてかつ、方法としてつかいこなせるようにする、現実的活動である。そう考えると、現在おこなわれている国語教育は、歴史的実践として、歴史的現在のなかで営まれる。このような歴史性に立つ国語教育の実践構造は、時間性と深く関連がある。

では、国語教育の時間的構造とはどのような基本構造をしているのだろうか。

『野地潤家著作選集①国語教育個体史研究原理編』では、次のように書いていられる。

国語教育の実践構造の中心に立つ主客の関連は、もとより、国語を媒材とする主客の関連であるが、両者の関連を必然と見るとき、教育主体(国語教育者、その国語教育者的性格に立つ者)は、教育客体(幼児・児童・生徒・学生、その他学習者的性格に立つ者)に対して、世代的関連に立っている。主体の立つ世代は、客体の立つ世代と、同一のばあいもありうるが、多くは同一でない。主客間には、その年齢差として、自然な量的時間差が見いだされるばかりでなく、さらに世代的関連として、質的時間のちがいが発見される。多くのばあい、主客両者は、異質的世代の時間性に立ちながら、主体は、国語教育の媒材となり対象となる国語の知・情・意的把握に質量ともにたけて深く、客体は、国語の知・情・意の把握に、質量ともにたけていない点がある。主体的世代は、過去的現在に生き、客体的世代は、未来的現在に生きている。主客両者は、国語に媒介され、国語を対象として、現在に結ばれる関連に立っているが、その立脚する時間的基盤の次元への傾斜には、それぞれ世代的個性を見せているのである。

世代的関連において、一般に異質的であった主客両者は、現在性をふまえて、志向次元の異なる時間性に立っているわけである。ここに、主客両者の必然的関連における時間構造を見いだすのである。(同上書 p10)

教える主体が「過去的現在に生き」ているというのは、主体的世代(教える側)が、「教える」立場に立ったとき、そこに過去の世代の経験・文化の積み重ねがあるということで、教わる客体が「未来的現在に生きている」というのは、教わる側は年齢に関係なく未来を志向する存在であるということである。教わる側は、何かを習って未来に役立てようと、計画し、夢見ている。学習が進むほど未来が見え、描け、もっと未来へと、進むことができる。

「現在性をふまえて、志向次元の異なる時間性に立っている」というのは、教室のなかで、教える者は過去を広く見渡して教わる者に受け渡そうとし、教わる者は未来を見つめて伸びようとしているということである。

「必然的関連における時間構造」とは、過去的現在に立つ教える者と、未来的現在に立つ教わる者が、現在へ互いに歩み寄り、関連することによって、異質的であった両者が、現在でつながるということである。ここに国語教育の実践の歴史性が見えてくる。

主客両者の関連を、偶然と見るとき、主客の関連には運命的なものがつきまとう。（同上書 p10）

主客両者の出会いは偶然的でも、運命的なものとしてとらえられる。

国語教育の営みの第一の対象である国語もまた、時間性を備えているものである。

主客両者の実践は、国語を媒材として営まれる。この媒材としての国語は、時間性において成立する表現である。その表現は、歴史的現実にあって、花をひらき、実をむすぶ。しかも、国語教育における主客両者の営

みは、その営みの第一の対象を、まぎれもなく国語生活に発見する。（同上書 p10）

「時間性において成立する表現」とは、国語教育が、歴史的実践として歴史性に立っていることと、深く関係する。そのことは、次の文章で裏づけられる。

国語教育は、歴史的実践として、歴史性に立っている。歴史性に立ち、歴史的現実において営まれる国語教育が、その実践構造を時間性に深く根ざしていることは疑いがないであろう。（同上書 p9）

「歴史的現実」とは、歴史性、歴史のなかのその時点を、今、現在あるものとしてとらえることにより、その時点の表現者の感動を今、我がものとしてとらえることである。受けとる読者に同じ感動、同じ時間を与えるとき、その表現は時間を超えて花をひらき、実をむすぶ。「歴史的現実」というのは、歴史のなかのその時点を、現在あるものとして感じさせることである。いいかえれば、過去の表現が今、現在に古びることなく生きて語る、時間を超えて現在に届くということである。

国語生活の質的時間については、次のように書いていられる。

現実の国語生活にあって、国語の現実に向かう態度が、認知的であるばあい、その時間性は過去性に重心があり、感情的であるばあい、その時間性は現在性に重心があり、意志的であるばあい、その時間性は未来性に重心がある。認知的、感情的、意志的という国語現実への志向によって、そこに見いだされる時間性は、それぞれちがってくる。国語生活の時間性は、このような三つの態度が有機的連関にあって統一的にはたらくところに見いだされる質的時間である。(同上書 p10・11)

過去・現在・未来のどこに重心を置くかによって、認知的、感情的、意志的という国語現実への志向性の質的ちがいが生まれてくる。しかし、現実は、歴史がつながっているように、この三つの態度が複雑に絡み合って質的時間を作っている。質的時間とは、もっと詳しく言うと、どういうことだろうか。質的時間は、その根底に、1脱自性、2将来性(未来性)、3有限性をもっていると、指摘されている。この三つは何を意味するのだろうか。

1脱自性とは、自分から離れる性質のことであろう。この脱自性によって自己中心性を離れて物事を客観的に見ることができる。

2将来性とは、未来に届けることができるということであろう。これは、時間の軸を越えることとつながる。

3有限性とは、限定された限界をもっていることである。限界があることによって、ものごとが明確になり、明示性が備わる。

こう考えると、時間の構造とことばの構造とはよく似ている。

以上のことを具体的な例にあてはめて、考えてみたい。

1脱自性は、ものの名前を例にとるとよくわかる。ものを名前で表現するとき、そのものは自分からはなれ、誰にでもわかる普遍性・社会性を備えたものとなる。

2将来性(未来性)は、手紙を書くことを例にとると、十年後の自分に向けて手紙を書くことができる、といったことにあらわれる。十年前に自分に向けて書いた手紙が、あたかも昨日書いたかのように、時を超えて、十年前の今を十年後の今に届けてくれるということである。これもことばの表現が持っている時間性による。

3有限性は、そのものを限定する働きである。ことばが具体的な音、形(すがた)をもつことによって、有限性を備え、その有限なものによって世界を有限なものとして区切っていく。これは、まさにことばそのものである。

このことを、野地博士は、次のように書いていられる。

国語生活を支えている国語表現は、その音声表現過程において、現実的知覚的時間に立つとともに、その意味内容において、超現実的観念的時間を担っている。知覚的量的時間の線に沿いつつ、観念的時間を、過去・現在・未来にわたって自在にとらえていくところに、国語表現の時間性の特質が考えられる。(同上書 p11)

ことばという表現をもったことにより、人間は時間という観念をとらえることができたのではないだろうか。止まらずに流れているときをとらえることは、難しい。今、今、今、と三回言ったとしよう。一回目の今と、三回目の今とでは、三回目の今の方が、現在の今と思っている今に近い。さきほど口にした今と、現実の今とはあきらかにちがう今だ。だが、今と言っていた今の瞬間は、確かに今そのものであった。書くということにより、その今という時間を永遠に留めることができる。これがことばの力ではないだろうか。観念的な時間を、過去・現在・未来にわたって自由自在にとらえていくことができるところに国語表現の特質がある。このような特質を、最大限に生かしているのが、言語文学としての文芸である。

国語教育における主客の営みの第二の対象は、言語芸術としての文芸に見いだされる。文芸を教育の媒材として対象化することは、国語教育においては当たり前のことであるが、文芸の時間性については、考えていただろうか。野地博士は、九鬼周造博士が、その著「文芸論」のなかに、文学の哲学的考察として、あきらかにされたことを、文学の時間性として、次のようにあげていられる。

文学の時間性は、

第一に、文学は芸術の一種である限り文学の時間性は一般的にいって現在的であること

第二に、時間芸術としてその時間性は質的であること

第三に、言語芸術として時間が重層性をもっていること

である。したがって、文学の時間的本質を一言でいうならば、重層性をもった質的な現在であるとされて、時間の重層性ということが、言語による時間芸術としての文学の哲学的本質と断じてもよいとされている。

（同上書 p11）

文学が理解しがたく複雑な様相をしているのは、この重層性をもった質的な現在という時間的本質による。現実的知覚的量的時間に立つとともに、超現実的観念的質的時間を過去・現在・未来にわたって自由自在にとらえていくところに、国語表現の時間性の特性があり、おもしろさがある。国語表現の全一的結晶としての、言語芸術としての文芸は、この意味からも芸術性が深く高い。

九鬼博士の考察を、さらに次のように紹介していられる。

文学一般の時間的本質は、文学が言語によって観念的時間を産むことにおいて、時間の重層性を構成するところにある。要するに、時間の重層性によって生命ないし精神を形式内容の両面に亘って全的に表現し、したがって人間のいのちとたましいをありのままに示す最も深い芸術が文芸であるとすれば、重層的な質的現在ということが文学の時間的特質である。こう結論していられる。（同上書 p12）

では、このような時間的構造の特質をもつ文学を、どのように国語教育において教授していけばよいのであろうか。この質問に対して、野地博士は、次のように考えていられる。

このような時間的構造をもつ文芸を対象として、文芸教育が営まれるばあい、教育主体は過去的現在に立ち、教育客体は未来的現在に立ちつつ、現在の直感により、あるいは追体験によって、文芸鑑賞あるいは文芸創作が行われるであろう。その際、教育主体は学問的知性に訴える面が多く、教育客体は倫理的行為性において受けとる面が多く、しかも、ともに根底においては、静的な芸術態度に、すなわち静かな質的時間に立っている。

（同上書 p12）

教師は、文芸教育において、自分が習ってきたことを、自分の過去の経験も含め総力をあげて、時間の重層性をもつ言語芸術として教えようとする。生徒を子ども扱いしないで、文学のわかる一人前の大人として、生徒の学問的知性に訴えようとする。生徒たちも、先生から文学の精髄を学びとろうとして倫理的に学ぼうとする。ともに静かな芸術的態度で文芸教育の授業がおこなわれ、そこには質的時間が流れている。これが、国語教育の文芸を対象とする授業では理想であろう。教育主体に十分な知識があり、国語表現の時間性の特質が把握されていて、生徒たちを文学の話ができる大人として扱い真剣な態度でとりくめば、このような授業は成立する。

次に考えてみたいのは、何のために国語の勉強をするのかということについてである。意欲のない生徒からも、何のために国語を勉強をするのかということについて聞かれることがある。生きるため、生活するために国語は必要なのであるが、生徒たちは普段の言語生活に不自由していないから、国語の必要性が実感されていないのである。

自分の国語の力の程度が自覚されていないのである。もっと上級の難しい本が読みたいというような目的がないから、勉強をする意欲がわかないのである。身近なところに規範者の出現がないことも、意欲のわかないことの原因の一つであろう。この目的論の時間性は、未来性に見いだされる。野地博士は、次のように書いていられる。

国語教育の目的論の時間性は、その究極において、未来性に見いだされる。ここでいう未来性は、過去性や現在性から孤立したものではなく、むしろ現在性・過去性までも包摂し規制していく未来的時間性である。なんのためにという国語教育の目的が未来的視点において確立されれば、国語教育の営みは、その目的にみちびかれる。

国語教育の目的論の時間性が未来性に見いだされることと、教育客体が言語教育・文芸教育にあって未来的現在に立つこととは、深く関係している。（同上書 p13）

若いときほど、自分の未来に夢を抱くことができる。幼稚園や小学校の低学年のころは、どんな大きな夢でももっている。また、自分がそうなれることを信じて疑わない。中学生になると、夢を口にすることをやめる子が増えてくる。夢はもっていても、人に語りたがらない。夢を語り合い、夢に向かって努力できるような国語教室や人間関係をつくりたいと思う。教育客体が未来的現在に立たないはずはないし、未来に夢をもっていないはずがない。夢をいきいきと語れるようになったら、未来的現実にしっかりと立ち、目的をもって授業にとりくめるようになるのではないだろうか。

次に、いついかにしてということについて考えたい。学校での国語教育は、量的時間の制約をうける。しかし、時間の制約を集中してとりくませる期限として考えると、積極的なプラスの意味づけもできるのではないだろうか。

野地博士は、量的時間について次のように書いていられる。

機会・方法の面で、量的時間に規制されるのは、ひとり国語教育だけの特殊性ではないが、ここでは、かぎられた量的時間をいかに内実の高められたものにするかが重要になる。教育主体も教育客体も、量的時間について自覚することがだいじになる。（同上書 p13）

「かぎられた量的時間をいかに内実の高められたものにするかが重要になる」そのためには、先生も生徒も「量的時間について自覚することがだいじになる」のである。まず心構えとして、自覚をはっきりもって、国語教室に臨むことがだいじになる。主客両者が、量的時間について自覚し、質的時間に立ち、夢を実現させるという未来的現在に立つことが国語教育を成立させることになる。

国語教育の方法については、次のように書いていられる。

なお、いかにしてという国語教育の方法は、国語教育の媒材である国語や対象である国語生活・文芸作品のもつ時間構造に即して生みだされなくてはならない。（同上書 p13・14）

九鬼周造博士によれば、文学の時間的構造では、過去に重きがおかれているものは小説であり、未来に重きがおかれているものは戯曲であり、現在に重きがおかれているものは詩であるというように、文学のジャンルのちがいによって、時間性に著しい差異が生じてくるので、それぞれの時間構造に即して生みだされなくてはならないといえるようである。それぞれに有効な、具体的な方法を考えたうえで書かなくてはならない。

国語教育の全一的把握のためには、質量両面において時間的に自覚していくことがたいせつである。

以上、述べてきたように、国語教育の時間的構造の問題としては、次のような点があげられる。
1　国語を決められた場所、決められた時間の中で、国語を目的・方法として習得させていく実践行為である、ということ。
2　歴史的実践として、歴史的現在のなかで営まれる、ということ。
3　教育主体と教育客体の間には、世代的関連として、量的時間と質的時間の差がある、ということ。
4　教育主体的世代は過去的現在に生き、教育客体的世代は未来的現在に生きている、という志向次元の異なる時間性に立っている、ということ。
5　国語教育の第一の対象である国語もまた、時間性を備えているものである、ということ。
6　国語教育の媒材としての国語が、時間性において成立する表現である、ということ。
7　国語現実への志向によって、認知的、感情的、意志的という態度が複雑に絡み合って質的時間を作っている、ということ。
8　国語表現は、現実的知覚的時間に立つとともに、超現実的観念的時間を担っている、ということ。
9　国語表現は、知覚的量的時間の線に沿いつつ、観念的質的時間を、過去、現在、未来にわたって自在にとらえていく、ということ。
10　国語教育の第二の対象である文学の時間的本質が、重層性をもった質的な現在である、ということ。

時間的構造の問題ととりくみながら、国語教育主体であることを自覚し、豊かな言語生活を送りたい。

2　国語教育実践の基本問題

国語教育個体史の意義を考察するために、国語教育実践の基本問題を考えておきたい。国語教育個体史を書くことの必要性が、基本問題を考えることで見えてくる。

野地潤家博士は、『野地潤家著作選集①国語教育個体史研究原理編』のなかで、次のように述べていられる。

> 国語教育実践の基本問題として、
> 1　国語教育価値観の問題
> 2　国語教育実践主体の向上の問題
> 3　国語教育展開上の基礎問題
>
> という三つの問題点を中心に考察をすすめたい。（同上書 p 14）

実践主体である、わたくしの国語教育に対する価値観は正しいだろうか。また、常に向上心にあふれた、国語教師としての言語生活をしているであろうか。国語教育実践を日々よりよいものとする努力を続けていただろうか。思い返してみると反省することしきりである。今、野地潤家博士のあげていられる、三つの問題をここでもう一度見直す必要を感じる。

1　国語教育価値観の問題　（国語教育が第一義の価値ではない）

国語教育の実践営為が正しくすすめられるためには、国語教育の実践主体が、国語教育の本質・構造・方法について、正しい認識をもたなくてはならない。国語教育の本質・構造・方法が正しく認識されて、はじめて正しい国語教育の実践営為が可能になる。国語教育とはなにか、また国語教育はどのように構造づけられているか、国語教育はいかに実践すべきかを認識して、正しい国語教育観に立ってこそ、国語教育の実践営為も充実してくる。（同上書 p15）

国語科教師が他の教科の教師に比べて専門視されなかったのは、国語が学問として認められにくいという立場にあったからではないだろうか。そのうえに、国語科の教師自体に専門家としての意識が低かったということもあげられると思う。

近代国語教育において、国語教育観が実践主体の外部から、上からという形式で与えられるに至った原因としては、一般的には近代日本の教育的後進性を指摘しなくてはならない。また、近代日本における言語社会の未発達性・偏向性をも指摘しなくてはならない。なおまた、教師養成機関における国語教育そのものへの無関心性をも指摘しなくてはならない。これらの原因をさらにつきつめると、最も深い原因の一つとして、正しい国語教育職業観の欠如・偏向を指摘することができる。国語教育に直接たずさわっていながら、自己の職業意識が低く、ゆがめられている事情は、複雑であって一様ではあるまい。しかし――実践主体の営む国語教育の実践が、その実践主体にとって、自己の生活・研究の直接の目的ではなく、また主題ではない。それは一個の人間の生活手段であって、自己の真の研究主題は、おのずから別の領域に求められる。国語教育は、自己の生活・研究において、第一義の価値ではない。第一義の価値は、自己本位の研究生活ないしは趣味生活・創作生活にあって、国語教育は、それに隣接し奉仕している生計手段にすぎない――およそこのような国語教育価値観は、多かれ少なかれ見受けられるのであって、国語教育実践の基本問題の一つは、まさしく実践主体の立っている、このような職業観ないしは価値観の実体にあるといわなくてはならない。（同上書 p15・16）

正しい職業観をもてないということは、国語教育に対する実践主体自身の問題でもあり、また社会的な国語教育に対する価値観の低さにも由来すると思われる。世界的に美しく高い芸術として認められている、日本古典文学の価値が、若い世代の日本人に親しまれていないこともこのことを表している。

国語教育の使命・責任を実践主体に観念的には強制することができるかもしれない。しかし、それは実践主体のすべてを国語教育実践に集中させる原動力にはならない。それは実践主体を正しい国語教育価値観に立たせることによって可能である。正しい国語教育価値観に立って、はじめて実践主体は国語教育職業観を内面から正しくささえていくことができる。教育自覚は、まず価値的な職業自覚でなくてはならない。

国語教育価値観を問題にするばあい、基本的には、国語教育職業観が問題になる。つぎに、価値観自体の問題としては、実践主体が、国語教育価値観を、文芸研究・言語研究・文芸創作・文芸鑑賞などに関する価値観と対比して、前者の優位性を認めえないばあいの多いことが問題になる。（同上書 p16）

正しい国語教育価値観と職業観に立ち、国語教育を教えることの意味を正しく認識して、「ことば自覚」をもつ国語教育実践者となることが緊要である。

自由性・時間性・創造性・定着性において、国語教育の主体的価値は、文芸・言語の研究価値や創作価値に対比して、いつでも劣位におかれることがすくなくないのである。これではたして、国語教育の価値意識は、妥当であるといえるであろうか。

国語教育実践の基本問題は、まず正当な国語教育職業観を実践主体に確立させ、正常な国語教育価値観をその内面に自覚させることになくてはならない。（同上書 p16・17）

国語教育実践の基本問題は、実践主体である国語教師が正当な国語教育職業観、プロ意識を確立させることにある。国語教育のプロとしての誇りをいつももって、実践をすることにある。読み書き話し聞くことのプロとしての自覚をもって、言語生活をすることにある。言語生活者として二十四時間国語教師として過ごすことにある。国語教育の価値観も、何よりもだいじな教科として、人間を育てる基礎として必要不可欠の国語を教えることの、他に比べようのない重要性をわかったうえで、生きていく力をつけるための国語教室を創造することにある。わたくしたち現職の教員が、国語教育職業観を確立し、国語教育価値観を自覚して、日々の実践営為をおこなうことにある。

国語教育個体史を実践主体が書くことによって自らを律し、個体史を書くことで国語教育の学問としての価値があきらかになる。そして、国語を教えることの真の価値が見いだされてくる。国語教育の価値観は、文芸研究・言語研究・文芸創作・文芸鑑賞などに関する価値観以上に高いものであることが、国語教育個体史を書き、実践営為をすることで実感されてくる。国語教育個体史研究をすることで、本来の国語教育価値観がもてるようになる。

2　国語教育実践主体の向上の問題

国語科教師は、国語教育の実践主体である。最も基本的な問題は、国語科教師の問題であって、実践主体がい

かなるありかたをしているかにかかるといってよい。（同上書 p 17）

野地潤家博士のことばとして、『野地潤家著作選集①国語教育個体史研究原理編』のなかに、「わたくしの全生活からうけとってもらいたい。」（178ページ）がある。この二十四時間国語の教師であるという自覚をもって暮らすことが、国語教師の理想である。こう言える国語教師がどれくらいあるだろうか。国語教育実践主体として、自己を絶えず向上させようと、強い意志をもって暮らしているだろうか。二十四時間国語教師として暮らすというのは、並大抵のことではない。

国語教育における実践主体の向上は、まず言語主体の向上として追求されなくてはならない。実践主体が国語の自覚に立った言語主体であって、はじめて国語教育はその主体性を確立することができる。

国語教育の実践主体の向上は、基本的には国語教育職業観と価値観とが正しく位置づけられなくてはこれを期待することができない。さらに、実質的には言語主体として言語生活のありかたが具体的に徹底して追求されなくてはならない。聞くこと・話すこと・読むこと・書くことの全面にわたって、言語主体としての自己のありかたを精密に反省し、向上させていくことがのぞましい。国語教育実践主体の技術の源泉は、実にここにこそ求められなくてはならない。

言語主体の反省・向上は、観念的な面で行われるばかりでなく、最も具体的な現実の場において、言語生活そのものが把握されなくてはならない。国語教育において最も困難でありかつ弱点である面は、実践主体の言語主体としての自覚の問題と、言語主体による言語生活の具体的把握の問題である。自覚の問題は、言語社会の全一的向上と教師養成機関における適切な指導にまたなくてはならない。また、広くは実践主体の成長期における国語教育・国語科教育の成果に期待しなくてはならない。把握の問題は、実践主体の言語感覚が根本になる。さらに、自覚の場に立って、言語生活把握についての具体的方法が考えられなくてはならない。

言語生活について、その具体的把握が集積されていくことによって、実践主体の言語把握は、しだいに広く深くなっていく。言語主体の向上も、そこに期待することができる。さらに、実践主体の向上がそこに期待される。

国語教育の実践主体は、いうまでもなく多くのすぐれた人間性を具備していなくてはならない。しかし、それらは、たえず言語主体によって媒介された、表現者・理解者としての人間性に立つことでなくてはならない。

国語教育における最大の難点は、実践主体が真に言語主体として生きることのむずかしさであり、実践主体は言語主体としてその言語自覚と言語把握に集中しなくてはならない点にある。国語教育実践における基本方法論の問題の一つは、ここにあるとみてよいのである。国語教育力の問題は、またこの方法の成果にかかるとみてよいのである。（同上書 p17・18）

国語科の教師は、読み書き話し聞く手本とならなければいけない。国語教師のことばがそのまま模範となるようであれば、国語教室で学ぶ生徒にとって毎時間の授業でつかわれることばが基本となり、自然のうちにことばのレベルが向上することであろう。素水光子氏の授業を考えても、素水氏がことばの規範となりお手本を示すことで、小学校一年生でも正しい適切なことばがつかえることは実証されている。語彙が増えるということは、心が豊かになるということである。ことばの力というのは強いものである。ひとことが忘れられないことばとなり、一生を左右することばともなりかねない。特に教師という立場である以上、生徒に与える影響ははかりしれないものがある。どんな会話がおこなわれるか、毎日の国語教室では予想できないことがしばしばおこる。そのときどきに国語科の教師としては、適切かつ温かいことば返しが期待される。この瞬間的対応で、子どもの期待に応えられる最高のことばが返せたら、どれほど実の場として生徒のことばの力となることであろう。それだけで国語科教師としての力は備わっていると皆が認めるであろう。日々のことばへの愛着と吟味の真剣さがこことというときに、これでなければということばをつかえるもととなるのである。採用試験に受かったからといって、そこで勉強することをやめてはいないだろうか。本を年間何冊読むとか、詩や短歌・俳句をいくつつくるとか、創作を続けるとか、そういった自分自身の学習の計画を自分に課し、国語の力を伸ばすような努力を続けているだろうか。

言語主体として生き、自己のことば自覚をもち言語把握に集中することが、何よりも国語教育主体としての向上につながることになると考えられる。

「実質的には、言語主体として言語生活のありかたが具体的に徹底して追求されなくてはならない。」ということであるが、読み書き聞き話す、すべての言語生活の手本となるということは、怖ろしいような気がする。悪い手本となるのは簡単で、良い手本となるのは難しい。今のことばいい感じだったな、と思っても、忘れてしまって真似をするのは困難だ。特に話しことばとなると、あっ、いい感じ、と思っても覚えていられない。しかも、話しことばが一番つかうことばである。話しことばは、ことばそのものだけでない、そのときの状況というものがあるので、その場に一番ぴったりくることばをいつもつかうことができるというのは、難しい。修練が必要である。書きことばは話しことばに比べると、まだ伝えるのが簡単かもしれない。クラス担任をして、部活動を受けもち、普段の生活をともにするなかで、普段着のことばが悪かったら、いくら国語の授業中だけ美しいことばをつかっていてもだめである。やはり平生から美しいことばをつかっていなかったら、国語教師としての値打ちがない。言語主体として言語生活のありかたを具体的に徹底して追求するということは峠のない山道を登り続けるような、一生の目標となりそうだ。

美しいものに感動し、感激できる心の素直さと感性を持ち、中学生のお手本として純粋に生きていくということは、かなり難しい気もする。しかし、ともに感動できなくなったら、中学の国語の教師としては失格であるように思う。

教師の努力のあとを見せることも、教師の努力している姿を見せることもだいじだと思う。国語教育力は、努力を続けている教師に与えられる力である。

3　国語教育展開上の基礎問題

国語教育の実践構造を、生きた構造体としてみるばあい、実践主体を視点にとれば1目的　2目標　3内容　4方法　5成果（評価）によって構造づけられる行的体系の展開過程とみることができよう。そしてそれは、実践主体による国語教育営為の創造過程とみることができる。

この創造過程としての国語教育実践の展開において最もたいせつな問題点は、この創造過程そのものの把握・記述がきわめてむずかしいという事実である。この事実が主因となり、かねて職業観・価値観からくる国語教育観の偏向が副因となって、この展開過程・創造過程そのものの実践記録としての把握が、多くのばあい無視されがちな状況にあることである。

国語教育が着実に前進し、その実践営為を充実させるためには、まずその基本作業として、実践主体の営む国語教育の営為自体が、展開過程・創造過程として、実践主体によって全体的に把握され記述されなくてはならない。この基本作業をぬきにして、真の意味の国語教育の営為は、その方向・内容・方法・反省を深めていく方法がないといってもよい。実践主体の実践の問題は、すべてこの把握にもとづいて行われるのが望ましく、またこれによってのみ真に行いうる。

国語教育実践営為は、その性質上、静的な個人作業ではなく、動的な集団作業であって、その現実はきわめてとらえにくい。しかし、それを個体史的観点に立って、各実践主体がめいめいにとらえて具体的に記述してみるところから、国語教育実践の持続的有機的展開への見通しとその効果的な方法とが発見されてくる。実践営為を、そのとらえがたさのゆえに、空疎に散佚させてはならないのである。国語教育実践における最も中心的な基本問題は、まさにここにある。（同上書 p18～20）

実践記録を残すことのたいせつさは、わかっていてもなかなか個人で続けることは難しい。記録というものは、いつまでも残る。記録によって何度でも読み直すことが可能になる。記録をとっていないと流れ消え去ってしまうものが、記録をとることにより、再現することが可能になる。自分の授業記録を一番厳しく見ることができるのは、自分自身であろう。また、自分の事情を最も深く理解して、記録が書けるのも自分であろう。自分で自分を鍛えるのに、こんな効果的な作業があるだろうか。自分の授業をテープに録音して聞くだけでも赤面ものであるが、それを記録して何度も再現するとなると、こんなに良い教材はない。芦田恵之助氏が、授業記録を残していられるが、後でなさる授業ほどうまくできたのは、何十回もなさった授業をするときでも、間際まで指導案を立てられ、授業計画を練られていたことによる。その授業を支えたものとして授業記録があった。指導案を考えるときにも授業記録は役立っていたに違いない。逆にいえば、授業記録があったからこそ、今までの授業をあらたな授業に活かしていけたといえるのだ。大村はま氏が、今も抜群の記憶力をもっていられるが、それも学習記録が残されているからこそ、ということができるのではないだろうか。

実践記録を全体的統合的に集積することは不可能に近いくらいたいへんなことかもしれない。しかし、「この基本作業をぬきにして、真の意味の国語教育の営為は、その方向・内容・方法・反省を深めていく方法がないといってもよい。」のであれば、自己の実践営為を充実させるためにも、向上させるためにも、この実践主体による国語教育実践の営為に関する記録の全体的統合的集積、すなわち国語教育個体史を書くことは、すべての国語教師にとって緊要なこととなるのである。実践主体の営為が未熟で貧しいものであればあるほど、この個体史の把握記述の作業は、実践主体の営為の全体を拡充向上させるために緊要なものとなるであろう。

個体史的観点に立って、各実践主体が具体的に実践記録を記述することにより、与えられる価値は大きいものがあるであろう。個体史を書くことにより、実践へのヒントが見えてきたり、新しい発見があるであろう。それは、後の実践に生きて、国語教育実践営為を向上させるであろう。

国語教育実践の持続的有機的展開への見通しと、その効果的な方法との発見が約束されているのに、国語教育個体史を書かないでよいものだろうか。書くことにより、埋もれている宝が自分のものとなるのである。

書くことを億劫がっていたのでは、国語教育個体史は書けない。国語教育個体史をすべての国語科教師が書くためには、小・中・高の国語学習個体史を書いておく必要がある。また、教師を志した段階で国語教育者成長史を書いておくことがのぞましい。そのうえに立って、実践主体としての日々の国語教育実践史と、国語教育生活史を書くことが順序であろう。国語教育個体史を書くことが喜びにならなくては、書くことは続かない。教師を志した段階での書くことの習慣づけと自覚ができることが、鍵をにぎることになるように思う。大学時代に真剣に勉強した人間でないと、国語教育個体史を書くことは、困難なことになるだろう。自分の実践営為に愛情をもてなければ、国語教育個体史の資料として実践営為を記録することは難しいし、記録しても残したり、何度も読み直して役立てることはできないと思う。国語科の教師ならば、自分の詞花集を編み楽しむ人は多いだろう。国語教育個体史も詞花集のようでなければならない。折に触れて開き楽しみとして見られるようでなければならない。そのためにも日々の授業実践を愛し、生徒が国語の授業を楽しみに待つような国語が好きでたまらなくなるような内容を選び、教材研究と授業の工夫をしなければならない。

国語教育実践に臨み、生徒にも教材にもただ一人の人（もの）としてたいせつに心こめて相対すれば、国語教育個体史は無理なく書き続けられるであろう。

よく物事を成すには、計画・実行・反省といわれるが、正にこの国語教育個体史はそのすべてを含んでいる。しかも、全体的統合的集積であり、主体的組織的有機的なものを目指して、すべての実践を漏らさずに記録することが国語教育個体史の記述になる。そのうえ、他人に見せて評価されるものではないから、赤裸々にありのままに書いて、自分自身の授業実践の研究材料とできるのである。こんなに役立つものが他にあるであろうか。日々の煩雑な生活に追われて、自分がどんな授業をしているのかも、はっきりとは把握できないまま、そのときそのときの生徒の反応に一喜一憂しながら、何も残らずただ忙しいままに過ぎていくのでは、国語教師としてあまりにも哀しく虚しいことではないだろうか。自分が骨身を削り渾身の力を込めておこなった授業であっても、ときが過ぎれば忘れられてしまう。国語教育個体史として残しておけば、確かに書くときは厳しいであろうが、いつまでも、そのときを留めることができるのである。それは、自分自身を労わることにもなり、また、同時にそのときの子どもたちを、同時代をともに生きて学んだ証として残すことができるのである。国語教育個体史のなかでは、お互いが年をとらないのも嬉しいことではないか。大村はま氏にしても野地潤家博士を思い浮かべても、記録をもっていられる方というのは、いつまでもお若い。この若さの源流が国語教育個体史にあるとしたら、何としても国語教師としての若さを保つためにも、国語教育個体史を書くことは必要ではないだろうか。

3　国語教育個体史記述の困難と問題点

国語教育にかぎらず、教育実践者が主体的であることは、のぞましいことである。特に言語教育である国語科の実践は、実践主体の自覚や意欲が実践の向上に反映することはいうまでもない。では、国語教育実践における主体性・自主性は、どのようにすれば確立できるのであろうか。

国語教育実践における主体性・自主性の確立は、現実には生きた国語教育個体史を刻みあげることでなくてはならない。（同上書 p20）

実践主体にとって何よりもたいせつなのは、自己の営む国語教育事実である。可能態としての国語教育理論に、いかにすばらしいものがあったとしても、現実態として自己が営める国語教育実践でなければ、参考としてしか役には立たない。自分にはどのような実践ができるか。主体的に自分で考えていくしかないのである。そのためには、自己の教育事実を具体的に把握することが基礎作業として必要になる。実践主体は国語教育事実に即して、自己の国語教育実践を把握していかなければならない。そのためにも、国語教育個体史を記述することが絶対に必要なことであり、国語教育個体史を見つめることで、国語教育の着実な実質的前進が期待できるのである。では、国語教育個体史の問題はどこにあるのだろうか。野地博士は、次のような問いかけをしていられる。

今までの国語教育にあっては、日々の国語教育実践が、可能態としては理論的根拠に立ち、ある度合まで組織性・計画性をもっていながら、現実態としてはそれがともするとその場かぎりの現象性しかもたないものと

して考えられてはいなかったであろうか。(同上書 p21)

その通りであると、頷かないわけにはいかない。いくら頑張ってみても日々の実践が、その場かぎりで終わってしまっていることが多かった。断片的に残っていることもある。しかし、ほとんどの実践が、その場その場で授業が終われば消えていく運命にあった。

一つの国語教育の実践は、疑うことのできない生きた事実である。しかし、この事実(国語教育事実)は、常に形の上に現実態として結晶しうる事実であるとはかぎらない。(同上書 p21)

「常に形の上に現実態として結晶しうる事実であるとはかぎらない。」とはどういうことだろうか。「常に……とはかぎらない。」ということは、国語教育事実を形として現実態として結晶させることが常にはできていないということである。時間の流れとともに流れていく性質のものを、結晶させて固体化させていくことは難しい。流動性に合わせて、素速くしかも深く現実態として結晶させるのは至難の技である。この時間的な流動性のある国語教育事実を結晶化させるのは、抜群の記憶力が必要である。記憶力を高めるためには、事前準備がどの程度整えられているかということが、決め手となる。また、記述しようという強い決意が不可欠のものとなる。記述して記録として残すということが、記憶力を助けることになる。国語教育個体史を書くことによって、現実態として結晶させることができるのではないだろうか。

主としては自己内省によって、その事実を謙虚にしかも正確にみずから把握しなくてはならない。この意味で、現実に実践される国語教育の営為は、その営為自体を実践主体みずからが把握していこうとする意欲がなければ、これを把握することはむずかしい。国語教育に対する実践主体の熱意があって、はじめてその実践営為をしっかりととらえていくことができるのである。（同上書ｐ21）

国語教育実践の営為を把握していこうとする意欲と熱意があってこそ、結晶化することができる。しかしながら、「自己の国語教育実践を詳細に把握してきたという具体例は、そう多くはない。」のである。この現実が国語教育個体史を記述することのむずかしさを語っている。

実践の営為が精細に把握記述されなくても、それは一つの把握でありうる。しかし、それはまたなんとしても部分的断片的把握におちいりやすい。実践主体が自己の実践を通じ、さらには他者の実践に教えられて成長するというばあい、その実践把握は、できるだけ断片に傾くことをさけ、組織的有機的把握でなくてはならない。（同上書ｐ21・22）

組織的有機的把握で、しかも精細な把握記述となると、やはり国語教育個体史記述はむずかしいことかもしれない。しかし、国語教育実践営為の向上を目指すならば、何としても国語教育個体史を書くことは緊要である。

実践に対する自己反省がきびしくなされ、その未熟さにつきあたるとしても、その未熟さのゆえに、その実践をみずからつかまえることをあきらめたり、中止したりしてはならない。自己の実践営為にきびしい価値判断を与えることはたいせつであるが、それのみが先行して、実践営為そのものを把握しようとする意欲を喪失

してしまうことは戒めなくてはならない。（同上書 p22）

国語教育個体史は、自分ひとりきりで書くものだから、こういった挫折感のようなものも感じるのであろう。自分の国語教育実践営為の評価が厳しすぎて、書くことが嫌になってしまうかもしれない。自分の心の弱さとの闘いということも、国語教育個体史記述の問題としてありそうだ。

さらに、国語教育個体史記述の問題として、次のような大きな原因があることをあげていられる。

中学校以上の学校国語教育（国語科教育）においては、在来の国語教育の方法によれば、教師が中心に立って授業を進め、数組に同一方法によって何回もくり返されることが多かった。しかも、それが週合計二〇時間をこえることもすくなくなかった。こうした反復と過労のために、自己の実践営為にみずから新鮮な愛情をいだくことができず、ついには惰性におち、意欲が減じ、この営みを積極的におしすすめることができなくなってしまったのである。したがって、自己の実践記録がいきいきと把握記述されるというようなことはなくなってしまうという事態につきあたるのである。（同上書 p22）

ほんとうにその通りであるかもしれない。確かに中学校の現場は忙しい。授業時間も多いが、授業だけをしているのでないことも忙しさの原因となっている。

国語教育の実践営為が、実践主体の自己把握によってみごとに結晶するという具体例にめぐまれない原因は、次の二つにまとめられる。

1　あやまっている国語教育事実観
2　国語教育実践営為の惰性化と過労性（同上書 p22）

1の「国語教育事実観」は、国語教育価値観と関連し、2の「国語教育実践営為の惰性化と過労性」は国語教育職業観と関連しているのでなおさら国語教育個体史記述の問題を複雑にしている。
しかし、国語教育事実を形のうえに現実態として結晶させることを可能にするのが、国語教育個体史記述による把握であるかぎり、国語教育個体史を書かなければならない。国語教育の実践営為は、実践主体の国語教育個体史記述による自己把握によってのみ、みごとに結晶化することができる。自分の貴重な国語教育実践営為を結晶化させようと思うのであれば、国語教育個体史を記述しなければならない。

次に、一般国語教育史と、国語教育個体史の関連について考える。

国語教育個体史は、一般国語教育史の特殊具現態と見ることができる。（同上書 p23）

一般国語教育史の「特殊具現態」であるという意味は、一般国語教育史が抽象し理論化していっている、制度、法律の文言、学校の成立、カリキュラムなどに対し、実際に子どもが何を学んでいるかが国語教育個体史をおさえることで見えてくることをいっている。国語教育個体史が、現実としておこなわれた具体的な実践を表していることをいう。国語教育実践主体が知りたいのは、一般国語教育史ではなくて、実際に何が、どのようにおこなわれたかという具体的な細かな自分の授業に生かせる方法である。国語教育個体史は、その答えを見せることができる。

実践主体が誠実に自己の国語教育実践に生きて国語教育個体史を追求することが、やがて一般国語教育史に生きてあずかることになるのである。

一般に自己の国語教育実践は、一国の国語教育の歴史的現実とはさしてかかわりがないように考えられがちではなかろうか。自己の実践営為の現実を歴史的現実として受けとるのではなくて、それよりも低次のものとみなして、国語教育実践における歴史性の自覚をくもらせるのではなかろうか。（同上書ｐ23）

自分の実践営為が、歴史のうえに立っていて、国語教育個体史を記述し追求することが、一般国語教育史に生きてあずかることになると、自覚して毎日の授業実践をすることができるであろうか。国語教育は、歴史的実践として、歴史性に立っている。しかし、現実にはなかなかそのことが実感として考えられないのが正直なところである。これも、国語教育個体史の問題だといえる。

実践主体が自己の実践を通じて描く国語教育個体史は、それが誠実な個体史であればあるだけ、一般国語教育史と無縁ではありえない。いな、それはあざやかに一般国語教育史の生命態を実証するものである。

一般国語教育史は、ゆたかなかけがえのない国語教育個体史に支えられて成長し進展しながら、また同時に国語教育個体史の主軸ともなるであろう。（同上書ｐ23）

国語教育個体史は、一般国語教育史の具体例として、歴史の一分野として存在する。

自らの個体史を歴史的存在として刻もうとするならば、実践目標のもち方も一般国語教育史に結びつくものとして意識され考えられなくてはならない。

国語教育の実践営為を通じて、各自が国語教育者(実践主体)としてよき成長を念願とするならば、その実践営為も、単なる同一学年の反復ではなくて、できるだけ学年順に展開していくようにするのがのぞましい。(同上書 p24)

国語教育実践主体は、国語教育個体史を記述することを考えて、精密に計画し、一般国語教育史との関係を考えて、積極的な学年順の担任を希望するようにしたい。

実践主体が、良心的によき国語教育個体史を心がけて、その担任を積極的に希望し、精密に計画していく時、現場の営為はいっそういきいきとしたものになるのではなかろうか。(同上書 p24)

国語教育個体史を記述することで、野地博士が現場の営為に期待するものが見える気がする。

国語教育実践史と実践記録とのちがいは、実践報告を、単一な報告(記録)形式におわらせず、実践主体自らが自己の営んだ国語教育事実を有機的統一的に認識し把握することにある。その根本にあるものは、自己の国語教育営為に深い愛情を注ぐことにある。また、国語教育実践を統合的に把握していこうとする計画性と意志があるところに、国語教育実践の積極的な活動がある。国語教育個体史の視点に立ってこそ、国語教育の現場は自己の主体性に立って充実した実践をおしすすめることができる。そこからは国語教育研究への着実な意欲も生まれる。

自己の営む国語教育実践の現実態を見つめ、着実に自己の実践主体としての成長をはかり、その実践営為を充実させるために、国語教育個体史を書かなければならない。

国語教育個体史は、実践主体(国語教育者)自覚の結晶と見ることができる。

国語教育者成長史の問題としては、言語主体が国語教育を営む実践主体として立とうとする、国語教育への自覚をできるだけ早く確かにさせることがだいじである。自覚に立って自己の言語生活を向上させることがたいせつである。また、国語教育の伝統を確認することは、国語教育への熱意を確かにすることにもなる。社会的個人的制約に負けることなく、国語教育実践者への道を志す強い意志を持続させることがだいじである。また、国語教育への正常な出発ができるように、その成長過程全体にわたってゆきとどいた指導がなされなくてはならない。

一般国語教育史の国語教育個体史に関する問題としては、一般国語教育史は、学説史・思潮史・学史に対して、主として国語教育の実践事実の歴史的展開を把握し記述するものであるので、国語教育個体史は、実践事実の資料の面で一般国語教育史に役立てなければならないということがある。一般国語教育史は、学説史・事実史として、国語教育の伝統、その史的展開の特質をとらえなくてはならない。実践主体がその成長期において、一般国語教育史や学説史・事実史・問題史・研究史について学ぶのは、その基本課程の一つでなくてはならない。近代国語教育の理論と実態と動向を明確につかんで、国語教育の伝統についての自覚を確実なものにしておくことは、やがて自己の国語教育愛をそだて、実践への意欲をもりあげ、国語史的自覚を深くすることである。

個々の実践主体は、その成長過程において、また実践過程において、一般国語教育史について学び、たえず国語教育一般の動向を注視しながら、自己の国語教育個体史を把握し記述することにつとめなければならない。

4　国語教育個体史の研究方法

国語教育個体史の研究方法について、野地潤家博士は、『野地潤家著作選集①国語教育個体史研究原理編』のなかで、次のように書いていられる。

記述された個体史を研究するばあいは、まず実践史の実践営為について分析しなくてはならない。分析にあたっては、生活史や成長史や学習史ならびに一般史のそれぞれを参照しながらすすめるのがのぞましい。(同上書 p 193)

実践史研究については、各記述単位について、その実践営為の成立・構造（体制）・方法・成果について分析していくべきである。(同上書 p 210)

国語教育実践史を分析するときは、国語教育生活史や国語教育者成長史や国語学習個体史、国語教育一般史を参照し、具体的に分析することが述べていられる。

各学習者によって、実践史に対応する国語学習個体史（学習者としての生活史・成長史などをふくむ）が記述されていれば、なにより有力な参考資料になる。(同上書 p 210・211)

実践主体だけでなく、学習者の側からの国語学習個体史も有力な参考資料と考えるところは、国語教育の相互関係をよくあらわしている。ともすれば自分の実践ばかりに心を配ってしまいがちであるが、学習者を中心とした授業を考えるのであれば国語学習個体史をおろそかにすることはできない。

実践史の全体を通じて、その実践の実態が分析され、実践主体の前進・停滞・偏向・向上・深化・惰性化・創造などの個体史的様相がしだいに明らかに把握される。(同上書 p211)

ここでも全体を見ることのたいせつさを述べていられる。研究者としては微視的な見方と共に巨視的な見方が必要である。

5　国語教育個体史の先行研究

国語教育個体史の先行研究として、とりあげられている論を、表にして次にあげる。

番号	氏　名	要　旨
1	大槻　和夫	①足場(拠点)が確立していなければ、主体的・自主的な国語教育実践を創り出していくことはできない。②国語教育実践者は、どこに足場を置き、何を見つめて自らの国語教

2	
北岡　清道	
⑯松山城北高女時代の国語教室を貫くもの――。それは、ことばへの愛、教育への愛、学問への愛、である。⑱松山城北高女時代の一年七か月の中等教育実践は、先生の教育者・研究者としての出発点を示すものとして極めて重要な意味をもつものであり、その	育実践の充実・深化をはかっていけばよいのか。「国語教育個体史」は、この問いに答えるものである。③「国語教育個体史」とは何か。それは、「国語教育の実践主体が、成長過程、実践営為の展開、生活を、主体的に記述したもの」のことである。国語教育者は、実践営為を記述し対象化して分析・考察し、歴史に定位することで、主体的・自主的な国語教育実践・研究を確立していくことが可能になる。④主体的・自主的な国語教育実践の創造の熱い希求から国語教育個体史の発想が生まれたものと思われる。⑤『国語教育――個体史研究――』では「国語教育個体史」の基本問題、把握方法、具体事例、研究方法が論じられている。「国語教育個体史」には、国語教育者成長史、国語教育実践史、国語教育生活史などが考えられる。⑥自らの「国語教育個体史」研究を展開される。『国語教育実習個体史』⑦白田時太先生、仲田庸幸先生のこと「国語教育者成長史」の具体例⑧国語教育史研究においても、個体史の発想が基底をなしている。「芦田恵之助研究」⑨国語教育論は、実践主体の在り方にかかわって論じられている。学習者の琴線にふれる「学びの実存」を求める国語教育研究だった。⑩「国語教育個体史研究」の発想に学びつつ、自らの国語教育個体史研究の方法を工夫していくことが私たちに求められているのである。

		実践記録である『国語教育個体史研究・主体篇一』三冊は、野地国語教育学体系の根幹をなすものと言ってよいのである。
3	長谷川孝士	①第二回全国大学国語教育学会ならびに全国国語教育研究大会が三日間にわたって開催された。③国語教育学の樹立を高く志向し、それに取り組む「気魄と苦悩」を我がこととしておられる姿がうかがわれる。⑪実践記録が「国語教育個体史研究」という学的体系・機構の中に定位されていて、「国語教育学の樹立」へ向かっての力強いあゆみであることを理解することができたのである。
4	長田　久男	③国語教育個体史研究は、野地潤家博士が初めて提唱された国語教育研究の新しい研究分野である。右の著(引用者注『国語教育個体史研究――Ⅱ国語教育個体史主体篇一その1～その3』)は、その新しい研究分野の研究を、初めて具体的に示したものである。この著書には、国語教育個体史研究の新しい研究方法が内在している。その「優れた教育実践のなかには、優れた教育事実が含まれているという仮説のもとに、教育実践の記録のなかから教育事実を帰納しそれを記述する。記述した優れた教育事実によって、優れた教育の存在を説明する。」というものである。⑤この著書に内在する研究方法が、著者の後の著書にも内在し、大きな影響を与えていることである。
5	田中　瑩一	①『国語教育個体史実践編』ことばの扉を開く＝言葉に愛情をそそぐ「文法を楽しく」と

いうことの根幹に「言葉への愛情」を据えられた野地文法指導の特色を見いだすことができる。②音声文法の一つの実践を見ることができる。

6

広瀬　節夫

①「国語教育個体史研究」は、野地潤家先生の国語教育研究の原点である。国語教育の歴史研究の一つの部門として、1国語教育学説史(学説史・思潮史・研究史)、2一般国語教育史(事実史・個別史・問題史)、3国語教育個体史(実践史・生活史・成長史)のように位置づけられた。野地潤家先生の国語教育研究の中核となるものである。③国語教育個体史の研究方法としては、1分析的把握(実践営為の成立・構造(体制)・方法・成果についての分析)、2比較的把握(他の実践史との比較による自己の実践史の特性の明確化)、3発展的把握(自己の実践史を焦点に一般国語教育史を広く見通す考察)、4定位的把握(国語教育史における立場・位置・意義・価値の考究)の四つが挙げられている。とくに、3発展的把握については、一般国語教育史との関連の必要性が強調され、国語教育個体史は、一般国語教育史の具現態とみることができる。国語教育個体史が一般国語教育史と相関することによって、個々の実践営為が普遍化される方向を示唆されている。④国語教育個体史の意義については、「国語教育の実践営為を個体史として各自が把握し、各自の国語教育の営為事実を歴史的現実としてみつめることによって、国語教育の歴史性を明らかにし、あわせてその歴史性の上に、自己の国語教育営為を意欲的にきずきあげていくところにある。」と述べられている。

7	桑原　隆	①もっとも独自なものの一つは「個体史研究」の提唱と、みずからの実践ではないかと思われる。③国語教育個体史は、国語教育自覚史であり、国語教育実践史である。事実至上に立つ個性的主体史でなくてはならない。
8	井上　一郎	①野地潤家国語教育学には、個体の形成と追究の結果拓かれた個性的主体の歴史があり、それが同時に国語教育史の貴重な記録として記されていることに重要な特質があるのである。②芦田恵之助・垣内松三の研究も、個人に限定した個体史である。「個体史」は、「国語教育史学」に位置づけられるが、「国語科教育科学」の構築も、野地先生の指摘に見られる一九三〇年代の垣内松三、一九五〇年代の西尾実といった先達の継承・発展という生き方の個体史として明らかにされたものである。
9	浜本　純逸	⑧個体史の提唱と確立「国語教育個体史」の発想は、独自のものであり、「個の実践をたいせつに」という思想に根ざしている。「個体史」と「個体史研究」の定義「一個の実践主体が一定の期間に実践した営為を、一定の秩序・組織によって採録し、その展開過程を記述し、その成果を解析し、かつ自己の実践を歴史的社会的に位置づけていく。個の実践をたいせつにし、個体の実践をみずからの歴史としてとらえ、述べていく。こうしたいきかたを、教育実践史の上で、個体史と呼び、その視点に立った研究を、個体史的研究と、わたくしはかりに呼んでいる。」⑨野地国語教育学における「個体史的研究」の意義「この「個体史」をふまえることによって、一つの安心感が得られるようになった。自己の最初の

実践体験を、このように「実践史」(個体史)としてまとめえたこと、刻みえたことは、近代国語教育史を理解していくのにも、有力な足場になった。(中略)一個の実践主体の足跡を見つめ、とらえていくという試みとその経験は、陰に陽に、実践をつかむとはどうすることか、それを歴史としてとらえるとはどうすることなのかを会得させてくれる点で、あずかって力があったのである。」⑩一般化や普遍化を急がず、他者の実践の内奥に分け入る個体史的方法によって、一人ひとりの実践における創造への不安や充実感をそれとしてすくいあげくみとって位置づけていかれるところに、野地国語教育学の彩りと豊かさの源泉がある。本著作選集に収められている『垣内松三研究』・『芦田恵之助研究』・『大村はま国語教室の探求』は、理論史や実践史であるとともに個体史研究でもあると捉えることができよう。さらに、一九六〇年頃からは学習者(児童・生徒)の側からの「学習史」をも含めて考えるように概念を広げ、教師と学習者の両面からとらえる道を開き、国語教育実践をより力動的にとらえることを可能にされた。⑪国語学習個体史の研究は、個別指導、グループ編成、教材づくり、年間指導計画などに有力な手がかりを与え、一人ひとりの個性を生かす多様な指導方法の開拓を可能にするであろう。認知理論は、学習者の認知過程を解明して一人ひとりに応じた指導方法を探求しているが、野地先生の国語学習個体史への着目には、その思想と方法において認知理論と共通するものがある。⑫個体史を拠点とする先生の国語教育史には、実践主体の顔が見え息づかいが感じられる。⑱資料をきめ細かく読む。文章を書いた人の立場と方法、態度というものをいつも見るようにするのでなければ、じゅうぶんにその文章を受けとったことにはならないのではないか——と主張し、

		感性を生かして書き手の立場・方法・態度を読みとる範例を示しておられる。⑲野地潤家先生の国語教育史の特質は、近・現代の国語教育のすべてをおおう対象領域の広さ、博捜された資料による実証の確かさ、個体史的方法による資料の読みの豊かさにある。
10	白石　寿文	『話しことば教育史研究』②1個体史的方法⑤一、主著に即した個体史的考察
11	中洌　正堯	④大町桂月の特質をあきらかにした方法論　個体史研究の系譜に位置づけられる。
12	橋本　暢夫	①中等国語教育史研究は、学習・実践個体史を中核とし、弁論・話しことば教育史、講読・読むことの教育史、作文・書くことの教育史、国語科評価史に至る国語科の全領域にわたっている。⑰中等国語教育史研究は、厖大な実践量のなかから、現在・未来につながるすぐれた実践値を見いだすため、ご自身の広く深い洞察力を駆使し、実践の内実を把握して歴史性を明らかにしてこられたところに特色がある。それは、先生の国語教育生活史を拠点とし、成長史(学習史・学習個体史)、国語教育実践史といった個体史の方法〔たえず表現者としての生活に励む〕を活用してこられたところに成りたっている。
13	山本　建雄	「語句・語彙指導の課題と方法」①語句・語彙学習個体史上での特記すべき事例と、そこから導き出された語句・語彙指導の課題と方法について主に述べられている。

14	前田　真証	⑤1個体史の着想による実践史研究の集成・結実……個々の教師の国語教育実践こそ学習者を感化し得る国語教育の最前線なのであり、それを有機的組織的に集積したものを拠点としようとする国語教育個体史の発想が、一人の国語教育実践者の歩みを時間をかけて内面から理解した上で歴史的にも意義づけようとする、このような飽くなき研究を生み出したと言えようか。ここには、近代国語教育実践史の進展が、一実践者の歩みに即して鮮やかに描き出されている。
15	村井万里子	②芦田恵之助研究への迫り方には、大きくとらえて三つの特徴がうかがわれる。2、一つの「到達点」からさかのぼって、その源流・淵限をつきとめていこうとする。それによって人物の全体像をまるごと明らかにしようとする。いわゆる「個体史研究」の方法。
16	土山　和久	『国語教育学研究――国語教育を求めて――』④膨大な事例・資料を伴う先生ご自身の豊かな経験や着実な歩みに裏打ちされた、そしてそれらに対する内省的態度を基調とする「個体史」研究であり、それを通して、研究対象あるいは国語教育実践と不可分の関係にある研究・実践主体の確立に努力なされる先生のお姿を看取することができるのである。
17	田近　洵一	⑦国語学習力をつけるための足場を、「国語学習記録」をつけることにおくべきことを

		提唱された。「学習記録」に「国語学習の拠点」を見いだされるところにも、典型的な実践の学である野地国語教育学の基本的な性格をうかがうことができる。
18	大橋　勝男	②「三　藤原与一先生の国語教育学創建——国語学習個体史稿——」は、野地先生が、藤原先生の国語教育に関する御論考を、どのように読み吸収されたかをつぶさに巡らせてくれる。また野地先生の文章表現(学問表現)の姿勢や特徴も、鮮明に分からせてくれる。 ⑧当玉論は野地先生が書かれているにもかかわらず、あたかも藤原先生自らが語られているかのように読ませられる。
19	横山　信幸	①「実践営為」を「時間的秩序にしたがって」「精細に記述」することが「史」である、と著者は述べている。
20	高木　展郎	⑥国語教育個体史は、実践研究の具体として日々の授業を対象化し、一つ一つの授業事例を積み上げることによって、授業研究の理論を構築することができる現実の授業と向き合った授業研究への視角をお示しになられている。「一つの国語教育の実践は、疑うことのできない生きた事実である。」ということは、国語科授業研究が、「国語教育事実のとらえ」ということを基礎として、個体史研究の蓄積をもとにした一つ一つの授業実践の文脈化を図ることによって意味づけられる。

21	片村　恒雄	④個体史記述・個体史研究の意義　1実践をとらえていくことの理念・意義・方法が明確にされる。　2実践主体の自己確立に資することができる。　3自己の実践営為を、歴史的時代的に位置づけていくことができるようになる。　4自己の実践・研究の向上・前進の拠点となる。　5他の実践主体の実践を理解するのに役立つ。　6個体史自身、歴史研究の有力な資料となる。⑤これらのことは、「すべて教育実践ならびに研究の根本問題につながっている。」と述べられている。私は、個体史記述・個体史研究こそが国語教育研究の出発点であるということを『国語教育通史』より学ばせていただいた。
22	西辻　正副	⑥史的研究の独自性は「個体史研究」にある。実践者それぞれが自己の国語教育実践を歴史的現実として受け取り、自覚していくことを求めておられる。「一般国語教育史は、ゆたかなかけがえのない国語教育個体史にささえられて成長し進展しながら、また同時に国語教育個体史の主軸ともなるであろう。」というのである。国語教育への熱意にあふれた実践者が、自らの実践を文字どおり刻苦しながら記述することによって、はじめて自分の実践を位置づけることができ、それ自体が創造的営為であることに気付くのである。
23	小和田　仁	『個性読みの探求』③「Ⅱ読書指導個体史を求めて　——読書指導個体史——滑川道夫氏のばあい」として取り上げ、氏の読書指導は「生活教育」の立場であることを指摘しながらも、「読書は、文章を読み、本を読み、その内容を正確に理解したというレベルに止

		っているならたいしたことはない。(中略)単に本好きで、読書好きな子どもをつくることが目標ではない。という厳しい指摘を正当なものとして評価し、その課題の重さと課題解明のための実践的方法論の構築の必要性を、自らにも課している。⑥「ひとりひとりが自己の読書生活と読書行為をゆたかにしていくように、ひとりひとりの読みぶりと読書成果とがほんとうにだいじにされていくように読書指導過程を組んでいきたい。」という野地氏の願いが、切実なものとして私たちの胸に迫る。
24	市川　真文	②「読書生活・読書活動こそは、本来個体史的な行為として成り立つことが多い。」「近代読書個体史——志賀直哉氏のばあい——」「近代読書個体史——片山哲氏の『わが心の愛読書』——」
25	森久保安美	『大村はま国語教室の探求』⑤個体史的なとらえ方も、著者ならではのものであろう。この書全体が、大村はま氏の国語教育実践研究個体史とも云い得るし、また、「学習記録」についての考察における、「一人の中学生の」「みごとな国語学習個体史をなしている」との言にもこのことはうかがわれる。
26	渡辺　春美	④実践の全体を克明にとらえて省察するご姿勢は、先生になる国語教育個体史研究の根本態度である。先生はそれを実践主体として身をもって示していられる。
27	橋本　澄子	⑪『話しことばの教育』は、『国語教育個体史研究』(三冊)とともに、ご自身の実践を記

		録された、わが国における初めての国語教育実践史であり、その後の、五十年を超える先生の国語教育研究の原点として位置づいていると考えます。
28	小野　米一	⑥「すべて記録しておくことだ。」
29	山元　悦子	⑤「中核領域を、『話しことばの教育』研究に求め、拠点を、国語教育個体史研究に求めた」
30	水川　隆夫	④人間とことばへの愛情と科学的な実証的精神が結びついたものであり、それらが「個体史」という新しい研究領域・研究方法を生み出し、大著『話しことば教育史研究』などの業績を結実させた原動力である。
31	久米　公	③「熟達し、円熟し、努力を重ねられた方々の、書写学習個体史の具体的な記述が望まれる。そういう個体史が記述されれば、さらに多くの人たちに示唆を与え、刺激を与えずにはおかないだろう」「一国の国語教育の品位と実質は、けだし書写においてうかがわれることが多い。書写の仕事は、単に手元の技巧などではない。書き手自身の人間性と深くかかわりあった言語生活の基本である。書写教育の責務は重いものがある」等。「さみしくまずしい書写学習史」として綴られたご自身の個体史への眼は、わけて、厳しい。

32	野宗　睦夫	①(1)記録人としての生活を切り離して考えられない野地先生の生活・人生を短歌を通して語った書物である。
33	須田　実	⑥「常に、実践の面に立って理論を見、理論の光に照らして、実践を推進していく心構えが必要である。」⑦右のような考えに立って、野地の研究が進められたことは、「個体史」を記す根底につながるものである。実践体験を通して、理論を見ている野地の眼光の冴えを感じる。㉓「個体史記述・個体史研究の意義は、1実践をとらえていくことの理念・意義・方法が明確にされる。2実践主体の自己確立に資することができる。3自己の実践営為を、歴史的時代的に位置づけていくことができる。4自己の実践研究の向上・前進の拠点となる。5他の実践主体の実践を理解するのに役立つ。6個体史自身、歴史研究の有力な資料となる。」㉔「国語教室における実践体験から新しく指導方法を生みだしていくには、指導者自身が気づきを記録しそれをきっかけとして深めていくという方法が基本の一つになる。こうすればいいのでは、こうしたほうがよくはないか、こうしたらうまくいくのではないかという新しい着想は、記録されなければ多くは消失してしまう。この点で、実践から導かれる理論の萌芽を確かにとらえていくのには、実践のさなかでの実践主体の心がまえがたいせつである。」と述べ、個体史の必要性を説いている。
34	素水　光子	③個体史理論に立つ研究と実践は、野地潤家先生の国語愛・人間愛の姿を示している。

35　梶岡　敬子　⑤「教育主体は過去的現在に立ち、教育客体は未来的現在に立つ。」『国語教育』――個体史研究――

敬称略　①の記号は形式段落を示す。

次にとりあげるのは、大槻和夫氏の「国語教育個体史研究の意義――国語教育実践・研究の確かな拠点の構築――」である。野地博士の一貫した問題意識として「借り物ではない、主体的で個性的な国語教育実践をいかにして創り出していくか。」ということがあったことを大槻氏は指摘していられる。

野地博士の「国語教育個体史」の発想は、「主体的、自主的な国語教育実践を創り出したいという熱い希求」から生まれた、「学習者の琴線にふれる『学びの実存』を求める国語教育研究であった。」と述べていられる。

国語という教科が、ことばの学習であり、実践主体に委ねられる部分の多い教科であるがゆえに、教師は少しでも自分自身の言語能力を高め、実践客体の模範としてのことばを用いた授業実践ができなければならない。

しかし、「①自己のよって立つ足場(拠点)が確立していなければ、主体的・自主的な国語教育実践を創り出していくことはできない。②では、国語教育実践者は、どこに自らの足場を置き、何を見つめて自らの国語教育実践の充実・深化をはかっていけばよいのか。」(『野地潤家著作選集別巻②野地潤家国語教育論を読む』p17)

この切実な問いに答えてくれるのが、「国語教育個体史」である、と大槻氏は指摘していられる。

では、「国語教育個体史」とは何か、と問われ、それは、「国語教育の実践主体が、成長過程、実践営為の展開、生活を、主体的に記述したもの」のことである、と定義を出していられる。

実践営為を正確に記述し、分析・考察を加え、歴史に定位することによって、主体的・自主的な国語教育実践・研究を確立していくことが、国語教育個体史研究である、とされている。

『国語教育——個体史研究——』では、国語教育個体史の基本問題、把握方法、具体事例、研究方法が論じられていること、国語教育個体史には、国語教育者成長史、国語教育実践史、国語教育生活史などが考えられることを、わかりやすくあげていられる。

そして、野地博士が、『国語教育実習個体史』として、自らの国語教育個体史研究を展開されたことを述べていられる。

また、国語教育者成長史の具体例として、旧制中学校時代の白田時太氏、仲田庸幸氏のことが生き生きと語られていることを、あげていられる。

国語教育史研究においても、「個体史」の発想が基底をなしている、と言及していられる。

国語教育論は、実践主体の在り方にかかわって論じられていることを述べられ、野地博士の一貫した問題意識として、「主体的で個性的な国語教育実践をいかにして創り出していくか。」に、ふれられ、学習者の琴線にふれる「学びの実存」を求める国語教育研究であったと、付け加えていられる。

「国語教育個体史研究」は、国語教育研究の方法である。個体史的発想に立って、実践・研究を進めることは、基本的で確かな、だれにでも可能な研究であると強調していられる。

「国語教育個体史の発想に学びつつ、自らの国語教育個体史研究の方法を工夫していく」ことが、わたくしたちに求められていることであり、そこには、確かな国語教育実践・研究の拠点が見いだされると、言及していられる。

大槻和夫氏の論文を中心に考察を試みたのは、国語教育個体史の意義を、国語教育実践・研究の確かな拠点の構築としてとらえ、国語教育個体史とは何かから始まる国語教育個体史の全体像をとらえていられるように思ったからである。

大槻氏のこの論は、安心して読むことができる。野地潤家博士のお考えを十分理解していられることが伝わってくる。

北岡清道氏の言っていられる、ことばへの愛、教育の愛、学問への愛に包まれて、国語教室のなかでは、生徒たちを、愛猫のように自由にのびのびと育てていかなくてはならない。

長田久男氏の、『国語教育個体史研究』に内在するものとして、新しい研究方法があるということだが、わたくしは、優れていない教育実践のなかにも、実践営為を対象化して、分析・考察するなかに、国語教育個体史の研究方法があると考える。

桑原隆氏の「個性的主体史でなくてはならない」ということばについて、誤解される危険性がある。わたくしは、「個体史」は、「個性的主体史」ではないと考える。対象を個性的にとらえることが個体史研究ではなく、対象になりかわって、個体そのものの個性をうかびあがらせるように研究することが個体史研究である。

「個体史」についてまとめると、「すべて記録」（28小野米一氏）し、「たえず表現者生活に励」（12橋本暢夫氏）み、「授業事例を積み上げる」（20高木展郎氏）ことが、国語教育個体史研究の基本であることがみえてくる。

『野地潤家著作選集①国語教育個体史研究原理編』のなかに、国語教育者成長史、O君の一例として、「連続集中」「暗誦とまではいかなくても、それに近いほど自分のものにしておれば、テーマははっきりみえてくるようになる」「わたくしどもが一つのテーマにとりくんでいれば、そのテーマがはっきりみえるものになってくる。すすめばすすむほど、われわれがそのものの中にはいりこめば、テーマの方が語りかけてくるのである。」ということばがある。これが、「個体史研究」の神髄である。

18大橋勝男氏の「⑧当玉論は、野地先生が書かれているにもかかわらず、あたかも藤原先生自らが語られているように読ませられる。」このように、ふかくその人のなかにはいりこめば、はいりこむほど、その人自身が語りかけてくれる研究方法が、「国語教育個体史研究」である。

第二章　個体史の先行実践としての自分史

第一節　自分史とは何か

1　自分史の理念と実際

人は誰でも歴史をもっている。どんな人でも、その人なりの歴史をもっている。「その人なりの歴史、個人史は、当人にとってはかけがえのない『生きた証し』であり、無限の想い出を秘めた喜怒哀歓の足跡なのである。」人は誰でも自分をたいせつにする。死んだあとでも自分を忘れないでほしいと思う。私の近所に住むUさんは、八十三歳を過ぎたころ、自分史を書こうと思われた。自分が生きてきたあとを、まだ小さい孫に話して聞かせるかわりに書いて残したいと言っていられた。ちょっと他人にはできない経験をしてきたので、ぜひ孫に書いて残しておきたいと言われた。年をとって自分史が書きたくなった、と話していられた。

自分史は、晩年に家族や親しい人に残すために書かれることが多い。自分の歴史をふりかえろうと欲したときに、自分史を書こうと考えるのである。

では、個人にとって歴史をふりかえるとは何を意味するのであろうか。色川氏は、自分の歴史をふりかえるとは、「その人にとってのもっとも劇的だった生を、全体史のなかに自覚することではないのか。そこに自分の存在証明（レーゾンデートル）を見いだし、自分をそのおおきなものの一要素として認識することではないのか？」と述べていられる。

色川氏は、歴史家である。歴史の全体を描くことを仕事としている。しかし、同時代史を対象として書くばあい、個人史から書き始めるそうである。「歴史家もまず一人の庶民として、自分の体験にたち返り、その宿命的に負わされた偏見を修正しつつ、全体性との関連を認識する第一歩からはじめなければならない。」と書いていられる。自分史は、晩年に自分の歴史をふりかえるために書かれることが多い。歴史の全体史のなかに自分を認識するために書かれるものである。

自分史の提唱としては、橋本義夫氏の「ふだん記(ぎ)運動」の展開がある。「ふだん記運動」について、色川氏は、次のような資料をとりあげていられる。


『ふだん記津軽』第二十号(一九八八年十月)を見ると、新人の文章がトップに掲げられているが、その中に『自分史は小説か』と、NHK学園の自分史講座に疑問を呈した一文が載っている。創刊時、三人しかいなかったという津軽グループが、八年二十号を出したのである。その力が一九八四年に『ふだん記東北全国大会』を成功させた。橋本義夫は東北全国大会を『夢のある大会』であったと賞讃している。東北には他に五所川原、みちのく(仙台)グループなどがあり、地味な道を歩いている。

各地ふだん記の人びとは、進んで文章を書く喜び、自分の雑誌を作る喜び、自分史にまとめる喜び、それらを読みあって『逢う日話す日』の集いで祝福しあう喜び、それらを共有するコミューンを保持しているという喜びを心のバネにしているのである。


こういうコミューンは社会学者鶴見和子や荒川和子らを委員に擁した一九五〇年代前期の「生活をつづる会」の運動にはなかった。戦後の庶民の文章運動の狼煙ともいうべき鶴見和子編『エンピツをにぎる主婦』の方法論とも全く違っていた。だから、会全体の指導者として、また『師父』として敬愛され支柱として頼られてきた橋本義夫がこの世を去っても、この運動は衰退も、解散もしなかったのである。（『自分史　その理念と試み』p33・34）

橋本義夫氏の「ふだん記運動」は、庶民の自分史推進運動として、価値あるものと思われる。高く評価したい。国語教育個体史も「ふだん記運動」のように多くの国語教育者に書かれなければならない。すすんで喜びのなかに個体史を書き、個体史としてまとめ、それを読みあってともに研究する仲間ができることが重要である。国語教育個体史が多くの国語教育実践者によって書かれることにより、国語教育ももっと理解されるものとなり、国語教育者生活も交流のあるものとなり、個人のものとして書かれた個体史も読み合うことにより、他の国語教育者の資料となり、有意義なものとなるのではないだろうか。

ここで、「自分史」には、主観性を脱することができないという一つの限界があることについて考えたい。色川氏は、自分史の限界として、主観性が出やすいことをあげ、これを軽減する手だてとして、次のような提案をしている。

自分史は、かつて自分が体験したその時、その場に立って、自分が直面した情況をできるかぎり公平に再現することに努め、その渦中に自らを置いて追体験しながらそれを描くという方法をとることがのぞましいが、そのためには『士別のふだん記』が試みたような『自分史年表』を必要とする。（同上書 p40）

また、その地域やその時代背景を知る学習も必要になろう。そうした労を回避して、現在の位置から、遠い昔の自分をふりかえって、反省的に描くという回顧的な方法は、どちらかというと安易になりがちである。なぜなら、そのやり方では現在の自分の主観——価値観がいっそう強く出てしまい、過去の自分の経験の真実とは遠いものになるおそれがあるからである。（同上書 p40・41）

色川氏は、『士別のふだん記』が試みた「自分史年表」を有効に働いたものとして、注にあげている。

（注）斉藤昌淳、斉藤紘一、斉藤利朗氏ら「士別ふだん記」のメンバーを中心とし、市史編纂審議委員の斉藤昌淳氏を責任者として『士別市史抄・私たちの歩み』が刊行されたのは一九八九年の七月のことであった。これは、ほぼ十年前に「自分史年表」を全戸に配付し、市民に「自分史」の記録をすすめたことの成果の集成であった。市民の自分史によって身辺に体験した自分たちの市史——「市民史」を作るというこの試みは、わが国でも最初の実験ではなかったろうか。斉藤氏らの呼びかけにこたえて、この「市民史」にナマの歴史的素材を提供し、採用された市民は、百三十八名に及んでいる。その実名入りの記述は親しみ易く、その編集は写真や時事用語解説のコラムなどを取り入れて懇切かつ適確である。私は「行政」当局が出したおびただしい数の市町村史の中で、このように市民によって綴られた生きた地域史を読んだという経験があまりない。この「士別市民史」は自分史運動の一つの到達点を画したものといえるだろう。『士別市史抄・私たちの歩み』（士別市史編纂審議委員会編、士別市役所発行、一九八九年）

主観性を克服するために、ここでは、①正確な年表で、時代背景と事実の正確さを期すこと、②単一の自分史でなく、多くの自分史を集めて「集団自分史」とすることで全体としての客観性を保証すること、の二つの方策が提案されているのである。

国語教育個体史の記述のうえで最も恐れることは、事実が恣意によって曲げられることである。国語教育個体史は、ありのままの事実を書かなければならない。事実に反することは、故意でなくても、書かれてはならない。さらに、「書かれない」事実のあることも、一つの限界になりうる。自分史のばあいでも、次のような傾向が表れる。

(自分史)は、かつて実際にあったことでも、今の自分にとって好ましくないことは、意識的、無意識的に欠落させてしまう傾向がある。とくに他者との特殊な関係を書く場合には、ペンを折ったり空白にしたりする例が多い。自他を傷つけることを恐れるからである。多くの筆者が自己愛のために最後の所で筆を止めている。そこに自分史や回想記の限界がある。

こうした問題を掘り下げて思索したものに、上間常道著『おきなわ版・自分史のすすめ』があるが、あまり注目されなかった。自分史運動は一定の高い水準まで発展すると必らず、こうした難問にぶつかる。そのとき、私たちはそれを回避するのではなく、幾通りもの方法を考案し、できるかぎり真実に接近した答案を書くよう努めるべきであろう。(同上書 p41)

庶民の記録としての自分史は、個人の小さな行為を、人類という大きなものに結びつける働きをする。橋本義夫氏は次のことばを残している。

記録は、一時の出来事を永遠なものにすることができる。記録は、世の片隅の出来事を、全体のものにすることができる。記録は、名もなき人の行為を、人類に結びつけることもできる。記録のみが、消えゆくものを不死なものにする。記録すれば沈黙しない。だから怒りをつづける必要がない。……しかも、記録でもっとも値打がある時は、激しい変化の時である。……今は変化の激しい時である。この時こそ事実を、正直に、『ふだん記』で書くべき絶好の時である。（同上書 p.42）

橋本義夫氏は、文章を書くことを庶民のものにしようとした。そして、「ふだん記運動」を提唱した。「ふだん記運動」とは、自分の歴史を素直に表現することで、自分で自分の歴史を書くことである。

色川氏が橋本義夫氏にめぐりあったのは、北村透谷の縁によるのだが、その頃のことを色川氏は次のように書いていられる。

橋本さんは透谷の『造化』の碑や『絹の道』碑、万葉歌碑、国民党指導者の碑や部落解放の『先覚』の碑など十三基も建て、民衆史掘り起こし運動の先鞭をつけていた。しかし、当時の八王子地方は『文化不毛の地』で、彼は町の有力者たちから『余計者』『奇人変人』扱いされ、その真価を認められていなかった。少数の炯眼の人びとのみが彼の孤独なたたかいを支持し、声援していたにすぎない。

そのころの彼の多くの著作には血のにじむような精神の苦闘と苦渋の想いがこめられている。小冊子にして友人に配付した『古代中世地方史研究法稿』や『沙漠に樹を』『天才』、詩集『雲の碑』などは、いずれも橋本義夫の五十代の終わり、最も評価されていなかった時代の力作である。それらの随所に天才的な着想がひらめき、詩人的な感性が噴出しているのに気づく。今、読んでも驚嘆にあたいする独創がある。

『古代中世地方史研究法稿』はほとんど参考書なしで、思索と経験によってのみ書きあげられたというが、その内容は柳田国男の『郷土生活の研究』などに匹敵する。
また獄死した国民党指導者小池虎馬之助や塩野倉之助らを掘り起こして『民衆史蹟』と記した標柱を立てて顕彰した行為(一九五三年一月)は、二十年後に北海道から起こって全国に展開した民衆史掘り起こし運動を先取りしていた。(同上書 p80・81)

色川氏は、橋本氏を「自分史運動の実行者」として高く評価していられる。

『万人の小使い』を自認する橋本は、死の三ヵ月前、静かに語った。『私の晩年はめっけものでした。幸福でした。悔いはありません』と。その深いしわの刻まれた顔は幸福に輝いていた。彼はこれからの人類が堅持すべき『抑制の哲学』を説いていた。それなくして人類は滅亡をまぬがれ得ないという予感が彼にはあった。
橋本義夫はこれから長く研究される人物になるであろう。彼の一生には拾っても拾っても尽きない光った形見が残った。彼こそ民衆の真の自立を熱望した警世家であり、民衆史掘り起こし運動、庶民の自分史運動の先覚者、実行者であったからである。(同上書 p88・89)

また、色川氏は、現代人のニヒリズムを次のように解釈している。

現代人のニヒリズムは、人間が国家や民族や階級や宗教の相違をつきぬけて、地球という有限なものの壁にぶつかってしまったところから刺激されている。現代の青年のシラケ的感覚は、『自由国家』にも『共産国家』にも、資本主義にも社会主義にも、その他いかなる思想や宗教にも、一片のユートピアの夢をも感じることができないという情念と通底している。彼らが国際放浪に出る衝動には体制による相違はないであろう。ソ連の青年も東欧の青年も、窒息しそうな管理社会の空気から脱出したいという切なる願望を、欧米の風俗指向の中に表示している。（同上書ｐ110）

このようなどこまで行っても脱出感を感じられないような現代人のニヒリズムは、自分史を書くことで満足させられるだろうか。自分というものがつかみきれない現代人の帰巣本能は、自分史を書くことで癒されるのだろうか。自分史の限界はここにもある。

色川氏自身は、以上のような「自分史観」のもとに、自分でも自分史の記述を試みている。それは、次のような目次になっている。

「一　遠い祖先のこと、母のこと」の　2　母の自分史「人生茫々」のなかで、色川氏は、とりわけ不自由な体で、九人の子を育てあげ、大戦争と敗戦後の復興の時代を生きぬいた母の、その彪大な忍耐と自己犠牲のエネルギーを私たちは何と評価してよいか。母たちの自分史には書かれたことがらの他に、その数倍、十数倍もの書かれなかった悲しみや喜びがあるのが普通である。

私の母が、自分より先に逝った長男のことを全く書こうとしなかったことに深い慟哭を見る。その他、母には産みの実母や父や、あえて触れなかった夫や子供たちに対してどれだけ複雑な書き得ない想いがあったであろう。

今、ここに刊行される一冊の小さな本は、その彪大な人生という氷山の、水面上にあらわれたほんの一部分にすぎない。大半の人生の大事な部分は冷たい海面下に沈んでいるのである。書名の『人生茫々』というのは、その含まれなかった領域を意味している。（同上書 p130）

と書いていられる。自分史は、書かれぬことによってひそまされている慟哭もあることを、この文章は表している。

「二　廃墟にて」のなかには、戦後の旅の様子が短歌として残されている。その旅は次のような日程であった。

一九四六年（昭和二十一年）一月六日、上京。一月七日夜行列車常盤線回りで仙台へ。一月八日蔵王山麓の蛾蛾温泉へ、九日から苅田岳直下の清渓小屋入り、二十一日下山、二十五日東北線回りで帰京している。――この旅のおり、書き散らした稚拙な短歌がノートに残っている。文学としてより資料として当時のようすを浮かびあがらせてくれる。

悲報乱れ汽車途絶えんとする日本の

北国の冬をわれは旅ゆく

狂ほしき列車なれどもうるわしき
女ひとりありて救わるる心地す

わた頭巾深くかぶりたる乙女子の
乗りくる国にわれは来りぬ

硝子なくいさかいひしめく無蓋列車に
囚人のごとくわれも乗りおり

股刺さるごとき寒気にめざむれば
平の関か夜はあけそめぬ

汽車はまた廃墟の町を過ぐるなり
蕭条としてみつめてゆくを

肩七寸傷なまなましくも還りたり
弟の裸身骨も細りて（同上書p134～136）

短歌を詠むことによって、事実は抒情に傾いてしまっている。
「七　めぐりくる八月十五日に」のなかに書いていられるのは、戦後の反省とこれからのありさまである。戦後三十年を振り返って、色川氏は次のように書いていられる。

昭和五十年を生きた人間として、私はこんど自分の肉体に刻まれた歴史の痛覚を手がかりに、一つの同時代史を表現しようと、『ある昭和史』という本を書いた。私の自分史はもとより、一世代上の常民たちの自分史も、天皇史も叙述し、あわせて時代の枠の中に置いてみた。そうしてみてはじめて、それぞれの人間がいかに錯誤と失敗にみちた歴史をたどったかをたしかめ得た。

そのことから得た教訓の一つは、誠意をもって時流に従って奮闘するだけでは足りない。世界的視野や学問的な裏づけを欠いた自己本位の生き方は遅かれ早かれ失敗し、多くの人びとを傷つける結果になる。戦前には天皇制イデオロギーによる自己の絶対化でつまずき、戦後には米国指導下の近代主義を普遍的真理のように受け入れて失敗した〃われら戦中世代〃は、とくにこのことを痛感する。そのことを深く塊じればこそ、今後は偏狭なナショナリズムやモダニズムの克服を通じて、日本の独自な道、個人の真の自立＝自治に根ざした第三の道をひらいてゆきたい。（同上書 p181・182）

2　自分史の意義

自分史を書くことで、歴史を確かめることができる。戦争を回避できなかった世代として、色川氏の自分史の試行には、戦後回想記として、自分以外の人の回想が加えられている。そのことによって、自分だけがあの時代を生きていたのではないという、はげまされるような心持ちがおこっているかもしれない。

生きることの意味を失いかけたとき、「自分史」を書くことによって、自分というものをとりもどし、また生きようという意欲があらたに生まれてくるかもしれない。「自分史」を書くことが、自分が生きてきた証になる。今を綴ることにより、現在の現実に生きている自分をしっかりつかまえることができる。生きる意欲や支えになるという点では、国語教育個体史を書くことも、自分史を書くことと同じではないだろうか。個体史を書くことにより、実践がうまくいかなかったときの支えを自分でつくることができる。自分をはげますことができる。自分の力がたりなかったことが、個体史を書くことではっきりしたら、またがんばる気持ちがわいてくる。国語教育個体史は、国語教育実践主体の同士同行者として、いつも一緒に歩いていく心強い味方となってくれることだろう。

自分史がもつはたらきは、そのまま個体史がもつはたらきとなる。自分史を、今、国語教育実践主体が国語教育個体史として書くことによって、自分史としてのはたらきも、個体史のなかに含まれるのである。

色川氏は、「遠い残雪のような希みよ」と題して、次のような文章を載せていられる。

一九四五年五月、東大法学部二年中尾武徳君は、沖縄南西海上で特攻機もろとも水没した。その出撃まえの句。

菜の花や今日は万里の泣き別れ

一面のあかるい菜の花畑と、万里の死出の旅へとゆく情景が交錯して、最後まで耐えに耐えてきた激情を、かれは『泣き別れ』とたたきつけた。

私はおなじような手紙を書いた一人として、毎年八月が近づくと、この句には哭かされる。ようやく人生を生きはじめたばかりの若者に、自分の死ぬ日のことばかりを考えさせた時代というものは残酷である。二十代にして「末期の眼」を持ったわれわれは、あれから二十余年経過して、なお精神の虚無とたたかわないでいられない。

（同上書 p206）


現代の若者のニヒリズムは、どうであろうか。それ以上の虚無がひそんではいないだろうか。科学の発展が、生態系を乱れさせ、地球温暖化をすすませ、どうすることもできない未来を見せてくれる。科学の力は、人類の幸せのためにはたらくはずであったのに、今は地球破壊へと進んでいる。そして、それを今のわたくしたちはどうすることもできないで、未来に希望をもてないでいる。このようななかで育ってきたニヒリズムは、私たちの生活を脅かし、虚無へと感情をひきずっていく。今をがんばってもどうにもならない桁違いの暗い将来が見える。

こんな時代をどうやって生きていくかを考えたとき、個体史を書くことは、一筋の光になるのではないだろうか。今、この場を集中して書くことで、現代のニヒリズムは、克服できるのではないだろうか。今を書くこと、個体史的発想は、ニヒリズムと戦う武器となる。今という瞬間を充実して生きることは、ニヒリズムを克服できることにつながる。


私も学生の身分のまま海軍航空隊に入隊し、一九四六年に大学に復学、翌年『遥かなる山河に』（東大戦没学生の手記）の刊行記念会に立ちあった。それ以来、愛する歌を失った。だが、忘れることができず、機会あるごとに口をついて出る一句がある。

日本大学出身の陸軍上等兵田辺利宏君は、中国大陸の戦線で、次のような詩を書いたあと、戦死した。華中のどこかであった。

人はのぞみを喪っても生きつづけてゆくのだ
見えない地図のどこかに
あるいはまた遠い歳月のかなたに
ほの紅い蕾を夢想して
凍てつく風の中に手をさしのべている
手は泥にまみれ
頭脳はただ忘却の日をつづけてゆくとも
身内を流れるほのかな血のぬくみをたのみ
冬の草のように生きているのだ

遠い残雪のような希みよ、光ってあれ
たとえそれが何の光であろうとも
虚無の人をみちびく力とはなるであろう
同じ地点に異なる星を仰ぐ者の
寂寥とそして精神の自由のみ
俺が人間であったことを思い出させてくれるのだ

この詩の中の「遠い残雪のような希みよ、光ってあれ」が、私の口ぐせのつぶやきとなった。私は古い山岳部員であるため、残雪についてはさまざまなイメージを持っている。あるときの春の残雪は、ものうく光り淡く哀しく、初夏から初冬にかけての残雪は、希望なく生き残った人のように灰色に汚れている。

私が『きけわだつみのこえ』の中でこの詩にぶつかったとき、あらためて同世代の精神の暗部での共鳴の大きさに眼をみはった。

私はこの人を知らない。この人には『夜の春雷』というすぐれた詩があって、一部の評論家からも注目されている。しかし、私には前詩の方がはるかにこたえる。いつまでも鳴りつづける鐘のように、私の内部で交響している。

とくに人なみに重病にかかり、運動に探く挫折し、〃心の半分〃ともいうべき親友に死なれて絶望したりしたときなど、この詩の一句は、私を根源からゆさぶり、ふるいたたしてくれた。

『人はのぞみを喪っても生きつづけてゆくのだ！』

想いかえせ。あの戦争下でのかれらにくらべれば、戦後に生きのびたわれわれが、これしきの絶望に倒れてなんとするか。中尾君は、波に洗われるべき砂浜の足跡にすら、自分が生きてきた証しを認めようとしたではないか。あの手紙の末尾に、かれは、『永遠に歩かねばならぬ、永遠に歩き続けねばなりません』と書いている。あるいは、いまだに、そうつぶやきながら、どこかの歴史の砂浜を歩きつづけているかもしれない。そういうかれの別離の句だからこそ、『菜の花や今日は万里の泣き別れ』が悲しいのである。

また、田辺君は十余名の戦友の死体を予南平野に埋めたあと、長江を下る船上で『悲しい護国の鬼たち』の呼ぶ声を聞いている。『君達はまた銃剣をとり、遠ざかる俺たちを呼んでいるのだろうか』と。

暗い夜の貨物船上に
かなしい歴史は空から降る
明かるい三月の曙のまだ来ぬ中に
夜の春雷よ、遠くへかえれ
友を拉して遠くへかえれ

そして、戦争が終わって二十七年、いま私たちは、この〃わだつみのこえ〃をも、戦争被害者の立場からだけではなく、中国やアジアの民衆への加害者としての立場からも、考え直さなければならない地点に立っている。

（同上書 p206～210）

色川氏が自分史を書くとき、戦争のことと天皇制ははずして考えられない。色川氏のなかで、同世代の中尾武徳氏の句や、田辺利宏氏の詩が、自作の詩のように口ぐせとなったのは、こういう時代をともに戦った証であるといえる。今という時代を真剣に生きるためにも、戦争という時代を自分史を書くことでつかまえることが必要である。それは、自分だけのためではなく、同時代を生きて、かえらぬ人となった同世代の人々を自分史を書くことで、その時代とともに自分史のなかに残すことができる。今の自分のために、過去の自分を残すこと、これが、自分史のはたらきである。

また、色川氏は、「水俣と私」と題して、水俣病の問題を自分史に書いていられる。

私が興味を持つのは、その一九〇八年(明治四十一年)以降の変化であり、さらにその前史をふくめての百余年の歴史である。

極端な言い方をすれば、水俣病問題が発生して、患者たちが孤立し、地域社会から残酷な差別の刑を科されたその仕方や対応の中には、この不知火海沿岸の歴史の伝統がすべて凝結してあらわれていると私は思う。

そこには事態の背後や深層に隠された歴史的慣性が強力な放射能を発し、問題の解決を遅らせ、歪め、人びとを苦しめたであろうことが予感される。その地域史と水俣病事件と全体史との関わりを解明してゆくのが歴史家たる私の仕事なのである。(同上書 p218)

色川氏が生きた昭和の時代を、「私にとっての『昭和時代』」と題して書いていられる。

私は一九二五年に生まれた。従って私にとって昭和の歴史は私の人生のすべてであり、自分史を通して、この時代を内側から検証できる立場にある。私が生まれた時、日本帝国はアジア最強の軍事大国であり、私が小学校に入学した時、日本の満州占領は終わっており、中学に入った時、中国との全面戦争が始まった。私の住む関東の小さな田舎町の駅頭でも、出征兵士を見送る旗の波や万歳の声が絶えることなく、それは私が同じ駅から見送られる時までつづいていた。

私が念願の高等学校に合格した昭和十六年の十二月八日(駅頭では遺骨の出迎えの方が多くなった頃)突然『朕ノ陸海軍将兵ハ全力ヲ振ッテ米英トノ交戦ニ従事セヨ』との大元帥陛下の命令で、国民は大戦争に突入した。

この瞬間から私の運命も確実に狂い、正常な勉強はおろか、青春の享楽も絶望となった。修業年限は短縮される。大学進学の喜びもつかのま、徴兵猶予を停止され、私も『学徒出陣』の名目で軍隊入りを強いられた。

そして大空襲、艦砲射撃、原爆を浴び、再び天皇の命令によって私たちは銃を棄てた。私は兵営を出、超満員の列車で、一面の焼け野原と化した廃墟の東京に帰ったが、多くの学友は二度と学園に戻ることはなかったのである。

この時まで深く天皇の高い道徳性を信じていた私は、天皇が率直に内外の国民に『悪かった、すまなかった』と詫びてくれることを願っていた。

しかし、昭和二十一年一月の詔書では『朕ト爾等国民トノ間ノ紐帯ハ終始相互ノ信頼ト敬愛トニ依リテ結バレ、単ナル神話ト伝説トニ依リテ生ゼルモノニ非ズ』と述べられ『現御神』（あきつみかみ）を『架空なる観念』と否定し、戦前の神国史観による『国体明徴』教育の事実を無視した他人事のような説明に終始された。この時の失望の深さは、私の日本観を根本から変えるものとなった。

私たちにとって、戦前の天皇は疑うことを許されない『現人神』であり、つねに軍服を着た皇帝であり、颯爽と白馬にまたがっていた大元帥であった。

当時の国民が天皇に人間としての親愛の情を寄せるなど不可能なことであり、学校で礼拝される一枚の写真ですら『御真影』といって神格をあたえられていた。この写真を火災から救い出すために何人もの校長や教員が焼死し、美談とされた。

こうした天皇と国民との関係を『架空の観念』とか、神話に依らない人間間の『終始相互ノ信頼ト敬愛トニ依リテ結バレ』たものとみなすことは事実に合わない。

また、終戦の『聖断』を当時の歴史情況から切り離して文学的に解釈し、天皇は国民の命を救ってくれた恩人だと力説して、ポツダム宣言受諾を遅延させ、原爆投下やソ連侵攻を招いた責任の方を不問にすることは歴史の真実に反する。

私はなぜ日本人があれほどまでに皇国思想や天皇に捉われたかを解明したいと思って、歴史学徒の道を進んだ。敗戦後、過去の日本の過ちが明らかにされるにつれ、私は反発していた占領軍による民主改革を受けいれてゆく気持ちに変わった。

占領時代は私の二十代の大半、七年間も続くが、この時の諸改革こそが今日の日本の繁栄の基礎になったものと思う。私は大学を卒業した昭和二十三年に、一農山村の教師を志願し、実際に農地改革を生々しく体験して、日本民主化の根拠をそこに見出した。だが、帰京してすぐ、朝鮮戦争に遭遇し『きけわだつみのこえ』の世代として当然の反戦運動に参加した。私は平和憲法を否定したマッカーサー元帥を真っ向から批判し、そのため一時、自由を拘束された。

その少し前、天皇は地方巡幸の旅の中にあった。それは国民への謝罪の旅ではなかったのだが、心優しい民衆は背広に着がえた天皇を身近に見て、到る所「陛下万歳」の歓呼で彼を迎えた。その時ほど、天皇が国民に守られていたことはなかったろう。

その圧倒的な国民の支持を見ては、天皇を『東京裁判』の法廷に喚問せよと主張していた者たちも断念せざるを得なかった。

天皇はこうして二度目の危機をも乗り切った。この時も沖縄を犠牲として――。

私はその頃から一つの生き方を決める。決して二度と時代の大勢に流されまい、と。そのためには、つねに醒めた目を持ち、いかなる権力や権威にも近づかず、自己を少数派の側に置き続けようと。これはアメリカがベトナム戦争に介入した時も、日本政府が過激な経済成長政策を強行し、農山漁村や炭坑や公害被災地の棄民を切り捨てて突進した時にも、私が取らねばならぬ態度であった。

昭和三十五年、日本国民の空前の安保反対デモの波を乗り切った池田内閣の時代に、日本経済は躍進をはじめ、東京オリンピックの一頂点にまで上りつめた。天皇がその開会式に登場し、久々に晴れやかな姿を見せたが、私はそれを『遠い風景』として眺めていた。同じ昭和三十九年の春、私は主著を出し、近代化礼讃の風潮に対抗する私の学問の方法を提示した。

昭和四十年代に入って高度経済成長は第二段階に進み、四十三年に、ついにGNP第二位の経済大国となった。世は昭和元禄の繁栄を謳歌していたが、この時、学園紛争は最大規模となり、また日本列島には公害問題が噴出していた。しかし日本国民はこの時期、生活革命の真っ只中にあり、根底からライフ・スタイルを変えられて、自己の座標を見失い、保守化の方向に傾こうとしていた。

エコノミック・アニマル、日本株式会社とまでいわれた日本国家は、国内の危機を切り抜け、さらに石油ショックの不況をも克服して、昭和五十年代、自信を強め、戦後政治の総決算にと向かった。天皇の存在が皇室外交や元首論と共に大きく再浮上したのはこの中曽根時代である。私はこの傾向に歴史の逆流を感じ、市民運動などによって抵抗してきたが、難問積み残しのまま、昭和の終焉を迎えたのである。（同上書 p237～241）

色川氏は、「自分史」の試行を、昭和の時代を生き抜いた、自分の歴史として欠くことのできない関わりのあるものを中心に据えて書かれた。自分史を構成する要素として、そのことは当然のことと思える。しかし、国語教育個体史となると、部分だけにこだわって書いていたのでは、全体の歴史としての時代がつかめない。自分の残したい事件や、時代を中心にして小説風に、短歌に、俳句に、詩にして書くのも、自分史としては許される。国語教育個体史として書くのであれば、小説風でも、短歌・俳句・詩にして書くにしても、年代を追ってすべての時代を書くことがのぞまれる。

「自分史」に何を書くか、色川氏の自分史には、色川氏のどうしても書かざるをえなかった、天皇制と戦争のことが書かれていた。色川氏自身にとってどうしてもはずすことのできないものであったからだ。だから、読み手に迫ってくる自分史が書けたといえる。

個体史実践者として、自分史に学ぶことは、どうしても書かずにはいられないことを正直に書くということである。自分の心に素直に従うということである。どうしても書かなければならないものを隠さずに書くことである。きれいごとや理想をあたかも自身がおこなったように書くのはいけない。自分の歩いた道を鮮明に光をあてて書くところに自分史の値打ちがある。そこが、自分史を歴史の一部として認めることにつながる。個体史を書くうえでも、この点は、学ばなければならない。

3　自分史の限界と動機

次に、自分史の二冊目の本として、『傑作選こころの自分史』足立倫行(あだちのりゆき)編著をとりあげる。この本は、大阪市天王寺区にある自分史の図書館《ブックギャラリー・上六》を訪れたルポライターの著者が、自分史を読んでまとめた本である。庶民の暮らしに焦点を当てて自分史を捉えたところは、先に書いた色川氏と同じであるが、彼のばあい、自分のまわりの人を書くことによって今の時代を記録し、そのことで自分の生存の基盤を確かめようとしているルポライターであるところが、歴史学者の色川氏とは異なるところである。この本のはじめに、足立氏は次のように述べていられる。

私は長い間、同時代人を取材対象としたルポタージュを書いてきた。いろいろな分野の、主として市井の人々の生き方や暮らしぶりを描くことで、この時代を記録し、あわせて自分の生存の基盤めいたものを確かめようとしてきた。そんな私にとって、庶民が自らの意志で来し方行く末を綴った自分史は、当然強い興味の対象となる。前々から気にかかっていたが、大阪に自分史の図書館ができ、収集された自分史の数が約二千冊に達したことを知り、一つの契機ではないかと思ったのである。

しかし、頭の片隅にはためらいもあった。というのも、過去に機会があって何度か目にした自分史に関する限り、あまり感銘を受けた覚えがなかったからだ。

多くの場合それらは、愚痴めいた苦労話の羅列であったり、情緒に流された懐古談であったりした。あるいは、安っぽい教訓をちりばめた成功譚や、いかにもおめでたい人間賛歌……。書き手が文筆を職業としているわけではないので文章の巧拙はひとまず措くとしても、「かけがえのない人生」を「生涯ただ一冊の著作」に込める時、必然的に行間から立ち現われるはずの筆者の生身の姿が希薄なのだ。弾む息遣いが聞こえず、精神の懊悩がうかがえなかった。思うに、〃恥〃が描かれていなかったせいだろう。

個人の一生には通常、他人に知られたくない秘密、外聞をはばかる出来事、というのがいくつかある。それらはたいていその人の人生に多大なる影響を及ぼしているものだが、多くの人は凝視したがらない。なぜならそれは非常な痛みと苦しみ、さらには勇気さえ必要とする営為だからだ。まして「自分史」という、自らの生涯を締めくくり公表する多少とも晴れがましい舞台においては、頑なまでに恥辱の歴史を覆い隠そうとする。ところが、人生の暗闇の部分の記録を抹消すると、人間の生命の振幅などわからなくなる。だから、結果としてつまらないものになってしまう……。

と、まァ、そんな思いがあったため、私はいったん取り出した本を再び棚に戻したり、また引き出してパラパラめくったりと、かなり踏ん切りの悪い時間を書棚の前で過ごした。

色川氏の考察でも書いたが、きれいごとを並べたり、さあ、読んでくださいと云わんばかりの成功譚や、人間賛歌では、生身の作者の姿は出てこない。それでは、読み手を惹きつけることはできない。自分史も、自分の人生のなかで、どうしても書かなければならないものを、赤裸々に書くべきである。人に聞かせたい話や、自慢したいことばかりでは、読む人はおもしろくないし、何の役にも立たないのである。そんな自分史では、自己満足に終わるばかりで、読み手にとっては、読む意味がないのである。足立氏は、今までのおもしろくない自分史のことを考え、あまり期待もしないで次々と自分史を手にしていた。そのなかで、足立氏を惹きつけて読ませた自分史があった。それらを集めてまとめたのが、この『傑作選こころの自分史』である。

足立氏は、エピローグのなかで、次のように書いていられる。

人はなぜ自分史を書くのか

自分史の出版に情熱を注ぐようになった理由を、〈ブックギャラリー・上六〉の福山社長に尋ねたことがある。最初の頃は、本業とは別の『ほんのサイドビジネスのつもり』だったと言う。

十年ほど前、広島県出身の七十二歳の男性から自分史の自費出版を依頼された。

『その人は〃第二の故郷の大阪で墓を作ろうと思ったけど、その金で自分の人生を書いた本を作りたい〃とおっしゃる。一年くらいかかって、出来上がった本を届けると、その人がしみじみと本を眺めて言われたんですよね。〃あなた方にとっては数多くの本の中の一冊にすぎないかもしれんが、これは私の分身です。石の墓の代わりに作った紙の墓標なんです。〃って』

福山氏は、『自分史は紙の墓標』という言葉に強い衝撃を受けた。一人の人間が長い人生を歩んできた証文、自分で書いた自分の鎮魂歌、それが『自分史』だったと気が付いた。（略）

今回本書（引用者注『傑作選こころの自分史』）で紹介した著作にも、老境に至って過去を振り返り、あたかも墓碑銘を刻むように、自分の生涯の主な出来事をすべて書き綴ったものが多い。おそらく、それが自分史の正統派なのだろう。内容が比較的変化に富む作品を選んだせいもあろうが、そうした作品を読むと、人間の営みと絡み合った歳月の重さがまざまざとわかり、確かに〃人に歴史あり〃だと実感させられる。

しかし、本書に収めたいくつかの著作がそうであるように、個人の歴史を網羅しない自分史もリッパに存在する。

老年に達しながら、自分の人生のある一時期に執着して、その間の出来事のみを克明に記した作品がある。あるいは、執筆時の年齢が比較的若く、今後どのように人生模様が展開するのか不明なのに、早々に自分史としてまとめ、刊行した例もある。筆者本人は作品の中にわずかしか登場しないにもかかわらず、起こった事件を、舞台となった土地を、『自分にとってかけがえのないこと（もの）』として描いた作品もある。

となると、これらの自分史は『紙の墓標』と言えるのだろうか。それとも、広島県出身の老人の発言で言えば、『紙の墓標』よりも『（自分史は筆者の）分身』という言葉の方に重きを置くべきなのだろうか。

実は、かつて私も自分史めいたものを書いたことがある。

昭和六十一年十一月に上梓した『一九七〇年の漂泊』（文藝春秋刊）がそれだ。一九七〇年（昭和四十五年）前後の私の五年間、つまり二十一歳から二十五歳にかけての青春の日々を記録した作品であり、個人の青春記であるから自分史と呼んでも間違いではない。

もちろん、文筆業に携わる者が、不特定多数の読者を想定して大手出版社から出した自伝的書物と、一般の、文筆業と無縁の人が特定少数者を対象として自費出版した自分史とを、同列に論じられないのは承知している。

執筆した時の私には、自分史の多くの筆者にとって縁遠い二つの職業的動機があった。一つは、私が青春時代を過ごした一九七〇年前後という時代への社会的な関心（大学闘争と大阪万国博に象徴されるいわゆる〝昭和元禄〟時代はどんな時代だったのか、個人の体験を通して探れないか?）もう一つは、ノンフィクション作家としての義務感（他人の人生の細部まで分け入って公表することを職業とする以上、自分の裸の姿も一度は晒しておかないと不公平ではないのか?）である。（略）

しかし、こうしたもろもろの事情にもかかわらず、私にはやはり『自分史を書いた』という思いが強い。職業的動機の奥底を覗き込んでみると、そこには明らかに、書かずにはおれない個人的な動機が存在していた。

一九七〇年前後の数年間というのは、私自身がこれまでの半生の中でもっとも激しく揺れ動いた時期だった。その間に私は、大学を中退して自主映画作りを開始し、大学闘争の末端に加わり、一九七〇年には長年の夢だった劇場用映画のスタッフとなって映画製作に関わって、大阪万国博のアルバイトをしながら貯金を貯め、もう一つの夢だった海外放浪旅行に出かけた。そして三年後、海外でのドロ沼のような恋愛事件の果てに家庭を持つことを決意するのである。〟昭和元禄〟を背景に、映画と海外放浪と恋愛に明け暮れていた私なりの疾風怒濤の時代だった。

ところが、執筆前の私、平凡な父親で一介のルポライターにすぎなかった私には、自分の青春時代の体験の意味がわからなくなっていた。成人してからの私の骨格を形成し、ひょっとすると今後の私の進む方向をも示していたかもしれない体験なのに、日々の仕事に追われ、まともに振り返ることもなかった。

そこで私は、書庫の隅で埃をかぶっていた日記帳を取り出して読んでみることにした。そして、具体的ではあるがいかにも雑駁な六、七年分の青春日記を通読するうちに、さまざまなことを思った。これは書き直さないと自分でも全体の流れが摑めない、書き直すとなれば親子の葛藤や三角関係のゴタゴタなど自分にとっての〝恥〟

の部分も書かねばならないがどうするか……。それにしても不思議な時代だった。何の取り柄もない日本の貧乏学生が地球上のあちこちで議論したり文化活動に参加したり恋愛したりできる時代、歴史的に見ても初めてではなかったか……。

商品として出版する道を選んだ私の自分史の場合、筆者の私は自分史執筆によって、自分の出発点を再確認し、通過してきた時代の再検証を図ったと言える。そんな意図を持って自分史を書くことも、あり得るのだ。

では、『紙の墓標』から始まって、それ以外の例や私の例などを含む、共通の動機というものはあるのだろうか。人はなぜ自分史を書くのか。

個々の著作の〈まえがき〉や〈あとがき〉にはいろいろな理由が並んでいる。

(書くことによって)辛く悲しかった人生を浄化したい、相対化したい。

(書くことによって)被った社会的な不正を告発したい、このまま沈黙したくない。

(書くことによって)楽しかった日々、愛しかった人々の記憶を留めておきたい。

(書くことによって)仕事や職業への誇りや成果を表現したい、残したい。(書くことによって)世間で誤解されている事柄の本当のところを知らせたい。

これらの思いを込めて、人は自らの半生を綴り、少なくとも近縁者や友人知人には読んでもらおうと自費出版に踏み切る、ということになる。(略)であれば、〈まえがき〉や〈あとがき〉に掲げた理由の裏側に、もっとずっと根源的な、感情に近い動機があっておかしくない。

それは何か。私は、この社会に対するどことない居心地の悪さ、違和感ではないかと思う。

世間が自分の思いとは無関係に容赦なく流れ動いて行くことに対する違和感。それどころか、隙あらば自分を飲み込もうとし、実際に飲み込んでしまうことへの拒否感。そのまま黙していれば、自分という個人は熔けて押し流されてしまう。この世の中に生きていたのかどうかさえわからなくなる。だから、自分の生きてきた軌跡をありのまま描くことによって、せめて示したい、『これが私なのだ』と。

多種多様な自分史を読み、いろいろと述べられている執筆理由を読んできて、私はそう思うのである。青春記を書く前の、落ち着きのない長く不安定な私自身の精神状態を思い起こしてみても、そう思う。

いかにささやかであろうと、愚かで、滑稽で、偏っているように見えようと、『これぞ我が生の証し』と自分史は訴えかけてくる。時として読む側の私は、その訴えに共鳴する。まるでもう一人の私、私の〃分身〃に出会ったようで、筆者の心に私の心が響き合う。

自分史とは、残しておきたい自分の歴史を書き記すことである。自分史を書く「根源的な、感情に近い動機」は、「黙していれば、自分という個人は熔けて押し流され」社会に「飲み込」まれてしまうことへの「拒否感」ではないか。「自分という個人」の「生きてきた軌跡をありのまま描くことによって」「これが私なのだ」と社会に「示したい。」ことではないか、と足立氏は書いている。

どうしても書かずにはいられない何かが心を動かして、自分史を書いておこうと決意させるのだ。書かずには、これ以上生きていられないような、そんな思いに駆られて、人は自分史を書くのではないだろうか。自分の存在を確かにするために自分史は書かれるのだ。

第二節　「自分史」と「個体史」とのちがい

自分史と個体史とのちがいを考察するために足立倫行氏と色川大吉氏の自分史をとりあげることにする。

まず、個体史を考えるうえで、自分史とのちがいをおさえておかなければならないと思い、自分史をまとめた『傑作選こころの自分史』を読んだ。足立倫行氏の編著である。足立氏は、自分史を読むとともにルポライターとしての立場から『一九七〇年の漂泊』という自分史を書いてもいる。

次にとりあげたのは、色川大吉氏の『自分史　その理念と試み』である。この二冊より自分史とはどういうものかを考察したい。

1　足立倫行氏の考える自分史

1　自分史と個体史とのちがい

足立氏は、自分史がおもしろくないことの原因として、次のような点をあげていられる。

①今まで足立氏が読んできた自分史についての率直な感想を次のようにしるしている。

・愚痴めいた苦労話の羅列
・情緒に流された懐古談
・安っぽい教訓をちりばめた成功譚
・おめでたい人間賛歌

・必然的に行間から立ち現われるはずの筆者の生身の姿が希薄なため弾む息遣いが聞こえず、精神の懊悩がうかがえなかった。

リアリティに欠けるため、迫力がないことも、おもしろくないことの一つの原因であろう。

②おもしろくない原因

・〃恥〃が描かれていなかったせいだろう。

・頑なまでに恥辱の歴史を覆い隠そうとする。

確かに筆者の生身の姿が希薄で、きれい事ばかり書いてあるのではおもしろくないだろう。では、自分史とはどういうものなのだろうか。

③自分史とは何か

・長い人生を歩んできた証文

・自分で書いた自分の鎮魂歌

・老境に至って過去を振り返り、あたかも墓碑銘を刻むように、自分の生涯の主な出来事をすべて書き綴ったもの

・自分の人生のある一時期に執着して、その間の出来事のみを克明に記した作品

・自分史としてまとめ刊行したもの

・起こった事件を、舞台となった土地を、「自分にとってかけがえのないこと(もの)」として描いた作品

・紙の墓標

・筆者の分身

このようなものとして、包み隠さず自分のことを書いたら、自分史としておもしろいものができるのではないだろうか。時代のなかでおおわれていた真実が、自分史を書くということのなかで、探求され、戦われ、客観性が現れ、それらを通して見えてくる。事実、足立氏の取り上げた自分史には壮絶なまでの生の軌跡が書かれていた。個体史でも、このことは共通していえることだ。考えるべきところではないだろうか。

ここで、足立氏自身の書かれた自分史についても、考えてみたい。

④著者の自分史

・『一九七〇年の漂泊』（文藝春秋刊）
・二十一歳から二十五歳にかけての青春の日々を記録した作品
・個人の青春記
・〃昭和元禄〃時代はどんな時代だったのか、個人の体験を通して探れないか
・自分の裸の姿も一度は晒しておかないと不公平ではないのか
・書かずにはおれない個人的な動機が存在
・〃恥〃の部分も書かねばならないがどうするか

足立氏は、日記を読み直していて、どうしても自分史を書かなければならないと感じたそうである。自分史を書くということの動機がそれぞれの人にあるのではないかということに、気づかれたようである。

⑤書いたことによって
・自分の出発点を再確認し、通過してきた時代の再検証を図った。

足立氏は、執筆前、自分の青春時代の体験の意味がわからなくなっていたそうである。しかし、書いたことによって出発点を再確認し、進む方向がわかって気持ちがおちついたようである。

⑥『傑作選こころの自分史』のなかの作者の共通の動機とは
・辛く悲しかった人生を浄化したい、相対化したい。
・被った社会的な不正を告発したい、このまま沈黙したくない。
・楽しかった日々、愛しかった人々の記憶を留めておきたい。
・仕事や職業への誇りや成果を表現したい、残したい。
・世間で誤解されている事柄の本当のところを知らせたい。

自分史を書く人の共通の動機として、右のようなことが考えられる。しかし、もっと根源的な感情のうえでどうしても書かなければならないというような動機があるのではないだろうか。

⑦根源的な、感情に近い動機とは
・社会に対するどことない居心地の悪さ、違和感ではないか。

今の社会に対する不安のようなもの、その不安を取り除き、安心するためにも人は自分史を書くのではないだろうか。それは、この社会を生きていくための、違和感を克服し、精神的な安定を得るためともいうことができる。

⑧違和感を克服するために
・自分の生きてきた軌跡をありのまま描くことによって、せめて示したい、「これが私なのだ」と。
・我が生の証しとして訴えたい。

自分の存在を確かにするため、自分の居場所をはっきりさせるためにも自分史を書くことは必要なことではないだろうか。

2　色川大吉氏の考える自分史

①　色川大吉氏の提唱

色川大吉氏は、自分史を何のために書くべきであるか、歴史家の立場から次のように提唱している。
・歴史形成の主体である民衆とは一人一人の自分であり、自分が自分の歴史を書く自分史の実践こそ、歴史的自覚を促す契機である。著者は自らの追憶や実感だけを愛惜する懐古調の自伝の類を斥け、自分史を根底にすえて民衆史を捉え、民衆史を主軸に同時代史を描くことを提唱する。誰もがかけがえのない自分史を書くことで歴史への主体的参加を果たすべきだと説く。

これは、自分史を書くことで、歴史の証人になれることを意味している。

この考え方は、野地潤家博士の述べていられる個体史を書くうえの心構えとよく似ている。

では、どのように自分史を書けばよいのであろうか。色川氏は次のように考えている。

②自分史の方法
・自分史の出発点

　個人にとって真に歴史をふりかえるとはなにを意味するのか。その人の生を全体史のなかに自覚することではないのか。そこに自分の存在証明(レーゾンデートル)を見出し、自分をそのおおきなものの一要素として認識することではないのか。(略)
　同時代史を対象とするかぎり、一般の人と同じように個人史からはじめることに変りはない。歴史家もまず一人の庶民として、自分の体験にたち返り、その宿命的に負わされた偏見を修正しつつ、全体性との関連を認識する第一歩からはじめなければならない。(『自分史　その理念と試み』p10・11)

そして、橋本義夫氏の「ふだん記」を強く支持しておられる。
では、「ふだん記」運動はどのように展開していったのであろうか。
・ふだん記(ぎ)運動の展開

　『ふだん記津軽』第二十号(一九八八年十月)を見ると、新人の文章がトップに掲げられているが、その中に『自分史は小説か』と、ＮＨＫ学園の自分史講座に疑問を呈した一文が載っている。創刊時、三人しかいなかったと

いう津軽グループが、八年間で二十号を出したのである。（略）
各地ふだん記の人びとは、進んで文章を書く喜び、自分の雑誌を作る喜び、自分史にまとめる喜び、それらを読みあって『逢う日話す日』の集いで祝福しあう喜び、それらを共有するコミューンを保持しているという喜びを心のバネにしているのである。（略）
だから、会全体の指導者として、また『師父』として敬愛され支柱として頼られてきた橋本義夫がこの世を去っても、この運動は衰退も、解散もしなかったのである。（同上書 p33・34）

③自分史の限界

しかし、自分史にも限界がある。

労を回避して、現在の位置から、遠い昔の自分をふりかえって、反省的に描くという回顧的な方法は、どちらかというと安易になりがちである。なぜなら、そのやり方では現在の自分の主観——価値観がいっそう強く出てしまい、過去の自分の経験の真実とは遠いものになるおそれがあるからである。（略）
かつて実際にあったことでも、今の自分にとって好ましくないことは、意識的、無意識的に欠落させてしまう傾向がある。とくに他者との特殊な関係を書く場合には、ペンを折ったり空白にしたりする例が多い。自他を傷つけることを恐れるからである。多くの筆者が自己愛のために最後の所で筆を止めている。そこに自分史や回想記の限界がある。（同上書 p40・41）

この指摘は、足立氏も述べていられたことである。自分史の限界を知ったうえで、色川氏は自分史を書く意味を、次のように述べていられる。

たしかに、一庶民の記録としての自分史には限界がある。限界はあるが自己に誠実に向うかぎり、橋本義夫の次の言葉は真理であろう。私たちはその言葉にふくまれた彼の理想をかみしめて、これから先の道を拓いてゆきたい。

『記録は、一時の出来事を永遠なものにすることができる。記録は、世の片隅の出来事を、全体のものにすることができる。記録は、名もなき人の行為を、人類に結びつけることもできる。記録のみが、消えゆくものを不死なものにする。記録すれば沈黙しない。だから怒りをつづける必要がない。……しかも、記録でもっとも値打がある時は、激しい変化の時である。……今は変化の激しい時である。この時こそ事実を、正直に、『ふだん記』で書くべき絶好の時である。』(同上書 p41・42)と。(『だれもが書ける文章』橋本義夫 p163)

記録のみが消えてゆくものを不死なものにできる、とは私(引用者注　色川氏)は思わないが、文章や表現を庶民のものにしようとねがう橋本義夫の気持は痛いほど私にもわかる。(『自分史その理念と試み』 p42)

④ふだん記運動と庶民文化
　自分の歴史を素直に表現

『ふだん記』とは、自分で自分の歴史を書く。歴史学者みたいな人が、誰か偉い人の伝記を書くのではない。自分が自分の歴史、しかも、失敗談や泥棒をした話や交通事故にあった話、ときには、自分の配偶者以外の人との恋愛の話など、恥ずかしくて書けないようなことまで書いていく。しかも、文章は、飾らず、簡潔で直截であります。(同上書p57)

⑤ふだん記の創始者――橋本義夫

ここで、「ふだん記」を提唱した、橋本義夫氏のことについて考えてみたい。

「自分史」運動の実行者

彼(引用者注―橋本義夫)こそ民衆の真の自立を熱望した警世家であり、民衆史掘り起こし運動、庶民の自分史運動の先覚者、実行者であったからである。(同上書p89)

民衆史には、生きることのきびしさや生きることのよろこび、抑圧の歴史のあとづけの告白など、思想性をもったものが書かれている。民衆史が、きびしい民衆の歴史を乗り越えようとして書かれたとき、歴史の事実として、作者は歴史のなかに生きた印を刻むことになるのではないだろうか。この考えは、個体史につながってくる。

⑥地球さすらい人の思想

地球という有限なものの壁

現代人のニヒリズムは、人間が国家や民族や階級や宗教の相違をつきぬけて、地球という有限なものの壁にぶつかってしまったところから刺激されている。現代の青年のシラケ的感覚は、「自由国家」にも「共産国家」にも、資本主義にも社会主義にも、その他いかなる思想や宗教にも、一片のユートピアの夢をも感じることができないという情念と通底している。彼らが国際放浪に出る衝動には体制による相違はないであろう。ソ連の青年も東欧の青年も、窒息しそうな管理社会の空気から脱出したいという切なる願望を、欧米の風俗指向の中に表示している。（同上書 p110）

こうして、考察してみると、足立氏と色川氏の共通点がみえてくる。

『自分史　その理念と試み』には、次のように書かれている。

歴史形成の主体である民衆とは一人一人の自分であり、自分が自分の歴史を書く自分史の実践こそ、歴史的自覚を促す契機である。（同上書カバー）

「自分史の実践」が、「一人一人」の個人に「歴史的自覚を促す契機である、」といわれている。この歴史形成の主体として自分自身をとらえるということは、国語教育個体史を書くうえでの自己のとらえ方と共通している。民衆があり、歴史がある。その民衆とは、自分自身なのである。こう歴史のなかで考えると、国語教育個体史を書くことは、一般国語教育史そのものをとらえる足場になり、国語教育の歴史を自分の関わりのあるものとして、つかまえることにもなる。

色川大吉氏は、次のように提唱していられる。

著者は自らの追憶や実感だけを愛惜する懐古調の自伝の類を斥け、自分史を根底にすえて民衆史を捉え、民衆史を主軸に同時代史を描くことを提唱する。誰もがかけがえのない自分史を書くことで歴史への主体的参加を果たすべきだと説く。（同上書カバー）

この考え方は、「国語教育個体史」の記述を提唱された、野地博士の考え方と同じである。

「誰もがかけがえのない個体史を書くことで国語教育への歴史への主体的参加を果たすべきだ。」国語教師が国語教育の歴史を知ることは、当然のことである。しかし、歴史への主体的な参加ができているかと問われれば、できていると答えられる人は少ないであろう。自分とは関係の薄い過去の歴史としてとらえているのは、わたくしだけであろうか。国語教育の連綿たる伝統に守られて現在の国語教室をつくっていることを認識しなければいけない。そして、歴史のなかでおこなわれてきた実践営為を詳しく知ることが、自らの国語教室の基盤となる。

次の表は、自分史と個体史の相違点と共通点を並べたものである。

事柄	自分史	個体史
仕事		○授業実践がある ○仕事からの要求で書く
	○私的	○公的

点　違

目的	○自分のため ○個人的 ○書かずにはいられない ○根源的な感情に近い	○実践営為の向上のため ○実践営為をつかむため ○理論をもとに書く
記述時期	○晩年 ○過去を書く	○区切りごと ○現在を書く
回数	○一度	○何度も
はたらき	○人生をまとめる ○生きてきた証 ○自分の鎮魂歌 ○苦労話 ○懐古談 ○成功譚 ○人間賛歌 ○紙の墓標 ○筆者の分身	○実践営為を進めながら同時進行で書く 現在の実践に生かす(書いた時点で精いっぱいの力を出した実践を集積、次の実践に生かす) ○価値観 ○使命感 ○責任感 ○実践が要求するものを書く（国語教育実践史・国語教育生活史・国語教育者成長史） ○必要 ○役に立つ

相

○生の軌跡
○存在を確かにする
○けじめをつける
○自己愛

○恥辱の歴史を書かない
○現在の主観・価値観が強く出る
（回顧的な方法）
○経験の真実とは遠いものになるおそれがある
○意識的、無意識的に好ましくない事実を欠落させてしまう

限界

国語学習個体史

○創り上げる
○記述とともに歩む
○自己犠牲

○国語教育に関係のあることは、個人的に書きたくないものでも書かなければならない

点

○記録して残したい
○記述者にとってかけがえのないものであること
○自分を再確認
○通過してきた時代の再検証を図ることができる
○体験の意味がわかる
○記憶を留めておきたい

共通
○仕事の誇りや成果を表現したい ○歴史の証人になれる ○記述の実践が一人一人の個人に歴史的自覚を促す契機となる ○歴史形成の主体として自分自身をとらえる ○自分の生を全体史のなかに自覚することができる ○自分の存在証明を見いだし、その大きなものの一要素として認識することができる ○世の片隅の出来事を全体のものにすることができる ○名もなき人の行為を人類に結びつけることもできる ○歴史の事実として、作者は歴史の中に生きた印を刻むことができる ○歴史を自分の関わりのあるものとして、つかまえることができる ○誰もがかけがえのない自分史を書くことで歴史の主体的な参加を果たすことができる

以上、比較したように、「自分史」と「国語教育個体史」は、異なるものである。「国語教育個体史」は、仕事として、授業実践を「国語教育実践史」として「国語教育個体史」の中核に書く。書くのは、仕事からの要求である。したがって「国語教育個体史」を書くことは、公的な仕事である。「国語教育個体史記述」の目的は、実践営為の向上のためであり、実践営為をつかむためである。公的な仕事として書くのであるから、理論をもとに理性的に書く。個人の楽しみのために感情的に書くものではない。記述時期は、実践営為の区切りを単位とし、現在を書くものである。書く回数も、実践営為の区切りごとに書くのであるから、膨大なものになる。記述時間の確保が重要な問題となる。言語生活をささえる国語科は、どの教科よりも重要な教科として自他ともに認識されなければならな

い。その国語科の実践営為の向上のために書かれる「国語教育個体史」は、すべての国語科教師が書くべきものである。「国語教育個体史」は、国語教育実践営為を進めながら同時進行で書くものである。現在の実践(書いた時点で精いっぱいの力を出した実践)を集積し、次の実践に生かすことが、「国語教育個体史」を書くことによって示される一番の効果である。しっかりとした価値観のもと、使命感と責任感によって、実践が要求するものを書く。「国語教育個体史」には、「国語教育実践史」・「国語教育生活史」・「国語教育者成長史」・「国語学習個体史」がある。国語教育実践主体は、「国語教育個体史記述」とともに歩むものである。その必要性を認め、記述に精進しなければならない。「国語教育個体史記述」は、主体的・自主的な国語教育実践を創り上げるものであり、国語教育実践を充実・深化させることに役に立つものである。「国語教育個体史研究」なくして、ひとりひとりの個性をたいせつに生かす国語教育実践はありえないと、この考察を終えて、わたくしは今、実感している。

第二部　国語教育個体史的方法（研究）の生成と深化

第一章「個体史」思想の発生
――芦田恵之助の随意選題との関わり――

芦田恵之助氏は、その実践の基礎を「個体史的方法」によって据えられた実践者であると考えられる。

芦田恵之助氏は、『尋常小学綴方教授書　巻一』の序で、次のように書いていられる。


教授は教授者の生のかゞやきである。真剣の行動である。朝に読んだ教授書にすがつて、教壇上に一時の巧を弄するやうなものではない。したがつて教授者の参考に供すべき教授書は、生に触れたる事実の記載でなければならぬ。教授者が之を読めば、おのづから自己の力を自覚し、所信の確立する底のものでなければならぬ。余はかういふ考の上に、この書を教授書と名けた。けれども、出来たものは、思ふ所の三が一にも及ばぬ。それは全く余の修養の不足に基因するので、今更に致しかたがない。（『芦田恵之助国語教育全集　第５巻　綴り方実践編その四』p23）

「教授書」と名づけられているが、これは実践記録である。即ち、芦田恵之助氏の「国語教育実践史」のひとつとみてよい。

芦田恵之助氏の「教授は教授者の生のかゞやきである。」との言葉は、生きているすべてを賭けて教授していることを表している。「真剣の行動である。」も、いつも真剣に実践授業を続けていられたのであろう。

芦田恵之助氏は、理論よりも実践事実に重きを置いた。退職してから後も、いつまでも、教壇行脚を続けようとされた。教授に力を入れ、実践者であり続けようとしていられた。教授書にしても、「生に触れたる事実の記載でなければならぬ。」と言われ、「自己の力を自覚し、所信の確立する底のものでなければならぬ。」と言い切っていられる。そのうえで、「余の修養の不足に基因する」と反省することを忘れてはいられない。このような態度で修養を続けていたから、いつまでもよりよい実践をと、たゆまぬ精進を続けられることができたのであろう。同時に、この書は、「個体史研究」によって、事実から具体的に理論を生み出していかれた記録でもある。『尋常小学綴方教授書　巻一』の緒言のなかで、芦田恵之助氏は、「我あやまてり（一）」として、次のように書いていられる。

事実は理論の母である。これほどの道理を知らないものが世にあらうか。しかし世の様を仔細にながめると、理論によつて事実を作り出さうとする者が多い。殊に余の過去は、事実よりも理論をどれほど尊重したか知れぬ。(同上書 p24)

と、事実よりも理論を先に尊重した過去を、はっきりとまちがっていたと述べていられる。自分の過去の実践に対し、「我あやまてり」と、はっきりいえる教師がいるだろうか。芦田恵之助氏が、これほど実践の事実にこだわりをもたれたのは、どうしてであろうか。その気づきを述べていられる部分を、次にあげる。

「余の綴方教授に関する過去の研究」として、書いていられる。

余の綴方教授に関する研究は、常に文とは何ぞといふことから出発した。思想を文字に書きあらはしたものが文であるといふ概念から思想とは何ぞ、書きあらはすとは何ぞといふに進んだ。次に教授とは何ぞといふことから、児童を予想し、教師を予想し、而してその間の媒介物たる教材と方法を予想して、すべて一條の理論の下に安心の天地を築かうと苦心した。こんな所に果して安心が出来るだらうか。(同上書 p24)

と、「一條の理論の下に安心の天地を築かう」と苦心していられた。理論を立てる力のある芦田氏であるから、理論の下に安心の天地を築こうと試みていたのであろう。また、このような考えは、一般に通用していると思われる。

次は、「児童の一文章に文の全法則」と題して、書かれたものである。

児童の文章一篇をとつて、之を精細に研究すると、文に関する一切の理論と、教授に関する一切の現象が、自然のまゝに遺憾なくあらはれてゐる。児童は日常生活より思想を得、之を発表せんとする動機を得、発表の規則にしたがつて、始めて文となすのである。師あるがために向上の一路をたどる便を得、最捷径をすゝんで、徒労を省く利を得るのである。一粒の罌粟に宇宙の大法則を発見し得るといふ仏徒の言が眞ならば、一篇の文の全法則を包含するといつても不当ではあるまい。余の過去はこの道理を逆転して、たゞ理論をのみ尊重し、之が源泉たる事実を見ることが甚だ粗略であつた。(同上書 p24・25)

芦田恵之助氏は、事実を精細に研究することで、「児童の文章一篇」のなかに、「文に関する一切の理論と教授に関する一切の現象が、自然のまゝに遺憾なくあらはれてゐる。」ことを見てとっていられた。理論の研究が基にあったからこそ、事実を精細に見ることができたのである。これは、理論と同じくらいに、それ以上に事実そのものを精細に研究することがたいせつであることを書いていられるのである。次は、「眞相と説明」として書かれた文章である。

事実は事実として見るがよい。苟も言語にうつして、之が説明を試みたら、既に真相と相距ることは僅少ではない。談話・文章はもとより重要なものである。けれども真相と相距ることは頗る遠いことを知らなければならぬ。余の悪習として、活きたる事実よりも、ページの上に記載せられたる事実を尊び、真相よりも、真相に遠き記録を信ずる傾がある。余が懺悔の最も大なるものは、天地間一切の事、之を事実から学ぶ捷径をとらずしてページの上より学ばうとする迂遠の道を重んじたことである。(同上書 p25)

「ページの上に記載せられたる事実」を何よりもだいじで信用できるものとして見てしまう傾向は、現在もよくあることである。

ここで芦田氏は、事実に重きがあることを重ねて述べていられる。

「事実と創見」として書かれたのは、次の部分である。

いかなる場合に於ても、事実を離れて創見といふことはない。創見とはある事実に対する新見解に名けたる名である。抽象したる理論を思考の上に取扱ふのは、干瓢を夕顔としてながめようとする類である。干瓢は食料品であるけれども、夕顔は畠の生物である。似ても似つかぬものである。誰かの言に『事実は最もよく抽象せられたものだ。』とあつたが、今の世には皮肉なほど眞をうがつた言である。抽象作用は世の繁劇となるにつれての便法であるが、眞理は依然として、事実の上に、自然のまゝに存在することを知らねばならぬ。(同上

書p25）

「眞理は依然として、事実の上に、自然のまゝに存在する。」「眞理は」「事実の上に、」あくまでも事実を第一にする考え方である。

また、事実より理論に重きをおくのは、「摸倣國民性」に原因があることを、芦田氏は、指摘していられる。

吾人の祖先や吾人は、先哲の教を信じ、識者の新発見を仰ぐことは甚だ忠である。けれどもその教のよつて来る所、その新発見のよつて生ずる所以を思はない。かゝる気風が歳月を経て、模倣の國民性を作りあげたのである。（同上書p25・26）

活きたる事実を軽視する國民のまさに享くべき運命である。（同上書p26）

では、どうすれば、この日本人の「弊風を一洗」できるのであろうか。

次の「自己の眼の力」では、このように述べていられる。

然らばいかにしてこの弊風を一洗すべきか。要はたゞ活きたる事実を尊重し、自己の眼を信じて、力の限之を観察研究すべきである。こゝに創見生じ、研究は活気を生ぜん。研究者にして他人の研究に追随する時、たゞ後るゝなからんことをおそれ、自己を信じて進む時、大道坦々として夜を日についでといふ勇猛心おこる。よし難関に逢着しても、牛の歩みのよしおそくともそのそこ力ある一念が湧く。他人の研究はこれを参考する時尊きものにて、之に没頭する時、自己は全く奴僕に化してしまふ。『千なりや蔓一筋の心から』と先覚は戒めた。吾人の教壇下に集ふ児童のために、吾人は事実を尊重する底の眼を開かなくてはならら(ママ)ぬ。いかなれば吾人の祖先や吾人は、かくも尊き事実そのものを、かくも甚だしく軽んじたのであらうか。何故に干瓢を知つて、夕顔の美を忘れたであらうか。(同上書 p26)

ここでも、「活きたる事実を尊重し、自己の眼を信じて、力の限之を観察研究すべきである。こゝに創見生じ、研究は活気を生ぜん。」と、事実を尊重することを強調していられる。

「我あやまてり(二)」では、自分自身の過去について、次のように反省していられる。

さらに余が過去に於て児童を率ゐた心的態度について、甚だまちがつてゐたと思ふことがある。余は常に児童をいかに教育しようかといふことに苦心して、自己を日々如何に教育すべきかといふことを忘れてゐた。教師は既に完全の人格を有し、之を以て児童を律し、範を垂るゝもののやうに考へてゐたが、一度自己を顧みると、完全などは思ひもよらぬのみか、児童を律し、範を垂るゝなどいふことも、如何はしいことと思ふ。この頃になつて、自己を教育するは、他を教育する最捷経である。自己を教育する力によつてのみ、他を教育することが出来ると信ずるやうになつた。しかし他を教育せんとのみつとめて、自己の究明を怠つてゐるのは、今日教育界の通弊ではあるまいか。この些瑣たるくひちがひから、師弟の関係が甚だあさましいものになつてゐる。学校騒動といひ、不正行為といふ。これが単に制度の弊とか、時勢の罪とかいつて過されようか。まして教育の根本義が、教師に於て多少でも狂つてゐることに心付いては、余は立つてもゐてもゐられないやうに思

ふことがある。（同上書 p26・27）

これは、反省というよりも、強い、まさに懺悔に近いものである。自己の過去の実践に対して、これほどまで、はげしく振り返られるだろうか。「自己を教育するは、他を教育する最捷経である。自己を教育する力によつてのみ、他を教育することが出来る」と気づき、自己を鍛えあげようとする。ここに、芦田恵之助氏の教育に対する姿勢がある。このような芦田氏だからこそ、「漬け物石」になることができたのである。そこにいるだけで、穏やかに見ているだけで、生徒は真剣に作文を書くという指導ができたのである。

「教育の意義」として、芦田恵之助氏が考えられたのは、次のようなことである。

自己を教育するとは、まづ自己が果していかなるものかを究明する義である。自己には正義を重んずる念もあり、情念を追ふ念もある。この矛盾の間に安んずべき道を求めて、さらに思慮分別を用ゐざるも、毫も悔いなき境涯に至る義である。これ蓋し教育の根本義で、これあるがために教師は児童と共に向上の一路をたどり得るのである。即ち理論よりも事実を重んずる教師の前には、事実の上に創見をうちたてようといふ児童を生、自学を重んずる教師の前には、自学によつて智見を開かうとする児童を生ずるのである。故に教育は強ひる義でもなく、率ゐる義でもなく、児童と共に自己の完成に志す義である。余がこの見地に立つて、余の過去をふりかへると、東せんとして西にさまよひあるいてゐたやうな感がつよい。（同上書 p27）

「理論よりも事実を重ん」じ、「自学を重ん」じ、「自学によつて智見を開かうとする児童を生ずる」ことが、「教育の意義」である。ゆえに「教育は強ひる義でもなく、率ゐる義でもなく、児童と共に自己の完成に志す義である。」

と述べていられる。
芦田恵之助氏は、続いて自分の実践について、「子ども自身の生活にふれないものだった。」ということを、「我あやまてり(三)」として、次のように反省していられる。「子ども自身の生活にふれ」るということは、その子どもの背後にあるものまで見る、一人一人を認めていくということである。

余はこの他にもなほ懺悔すべきことがある。余は常に教授事項によつて、児童の思想界が形成せられるものとのみ考へてゐた。之(引用者注―対話を意味する)が刺激となつて、児童の生活が覚醒せられ、その新天地に研究・工夫・発見の存することを知らなかつた。その頃の余の教授は、理解が到達点であつた。記憶がその効果であつた。したがつて児童の生活にふれない教授であるから、学習が頗る無責任で、師のために学び、親のために学ぶことはあつても、自己のために学ぶ意義は甚だ薄かつた。自ら顧みてあさましいことをして来たと思ふ。かゝる傾向は小中学はもとより、高等程度の学校に於ても多少あると見えて、卒業生に活識が乏しいとは、をりをりにきく社会の批難である。今の教育は教育者が被教育者に負荷を強ふる作業で、如何なる天地にも自己の力量に應じたる活動を試みさせる作業ではない。教授の本質は決してかゝるものではないが、誤られたる教授が終にこゝに至らしめたのである。教授に関する眞研究は、まさに一転機する運命をたどりつゝあるのではあるまいか。(同上書p27・28)

次にあげるのは、この緒言のまとめと言える部分である。

余は本書の緒言として、余の懺悔のことに大なるものを三つかゝげた。一は教授の研究は教授の活きたる事実から出発しなければならぬといふのである。二は教育の衝にあたる教師は他を教育せんとする前に、まづ自ら教育しなければならぬといふのである。三は教授は悉く児童の生活に触れて、別に研究・工夫・発見の新天地を開かしめなければならぬといふのである。余はこゝに之を懺悔する程に、過去の余は教育の真義と甚だかけはなれた教授を行つてゐた。今多少でも其の事に心づいたを幸、責めては自分の嗜好教科であり、研究に比較的多くの時間を費した、綴方について、いくらかでも余の色彩の明かな教授の事実を書きあつめてみたいと思つて、この書をまとめた。(同上書 p28)

芦田恵之助氏は、この緒言において、「懺悔」として、次の三つのことをあげていられる。一つは、「教授の研究は教授の活きたる事実から出発しなければなら」ないということである。二つ目は、「教育の衝にあたる教師は他を教育せんとする前に、まづ自ら教育しなければなら」ないということである。三つ目は、「教授は悉く児童の生活に触れて、別に研究・工夫・発見の新天地を開かしめなければなら」ないということである。そして、教授の事実を書き集めようとして、この書をまとめられたのである。

この書を「個体史」としてみるとき、この『尋常小学綴方教授書　巻一』は、①の事実を誤たずかきとめる場であり、②教師がこれを書くことによって自己教育をする場であり、自己教育が教師の教授生活となる場であることがわかる。これによって教師自身、真に学ぶことを学び、③つめの「子どもの生活にふれる学び」の手がかりを手に入れる場ともなっている。

この「第一巻を出しての後」がどうであったかを、詳しく述べていられるのが、次の文章である。これは、『尋常小学綴方教授書　巻二』の緒言の中に、おさめられている。

大正七年六月にうまれた本書の第一巻は、幸に斯道研究者の愛読をうけて、意義ある生を送つてゐる。親心としてこれがどれほど嬉しいかは、子を持つ親のみの解し得る所である。

今その第二巻を公にするにあたつて、第一巻を旅立てて後の所感を一言するは、余のまさになすべき事かと思ふ。(同上書 p197)

芦田氏の「余の随意選題」法の手応えは、このような「事実の集積」のなかで得られた。このことを、次のように述べていられる。

尋常一学年の第二学期九月二十七日の綴方第一回より、第三学期、三月十八日の第四十回まで、殆ど随意選題の一法によつて、彼の成績を収め得たのである。勿論、余一人の経験に過ぎないが、事実はいかに一人の経験でも、尊重しない訳にはいかぬ。他の綴方教授者にも、亦それぞれその経験による事実が存在して、それがその教授者に唯一無二の方法であることを認めなければならぬ、しかしそれは余の経験に比較して、価値を判定すべき性質のものではない。余は余に絶対にして、他は他に絶対である。若し余の随意選題の一法を比較し得べき他の方法がありとせば、それは余の随意選題による以前の教授方法であらうか。(同上書 p197)

芦田恵之助氏は、「余一人の経験に過ぎないが、事実はいかに一人の経験でも、尊重しない訳にはいかぬ。」と、自分一人の経験した事実でも、尊重するべきである、と述べられ、「他の綴方教授者にも、亦それぞれその経験による事実が存在して、それがその教授者に唯一無二の方法である」ことを認めなければならないとしていられる。

芦田恵之助氏は、「余に絶対」のものとして、随意選題をとらえたのである。

次は、「綴方に関する思想の新舊」として、書かれたものである。

余は多年綴方の教授に苦心したが、尋常一二学年には、実物又は絵画を直観させて、之を綴らせることを手ほどきとした。少しく之に熟すると、課題によって思想を整理し之を発表せしめて、綴る力を進めようとした要は『教へて綴らす。』といふを根本義として計劃したのである。この頃になつて、随意選題に綴方教授の眞髄を発見し、二十余年いまだ嘗て知らざる成績と安心を得た。余は余の過去の種々なる経験を、余の現在の随意選題に比して、そのいづれよりも有効であり、綴方教授の真義であると思ふ。さきには『教へて綴らす。』ものと信じてゐた綴方の根本義が、今は『綴らせて導く。』といふ義にかはつたのである。言葉の上には大なる差が認められないが、その真義は、外よりすると、内よりするの差である。（同上書p197・198）

芦田恵之助氏は、「随意選題に綴方教授の眞髄を発見」して、はじめて、これだというものに出会われた。そして、「二十余年いまだ嘗て知らざる成績と安心」を得た。「余の過去の種々なる経験を、余の現在の随意選題に比して、そのいづれよりも有効であり、綴方教授の真義である」と思われたのである。「『教へて綴らす。』ものと信じてゐた綴方の根本義が、今は『綴らせて導く。』といふ義にかはつたのである。」

随意選題は、芦田恵之助氏が綴り方の種々なる経験の実践のなかから発見されたものである。そして、どの綴り方の指導よりも、有効であり、綴り方教授の真義であると思われたのである。その真義は、「教へて綴らす。」ものから、「綴らせて導く。」ものへとかわり、「外よりする。」ものから「内よりする。」ものへとかわったのである。

ここで、実践主体(教師)から実践客体(児童)へと中心者が交替したのである。「教へて綴らす。」は、教師が主となり、「綴らせて導く。」は、児童が主となる。前者は進むにつれて、文が児童と離れていき、後者は、進めば進むほど、文がどこまでも児童の生活に結びついてくる。芦田恵之助氏は、このことに自分の経験から気づかれたのである。

　芦田氏は、随意選題を実践することをやめなかった。随意選題をこの他に子どもの綴り方の力を伸ばすものはないと信じて続けられたのである。自分の事実からの発見を信じていられたのである。

　次の文章には、「信ずれば足る」という小見出しが付されている。


　随意選題は余の綴方教授を最も有効ならしめたものである。それは活事実で、疑ふべき余地がない。事実は最も正確な而も精密な説明であるから、余には何等の説明をも要しない。たゞかく信じてゐれば、それで十分である。(同上書 p198)

　芦田恵之助氏を、ここまで言い切らせたものは、随意選題による綴り方の効果の事実である。このことによって、事実は何よりも偉大であることを、芦田氏は悟っていられたのである。随意選題をこれ以上のものはないと信じる気持ちが、芦田氏をして、随意選題を説かせたと思われる。

　こうして得た「随意選題」を、他に訴えるのはなぜか。


　何故に余は随意選題について、口に筆に之を説明するか。そはただ同好の士の承認を得て、共に同じ道をすゝみたいといふに外ならぬ。いかに説明せば、余の随意選題に対する信念を、そのまゝに伝へ得べきか。それが当面の問題である。系統だててとか、矛盾なきやうにとかいふ工夫は、こゝから生ずるものである。しかしいかに説明に系統がたち、矛盾がなくても、それらは余の随意選題の事実の上に、一毫をも加へず、一毫をも

減じない。故に吾人は説明の如何よりも、事実から得た信念に尊い価値を認めたいと思ふ。（同上書 p198）

①随意選題の同好の師を得て、ともに進みたいということ、②説明は十分でなくても、事実に力のあることをわかってほしいこと、この二点が、芦田恵之助氏が世の中に熱心にこの方法を訴えられた理由であったことがわかる。こうして得た随意選題は、芦田恵之助氏自身の「綴り方学習個体史」を記述するなかで、再度たしかめられていく。芦田氏は、「随意選題といふ考は我が経験より得来る」として、次のように書いていられる。

余は随意選題といふ思想を何処から得て来たか。それはたゞ自分が幼少の頃から現在に至るまでの、文を綴る場合を追想して、かくなければならないと考へたまでである。吾人が全力を傾倒して、文を綴った場合は、常に綴らうとする想の内に力強く湧いた時であった。決して他の命令・依頼等をうけた場合ではなかった。想の内に力強く湧いた場合は、書かでやまれず、説かでかなはざる時である。人は自己の生に強くふれた時のみ、かゝる状態になるものである。余が随意選題を主張するのは、児童の生に響くことを書かせて、綴文の能力を進めようとするに過ぎぬ。（同上書 p198・199）

自分の経験から、どうすれば書けるかを考えたとき、課題を与えられるのではなく、内から書きたいという欲求の起こったときに書けるものであることに、芦田氏は気づかれたのである。それゆえに「児童の生に響くことを書かせて、綴文の能力を進めよう」と考えていられたのである。

では、課題作文については、どのように考えていられたのであろうか。

次にあげるのは、「課題の真義」についてである。

世に課題といふことがある。広く行はれてゐる方法である。けれども、深く思へば、課題の真義は、随意選題の範囲において、はじめて鮮明にあらはれるかと思ふ。課題には想の範囲を限定したものと主想を限定したものとがある。『犬』といひ『鶏』といふは前者で、『働くことは人の本分』といひ、『何事も精神』といふは後者である。範囲を限定せられたるものは、その範囲内に自由に想を限定して之を記述し、主想を限定せられたるものは、之を説明する想を自由に選定して之を記述するのである。要するに題目こそ他の限定をうけるけれどもその範囲又は制限内の活動は各人各様である。したがつて課題も随意選題の変形と見て始めて綴方教授上意義ある作業であると思ふ。(同上書 p199)

と、課題作文を全面的に否定するのではなく、「課題も随意選題の変形と見て始めて綴方教授上意義ある作業である」と、認めていられる。

だが、課題の欠点として、「課題の当ることと外れること」として、次のように書いていられる。

課題が綴方の態度をくるはすことがある。犬の事を書かんとする児童が『犬』といふ題を得、『習慣は第二の天性』といふことを論ぜんとする児童がその題を得た時は、その事情は随意選題と少しもかはらないが、他に書くべき文題を有する時、又は課題に対して全く書くべき想の動かない時は、こゝに内的闘争を惹起して、強き壓を感じ、煩悶に陥るのである。かゝる場合には全く生の義から離れて、師の譴責をおそれて文を草し、虚偽を筆にして自ら耻づることを知らぬやうになる。これを教育的作業といふには、意義が甚だ貧弱ではあるまいかと思ふ。(同上書 p199)

芦田恵之助氏は、このように考え、「随意選題は十全の道」として、次のように書いていられる。

児童の生に即したる綴方を進めるには、余は随意選題の外に十全の道はないと思ふ。課題よりしても、或は多少その目的の達せられないことはないが功罪相半するやうな場合が少くない。余は過去に於て課題によつて児童の綴方に対する態度を乱し、その結果一学級中に一二割の落伍者を出したことがある。而して自ら責むることを知らず、却つて彼を劣等児と命名して過して来た。何といふ理不尽なことであらう。余は窃かに教育的罪悪とはまさに此の如きものではあるまいかと、そら恐ろしく思ふ。(同上書 p199・200)

しかし、これが世間一般の作文指導のやり方ではないであろうか。このような作文指導が当たり前のようになされているのである。芦田氏は、懺悔しているが、このことに気づきもしないで課題作文の指導を続けている教師は多い。大多数の教師が、まだ課題作文の指導をおこなっている。

先にも述べたが、課題作文そのものが悪いのではない。ほんものの書くよろこびを味わえる随意選題で書くのと同じ気持ちで、意欲と勢いをもって、課題作文を書く訓練ができていないことが悪いのである。随意選題を書く力を課題作文でも発揮できることが必要なのである。

随意選題は、児童だけに有効な方法なのではない。ということは、随意選題の作文指導を基礎にして、広く作文経験を積みあげれば、卒業後も、社会人になっても、必要なときに作文が書ける力をつけることができるということである。

「随意選題と学級教授」として、次のように書いていられる。

随意選題は児童の綴方を進むるのみではない。苟も文の研究に志すものは老若男女悉くこの一路に立たなければならぬ。これによれば、日々の生活は悉く文の題材となつて、おのづから内より想が湧いて来る。之を学級の教授として見ても、少しも差支へる所はない。学級とはいへど、要するに個人の集合である。個人を見ない学級教授は、つひに成功するものではない。どこまでも対個人的の作業である。数十人中に唯一人を逸しても、そは教育的罪悪である。学級を単位と見る者の眼にこそ、分団教授などいふことに意義があらうが個人を単位と見る者には、無意義もまた甚だしい、要するに随意選題は個人的に学級的に有効な方法である。（同上書p200）

「随意選題は個人的に学級的に有効な方法である。」だからこそ、芦田氏は、随意選題を広め、綴り方の力をつけたいとのぞまれたのである。

続いて、随意選題の指導が「自指導と自処理」を生む、として、次のように述べていられる。

随意選題といふと、世人はたゞちに無指導、無処理のやうに解して、攻撃の矢をむけるが、それは自分がことさらに敵を仮設して、徒らに攻撃する者で、癡人の夢である。随意選題とは書くべき想を自ら選定する義で、指導とか、処理とかの義は一毫も含んでない。されど随意選題による記述が、すこぶる有効であるために、仔細に考へると、綴方教授上重要な問題をその作業の中に解決してをる。試みに見よ日常生活の中、生に触れたるものを選定する所に、多くの商量を費やし、之を記述して、想の満足にあらはれた時には、そのあらはるゝ所以をさとり、満足にあらはれない時にも、またその然る所以をさとる、これ最も適切なる指導ではあるまいか。若し指導といふ語が教師によつて行はるゝものとの聯想をもつて不当ならば、自指導などいふべきか。而して自指導のこの効をつむものにのみ、師匠の指導が有効にはたらくのである。さらに処理といふ点から見て、一行書いては之を読みかへし、二行書いては之をなほす、これまさしく自処理ではあるまいか。自処理に忠なるものにして、はじめて師匠の処理が有効にはたらくのである。自ら文題を選定し、他より何等の拘束をうけないで文を書いても、自分の満足を得むがためには、発動的に如上の作業をなすものである。これ即ち文章を学ぶ者の根本的修養にして、これをおろそかにしては、いかなる指導も、いかなる処理も、つひに無効に終るかと思ふ。（同上書 p200・201）

「書きたいものを書く」ことが、自主的な推敲力の源であることを、いいあてている。自分の文章を推敲できる力がつけられていたら、卒業してからの作文の指導者は本人自身ということになる。では、このような偉大な力をもつ随意選題をおこなうばあい、教師の果たすべき役割はどういうことであろうか。芦田恵之助氏は、「綴らんとする心の啓培」として、次のように書いている。

随意選題による記述を、綴方教授の根本作業と認めると、この作業に従事する児童に対して、教師は何をなすべきかが問題になつて来る。余はこゝに教育上の重大問題が潜んでゐると思ふ。まづ児童の綴らんとする心を、いかにして培ふべきか。この解決のつかぬ間は、綴方教授は行はれない。命令すれば児童は動くものであらうか。勿論外的には動くけれども、内的に動くか否かは疑である。評点の刺激によつて、彼の名誉心を煽らうか。これまた動くには動くけれども、その刺激の去ると共に、動かなくなる場合が多い。綴らんとする心をだに動かすことが出来たら、教師の任務は既にその大部をなし終へたものといつてよい。ただ綴方教授ばかりではない、他の諸教科もすべてその科の学習を好愛する心を呼びおこすことに苦心してゐる。この一点が教授

の根本問題でまた教育の根本問題である。（同上書 p201）

「綴ろうとする心を動かすこと」が綴り方教育の根本問題であるとしていられる。

では、どうすれば、綴ろうとする心を動かすことができるのであろうか。

次に述べられているのは、「綴らんとする心を啓培する方法」とした文章である。ここにも、国語教育実践史的な回想がみられる。


余は小学校の授業生となつて、下学年を担任した頃から、作文の教授がすきで、兎や角と工夫をこらしたものである。文章の功徳を讃美して、之を好愛せしめようとつとめた事があつた。時には作文法を講演して、文章に対する注意を高めようとしたこともあつた。近くは十数年前、再度高等師範に奉職して後も、或は範文を教授し、或は文集を回覧せしめ、種々の方法を尽して、発動的に綴方学習の念を喚起しようとつとめた。その時には多少効果を認めないではなかつたが、今より思へば到らざる事の甚だ遠いものであつた。今はさして新しい工夫もしないが却つて児童が綴方を好むことは、昔日の比ではない。自ら顧みてをかしく感ずることは、少しく綴方を嫌忌するやうな児童を見ると、以前は中々に強く之を責めたものである。『我はこれほどに努力してゐるのに、如何なれば汝はかく不熱心なるか。』といはぬばかりに、いやみ交りの小言をいつたものだ。所が近来は全級の調子が稍弛緩して来た場合にも、甚だしく小言もいはず、気も揉まない、露骨なる児童は『先生一向に文が書きたくありません。』などといふことがあつても、『書きたくなければ書かないでゐるさ。それが一番文のうまくなる道だ。』といつた風に、一向に小言もいはず、またいひたくもない。時には『それで汝の心にこゝろよきか。』と内省をうながすことがあるが、それは極めて稀だ。けれども綴方が、児童の注意から去つてしまふほどの頽廃も見ず、さきに気を揉んだ頃よりか、不快の感を持つ日が少い。或は我やゝ老境に入つて感じの鈍くなつた為でもあるかと思ふが、また一面には、いくらか自ら信ずる所もあり、自ら安んずる故でもあらうと思ふ。自ら信ずる所とは、我が文章を好愛する心を以つて、児童の心を率ゐて行かうといふのである。（同上書 p201・202）

書くことによって書くことを教える、即ち教師の書く姿勢を見せることで、書こうとする心を育てようとするのである。「我が文章を好愛する心を以つて、児童の心を率ゐて行かう」というのである。これが、児童を書く心にさせる方法である。そのためには、教師自身が文章を書くことを好きになり、書こうとする心を育てることが重要である。これが、芦田恵之助氏の考えていられるものである。

そのような「綴り方を好む自己」を育てるための「修養」について、次のように述べていられる。

余は過去に於て教師の所信が児童を動かすものであるとの事実を多く認めた。この意義に於て、児童と教師は修養の道連でたゞ一日の長といふに過ぎぬ。もしそれ一日修養を怠らんか、吾人はその一日児童の前に立つ資格なきものとなるのである。故に教師は日に新にまた日に新なる日々の生活に徹し、こゝに向上の一路を発見する者でなければならぬ。この心のみ、よく児童を動かすに足るのである。故にいはく随意選題に於て教師のなすべきことは、綴らんとする児童の心を培養すべきことである。更に極言すれば、児童のその心を培養するに足る自己の心を培養すべきである。（同上書 p202・203）

「教師の所信が児童を動かすものである」という事実を多く認めたことと、教師が修養を怠ると児童の前に立つ資格なきものとなること、教師は、向上の一路を発見する者でなければならないということが述べられている。「随意選題に於て教師のなすべきことは、綴らんとする児童の心を培養すべきこと」である。結論としては、自己の心を培養することである。

随意選題は、教師の指導を必要としない、教師は何もしないと思われがちであるが、実はそうではない。児童の進む方向を見つめ正しく指導することが緊要である。

「迷ふ者の警戒」として、次のように書いていられる。

綴らんとする児童の心を養ひ得ても、時にはその力をよからぬ方面に用ひて、知らず知らず罪の淵に落ちて行くものがある。教師はこれ等を予想して、常に警戒者とならなければならぬ。警戒するとは、自己の文章観に照して、児童の進みつゝある方向を察する義である。自己の想を自己の言葉で発表することに忠ならざる者は、病の既に内に萠したものである。さらに飾りたてた文を好み、他人の文を剽窃して顧みないものは、邪路稍深く迷ひ入りて、師の力によらでは、正道に立帰ることの覚束なきものである。教師はこれ等を未然に察し、迷へる者の救済につとめて、児童の心を最後の一点に結びつけることを計らなければならぬ。(同上書 p203)

正しい作文の方向を知る基準となるものは、教師自身の文章観である。日々これを磨いて高めておかなくては、指導はできない。

では、随意選題による指導は簡単なのであろうか、それとも、難しいものなのであろうか。芦田恵之助氏は、「困難か容易か」として、次のように書いていられる。

随意選題による綴方教授は、頗る容易なやうであるけれども、一学級の児童をして各その所を得しめ、少しも迷ふ所なからしむるは、また中々に困難な事のやうでもある。余はその困難なる荊棘をひらいて、やゝ平坦なる大道に出た苦い経験を持つてゐる。方法を求め、手段を工夫した時には、困難はいよいよ嵩じて、途方にくれたことを記憶してゐた。たゞ自己に帰つて、我が文章はいかにあるべきかを思ひやゝその解決を得て、之を信じた時、道を埋むる荊棘の少しづゝ芟除されたやうに思ふ。我は何故に最初よりこゝには立たなかつたのだらう、何故に好んで困難なる道を選ぶの愚をなしただらうと思ふけれども、それは今から思はれることで、当時は迷へる道以外に、道なきものと信じてゐた。故に余は随意選題による綴方の教授者は、まづ自己の文章とは何ぞといふ重要卑近の活問題を明らめて、而して後に児童を率ゐなければならぬ。こゝに立脚しては、易も難もなく、たゞ自然の大道のみの存する境地に達して、師弟ともに文を楽しむことが出来ると思ふ。（同上書p203・204）

文章とは何か、自分はどんな文章を書けばよいのか、を考え修行することにより、自然と指導するべき道が見えてくる、と説いていられる。教師が自己の文章を書くことにはげみ、文章を書くことを児童とともに楽しむことが、だいじなのである。

では、随意選題にすれば、誰にでも作文は書けるものであろうか。力の弱い子どものばあいはどうであろうか。

世には『随意選題甚だよし。然れども劣等児を如何、田舎の児童を如何。』といふ者がある。思はざるの甚だしい者だ。劣等児とはそもそも如何なる者であらうか。世の説にしたがへば、天分薄くして多数の児童の如き発達を遂げ得ないものをいふ。しかし天分の厚薄は、差別的に見たもので、もし之を平等的に見れば、すべて自己の想を自己の言葉で書くのである。天分十の者が十の文を書き天分六の者が六の文を書けば双方共に天分の全ではないか。これ以上に何を要求しようとするか。人は優等児を重んじ、劣等児を軽んずるが、劣等児の優等児に及ばないことをのみ知つて、優等児の劣等児に及ばないことを知らない。人間は各その天分に安んじて努力する結果、種々なる方面に創作発見の天地をつくるのである。この意義に於て、何で綴方のみが除外されることがあらう。劣等児に優等児の文を要求せず、優等児に劣等児の文を要求しなければ、児童はそれぞれにそのまゝの文を書いて、活くべき天地に、少しも不満なき生を楽しむことが出来る。かやうに見て来ると綴方に於ける優劣児童の問題は、不徹底なる教師の文章観が作り出した罪悪である。世にあはれなものは教師に劣等と鑑定された児童である。さらでだに弱い力の児童が軽侮と冷酷の限光を浴びて、日に日に萎れてしまふ。余は余の幼時を追想して、うたゝ同じ情にたへぬ。(同上書 204)

「自己の十全」を出すことを優とすれば、いわゆる「劣等児」は存在しなくなることが主張されている。優劣をつける前に、書くことの楽しさを味わわせることができ、抵抗なく気負うことなく書くことができる生徒を育てることによって、すべての生徒が話すような気軽さで書くことができ、個性的な文章を無理なく書く力をもち得たら、作文の指導としては、それ以上のものはないであろう。

芦田恵之助氏は、『尋常小学綴方教授書　巻三』の緒言のなかで、次のように書いていられる。

「私の自覚と煩悶」では、左の通りである。

児童は日々に育つて行くものである。教師を神のやうに信じてその導くがまゝに育つものである。児童の永

き将来は多くこの導き方によつて支配されるものである。(同上書p411)

芦田恵之助氏は、こう自覚されたとき、「自分の責任の重大を悟ると共に、強い煩悶を感じはじめた。」そして、「時には私がかうしてこの職にあることが、甚だ罪深きことのやうにも感じ」られたのである。そして、この煩悶を解決しようと読書をされ、先覚の諸説も聞いてみられるが、解決には至らなかった。

そして、たどり着いたのが、「我をすてゝ世に何物があらうか。」ということであった。これは、芦田恵之助氏にとって、いかなる場合にも動かない立脚地であった。

この自分を顧みるという研究の方法が、「個体史研究」の方法と通じると、わたくしは考える。

さらに、この『尋常小学綴方教授書　巻三』の緒言のなかで、個体史の研究方法と同じ方法で自己の歩んで来られた後を振り返っていられる。

自分の育つて来た跡、之によつて児童を導く外によるべきものはないと考へた。人はその偏狭に驚くであらうが、私にはこれ以外に信ずるに足るものがない。書を読む事も、人の説をきくことも、すべて自分の育つた跡に意義を附し自信を高める外に用なきものである。私のかういふ見解は単に綴方教授に関してのみではない。自分に関する一切のことの指針である。帝國の一臣民としてその最善を尽すのにも、家長して一族を率ゐるのにも、教育の意義生の意義についても、悉く之によつて解釈を試み、その天地に安んじて進んで行くのである。要するにこれが我が人生といふものである。(同上書p411・412)

国語という教科は、経験によるところが多い教科である。自己の経験を振り返ることにより、児童を導くことを考える、という芦田恵之助氏の方法は、「国語教育個体史」の考え方と重なるところが大きい。「自分の育って来た跡、之によって児童を導く外によるべきものはない」という発見は、「国語教育個体史記述」のなかで生まれ出た考え方といえる。

芦田恵之助氏は、「今日の我が文章」として、今までの歩みの後を、次のように記している。

私の育つて来た跡が児童を導くについて唯一のよりどころであり、そのよりどころからみて、随意選題が優良な方法であるといふならば、随意選題の眞義を明かにする為には、勢私の育つて来た跡を明かにしなければならぬ。その中には四十年を経過した事実もあつて、記憶朦朧、僅かにその当時の気分しか思ひ浮べることの出来ないものもある。自分ながら信をおき難いやうな感じもする。しかし今日の我が生には昨日の生が融けこみ、昨日の生には一昨日の生が融けこんでゐる。かう考へて来ると、四十年以前の生も、今日の生に対して、全く交渉のない訳ではない。私の綴方がどうしてこゝに至つたかを、今日の我が文章に就いて考察し、所見を述べてみたいと思ふ。(同上書p412)

芦田恵之助氏が「私の綴方がどうしてこゝに至つたかを、今日の我が文章に就いて考察し、所見を述べてみたいと思ふ。」として、自分の経験を考察していられるのは、「国語教育個体史研究」の方法であると、断言できる。それだけではない。芦田恵之助氏は、「国語学習個体史」も、書いていられるのである。

芦田恵之助氏は、自らの学習のあゆみを、次のように「国語学習個体史」として文章に表している。

私は明治六年一月の生れであるから、小学校の入学は明治十二年頃かと思ふ。弁当をもつて、兄の後から学校に通つたことを記憶してゐるから、或は教へ年六つ位から入学したのではあるまいか。その頃の教師は多くは所謂村夫子で校長様だけがさる藩士であるといふ位、教育の方針も教授の方法も立つてゐるのではなく、たゞ自分が教へられたやうに、児童に伝へるといふに過ぎなかつた。しかし私の最初の担任渡邊先生は、お年が五十位であつたが、始終私の鼻汁をとつて下さつた事と、煙草臭い息を頭の上から吐きかけながら、手を持つて習字を教へて下さつたことは今もおぼえてゐる。当時の校長は飯沼先生といつて、流行に後れないようにと思召してか、木の底の西洋靴を履いてをられた。私どもはその音をどれほどおそれたものだかしれぬ。読者、西洋靴の語を笑つてはならぬ。私どもは之をさらに唐人靴と呼んでゐた。この外に我が國在来のには、狼靴といふがあり、狼靴と唐人靴の中間に位する朝鮮靴といふのがあつた。かやうに靴のみについても、和漢洋を混和したやうな世の有様であつたが、教育の根柢となる人と人との交渉は、却つて真摯なものがあつた。児童は学ぼう、教師は教へようといふその意気に極めて尊いものがあつたやうに思ふ。（同上書 p412・413）

芦田恵之助氏は、記録を大切にし、残すことを考えていられた。それは、今の指導に役立てようとする考えからである。この考え方も、「国語教育個体史研究」の考え方といえるのである。

次は、「初めての作文」についての回想である。

その後十九歳の新校長が出来た。文字が得意で、文部卿福岡孝悌氏の生徒心得を大きく書いて、幅の廣い梁に張り出された。その頃から学校がだんだんお役所風になつたやうに思ふ。下等七級（尋常一学年の後半期）位の時であつたかと思ふ。『今日から作文を教へる。』といつて、病気見舞の文をうつさせて下さつた。勿論候文である。後に返事を書けといはれて、何を書いたかとにかく作文帳を先生に出した。程へて私が『それをかへして下さい。』といつたら、先生にひどく怒られて出したまゝで返されたことを記憶してゐる。その先生は渡邊先生ではなく、依田先生といふ方であつた。依田先生は春には製茶を本業として、学校へのおつとめは副業であつた。(同上書 p 413)

以上が芦田恵之助氏の、初めての作文の記録である。作文のはじめにしては、印象のあまりよくない記録と考えられる。

次は、「十四年の改正小学校令と作文」である。

明治十四年の小学校令の改正の時、若い校長から何だか私どもにお話があつたやうにおぼえてゐる。その小学校令がさきの生徒心得よりもやゝ小さく書いて、教員室の梁に張出された、今その法令中作文に関する部分を見ると『庶物の性質効用を知らしめ、之を作らせる。』といふやうな文句がある。果然小学教育の作文はこの精神を奉じて『何は何にて造り、何に用ふる道具なり』といふのに一定した。かゝる世の中に、今の所謂綴方教授などといふ意義は寸毫だも存在してはゐなかつた。(同上書 p 413)

明治十四年の作文の記録である。実際の経験を書くことによって、その当時の作文指導を浮き彫りにしていられる。

次にあげるのは、「蜜蜂の文」である。

中等科(尋常四学年〜尋常六学年)になつてからかと思ふ、蜜蜂の課が読本にあつて、それが文題としてとられた。私は蜜蜂を少しも知らなかつたが、之を綴つて、讀本中の句『その務実(つとめまこと)に容易ならず。』といふを文の結尾においた。すると先生が大層ほめて下さつた。その後先生が黒板に蜜蜂の文をお書きになつた。多分先生の範文であつただらう、私は時間一ぱい之を写したが写しきれなかつた。そこで先生に『写して下さい。』といふと、放課時間に写し始めて下さつた。そこへ若年の校長がいらつしやつて、ひどくその先生をお叱りになつた。私は子供心に先生に済まないことをしたと気の毒に思つた。その作文帳が國を出る時まであつたが、今は何処にいつたか見当らない。その先生は今の代用教員で、細見喜作といふ方であつた。御健在であつたら今は五十四五歳でもあらうか。(同上書p413・414)

作文の誉められた記録であるが、誉められて嬉しいというだけのものでもなかった。細見喜作という先生との作文の思い出も、あまりよいものとは言えない。

次は、「人力車」という作文についての「国語学習個体史」である。

その頃の進級試験といふものは、実に馬鹿騒をしたものであつた。京都府などでは槇村知事が自ら出張して、之を監督せられたといふ。うそのやうな事実話がある。兵庫縣の氷上郡では、試験委員が小学教員中から選出せられて、問題の選定、試験の監督等をなさつたやうであつた。若年の校長がその結果を御心配になることはまた格別であつた。数日前から近隣校の試験の手伝にお出かけにな(ママ)て、お帰りになると、今日はかういふ問題が出た、今日はかういふ文題が出たと、私どもに教へて下さつた。時には問題の予測なども話して下さつたことがあつた。その頃の進級試験の時には、師弟父母共に血眼になつたものだ。何級の時の試験であつたか『人力車』といふ文題が出た。私はたゞちに『人力車は木と金にて作り云々。』と綴つて出藍の色を示した。

この時私の級に俊秀な一生があつて、人力車によつてうける人間の便利なことを文にした。これが大当りで、評点九十五といふ無類のものであつた。川崎といふ試験監督官が之を写してお持帰りになつたといふので、若年校長は『我が校の名誉、山東地方の名誉（山西地方に対して）である。』といつてどれほど喜ばれたか知れぬ。私は之がねたましい程うらやましかつた。（同上書 p414）

この記録は、級友の作文を羨むもので、これも、良い思い出とは言い難いが、芦田少年が綴り方で、名誉を得たいという強い意欲をひそめていたことを示すエピソードである。当時の思いがありありと、実に正直に回想されている。

次の作文の記録は、「父の死を報ずる文」である。

この外に今一つ記憶してゐるのは『龍動（ロンドン私の子供の頃はかうかいて、倫敦とは書かゝなかつたものだ）にある兄に父の死を報ずる文。』を書けといはれて、書くには書いたが、これでは父の死んだ悲しみが表はれてゐないとか、之では海外にある兄に対するやうではないとか語られて、泣かぬばかりに苦しんだことがある。私には父があつて多病ではあるけれども、その頃は家に紺屋を働いてゐた。私には兄があるけれども、龍動にはゐないで、父の手助けをしてゐた。之がどうして死んだもの、海外にある者と思はれようと、ひそかに先生の詰責をうらんだことがある。（同上書 p415）

これなどは、作文の苦しい記憶としか言いようがない。芦田恵之助氏の作文の記憶はよいものがあったとは言えない。それでも、記憶を呼び覚まし、自己が学んだ作文について書いていられるのである。

次の「私の小学時代の作文」には、作文に対する記憶をまとめて書いていられる。

作文についてのやゝ具体的な記憶はこれだけである。その外には春日郊外に遊ぶの記、米相場を問合す文などの当時に於ける月並式のものばかりで、記憶に残つてゐない。或は書いた文章の数も現今に比してはきはめて少ないものであつたらうと思ふ。私はこの二三の記憶から、私の小学時代の作文はよくいへば実用的、わるくいへば受験的で、真に自分の生活中に書かんと欲する想を求めて、之を自由に書くといふ傾向は全くなかつた。当今のやうに人生に深い根柢を持つてゐる綴方は吉野山にたちこむる霞の奥の花でその影を認めたものは、殆ど絶無であつただらう。（同上書 p415・416）

作文の内容については、以上のようであった。では、教師の教え方についてはどうであっただろうか。次に書いていられるのは、「課題の方法」である。

その頃の教へ方は一定してゐたかと思ふ。まづ文題を出し、書くべきことを問答して、大体の順序を定めて下さる。次に記述して出すと、先生はそれを通読加筆して返して下さつた。時には範文を写させて下さる事もあつた。かういふ順序は今も昔と甚だしく変つてはゐないが、それをたゞちに、昔が進歩してゐたとか、今は之に比して、進歩が遅々としてゐるなどと思つてはならぬ。この順序は徳川時代の漢学塾などに既に行はれてゐたもので、それを知らず知らずの間に踏襲したに過ぎない。蓋し今後幾十百年を経過しても、苟も課題する時に於ては、大体この順序に従ふべきものであらう。要するに人間の工夫によつて産みだされたものではなくて、自然の大法をそのまゝの方法であらう。（同上書 p416・417）

作文の教え方については、今とあまり変わっていないことをあげられ、課題作文のままでは「今後幾十百年を経過しても」同じであろうと、指摘していられる。

次は、「対課題策」として、課題作文に対してどのような方策を練ったかという少年時代の芦田恵之助氏の回想である。

私はかういふ課題によつてのみ育てられたものである。当時は先生のおつしやるがまゝに働いて、それを批判したり、それに反抗したりする力はなかつた。全く盲信、無自覚の状態であつた。しかしいつの程にか、無自覚ながらに対課題策を案出してゐた。今も課題に接する毎に、稚い頃の気分が油然と起つて来る。時期は何時頃であつたか記憶はないが、一時課題に苦しんだことがある。『何は何にて作り』で間にあふのはよいが、『習慣』とか『勉強は幸福の母』などといふ題になると、手のつけようがない。何処で覚えたものか『習慣とは何ぞ。』といふやうに起筆し、又『古語にいはく、勉強は幸福の母と。うべなるかな言哉。』と擱筆するやうになつた。兎に角苦しんだことは事実であつた。次に文を作るのは、出題者の意を迎合することが何よりも大切であると考へるやうになつた。それは時々失題、再考を要すなどいふ評語をいたゞくので窮餘の一案かと思ふ。したがつて先生の要求せらるゝ題意をきくことは、私にとつて非常に有利なことであると信じ、なほ想の梗概順序等をまで聞くのはきめて好都合であると考へたものだ。かうして私の文は、私といふ者と全く離れてしまつた。かゝる修練も年月を経てはそこに何等かの進展を示さずにはをれぬ。いつの程にか、いかなる課題に接しても、自由の天地を見出したやうに思ひはじめた。即ち自分に引きあてて題を改造すると、どんな題でも書けないものはないといふに落ちた。『犬』といふ題が出た場合に、『私の飼つた犬』とか、『隣の犬』とか、『あはれな犬』とかして作るのである。想を組立てるのにも『客あり問うていはく。』といふやうに仮設的にし、或は窮した場合には、夢想記のやうに作成したこともある。先生はなるべく難題を選ぶやうになり、私はなるべく先生を出しぬいて奇想天外より落ち来るおもひあらしめようと工夫した。文の真摯なる態度は全く失せて、佳言・麗句を喜び、文のために実生活とかけはなれた虚生活を叙して、一時の淡い満足を買はうといふやうになつた。今も優等児がこの道におちて得意がるやうな傾がある。之を思ふとその頃の私の文は全く相対的に堕して、師をまってこそ発達をとげるけれども、自己の生活には甚だ忠ならざるものであった。したがつて自己の満足をたよりに、自ら発達を遂げようとする自学的のものでは全然なかつた。（同上書 p.417）

作文の成果、成績だけを求めて、指導者の求めるものを書こうとし、自分の為の作文ではなく、自分とはかけ離れた作文を書く技術だけを身につけていた。芦田恵之助氏が、経験したのは、全く課題作文ばかりであった、と書いていられる。

それは、「型を求めて文の本質を忘る」というものであった。その続きが次にある。

その頃の事であったと思ふ。天長節の祝文を書いて来いと命ぜられて、祝意を表するが本意であるといふ根本を忘れ、起筆が分らないといふ理由のもとに、つひに書き得なかつた事を記憶してゐる。弔ひ状の時も同様であつた。それが一度型を教へられると、祝文が書ける気になり、弔ひ状が書けると思ったのがをかしい。祝意弔意はおのが内にあり、喜びをあらはす語と、悲しみをあらはす語は、常に用ひなれてをる。それを何故に『時維れ明治』と書きおこし、『承り及び候へば』と書かなければならないのだらうか。偶像は刻々に破壊せられて、刻々に再興せられる所に、人生進展の意義があるといふ。捉へられた文を書いて、読者の批評に活きようとした私の過去の文章観は、課題を唯一の作文教授法として踏襲した我が師によつて養はれたやうな感が

する。(同上書 p419)

課題作文によって育てられた芦田恵之助氏は、型だけを教わったと言うことができる。だから、型のわからないものは書くことができなかったのである。

その後、「課題によつて我が作文の発達を沮碍せられた壓迫は、小学校を出ると共に、おのづと一掃せられた。」芦田氏は、「伯父・叔父を説いて学資の援助を乞うた」が、断られた。この「伯父・叔父との交渉の文は全く眞剣で、想が面白いの奇想天外よりどうしたのといふやうな遊戯的のことではなかつた。」「他人にたよらうと決心」して書いた「血書せんばかりの」文は、課題のやうなおもしろおかしいものではなかった。

それからも、芦田氏は、「全生活をうちこんでの文」や、「泣きながらお禮の手紙」を書く。恋の文も書く。「生に触れた場合の文章は、すべて血の出るやうな文」として書かれた。

芦田恵之助氏は、「世に出てから、生活がたゞちに文である」と信じるようになる。これが、随意選題のもととなる考えとなる。次の「随意選題の骨子」は、これを説明している。

私は世に出てから、生活がたゞちに文であると信ずるやうになつた。私は教師としての経験を積むにつれて、文章修養の方法として、自分の生活を見つめなければならぬと主唱し始めた。これがやがて随意選題の骨子をなしたのである。随意選題は全く私の生の響である。(同上書 p419)

「文章修養の方法として、自分の生活を見つめなければならぬ」という考えも、「国語教育個体史研究」の考えと似通っている。

しかし、芦田恵之助氏は、生活だけを見つめて「文章の修養」をしていればよいだけではなかった。芦田氏は、「文の二重生活」をしていられたのである。

教員生活に入つて後の私の文は常に二重生活をしてゐた。教員検定試験の時は処生活を麗々と書いて、試験官を喜ばせようと努めた。明治二十九年福知山町が殆ど全滅の水害を被つた時、丙申水害実記を書いてその惨害を後に伝へ、自警すべき微衷を述べた。明治三十年京都市小学校創立三十年紀念会の懸賞文（尋常小学作文科教授方案）に應じ、その翌年唱歌適用小学遊戯を書いた。東京に入つてからは、文を多く書いたがその中には書きたいものもあり、書かねばならぬものもあつた。恰も随意選題と課題のやうに、我が生を書いたものと、生活せんがために書いたものとがあつた。自分ながらに浅ましく思つてゐる。しかしこの二重生活に於て文の生命は書きたい生を書くべきものであることをいよいよ明かにさとつた。（同上書 p 419・420）

課題から導かれて、随意選題に出た芦田恵之助氏は、外にむかっていろいろな道を求めるようになる。これは、随意選題の作文修養をしようとすれば、自分からさまざまなものを外に求めて吸収しなければならないからである。芦田恵之助氏は、かなりな量の読書をしていられた。しかし、外に向かうだけでは、解決の道はなかった。そのことを次のように書いていられる。

以前はかなりに読書もしたものであつた。その二三をいつてみると、最初に石田道三郎氏著普通文作法を愛読した。之によつていくらか文の考が出来たかと思ふ。後には武島羽衣氏の文章綱要を読んだ。これは普通文作法と同様の書で簡明なものである。範文として私をうごかしたものは、落合直文氏の七株松（國民之友の夏期附録）と大槻文彦氏の言海の跋である。文集としては雲萍雑志や徒然草を愛読した。私は文について求めんとする心はよほど強かったが、内にむかっては居なかつた。これらの読書によつて、文に関する我が経験の整理せられたことは少くなかつたが、文に対して安んずべき天地を見出すことはつひに出来なかつた。（同上書 p420）

では、芦田氏は、何によって「安んずべき天地を見出すこと」ができたのであろうか。そのことについては、「静座と文」として次のように書いていられる。

文に対して安んずべき天地を見出したのは、静坐の修養を始めて後のことである。幾年かの端坐瞑目によつて、自己が次第に見えて来た。読む意義も、綴る意義もかはつて来た。従来は雲萍雑志や徒然草を文の模範として見てゐたが、此の頃は柳里恭や兼好法師の人そのまゝであると見えだした。雲萍雑志や徒然草に学ばうと思ふなら、柳里恭や兼好法師の境涯に達しなければならぬと考へ始めた。文は人なりとの意が深刻に分つて来た。したがつて過去三十餘年通つて来た道が、危険きはまるものであることに気がついた。我が愛子、まして人の愛子を率ゐて、我が師が進まれたやうに進むことは、私には出来なくなつた。文を学ばせるには、日に月に変化進展する児童各自の境涯に目をつけて、向上発展を自覚せしめなければならぬと確信した。私はこゝに至つて、研究ではなくて、信仰の境にはいったやうな気がする。今後は天下挙つて私を非としても私の信念には動揺はあるまいと思ふ。要するに随意選題と私とは、命をかけても恨なき間柄である。（同上書 p420・421）

芦田恵之助氏は、「随意選題と私とは、命をかけても恨なき間柄である。」とまで言い切っていられる。それほど随意選題の作文指導には、生徒に作文の力をつけるという自信を持っていられたと考えられる。

「雲萍雑志や徒然草に学ばうと思ふなら、柳里恭や兼好法師の境涯に達しなければならぬと考へ始めた。文は人なりとの意が深刻に分つて来た。」という研究の方法は、まさに「国語教育個体史研究」そのものの考え方である。ここまで見てきて、いよいよ「国語教育個体史」の萌芽が芦田恵之助氏にあることを、わたくしは確信することができた。

芦田氏は、随意選題をなぜ主張しているのかという理由をこの後に書いていられる。

かういふ過去を持つてゐる私が、随意選題以外に綴方教授の本幹とすべき方法のないと思ふのも無理ではあるまい。ある時期に文の革命にあつたやうな感じを持つてゐる私は、従来の作文教授がそこに至らしめたものと思つてゐる。私の解してゐる課題――私の育てられた課題、私が児童を育てた課題――は、文の真意義にたつて意義の浅いものであると思つてゐる。かういふ私一人の実感から世の批難攻撃を顧みないで、随意選題を主張してをるのである。しかし声を大にして世に我が所説を強ひようといふ考は毛頭ない。私がこの所信を口にし、筆にして倦むことのないのは、世に共鳴者の必ずあるべきことを信じてである。私は決してまけをしみでも意地でもないが、課題を綴方教授の本幹方法と論ずる者のやうに、課題についてよい実感を持つたことがない。かやうに、その所信が過去の境涯から来るとすれば、彼は彼たるをさまたげず、我は我たるをさまたげない。我にとつて彼が他山の石であるが如く、彼にとつて我は亦他山の石であらう。互に敬重すべきものではあるまいか。この義を逸しての論争は、その価値の乏しいことがある。私は随意選題を強く主張すると同時にこの點について深く自ら警めてをる。（同上書 p421）

芦田恵之助氏は、課題作文を認めていない訳ではない。「自分には随意選題の他ない」と言っていられるのである。

最後に芦田氏は、「随意選題の真髄」として、次のように書いていられる。

最後に一言しておく。随意選題と課題の場合に於ける選題の責任者は誰であらうか。こゝが随意選題と課題の差異点で、問題はすべてこゝにかゝつてをるかと思ふ。児童の境涯にもその時々に應じて眞剣の事件がある。之を逸しないやうに内省し、生に即した文を綴つて、向上の一路をたどらせようといふが随意選題の眞髄である。(同上書 p421)

随意選題の選題の責任者は児童であり、課題の選題の責任者は教師である。随意選題は、「生に即した文を綴って、向上の一路をたどらせよう」とするものである。随意選題は、児童のためだけのものではない。実践主体(教師)の作文力向上のためのものでもある。児童の作文を読み添削することで、実践主体自身の作文力も向上するのである。これは、「国語教育個体史」の考えと重なる。双方とも、国語教育実践主体の向上のためのものである。

『尋常小学綴方教授書　巻四』の緒言では、「随意選題」の意義づけが、さらに理論立ち、おちついたものになっていく。

随意選題による綴方教授は児童の体験をもととして、内より発達することを重視するものである。したがつて之に添ふべき指導は、従来の所謂系統案によるものとは、おのづからその趣を異にしなければならぬ。即ち教へて後に綴らせようと計劃してゐた系統案は綴つた成績物の傾向によつて導く随選案にかはらなければならぬ。(『芦田恵之助国語教育全集　第6巻　綴り方実践編　その五』p16)

随意選題は、指導者に力があることが前提とされるようである。児童の生活のなかから何が出てくるかわからないからである。その書かれたものから、「傾向によって導く随選案」を考えなければならない。児童の生活にまで関わるようになってくる。指導者の力量がそのまま指導の力となる。指導者は、作文指導力をつけるために作文力をつけなければならない。

随意選題は指導といふ立場から見て、如何なる意義の有るものであらうか。私は前巻に於て自指導であると説いたが、なほ詳細にいふならば、体験による発見発明である。私はこの頃まで随意選題を課題と対立する教授方法と考へてゐたが、よくよく考へてみるとこれが人間の文章生活といふものではあるまいか。即ち児童が随意に題目を選定して、自分に満足の出来るやうに発表することは、他日必要に應じて筆を執り、感動して文を綴る真の文章生活と全く同一事情である。したがつて児童をこの境地に立たせておけば、実用的文章とか、非実用的文章などの区別はさらになく、生活則文章の義となつて、心あるものにはこの一道のみによつても、優に文章を大成することが出来る。かう考へて来ると、随意選題は方法のやうにもあるが児童の文章生活であるともいはれる。(同上書 p16)

随意選題の目標とも言うべきものを、ここでは書いていられる。随意選題の生活から書く題材を探してくる方法は、「人間の文章生活」というものである。「児童が随意に題目を選定して、自分に満足の出来るやうに発表する」

ということは、作文の理想であるように思われる。この文章生活が子どものうちから身についていれば、社会人になって、必要に応じて文を書くことができる。この子どもたちがしている随意選題は、大人の文章生活と同じである。それは、実用的文章とか、非実用的文章などの区別はなく、「生活則文章の義」となって、誰でも、文章を書くことができるようになる。「随意選題は方法ではなく、児童の文章生活である」とまで、考えをおしつめている。

こう考えると、随意選題とは何であろうか。ここで、随意選題について掘り下げて考えることが必要である。次には、「指導の根本問題」として、書いていられる。

かう見て来ると、随意選題を指導の下において考へることが出来る。私は色々の学術技芸などについてみて、それらに関する発見発明は、皆その道に浸つた人々の工夫考案になつたものであると思ふ。之を思ふと、文を学ばうとする者は、真剣に文を綴るが自然の大法で、この上にこそ文則の教授も文話の提唱も、始めてその効を奏するものと思ふ。故に今後の指導を論ずるものは随意選題をもその範囲に入れて、寧ろ之をその根本問題として考へなければならぬ。(同上書 p16・17)

随意選題は、芦田氏による発見であり、芦田氏の工夫考案になったものである。しかし、発見されてみると、それは、「自然の大法」と呼ぶにふさわしい普遍性をもつものであった。「作文を学ぼうとする者は、真剣に文を綴るのが自然の大法で、作文を書いてこそ文則の教授も文話の提唱も、はじめてその効を奏する」という考えが、これを示している。今日でも、作文の指導の根本問題として随意選題は考えられなければならない。

では、「随意選題」において、もっとも大切なことは何か。芦田恵之助氏は、「綴らんとする心の培養」として、次のように書いていられる。

問題をこゝまで進めて来ると、随意選題に入る前に、または随意選題によつて文を綴らしめつゝも、常に覚醒しなければならぬ一事がある。それは、一般に指導上困難な事のやうにいふけれども、指導者の所信に動揺なくば、そのこと直ちに、この一大指導を完成してをることになる。その覚醒しなければならぬ事とは何ぞ。それは他でもない。綴らんとする心の培養である。綴らんとする心は、文を綴つて行く中に培はられるものであるがその以前に既に萌芽を示してをる。即ち入学当初の児童が、おぼろげながら何をか学ばんとする心、仮名を読み、之を辛苦して書いてをる心それである。要するに向上発展を企圖する一心が内に樹立すると、読方にあらはれては読まんとする心となり、書方にあらはれては書かんとする心となり、他の諸教科にあらはれては、悉く諸教科を学ばんとする心となるのである。私が常に『綴方一科によつても、教育の要を尽すことが出来る。』といつてゐるのはこの義である。扇子のかなめの働を知るものは、この意義を会得するに何等の思考をも費す要はあるまいと思ふ。(同上書 p17)

随意選題の要となっているのは、「綴らんとする心」である、と言い切られている。では、綴ろうとする心は、どのようにして育てればよいのであろうか。芦田氏は、「綴らんとする心の培養手段」として、次のように書いていられる。

問題は急轉直下、いかにしてその心を覚醒すべきかといふに進まなければならぬ。私の今の境涯では、教師が自ら学ばんとする心に充実するといふ外には何物もない。私はかく信じて以来、私の児童に之を裏切つたものはない。教育者は児童の怠慢弛緩を責める前に自ら緊張の如何を顧みるがよい。大抵の問題はそれで解決がつく、自ら文の大道に立たなくて児童をのみそこに立たせようといふのは非分の望である。私は小学教師がたいした物知りでなくてもよいと思ふが、諸学科と人生の交渉点は、明かに悟つてゐなければならぬと思ふ。而してその交渉点が向上発展を企圖する一心に結びつけられて、如何なる場合にも融通無碍の働を示す所に教育は行はれる。私は今の小学教師が智識に不足してゐるとは思はない。たゞ持つてゐる智識の活用しないことを屢々見る。それは一心の覚醒にかけた所があるからではあるまいか。ことに人生と交渉深き国語科教授の実際を見て、その感を深くする。(同上書 p17・18)

「教師が自ら学ばんとする心に充実する」という以外に方法は何もないのである。教育者が怠慢弛緩していないかどうかに児童の「綴らんとする心」を培養できるかどうかがかかっている。「自ら文の大道に立たなくて児童をのみそこに立たせようといふ」のでは、児童に「綴らんとする心を培養」することはできない。国語教育実践主体は、絶えず規範を示していることが必要である。

では、その心が培養された後の指導はどうすればよいのであろうか。

指導の第一義は綴らんとする心を養ふことである。自餘の指導はこの事のうちたてられた後のことである。綴らんとする心がうちに醒めて来たら環境のすべてが指導の働きを生じて、教師をまたない指導が随時随処に行はるゝことゝなる。私は之を生活の綴方化といつてゐるが、こゝに至つて内よりの発達が自然に行はれる『無為而化』といふ教育はこれである。自教育の真髄はこゝである。(同上書 p18)

これが、自分を教育するということである。ここまで来ると、いつでも自分を教育することができる。次に、その例をあげてあるところを引用する。

十月三十日は我が校創立の記念日であつた。雨あがりのまぶしいやうな秋日和。記念式が講堂で終つた後、青天井の餘興に移つた。陸軍の軍楽隊が日本行進の曲を第一に、森の楽隊・英国の民謡集などを奏した。尋一の色の白い男児が立ち上つて、指揮者の身振手つきをまね始めた。興に堪えられなかつたのだらう。私は之を見て、この気分をうつせば立派な文になるなど思つてゐると、何処から飛んで来たのか長さ一間半もあらうといふ蜘蛛のいが二三間前の尋四の男児の三角帽の徽章の所に引つかゝつて、ゆるやかに流れてゐる。それに日光がかゞやいて、金の矢でも飛ぶやうに、すつすつと光る。私は、何といふ面白い光景だらうと、軍楽などは耳にもはいらず、むちゆうで見つめてゐた。すると横にゐた私の教へ児が之を見つけて、しきりに面白がつてゐた。そして『先生、文になりますね。』といふ。私はたゞうなづいた。読者諸君どうか私と私の傍にゐる児童の、この数分間に於ける有様を想像して下さい。これが即ち心あるものゝ天の啓示に浴してゐる実況ではありますまいか、大なる意義の指導といふ事実ではありますまいか。（同上書 p18・19）

このような境地になることを、芦田恵之助氏はのぞんでいられるのである。何を見ても興味のあるものは書く題材になると思う、このような書くことを楽しみとできる児童の育成を目標としていられるのである。ここには、師もなく、弟子もない。同好の同志あるのみ。国語科の教師として、児童をここまで高めることができる綴り方の指導は、まさに理想といえる。

では、「指導の第二義」はどうであろうか。

指導はこの第一義に徹したら微細な問題は当然解決して行くべきものではあるが、教壇上の日々の作業としては、第二義として児童の文章生活に意義を附さなければならぬ。文章生活といへば読方話方もその範囲に属し、書方も軽くその意味を持つてゐるけれども、それらの教科はそれぞれ特殊の任務があるから、こゝには想をまとめて書きあらはすといふこと、範文として他人の文を読むこと、文話として他人の苦心工夫談を聞くこと、変化して来た過去の文章観を顧みること、及び成績物に対する教師の批評批正等に関することをいふ。私はそれらの意義を十分に知らせることを指導の重要なる作業と思ふ。(同上書 p19)

①想をまとめて書きあらはす　②範文として他人の文を読む　③文話として他人の苦心工夫談を聞く　④変化して来た過去の文章観を顧みる　⑤成績物に対する教師の批評批正、これが作文の作業である。この段階まで来ると、作文の指導らしいことが増えてくる。これが指導の作業である。ここまでくると子どもの作文を書く力はかなりついてきている。

次の段階として、「文を綴る態度」の問題がある。

文字の運用に稍熟して、見たこと、聞いたこと、行つたこと等を、そのまゝに書くやうになれば、自然如何なる想がまとまり易くて、また書き易いかといふことがわかつて来る。その頃になつて自分の想を自分の日常語であらはすのが最も容易であり、それが真の文であることを知らせると、そこに文を綴る態度は自ら定まつて来る訳である。(同上書 p19)

ここで、「自分の思いを自分のふだんのことばで書き表すのが、真の文である」ことを知らせ、文を綴る態度を自得させるのである。

その想の発達は、尋一から尋三位までは、「見たこと聞いたこと行つたことなどを、何等工夫を用ひないで、そのまゝに書いていく」が、「尋四になると見聞又は行為等の事項ではあるが、多少之に所感を附記して、全事実の中心点を明かにするやうな傾を生じる。又事実と全く離れた概念をも取扱ふやうになる。尋五六に進んでは自己の所信を世の事実に写してあらはすやうな傾をも生じる。同じ見聞事項又は行為等を書くにしても、作者の理想に合致する部分を選択して書くやうになり、さらに理想の天地を創作するやうになる。かやうに所信が内にかゞやき始めると、社会萬般のことに対して或は批評となり、或は議論となつて、義務教育完了の頃には、各種の文章の萌芽は殆ど悉く認めるやうになる。こゝに注意を要することは、尋二三頃に見聞事項をそのまゝに書いたのと尋五六のそれとは、一見相似てをるやうであるけれども、前者は事が主で後者は人が主である。」というように書いていられる。これも、実践の事実より、芦田恵之助氏自身がつかんだものである。

続いて、「想の取扱」として、次のように書いていられる。

さらに想の取扱についても、多少の変化がある。見聞事項及び行為を忠実に書く間は、たゞ事実を平板に叙して行くだけであるが、漸く発達して、全事実の中心を見出し、又は感想が鮮明になつて来ると、之を遺憾なくあらはすがために、想の排列を工夫するやうになる。この程度に進むと文題が最初に定まつて、次に記述の大体が定まり、之に従つて、材料の取捨選択を行ひつゝ記述することになる。これらを指導するには、教師は常に細密なる注意を以て、児童の成績物を通覧し、想の変化の著しいもの、又は想の取扱の要を得たものを発見するにしたがつて、之を示して、内省せしめ、次第に自分の想の変化して行く有様及び想の取扱の進歩する

模様を会得させなければならぬ。（同上書ｐ20）

ここには、具体的な「想の取扱」の指導の方法が書かれてある。想の変化、実態の細部をつぶさにみる力が教師に必要であると、指摘されている。

次は、「あらはし方」についてである。

又あらはし方には色々の工夫がある。同一の想でも、之を独演的にあらはすものもあれば、対話の形によつてあらはすものもあり、独演の中に対話を挿入してあらはすものもあれば、擬人的にあらはすものもある。一般には濁演的と濁演中に対話を挿入したものが多いが、まれには対話文を工夫し擬人的の発表を試みるものがある。これ等は読本又は雑誌の文章などから暗示をうけて工夫し始めるのであるが、これもまた成績物中に現はれたたびに之を示し内省せしめて、次第に描写上の工夫を試みるやうに仕向けなければならぬ。（同上書ｐ20・21）

「あらはし方」には、①独演的にあらわすもの　②対話の形によってあらはすもの　③独演の中に対話を挿入してあらわすもの　④擬人的にあらはすものなどがある。児童が、読本または雑誌の文章などから暗示をうけて工夫し始めたとき、その場その場で対処し、内省させるようにして、描写上の工夫を試みるように指導することが、描写力をつけることになる。

指導の実際を「範文」と「文話」として、次のように書いていられる。

私はかやうに児童の発達工夫等が成績物の上にあらはれるのをまつて、その時々に指導をして行かうといふのである。けれども教授者の用意としては、他に範文、文話等を準備し所要の指導を深刻に行ふやうにしたいと思ふ。たとへば尋四に見聞事項を記述した後に所感を附記した成績物があらはれたとして、その本文が優良であれば、たゞちにとつて範文としてよいが、その着眼はよいけれども、文としては範とするに足らない場合には別に之を指導するに適当な文章を示して汝等の進むべき天地はこゝであるといふやうに示したい。かやうにして行けば遺漏なき指導が内よりの発達に應じて殆ど必然的に行はれると思ふ。

文話は『題の見つからない時』とか『文の進む時』とか『少年少女雑誌等の懸賞文應募者の自警』とかについて先輩の経験談、又は苦心談等を、適当な機会に語るのである。したがつて之を聞く児童は自分の経験を整理せられ、解決の暗示を与へられて、自ら奮勵するの道を悟るやうになる。文話は独立して行はれることもあるし、範文に附帯して行はれることもある。板上批正の場合は、種々なる指導の事項を含んでをるけれども文話の有力なる部分を占めてをる場合が多い。（同上書 p21）

芦田恵之助氏は、児童の発達工夫等が成績物のうえにあらわれるのを待って、その時々に指導をしていられる。いつでも、指導者として、その時々に必要な範文や文話等を準備しているのである。このような指導は、実の場でないと、効果があらわれない。芦田氏は、「深刻に行ふやうにしたい」と考えていられる。その場をとらえるということについて、いかに児童をよく観察していられたかがわかる。そして、「遺漏なき指導が内よりの発達に應じて殆ど必然的に行はれ」たのである。ここに、芦田氏の卓越された指導力をみることができる。

児童は、先輩の経験談、苦心談等を聞いて、自分の経験を整理でき、解決の暗示を与えられて、意欲をもって取り組もうとする力を与えられるのである。児童にとって、今わからないことを、今解決できる喜びはどれほど大きいものであろう。自分の書きたいものが自由に書け、疑問が起こる度、解決のヒントが与えられたり、道からはずれかけたのを修正してくれる綴り方の時間はどんなにか楽しかったであろうと推測される。芦田氏の師として頼りになることも、他に類をみなかったのではないだろうか。

また、「形式方面」についての指導は、次の通りである。

なほ文字に就て、語句について、文の正しきもの、力強きもの、滑らかなもの等その他段落のきり方、篇の結構、表記諸法に関する規則などは、皆十分に之を指導する必要がある。けれども多くは各個人の成績物を批正する場合に、注意し、加筆し、訂正するが最も有効であるから、特別の必要ある場合の外は、個人批正に附帯して指導したがよい。(同上書 p21)

最後に、教師の在り方、教師の文に関する修養の大切さについて書いていられる。教師の力次第ということであろうか。

私は随意選題から批正までを一まとめにして指導の眼でながめ、いづれも文章生活に意義を付するものとして、指導の範囲に入れて考へたいと思ふ。こゝまで説けば、指導には必ずしも系統案を要しないといふことになる。しかし系統案が全く出来ないかといふと、多年の経験と、有力なる材料を有する者には悉く之に準拠するといふことは出来ないまでも、参考物として有力なものが出来なくはない。さる案のまとまる日は、國の綴方教授研究がよほどまで進歩した事実を示す時である。

系統案によらないで指導を行ふには何よりも教師の目が利かなくてはならぬ。児童の成績物を見て一々に精細な批評が出来なくては、之をいかに指導すべきかは分らない訳である。今日は東し、明日は西するやうな先生の評に指導をうけたら、児童は行くべき道にまよつて、遂に文を廃するやうになる。今日の青壮年中真に文を自己修養の道として、考へてをる者があるだらうか。あつてもそれが少いとしたら彼等の幼時の作文教授がその生に響を持たないものであつたかと推断しても差支がない。そはとにかくに、教師の文に関する修養を外にして、指導を有効ならしむる方法は全くない。

系統案派の人は、修養の乏しい教師が多いから、止を得ず系統案が必要であるといふ。けれどもよくよく考へて見ると、修養の乏しい人が自ら乏しいと考へてゐるうちは、なほ発達の見込がある。学校で定めた系統案を持つて、その影に隠れるやうになると、その教師は、安んずべからざる天地に安住する迷へる人となるので、発達の道は全く杜絶してしまふ。かうして教師が器械化したら、生気ある綴方教授はその教師の上に永久に滅びてしまふことになる。教育界にこの一時を糊塗する気風が一掃せられ、人の働きの復活しない間は、改良や改造の叫も殆ど無意義に近からう。(同上書 p21・22)

このことは、すべての国語教師への警告と言える。

『尋常小学綴方教授書　巻一から巻四』は、芦田恵之助氏の国語教育実践史と呼ぶことができる。これらは、随意選題の参考物として有力なものである。それだけに尋四までの未完であることが、惜しまれる。

芦田恵之助氏は、この実践記録「国語教育実践史」とほぼ同時期に、雑誌『教育研究』(一七二号、大正六年十一月)に「綴り方教授の指導」と題して、次のように書いていられる。

綴り方教授の指導　その一

指導は綴り方教授の一作業である。然れども何を指導すべきかについては世多く之を説かぬ。説く要なきか。要あれども説かざるか。説かざるにあらずして、説くこと能はざるにはあらざるか。要するに綴り方教授中不可解の一領域である。(同上書 p479)

綴り方の指導を説くことは難しいことなのである。それをあえてここでは、説いていこうとしていられる。

余は綴り方教授に於て随意選題をその真生命としてゐる。然し之を以て直ちに無指導の義と解してはならぬ。教師は確乎たる指導方案を具して、その上に随意選題を導かなければならぬ。無指導の天地にも綴り方の進歩はある。されどそは危険なこともあり、迂遠な事もある。教育者が児童を率ゐる意はその危険と迂遠をさけて、綴方をして正しき発達をとげしむるのである。(同上書 p479)

芦田恵之助氏の説く随意選題は、「確乎たる指導方案を具して、その上に随意選題を導」くものである。「無指導」は「危険なこともあり、迂遠な事もある。」教育者である限り、児童を綴り方の正しい道に率いて、発達をとげさせなくてはならない。

また、「指導の作業が、常に講話によつて行はるゝものとの思想を廃しなければならぬ。」と言っていられる。「古来師に就いて多くの指導感化を得たといふ一面には、講演を透してよりも、却つて座談偶発の事項について、師が所見の神髄を学び得た場合が多」いのである。「換言すれば、師が全人格の反映である不断の指導に、きはめて尊き意義が存在する」のである。「この義をおしていへば、無言裏に指導の行はるゝ場合がないでもない。」

芦田恵之助氏は、黙ってそこにいるだけで、児童に綴り方を書かせたということである。これは、無言裏に指導していられたのであり、ふだんからの全人格の反映による不断の指導の賜物であったということであろう。

「無言裏の指導」の中心にあるものは何か。それは、教師の「文章観」である。これについて、次のように述べている。

如上の意義から綴り方教授の指導を考へると、その根柢をなすべきものは、確乎たる教師の文章観である。これあらば教師が機に触れ、時に應じてわづかに説明し、批評することが、系統あり、統一ある指導となるけれども、之なくては、いかに教授の段階に叶ひ勿体らしく振舞つても、そは断片的智識、支離滅裂の印象に終る。故に指導をなさんとする者は自ら文章観を抱持するや否やを一考するがよい。指導の効果の強烈なるべきか、薄弱なるべきかは、他人の批判をまたずして、十分に自知することが出来る。（同上書 p480）

綴り方教授の指導の根底をなすものは、確固たる教師の文章観である。これをおいて他にはない。

「二」には、次のように書いていられる。

指導事項研究の根柢をなすべき材料は何ぞ。そは決して他に存在するものではない。唯自己の発達して来た文章の径路これのみである。文章発達の既に高き程度にあるものは高き指導事項を有し、文章発達のなほ幼稚なる程度の者は、幼稚なる指導事項を有す。いさゝか忌々しくは思ふが、止を得ぬ。低きは低きに安んずる所が尊い。却つて低き者が高きを羨み、腹にもなきことを鸚鵡のやうに口真似するよりも、どれほど徹底してゐるか知れぬ。（同上書 p481）

そして、「富豪百萬」の金と、自分の「俸給数十圓」の例をあげ、「いかに貧弱なる文章観からあらはれた指導事項でも、文を書く指針たるべきことはいふまでもなく、いかに豊富な文章観が産んだ指導事項でも、この義に差別はない。こゝが即ち共通の義の存する所で、差別のうちに平等の一致点ある所以である。以下所掲の指導事項は、余の文章観から産み出したもので、他人のものではない。今日の唯今に於ては、我に於てこれより高い意見もなく、之より低い意見もない。我即是である。勿論他人の指導事項に比しては或は高低があらうけれども、そは余の知る所ではない。」としていられる。

芦田恵之助氏は、自分の随意選題に自信を持っていられる。「我即是」という言葉からもそのことが伺える。自分の実践の他に何があるのでもなく、他人に頼むこともできるものではない。こう考えると自分の歩いて来た道を振り返り、精進を続けた芦田恵之助氏であるから、こうした自信ができたことと思う。その振り返る方法としては、「国語教育個体史」の研究方法がとられたことに疑いはないとわたくしは考える。

芦田恵之助氏は、指導事項を四つあげている。即ち、一態度、二想、三発表、四文の明暗である。「しかし、合すれば文を綴るといふ一作業で」あり、「低学年でも、苟も文を書くといふ事実が存在すれば、指導の四事項は悉く其の中に融合つて行はれてゐる。」のである。

この四事項について、さらに次のように詳しく説いている。

　文を綴るについて、第一指導すべきは態度である。態度といふ語は意義茫漠として把捉し難いけれども、一度吾人の行動を反省すると、何事によらず常に二様の態度になることがわかる。例へば学校に通ふにも、自ら進んで通ふ場合と、責任感の支配をうけて止を得ず通ふ場合とある。前者に発動的態度といふ名を附したら、後者は受動的態度であらう。文を綴るも之と同じく、己のために之を書くものと、他のために之を書くものとがある。文は人なりといふが前者で、文は文なりといふが後者である。これその態度の異なるより生じたる差である。（同上書 p 482）

芦田恵之助氏は、「眞の文章は自己の想を己のことばで書きあらはしたものである。」と信じていられる。しかし他人の想を他人のことばで書きあらはした文もある。その場合は作者はただ書いたというだけである。このことが意外にも小学校の教室でおこなわれている現実がある。「綴り方は児童の想を児童のことばで書いたもの」であるべきなのに、教師の想を教師のことばで書かせているものである。これでは綴り方の指導にはならない。

芦田恵之助氏は、我が国の文章の歴史を見て、平安の頃から仮名書きの国文の発達も、表に立つものではなく、漢文の形骸のみ学んでいたことをあげ、この時代の作文を当時の思想で定義すれば「文とは自己の思想を唐宋らしく色附けて、唐宋時代の言語によつて書きあらはしたるものである。」というべきであろう、と言っていられる。国文のこの状態を嘆き、その復興を唱導した具眼達識の士も、支那思想に捉はれて、擬古的国文を苦心して書いている。これを当時の思想で表すと、「文とは自己の思想を古めかしく色附けて、なるべく奈良平安時代の言葉で書きあらはしたものである。」というべきである、と述べていられる。

芦田恵之助氏は、「今日の小学下学年の児童ほど、自己の想を自己の言葉で書いてをる。」のを、「いつのほどにか社会が拉し去つて、漢文の枷をはめたり、擬古文の色をつけたり、遂には文章大家の膝下に屈従して、その糟粕をなめさせりする。」しかも、「教師は之を傍観して救ふことを知らざるのみか、自分も共にその枷をかけ、その色をつけ、その糟粕をなめて、自ら救ふことを知らぬ。」とし、そのため「創作的天分をうけて来た児童も、全くその萌芽を剪除せられて、古に堕せざれば、屈従を能とする者になつてしまふ。」

これが我が国の国文の流れであるとしていられる。そして、この流れに対して、芦田恵之助氏は、「我が國のやうに國文発達の悪歴史に富む所ではこゝに至るは止を得ぬとしても、少國民全部を駆つて、永久にこの流に投ずることは、余には到底忍びない。」と書いていられる。

この思いがあるから、芦田氏は、「文とは自己の想を自己の言葉で書く。」という態度を、堅く定めておきたいと思っていられたのである。

また、「名文を読破するは模倣の料ではなくて、自己を磨くためである。語句の末を学ぶものではなくてその名文の態度によつて、自己の態度を定むるためである。何故か今の世は本を学ぶことをつとめずして、末を学ぶことに腐心する。かかる世に児童を率ゐて十分の発達を遂げしむるには、教師の態度が常に炳乎として日月の如く、いつも児童の上を照らして、その趣く所を知らしめなければならぬ。児童の文に対する態度は、教師の態度の反映である。」と書いていられる。

こう考えてくると、いかに教師の態度が児童に影響を与えるかがわかる。教師の態度が児童の「綴ろうとする心」の大方を支配しているといえるかもしれない。教師がどのような態度で児童を導くかに綴り方の指導はかかっているといってよい。

その態度について芦田恵之助氏は、次のように述べていられる。

尋四五あたりから、児童が文を飾りはじめる。いかに飾つても、想は之がために飢ゑるばかりだ。内に飢餓を感じたる児童の果は、他人の文を剽竊して、知らぬ顔をするやうになる。学生の不徳之にますものはなからう。飾るだに自分を軽侮したものと思ふ。まして剽竊を敢へてするに至ては、自己の滅亡である。自己の滅亡したものに、どうして自己の向上発展が望まれよう。余は竊かに綴り方の態度が確立するといふことは、単に綴り方のためのみはなくて、全人格の問題であると思ふ。同時に態度の動揺は、全人格の動揺を意味するものである。（同上書 p483・484）

これを見ても、芦田恵之助氏が態度を人格と見て、重く考えていられたことがわかる。
どのような態度をもって綴り方の指導にあたればよいかを、次に書いていられる。

態度を確立せしむる方法とては別にないが、第一教師が動きなき態度を示して、児童と共に坦々たる大道を進むことが肝要である。第二には態度の確乎たる名文――想に唐宋の臭なく、奈良平安の香なく、我が心に映じたる我が天地を、わざとらしからず書きあらはしたる文。仮りに教育的名文といふ――を通読せしめて、その書かんとする事に三昧となる態度に触れしむることが肝要である。第三には飾りたてたる文剽竊したる文を示して、堕落したる態度の実例を示すことが肝要である、かくはいへど、彼をして之を信ぜしむるものは、我が信の外にはあらず。（同上書 p484）

芦田恵之助氏は、国語の教師として、全人格をかけて、綴り方の指導をされ、「文は人なり」に恥じないような規範的態度で、綴り方の指導をされようとしていられたことがわかる。

この精神は、『野地潤家著作選集②③④国語教育個体史実践編ⅠⅡⅢ』に現れた野地潤家博士の態度に通うものがある。ここにも、野地博士を彷彿とさせる流れがある。「国語教師個体史」の萌芽は、芦田恵之助氏によってはじまったと、わたくしが確信するゆえんである。

「五」では、「二一　想」について書いていられる。

態度一たび樹立せば、天地廓然、見るとして、聞くとして悉く我が有にあらざるなきに至る。こゝに至つて想は自ら湧く。一望千里黄金の波がたゞよふ秋の田、必ずしも大なる想ではない。一茎の尾花、必ずしも小なる想ではない。自己を書かうといふ態度だにあらば、何物も文の材料である。我が国の文章は、徳川太平の天地に於て、文人墨客にもてあそばれた感がある。吾人が文章といふ語に、閑文字の聯想を持つのはそれがためである。現に小学児童が、談話といへば物語、文章とへば遊戯的文字といふ様に解するのは無理ではない。若し心あるものが児童の切実なる人生中に、談話文章の資料を求むることを指導したら、児童は彼が日常生活の中に独創的材料をきはめて多く発見することであらう。

日常生活の内省は想を得る最捷径である。試みに油然として想のうちに湧く時を内省せよ。心が自己に帰つて、絶対を感じ、充実を感ずる時である。想の涸渇して、筆とれど生気の乏しい時を内省せよ。心は必ず自己を去つて、相対を感じ貧弱を感ず。吾人がいかに他人の著書により講演によりて、想を拡張せんとしても、真に自己の想となるものは、自己に解し得る地域以外には出ない。世には想といふことを甚だ簡単に解して、教師が話して聞かせた事、見せた物など、すべて想であると認めて、綴り方の時間に取扱つてゐる者がある。余は明確に心理的説明を加へることが出来ぬが、余が筆にしようといふ想は、自己との関係がきはめて親密複雑なものである。まづ我が有であるといふ信念が強い。一点不明の箇所がない。何とはなしに発表の慾求がつよい。これあるが故に我が生に意義ありといふ感が強い。その想が必ずしも最高の理想でもなく、多年研究の結果でなくても、余には悉く共鳴のつよいものばかりである。この種の想はたゞ自己の日常生活の内省によつてのみ得らるゝものである。

読書は想を開拓するものである。旅行は想を豊富ならしむるものであるといふ。そは読書によつて日常生活の覚醒せらるゝ場合、旅行によつて新しい天地の発見せらるゝ場合にのみといふ事で、心なき読書、心なき旅行は、想に何等の変化を与ふるものではない。要するに読書旅行等は想を豊富ならしむる方法であるが、真の想となり得るものは、覚醒せられたる生活と、発見せられたる天地のみである。読書旅行は日常生活の内省をまつて始めて、想を豊富にし得るものである。

綴り方教授に於ては、独創の想を尊んで、模倣の想をいやしむ。自己に映したさながらの想を重んじて、捉へられたる想を軽んず。児童には児童の眼に映じたる想を書かせて、必ず教師や父母が教へて書かせるやうな事をしてはならぬ。地方を旅行すると、常に『田舎の児童は想が貧しくて、綴り方の成績に見るべきものがない。』といふ声を聞く。一應道理のやうにきこえるが、再思すると意義なきことである。綴り方は田舎の児童に都会文を要求するのではない。田舎の児童には田舎の文章を書かせたらそれでよい。貧弱な想を貧弱に書きあらはしたのは、豊富の想を豊富に書きあらはしたのと、その態度に少しのちがひもない。よし田舎の児童が三行の文を書き、都会の児童が十行の文を書いたとしても、その行数の差はたいした問題ではない。たゞ自己の想をそのまゝに表はして、自ら安んずるか否かゞ問題である。吾人は綴つた文の価値よりも、綴らうといふ心に大なる価値を認める。そはその心ある所にのみ発達が存在するからである。田舎の教師が児童の想の貧弱をかこたなくなる時、田舎の児童の文は発達をはじめるものと思ふ。

課題は想の練習に好適の方法と思ふ。しかし想に関する態度が定まらないと、教師も児童も之を相対的に取扱つて、真に想の練習にはならぬ。吾人が幼時から幾回かうけた試験問題は、いつも課題であつた。しかしいつも試験者の意を迎へ心を忖度することにつとめたから想の上に何等の効もなかつた。要するにこれ等が課題に対する相対的態度の実例で殆ど綴り方の遊戯である。現今の小学児童も一生には幾度か受験の必要がある、試験は常に課題である。故に之が準備としても、課題練習の必要がある。ただその取扱の如何によつて、綴り方教授に貢献することになり、又単に投機的、射利的の念を助長するに過ぎぬこととなる。教育者の一考を要する問題である。

文はすべて想まづ内に湧いて成るものである。他人に想の範囲を限定せられ、主想を定められて、想を自己に求めるのは、その径路が逆転である。文に対する融通自在の力を検するには適当の方法であるが、文の成立する自然の道とは同一でない。従来の綴り方教授は、この逆転の道からばかりはいつて、生にしつくりと結びついてゐる随意選題、即ち文の成立する自然の道順態の一路を忘却してゐた。故に文が進むにつれて、いかに作りいかに飾らんかと腐心し、心にもなき事実を構へ綴りて、綴り方の教育的真価を疑はせるまでになつた。課題とは仮に場合を設けて文を構成せしむるものであるが、『仮に』といふに価値があるのは『真に』といふことを十分に解し得るものでなければならぬ。課題が想の練習に効果あることは、随意選題即ち想の内に湧く場合と同様の感に、筆とることの出来る場合に限るので文題に対して何等共鳴のなき時には、寧ろその時間の徒費に終るか、虚偽を構ふる綴り方の病に堕ちるのである。(以上、二、想をはり)(同上書p484～486)

①想は自ら湧く、②心が自己に帰り絶対を感じ充実を感ずるとき想は湧く、③日常生活の内省によって想は湧く、④読書によって日常生活の覚醒せられるとき想は湧く、⑤旅行によって新しい天地の発見せられるとき想は湧く、⑥田舎の児童に田舎の文章を書かせるとき想は湧く、⑦課題のとりあつかいも、想の湧くばあいのみ有効である、と言っていられる。

「文はすべて想まず内に湧いて成るものである。」と「想が内に湧く」ことが何よりも綴り方にはだいじなことであることを述べていられる。

雑誌『教育研究』(一七三号、大正六年十二月)には、「綴り方教授の指導　その二」と題して、児童の個性を生かす指導について述べていられる。引用が長くなるが、だいじなところなので、とりあげたい。

「綴り方教授の指導　その一」に続いての論文なので、次の「六」から始まる。


想は常住不断の自己内省によつて、次第に拡充していくものである。天地一切の事物に対して余はかく見る、余はかく聞く、余はかく考ふといふことである。自己の所見を立つる義である。想は比較的に之を見ると、勿論高下優劣があるが、想の主なるその人にとつては、上もなく、また下もない。(同上書 p487)

これが大村はま氏の言っていられる、優劣を越えてという考えに結びつくもとであろうか。自分の綴り方を考えることで夢中になっていたら、他人と競う考えも起こらないものである。

次は、「三　発表」についてである。


想は何人も多少之を持つてをる。然れども之を発表することは、自ら一種の工夫と練習を要するものである。試みに吾人が文を綴り、談話する場合を内省せよ。最初に想の明瞭となる部分は、中心となる思想である。綴らんとし、語らんとする主想である。主想は之を文にあらはさば、個文で足りるが、その主想を明瞭に有力にあらはさうとするには、いづれに起筆し、いづれに結尾すべきかは、発表についての問題である。(同上書 p487)

ここで、また芦田氏の論は、「二　想」にはいる。

想の布置よろしきを得ようといふには、想の性質を知ることが肝要である。想の性質とは、叙事・記事・説明・議論の四類である。叙事は行動を記すもので、事件の進行を明かにするのが文の生命である。したがつて今綴らんとする想が叙事的のものならば、時の推移につれて、想を布置し、進行の緩急宜しきを得ることが大切である。記事は有様を記すもので、実物・実景に接し、又は事件の進行の刹那を、かの絵を見るやうにあらはすことが文の生命である。したがつて今綴らんとする想が記事的のものならば、空間に於ける関係・調和を考へて、想を布置し、細写・活写宜しきを得ることが大切である。説明文は事理を記すもので、事物の正しき解釈を得しむることが文の生命である。したがつて今綴らんとする想が説明的のものならば、或は因果的の関係によるか、或は全体と部分の関係によつて想を布置し、繁簡宜しきを得ることが大切である。議論は意見を記すもので、事物に対する所見の、よつて来る所を明かに立言するが文の生命である。したがつて今綴らんとする想が議論的のものならば、意見の徹底をはかるがために、想の布置を工夫し、時に反対の意見を設けて、之と対論するが如き形をとることも大切である。(同上書 p.487・488)

以上、四つの文種の書きわけについて、述べていられるところをみてみよう。

今吾人の話頭に馬鈴薯のことがのぼりたりとせよ。春植付けて夏とりいるゝまでの推移を、具体的に書けば、それは馬鈴薯の発生的行動として、まさに叙事文と名づくべきものである。若し又発芽の刹那、畠一面に繁茂せる刹那、或は掘取つて山と積みあげたる刹那を、絵を見るやうに具体的に書きあらはさば、こはまさに馬鈴薯の記事文といふべきである。次に馬鈴薯の性質・効用、又は栽培法・製法等を抽象的に記さば説明文で、馬鈴薯栽培の利害等に関する立言は議論文である。試みに思へ、吾人の有する馬鈴薯といふ思想は、如上の思想の全部を包含するもので、見方によつて、四種に分れたものである。したがつて各文それぞれの特色を有すること、恰も方形に四つの角(スミ)があるやうなものである。要するに想は渾然たる一体であるけれども、之を発表しようといふ場合には、その目的によりて想の布置に差異を生ずるのである。(同上書p488)

また、「三　発表」に戻る。

さらに発表について大切なる問題は、描写の方法である。描写には作者がその事物になつて書くものがある。作者が事物を観察して書くものがある。また他人の対話をかりて、自己の想をあらはすものがあるし、さらにそれらの長所を折衷した描写がある。尋常小学読本巻の二の一　ニハトリ、二　ヒノデ、三　キクノハナ、四オハナトオキクは、故意か、偶然か、描写の四法が用ひてある。これ等は文を綴らんとする前に、先づ定むべきもので、自由な筆を得ようといふには、之が練習も亦重要なる事である。

なほ発表について注意を要する一事がある。文を綴るものは常に中心となる思想をながめて、記述を進めなければならぬ。余は児童を戒しむるに、常に『山をながめて』といつてゐる。即ち目標を逸しないやうにとの義である。いかに想の布置に注意し、描写に工夫をこらしても、若し山をながめて進むといふ一注意が欠けたら文は脈絡の一貫しないものとなつて、いかに部分的には面白くても、全体として鮮明な想を捉へることが出来ぬ。(同上書p488・489)

次は、「四　文の明暗」についてである。

従来の指導に関する研究者が、形式的の指導といつてゐた部分を余は文の明暗といつて、こゝにまとめてみた。文章には、一読して想の明かなるものと暗いものとがある。明かなるものは形式方面に何等支障を感ずることなく、想の鮮明に見えるもので、暗いものは、読過の際、屢々想以外のことに注意の転ずるものである。故福澤翁の文が、平易明確を以てすぐれてゐたのは、常に文稿を老媼に読みきかせ、その批評によつて、推敲せられたといふことである。心ある人が、いかに形式方面の支障を去ることにつとめたかといふことがこれでもわかる。然る児童のこの点に関する注意は極めて粗雑で、文の明暗が文の生死の岐路である事を知らぬ。以下やゝ繁雑のきらひはあるが順次之をのべよう。

文字について文の明暗に関するものは、誤字・脱字・宛字である。文中にこれらの存在するだけ、文は暗さを増し、これを除去するにつれて、明るさを増す。この他平仮名を用ひると、片仮名を用ひるとで、文の感じを異にし、漢字と仮名との混合の割合によつてもまた感じを異にするものである。これ等は文字に関する指導として重要事項である。

語句について文の明暗に関するものは、語句の重複、語句の不適当、語句の位置の混雑等である。(同上書p489)

これらの具体例が示されているが、ここでは、省略する。

僅かに一語か二語でも、文を暗くすることは甚だしいもので時に意義の誤解・渋晦を来すものである。この外漢熟語・和語等の使用率も文の感じを異にするもので、生硬なるもの、死語にちかきもの等は、決して用ひてはならぬ。文の品位は多く語の品位より来るものであるから、これ等も十分に指導しなければならぬ。

個文に関して、文の明暗に関するものは誤文である。自他の誤、照応の誤、混成の誤等がその主なるものである。（同上書 p 490）

ここにも具体例をあげて示していられるが、具体例は省略する。

文の品位についても十分に指導しなければならないとしていられる。


誤文は時に文章を不可解のものとしてしまふ。全く暗くしてしまふ。この外個文の長きもの、短きものは、感じの甚だ異なるものである。長短宜しきに叶ふや否や等も、また文の指導として重要事項である。

文及び段の断続も、また文の明暗に関する重要事項である。個文としては意義に不明の箇所がないが、それが断続よろしきを失ふと、一段又は一篇として意義の渋晦を来すものである。段落は読者の理解を容易ならしむるために之を設けるものであるが、断続よろしきを失すると一篇全体の意義をつかむに困難を来すものである。之等も亦十分に指導を要する事である。（同上書 p 490・491）

以上が芦田恵之助氏の指導の骨子である。芦田氏は、「随時随所に試みる片言隻句の指導も、また落ちてこの骨子に結びつくべきものである。」と述べていられる。そして、これらは、芦田氏の「文章観の筋書である。」芦田氏の教える児童のためには、これらが目標となり文章観となる。

文章は本能的要求として書かれるべきものである。正確に、有効に書こうとすれば、「文を綴る態度・想・発表・文の明暗等について、相應の智識をもつてゐなければならぬ。」これを知って、自学自習するのと、知らずにするのとでは、文の発達に大きな差が出るものである。

随意選題を綴り方の生命とする芦田恵之助氏は、一面に指導・処理の重要であることを述べていられる。指導のない随意選題は、放漫な綴り方となることを指摘していられる。また、「いかなる指導をなす場合にも、たとひ片言隻句の注意を与ふる場合にも、教師は指導に関する統一体の全部をもつて臨みたいと思ふ。」と書いていられる。「常に全をもつて分にのぞみ、分によつて全を助くるといふことを忘れ」ないで、指導したいと述べていられる。芦田恵之助氏の「随意選題（自由発表）は、指導の一面を常に深く顧みるもの」である。

ここで、芦田氏が事実を重く見ることが、いかにだいじなことであるかに、どのようにして気づいたかということに話をもどして、もう一度考えてみたい。

次は、「綴方教授の研究に関する懺悔」という、雑誌『教育研究』（一七九号、大正七年六月）に発表されたものである。

この懺悔の第一は、「事実を甚だしく軽現してゐたといふことである。」その反面に理論を尊重していたということである。「事実の尊いものであることをしみじみ感じた」芦田恵之助氏は、その反面、理論が真相とかけ離れたものであることを悟られたのである。

芦田恵之助氏は、尋常一学年と二学年の綴方を教授して、彼等の生活が複雑で、それを内省して、文に書きあげることに努力する次第を見て、自分が想をまとめ、文を綴ると少しも異るところがないことを知るのである。そして、「共に完全だと見て、はじめて彼我の間に流るゝ愛の正真無垢であることもわかり、我が職の高貴と、之に安ずる念が油然として湧いて来」たのである。これは事実を直観したから直覚できたのである。

芦田恵之助氏は、理論を重んじていたが、理論より事実を見つめなければならないことに、ここで気づかれるのである。次は、その気づかれた部分である。

しかし之を抽象して、尋常一学年の綴方、尋常二学年の綴方といふやうに、言語にうつし、文章に書いて見ると、第一に人と人との接触から生ずる愛の交流といふやうな感が、全くうせてしまふ。目的は如何、材料は如何、方法は如何などいふの概念を得るには便利である。言にし、文にしたものはこの点に長所があるが、綴方教授の眞味は到底かゝることでは得られない。而して他人の研究したる所を、その言語文章をたどつて、真義に到達し得らるるものと考へた余の所信がいかにはかなきものであるかは、読者の推測にまかせる。要するに理論は概念を得るには尊いが、真義をさとるには迂遠である。したがつて教授の事実を指導するには、あまりに空虚な箇所が多い。

事実に関する指導を、事実を去つて他に求めようとした余は、いつか懺悔に到達しなければならぬのであつた。もし之に到達しないで、終つたら、余の生は甚だ意義に乏しいものである。他人の著書を読破し、その要領を筆記し、之を記憶し、之を取捨し、而して我が研究大いに進みたりと感じた余の過去は、虚偽の甚だしいものであつた。これをしも(ママ)研究といひ得るかと自問すれば、自ら慚汗の背にとほるを禁じ得ない。かへすがへすも余は自分の日常生活、即ち教授の実際を外にして、印刷物又は他人の言論にのみ研究の基礎を得ようとしたことの、甚だまちがつてゐたことを思ふ。(同上書 p.493・494)

こう言えるのは、芦田恵之助氏に、事実を見る力が備わっていたからではないだろうか。「事実を直観することによつて、その事実に対する自己の見解が定まる。その見解、之を創見と構すべきものではあるまいか。」「余の過去の研究を反省すると、他人の創見の上に立脚して、自分の意見をうちたて、いかにも創見らしく衒つたことがある。創見は事実を離れて果して存在するものであらうか。」こう考えると、「生を無視し」「自分の視力をはたらかせないで、他の見るまゝに見ようとしていた」ことに気づかれるのである。

　文明史に於いて、模倣史であったことも、模倣的国民性が、創作することよりも理論を重んじたことと関係が深いのである。芦田氏は、ここに来て、「他人が光線と称するものを光線と信じて満足するよりも、自分の眼で光と認むるものにふれて死にたい。」といぅ念をもたれたのである。


　次に芦田恵之助氏が、懺悔にたえないと思うことは、「児童の文章をいかにすゝめようかといふに腐心して、自分の文章をいかにすゝめようかといふに顧慮しなかつた。」ことである。「自ら進む道を外にして、他人を進める道はないと思ふ。」と書いていられる。その通りであると思う。わたくしも、作文指導の研究をしようと思っていたが、指導力をつけるためには、まず自分が書く力をつけることであることに気づいた。子どもに書く力をつけようとしたいならば、まず自分が書く力をつけなければならない。

　芦田恵之助氏は、続いて次のように書いていられる。


　余の過去の綴方教授は、児童を如何、教授方法を如何と苦慮して、その根柢を忘れてゐた。児童がこの科を好愛しなかつたのも無理ではない。

　余は自分の文が出来る次第を考へると、自分の書かんとする事を書く時、筆ものび、力もいるかと思ふ。他人に強ひられたる時、自己が滅んで、書く必要をすら感じなくなる。自分の所信を精一ぱいにかく時、心は全く三昧の境だ。決して第二義のものゝ之をみだすものはない。余のかゝる経験から余は随意選題を高唱して、無難の至道にこの科をおきたいと思ふのである。

余は単に綴方の教授のみならず、教育の真義は、自己を教育する義にのみ存するものと思ふ。実行といひ、模範といふ。決して児童のためにするのではない。自己完成のためになさゞるを得ないのである。教育者が他をのみ見て、自を顧みない傾向を國の大禍であると思ふ。もし他より自に心機一転したら、我が教育界はその刹那から隆々として向上の一路にむかふかと思ふ。

余はこの頃自らいましめてゐる。他をいつて自をかへりみないものは他をいふの資格がない、自をいふものにしてはじめて他をいふに足ると。されば一日のうちにも、壇上に於て我が口を自ら滅することが幾回だか知れぬ。（同上書 p495・496）

続いて芦田恵之助氏が、懺悔されるのは、「教授事項を過重したこと」である。

伝授された智識は、必ずそのまゝに記憶せられ、或は消滅せられるものではなくて、必ずや児童の活動を惹起するものでなければならぬ。伝授された智識をさらに研究精査するとか、伝授された力によつて、他の新事項を解釈せんとする努力が、自ら内に湧かなくてはならぬ。教授の目的とする所は、吾人の日常生活に対する一切の解釈でなければならぬ。何で些細な一字一句に拘泥し、一事一物の記憶につとめるやうなことをして、教授の目的が達しられたとしようか。過去に於ける余の教授に関する解釈は、甚だ狭隘であつた。今少し融通自在の考の上に教授をおかなければならぬと思ふ。（同上書 p497）

指導者は、自分が身につけた知識を知識として伝えるのではなく、児童が活動できるように伝えるものであって、自分のものとして、伝えられるようにならなくてはいけない。

芦田恵之助氏のこの当時の心境は、以下の通りである。

懺悔すれば、罪業消滅するといふ。罪業の消滅はきはめて消極的のやうであるが、消滅の後でなければ、新しき生活はうまれない。うちあけていへば、余は過去の研究の一切を放棄して、うまれかはつたやうな積りで、綴方をながめてゐる。多く綴らせて、忠実に通読し、児童がいかなる方向に発達するかを注視してゐる。之を余は綴方教授の至道と見て安んじて進んでゐる。その是非は識者の研究によつて、自ら定まるわけである。

（同上書 p497）

いかにも自信の充ち満ちた言説である。しかも、泰然自若たる態度である。随意選題に対しての信頼感が強まり手応えを感じていられたのであろう。この随意選題による綴り方の指導への確信は、次の、雑誌『教育研究』（一八四号、大正七年十一月）の中で「随意選題の意義」として、さらに強まった形で展開されている。

余の所謂随意選題とは、児童が綴方を学習する方法として書くべき想を随意に選定し、記述するの義である。児童の生活に深き関係を有する問題を捉へて書かせようといふ一の試みに過ぎぬ。

余は余の過去に於ける文を綴つた場合の記憶を回想して、全力を傾倒して書いた文は、すべて当時の生活上重要なる問題であつた事を思ふ。新発見の事実新経験の事柄などは、最も文の好資料であつたことを思ふ。かゝる場合には之を綴つて自分に満足の出来る文に仕上げるまでの努力はいかに大であつても、それを少しも苦痛とは感じなかつた。又文章に対する興味もかゝる時にのみ高まつたことを記憶してゐる。

文を進める方法は説く事が出来ても、文の進むことを伝へることは出来ぬ。自ら工夫し、発見する外はない。

随意選題による綴方教授は、この工夫発見に便宜が多い。書かんとする想であるから、いかに書くべきかの工夫も生じ、その成否はただちに文則発見の素地となる。又大小の誤謬はその箇所々々に於て添削してこゝに処理の真義をさとるのである。即ち随意選題の一事は、最も的確なる指導と処理の作業をかねてをるものともいはれる。故に余は随意選題を骨子とした綴方教授を頗る重要なる方法として之を主唱するのである。

随意選題によつて自作し、自ら指導し、自ら処理する根本の確立してゐるものは、他の指導を受けて、向上の一路を求め他の処理をうけて、おのが文章を完成する道をさとる。されば随意選題は綴方教授のかなめである。これをはづしては綴方教授といふことが成立せぬ。児童の生活に結びついた真の文章の生れよう道理がない。刮目し児童の発達し行くあとを見よ。入学当初の児童にして、いまだかつて教師の一指をだに染めざる児童が、よく日常の事を便ずるに足る会話をあやつり得るではないか。随意に選題し、随意に談話して、自ら指導し、自ら処理して、つひにここに到達したものではあるまいか。勿論範を父母にとり、兄姉にとつたのは事実であるが、それは受動的ではなくて発動的である。余の過去の研究が、常にこの一点を逸して進んだことを今更面目なく思ふ。（同上書 p498・499）

芦田恵之助氏が、随意選題を骨子とした綴方教授をたいへん重要な方法として主唱するのは、最も的確なる指導と処理の作業を書くことが兼ねているからである。しかも、随意選題は、書こうとする想を持っているから、自ら工夫し、発見して書くことを進めることができる。

随意選題とは、無指導の意味ではない。指導の仕方は、次のような順序になっている。

①文題をさがさせておく　文の題材は身に近い所に多い。注意深い者は自分の足許から多くの好材料を拾つてゐる。児童には常にこの種の注意を与へて、綴方の時間には必ず一の文題を用意しておくやうにと命じておく。
②文題を十数名にいはせる　教授のはじめに当つて、十数名の児童にその持つてをる文題をいはせる。教師はそのいふがまゝに板書して、一には全級児童取材の参考に供し、一には文題蒐集に払ふ注意の諸方面を具体的に指導するのである。
③記述せしむ　児童各自はその選定した題によつて、綴るのである。この時教師は別になすべきことがないから、机間を巡現して、差支なき限文字を教授し、文の工夫に関する相談相手となるのである。
④批正　批正は多く簿上に於て個別に之を行ひ、適材を得た時には板上批正を行ふ。(同上書 p 501・502)

この方法で、芦田恵之助氏は、すでに幾年か教授を継続して来られた。「児童は自分の生活を常に書いて、自分の発達を楽しんでゐるやうに見える。」生に徹した問題を書いている児童の「賞は児童の生に余の生が合致して、共に向上の一路に立つ時の喜びで罰はその反対である。故に余のこの頃の賞罰は、方便ではなくて、真実の生活である。」

以前の指導法に対して、児童は生き生きと自然に文を書くようになったのである。

文のとりあつかい方を尋ねられたことに対し、「再び随意選題について」と題して、答えを載せていられる。次の作文に対するものである。

まゝ母

『貯金をさげて草履買つていい。』

と僕は母に尋ねた。貯金といつた所で、田舎でもらつてきたのを一圓だけ預けておいたのである。どうせ『草履を買つておくれ。』といつた所で、買つてくれないにきまつてゐるから、かういふ風にでも言つたら、許してくれるだらうと思つて、尋ねたのであつた。

しかし母は

『お父さんに聞いて見なね。』

と案外な答に驚いた。今日だつて読本で、「『妻といふものは家の子供の世話をするのがそれが役目だ。』と本にも書いてあつたのに。」と思つた。『あゝ、これが本当の母だつたらな。』と今更実母の短命がなげかれる。

夕方父がかへつた。すぐ聞くのも悪いと思つたので、御飯を食べてから父にきいた。大抵許してくれるだろうと思ひの外、

『草履なんぞ買はなくてもいい。』

とどなられた。あゝ考へてみれば、かうやつて断られた事も一度や二度ではない。心よわい僕の胸には、悲しみが後から後からと湧き出て来る。

『一層のこと田舎へ行つてしまはうかしら。さうすれば弟が可愛さうだ。僕のゐない後で用達に行かないとて、どんなに叱られる事だらう。』と弟の可愛さの餘り、今迄我慢に我慢を重ねて来たが、どうしても今は我慢がしきれなくなつた。『僕も男だ、なあにこれ位の我慢ができないものか。』と決心するものの、やはりむだである。

『田舎へ行けばあとで皆に何といはれるだろう。きつとうはさになるであらう。』と思へば、悲しさがまして、僕はぶるぶるとふるひながらはなすゝりした。

『あゝ、僕の父は僕よりも弟の方がいくらかはいゝのだかわからない。足袋だつて弟に新しいのを買つてやつ

たが、僕には古いの、やぶけたのをはかせるつもりなのであらうかしら。同じ自分の子供でもかうちがふものかしらなあ。』と思へば、うらやましいのは弟である。

『僕がもし弟のやうに、学用品でも何でも買つてもらへれば、僕だつて一生け（ママ）めいに勉強ができるのを、学用品が不足では、ろくろく勉強も出来ない。たとへば皆は残つて補習して行くが、僕には帳面を買ふ時になると、いやな顔をせられるのがいやさに、補習ができないのである。（ママ）で、勉強も出来なくなる許りである。

これを聞いたものは、『ずゐぶんめゝしい奴だ。』と笑ふだらう。けれど僕には一生の不幸がそこにあるのである。『そんな事をいつても、まだまだ不幸な者がどんなにゐるかわからない。』と思ふと、それ等の者が気の毒でたまらなくなる。そんな者を考へると、自分の方がいくらいゝかわからない。

しかし僕はかういふ決心をした。『僕が大きくなつたら、二度目の妻は決してもらふまい。』といふ深い深い決心をした。（同上書 p504・505）

芦田恵之助氏は、貧しいことはこの児以上であつた。この文のとりあつかいについて、次のように書いていられる。

学用品が思ふやうに買へず、草履一足買ふのにもいろいろと苦心したものだ。余はこの方面についてこの児の境遇には十分の理解をもつことが出来、同情も出来る。継母の問題は余と同年の友に、随分みじめなものがあつて、家は富裕であつたが、その境遇には友よりも余がしばしは（ママ）驚いたり憤慨したことがある。これ等をうつして、余はこの文を可なりに読みこなすことが出来ると思ふ。

この文をよいといはうか、悪いといはうか、余はそんな水臭いことばで、この文を評したくはない。よしあしを超越した真実の文であると思ふ。飾つたあともなければ、誇張したかどもない。たゞ苦しいおもひをそのまゝに投げ出したといふに過ぎぬ。けれども読んで行くと、強く強く引きつけられて、作者の同情すべき境涯のみが明かになつて行く。力ある文。涙を催させる文。この文のこの力は、蓋し作者の誠実がうみ出したものであらう。ある人は誠実の欠けた文は文でないとさへいふ。至極道理だと思ふ。（同上書 p505・506）

文を書いた児童に対して、その児の気持ちをまず、考え、真実の文であることを高く評価していられる。力がある文で、涙を催させる文であるとし、この文の力は、作者の誠実がうみ出したと結論づけていられる。どのようにして、この文が書かれたかということについて、芦田恵之助氏は続けて、次のように書いていられる。

この文に対して、吾人は『人の悪口をいふものではない。』といふ修身の教で、『この苦悶を小さい胸にたゝんでおけ。』といふ勇気があるか。作者はよほどの常識に富んでゐる児童である。したがつた（ママ）継母とはいへ、母の欠点を他人に告げて、自らこゝろよしとする者でない事も明かである。たゞ涙ある師に、おのが悶々の情を訴へて、何等かの慰籍を得んとしたものであらう、かう考へて見ると、書いた児の情にうるはしい所があり書かせた師に尊い所がある。

文はまさにかくあるべきものと思ふ。喜怒哀楽の感情をあらはすには、すこしも偽るところなく、感情そのまゝをあらはすがよい。若しまた感情を強く撓めて、内に之を殺した場合をあらはすならば、これまたその儘にあらはすがよい。その他発見・発明・経験等の事柄を叙するにも、少しも飾る所なく、物そのまゝを誠実にあらはすことが大切である。かゝる見地からいへば、この文は決して批難すべきものではない。

余は寧ろこの文によつて、教師がこの児をいかに育てゝ昔ながらのすがすがしき心持に帰らしむべきかの活問題を得たものと思ふ。（同上書 p506・507）

芦田恵之助氏は、ただ書かれたものだけを見ているのではなく、この教師と児童の信頼関係を見ているのである。このような感情そのままを言える師弟関係のうえで綴り方の指導ができることを、芦田氏はのぞんでいられたのではないだろうか。

苦楽は世相の両面である。しかし之を苦とし、楽とすることは自己の権能である。吾人の過去にかへりみても、苦がたゞちに楽と変じ、楽がたゞちに苦に変じた場合はいくらもある。自己の心の置き所によつて、変化きはまりなきものである。寒いといふこと、之を受動的にうける者には苦である。発動的に対ふ者には楽である。『うき事のなほこの上につもれかし、限ある身の力ためさん。』といった蕃山の心事は、この消息を鮮明にいひあらはしたものと思ふ。修養者はいふ、『脚跟下そのまゝが黄金世界である。』と。吾人が一たび眼を外に放つて差別界を見る時は、かうしてゐることが不安であり、苦痛である。されど眼を内に放つて、一たび平等界を見る時は、いかなる境遇もたゞちに安心・満足の世界とかはる。この児はその日常生活から得た苦悶の結果、差別界を見つくして、全く行きつまつてゐると思ふ。もし一言之を平等界に導かば、翻然としてその行くべき大道をたゞちに発見することゝ思ふ。

この児には『汝の家庭以外に汝の楽しく暮すべき天地はない。田舎にいけばといふ汝のその心が、母の機嫌を損じ、父の怒を招いてをることを知らなければならぬ。』と説くべきである。また『人の心を和らぐるには、まづ自ら和らがなくてはならぬ。』と教ふべきである。この一事甚だ簡単なやうであるが、之を信じ、之を行ふことが出来たら、それは治國平天下の大道である。『児童に説くに大乗の教義をもつてする。』と笑ふものがあるかも知らぬ。けれども大乗の教義は却つて児童に悟り易いといふ。そはとにかく、大乗でも小乗でも、之を救ふにその道よりない場合には、手をかへ、品をかへて、之を説くより外はあるまいと思ふ。こゝに一つの重大問題は、教師が腹の底から熱烈に之を説くだけの力があるか如何といふことである。信ずる所なき者の言は、蓄音機のレコードほどの感銘をも与へない。

この児は教師が熱烈なる信念の懐に抱いて、静かに之を育てたら、今日の苦悶がたゞちに黄金の天地への導師となつて、至極の楽郷を、その忌みきらう現在の家庭に見出すことが出来ると思ふ。実に修養上の好境遇にある愛すべき児童である。また有望な児童である。(同上書 p507・508)

自分の心の置き所を教え、悩みを解くことが、この児童の作文をうけとった教師のすべきことである。児童の人生問題まで、うけとる覚悟をもって綴り方の指導をすることがのぞまれると言っていられるのだろうか。

これでこの文の取扱が明かになつたことゝ思ふ。『人のわる口をいふな』と警告する前に、『人のわる口のいひたくない』児にしなければならぬ。故に反道徳的の文を書いても師弟の間には問題ではない。たゞにこの文のみならず、いかなる文でも悉くこの信念の上にたつて取扱ふべきである。文を綴り、文を綴らすといふも、悉くこれ真剣な人生問題である。(同上書 p508)

綴り方の指導は、人格を導く指導でもあり、綴り方の教師は人格者でなければならない。教師の信念(文章観)が何より児童の綴り方の指導に影響するのである。

「随意選題について」では、芦田恵之助氏は、「予の随意選題は予のみ知る」(傍点引用者)と述べていられる。芦田恵之助氏の随意選題の真髄である。芦田氏の随意選題は、芦田氏しか知ることができないのである。では、その効果はどうであっただろうか。

私は私の随意選題が有効であつたといふことを高唱します。それは他の人の随意選題に比べてぢやございませぬ。私が過去二十年間に執り行ひました種々の綴方教授法に比べて、私の随意選題は有効であつたと斯う云ふのでございまして、他人の何物かと比較して有効だと私は説くのぢやございませぬ。(同上書 p509)

自分の実践を比べて、随意選題が一番有効であったといっていられるのである。随意選題のエピソードとして、次のような文を載せていられる。

私は、私が過去に書いた文章で、眞に自分が書いたと思つた時は総て随意選題の場合でございました。他人に頼まれて文を書いた事も度々ございますし、又は或ものを得んが為に書いたやうな事もありますし、人から命令されて書いた事もございます。が、どうしても己れが書かんとした文章即ち随意に選題した文章程自分で書効ひのあつたと感ずることはないのでございます。是はいつか芳賀先生もさう言はれました。私が原稿をお頼み申しにまゐりまして、『先生一つ原稿を戴きたうございます。』と頼んだ時に、芳賀先生は『人に頼まれて書く原稿は本当に書きたくないものだ。』と言はれました。それには頗る私は同感でございました。してみると、文を書く場合には博士でも誰でも同じやうな考であると考へたのでありました。兎に角自分が書かんと欲した文章でなければ生命の有るものではありません。(同上書 p510)

このように、芦田恵之助氏は、想が湧くということを、綴り方の根本問題として考えていられる。課題作文では、自分のための作文ではなく、指導者の求めるものを書く技術だけを身につけることになりがちであると考えた。芦田氏は、過去の経験から、「小学校の綴方にも生命のある文章を書かせたい」と思い、「課題は拵へ事になるおそれがある」と考えて、自分が「最も宜いと思つた、己れの選んだ題を、己れの言葉で書く」随意選題に教え子を導いたのである。「己れの欲する事を人に施した」のである。

芦田恵之助氏は、自分の経験に照らして、書きたいものを書かせるという随意選題を試みられたのである。その結果は、児童にとっても随意選題がたいへん有効なものであった。学級全体の子どもたちが、一心に自分の書きたいものを書いている。これは、作文指導の理想の姿ではないであろうか。これが、芦田恵之助氏が求められて自分のものにされた随意選題の姿である。

さらに、随意選題の有効性については、「自分が想を立てゝやって見たが、どうも旨く行かない」と、「頻りに消しては直し消しては直しして居る」ことがある。随意選題が「構想もすれば、発表もし、而して行き方の間違った所などは、自分で発見し自分で指導をする」ものであることに、気づくのである。即ち随意に想を選んで発表すれば、そのなかには綴り方の全部の仕事がはいっているのである。随意選題は、作文によってつける力のすべてを含むものである、と芦田恵之助氏は、確信していられるのである。

教師の指導については、「綴らんとする心の啓発」をすることがあげられる。「たゞあの先生の所へ行くと、どうも書かなくてはゐられない気がする」ということが大切な問題である。児童の自学心を起こすのには、「教師がセツセと其日々の仕事をはげみ、自分の仕事はこれであると、其処に立つて働く」以外にない、と書いていられる。教師が規範となることがだいじである。

芦田恵之助氏は、教育の真実を自分の生活の近くから見つけようとされた。「自ら安んじて日々の生活にあたるということが第一義でありまた人間最上の行為である」ように思われて、精進していかれたのである。

自分の経験から自分がしてほしいと思ったことを、児童にさせ、模範となられ、随意選題を押しすすめていかれたことは、たいへん尊いことだと思う。

ここで、芦田恵之助氏は、何を文章観の本幹としようとしていられるのかを考えてみたい。

自己表現を文章観の本幹として、入学試験又は代筆等のやうな本幹とやゝ縁遠き作業をも、この中に織りなして、適当な位置を与へなければなりませぬ。私は児童をして文は自己を表現したもの、その材料は日常生活以外には求むべからざるものといふ考を、一日も早く得させたいと思ひます。これは事実によつて導けば、迷へる大人よりも児童の方がさめやすいかとも思ひます。

私は事実によつて導くといふことを申しましたが、随意選題によつて文を綴るのがそれです。私の経験では文はいかなるもの、書くべき事柄を何処に求むべきかといふことは、少しも教へなくても、体験の結果は自ら之を悟つて、抽象的にはいひ得なくても、事実の上にはくるひのない文章観をうちたてゝゐることを示します。即ち随意選題は文を綴るのみではなくて、自ら文章観をうちたてさせる唯一の方法ともいはれます。文を書けば文章観がたち、文章観がたてば文が進むといふ訳です。(同上書 p.522)

そして、この文章観は、児童の「成績物を媒介として」「直接の交渉となる」のである。教師の文章観が児童の文章観の進歩に対して、よしと認めるか、あしと警戒するかは、教師の文章観と照らしての問題となる。

芦田恵之助氏は、自身の文章観が児童の文章観によって是正せられたことを書いていられる。自分の実践事実を大切にし、日々の実践に真剣にとりくむことによって、芦田恵之助氏は、児童の成績物を自分の修養書類とし、そこから利益を得ることができていたのである。

次は芦田恵之助氏が、指導をどのように考えていられたかがわかる文章である。

私の考へてゐる指導は、児童がくるひなくのびて行く時には教師が歓喜の色を示すのをその一つであると思ひます。その一指導で児童を育てあげることの出来る教師と児童は、幸福であります。しかし指導は進んで行く一歩の先を示すといふことが大切であり、進んで来たことを整理して、さらに進むべき道を示すことが大切であります。この意義に於て範文を示し、文話をすることが必要であります。かゝる交渉の結果は私の教へた児童は、私と相似たる色彩を持つやうになります。こゝに私自身の修養を要し教育が天下至楽の一として数へられるのであらうと思ひます。

以上は私の綴方教授の概説で、かやうにまとめて考へることが、唯今のところ最上のものと思つてゐます。もし之をまとめていつて見ようならば、私の綴方教授とは随意選題及び課題によつて、児童のうちたてつゝある文章観を、処理及び指導によつて助成する義である。(同上書 p524)

以上が、芦田恵之助氏の随意選題の要諦である。

続いて「綴方講演　その二」雑誌『教育研究』(二〇七号、大正九年六月)がある。「綴方講演その一」の実際について述べていられる。

まず、芦田恵之助氏は、「常に児童の立場にたつて、彼等の行為を見るやうに」つとめていられる。

芦田恵之助氏は、「他の拘束を待たないで、自分を律して行くやうな美風を養ひたい」といつも考えていられる。

「教授についても、児童の自己をはたらかせるといふことを第一義と考へてゐ」られる。自分も児童と一緒になって学ぶ姿勢を示していられる。「赤裸々に知らざるを知らずとする教授です。」そして、指導については、「随意選題を行ふ第一の要件として、児童が常に文題を持ってゐなければならぬことはいふまでもありません。文題といふものは、自己の生活を内省する者にのみ出来るもの」と考えていられる。常に、『『文題を持たないでは教室にはいるな。』といひきかせてゐます。私はこの一命令を頗る価値あるものと考へてゐます。ある意味に於て、児童の生活全部を教育化したともいへるかと思ひます。自分の生活を見つめないものに、何が学べませう。何の創作が出来ませう。」これも、自己を働かせるということになる。「自分の生活を見つめ」ることによって学ぶ。自己内省することのなかに学ぶことは数多くある。自分の言語生活を、規範者としてふさわしいものかどうか見つめるということは、他から学ぶことよりも、ずっと多くの問題点があらわれ、その解決への答を得られるということではないだろうか。

「随意選題はかやうに児童が主となる作業ですから、自己をはたらかせない訳にはいきません。その成績について見ると、文の真意義にたつて思ふ存分に書いた児童の文は、斯道大家の神品と同じやうな味があります。即ちどこにもすきまなく、強い共鳴を感じさせます。なほ犯すべからざる児童独自の天地を有することに、敬意を表しなければならないやうに感じさせます。」このように、芦田恵之助氏は、児童を子ども扱いしていない。児童の文を書く気持ちも、大人の文を書く気持ちと少しもかわらないと考えていられる。文は、「最初からまとまつてゐるもの」である、と考えられている。随意選題を考えられたのも、「この統一体をきずつけないやうに育てたいといふのが、希望の最大なるもの」であられた。「要するに綴方教授の到達点を、その出発点にうつして、筆とるごとにその時々の最上到達点を歩ませようと工夫した」ことが随意選題に繋がったのである。

このように随意選題で綴り方を書かせていられても、進歩の停止や成績の退歩が表れ、文が進まなくなることがある。こんな時は、「すゝまないものだと自得させるのが肝要です。尋三四あたりには、弛緩の状態が「題がない」といふ声であらはれ、尋五六あたりでは、綴ることの苦しみを訴へはじめます。私はかういふ児童に対しては、「書かないでをるがよい。苦しい時には苦しいことが文になる。題のない時には、題のないことが題にならなくてはならぬ」と指導してゐ」る。それが自然の大法だからである。「文の修養も内省の眼を放さないやうになつたら、至人の境地だらうと思」う、と書いていられる。自己内省することの大きさが、ここに見えてくる。

次は、「こまつたこと」という題で書かれた尋三の女子の綴り方である。

こまつたこと

私はいつも学校からかへると、『なにか綴方に書くよい題はないかしら。』といろんなことを考へて、お母さまに聞くと、色々なことをおつしやいますが、みんな私には気に入りません。きのふもうちへかへつて、色々なことをかんがへましたが、ちつともよい題がありませんので、おかあさまの所へいつて聞くと、お母さまは『みち子はあまりむづかしいことを考へるから書けないのです。文の花（文集）なんかはし（ママ）じゆうだから、弟が学校へはいれなくてざんねんなことでもおかきなさい。題なんかはいくらでもあります。がすのことを書けば文になるし、お湯のことをかけばやつぱり文になります。文にすればなにでもできます。』とおつしやいました。

私はそれでもそれを書かうとはいたしませんでした。私はどうしてこんなに色々考がへるのでせう。（同上書p530）

この綴り方について、芦田恵之助氏は、次のように書いていられる。

母に訴へて母の助言を得たけれども、それを書かうとしなかつた所、綴方の学習態度が頗る面白いとおもひます。この態度さへくるはなければ、苦しむことが幸福であります。即ち苦しむことは自分をみがくことです。私はこの文に『さうしてえらくなるのです。』と評語を加へてかへしました。(同上書 p530)

芦田恵之助氏は、この母に頼らなかった児童の姿勢を「頗るおもしろい」ととらえていられる。このような自分の随意選題にこだわる児童を育てたかったのであろう。そして、随意選題によって、思い通りの児童を育てていられるのである。

次は、尋六の男子の綴り方である。

文を学ぶ者の苦　(演説するつもりで書いてみよといふ條件)

諸君は綴方の時間に題がなくて困つたことがあるでせう。僕も今迄に十数度この苦しみにあつた。

諸君文の苦程苦しいものはないでせう。

それは焼けつく様な日の下で運動をする体操よりも苦しい。何か書くことはないか、書くことはないかと考へれば考へるほど、書く事が浮ばない。

あゝ心がいらだつ、やけになる。

諸君けれども文を学ぶ者には、この苦が何より尊いのである。此の苦を得たものでなければ、其の綴方といふ物はわからないのである。(同上書 p531)

この綴り方に対する芦田恵之助氏の考えを、次に書いていられる。

『これを如何、これを如何。』といふ者でなけば、孔子も始末におへないとおつしやつたやうですが、かういふ態度で苦しむのならば、苦しむことがたゞちに学習そのことです。この文に対して、『君は尊い人の道をさとつた。』と評してかへしました。（同上書 p531）

このように前進している児童に対しては、温かく見守り、何かの事情のために眼が外について、自己の立場に動揺している児童に対しては、『汝等その悲境をかこつなかれ、向上の一路はその中にある。』と落ちつく所を示して、煩悶させることのないように指導しなければならない、と書いていられる。

田舎の児童に文題が少ないということについて、芦田恵之助氏は、「指導者が田舎の児童の日常生活に尊敬を払つてゐない」からで、その影響で、児童自身も生活を尊重しないようになる、と指導者の問題としてとらえていられる。この指導者の問題としてとらえることは、大村はま氏にも、受け継がれている。

大村氏は、少年の犯罪について、「先生の方が悪いのよ。中学生の気持ちを知らなすぎるのよ。」と話していられた。これは、わたくしが一昨年(平成十二年)、鳴門教育大学附属図書館の特別資料室で、橋本暢夫先生、世羅博昭先生と共にお聞かせいただいた。生徒が悪いのではなく、わたくしのやり方が悪いのだと内省すること、そうでなければ教えるなどということはできない。どこまでも相手を責めていたのでは解決の道はない。自分の態度や工夫を考え直すことを教えていただいた。このことは芦田恵之助氏の精神につながるものであると考えられる。

随意選題の教授の効果については、著しく成績がよくなること、劣等児の綴り方がよくのびる、ことをあげていられる。これらは「児童がその天分に応じて、意気込んで努力するからであろう」と言っていられる。

随意選題は、教授の体裁をなさないが、「児童がはたらいて発達をとげていくのに、段も何もあるものではあるまいと思ひます。たゞその志すところに邁進する赤誠のこもつた教授が、最も立派な教授だらうと思ひます。」ということばには、芦田恵之助氏の自信のほどがうかがわれる。

次には、芦田恵之助氏が、実際にされた課題作文についての話をあげる。それは、前校長に対する謝辞を、尋六の児童に課したことである。芦田氏自身が、「自分が小学に入学した時からの校長様で、色々とお世話になりました。」という一項しか思いつかれない。「出来なければ、「謹んで御高恩を謝し、あはせて先生の御健康をいのります。」とでもやってのけようと決心されたところ、児童はそれぞれに苦もなく書き上げた。その主な想を集め一文に芦田氏がまとめられたのが次の文章である。

謝辞

私は附属小学校生徒八百名に代つて、嘉納先生にお禮を申しあげます。

私どもがこの学校に入学してから、先生におあひしたのは多く式日でした。三大節か、卒業式か、学校創立の記念日でした。私どもは嘉納先生の御名をきくと、大禮服かフロツクコートの御姿が目の前に浮びます。そして勅語をお読みになるか、色々お話し下さつたことを思ひ出します。私どもは嘉納先生について、かやうに忘れることの出来ない多くの記憶をもつてゐます。

私どもは今日のお別れにのぞんで、特に先生に申し上げたいことがあります。それは私どもが町の小学校生徒に対して、『僕の校長さんは嘉納先生だぞ。』と常にほこつてゐたことです。私どもはかやうに先生を敬慕してゐます。

唯今先生とお別れ申しても、私どもは先生を忘れることは出来ません。私どもは学校に入学した最初の校長として、嘉納先生を忘れる日はあるまいと思ひます。忘れないのが即ち御厚恩を永くおぼえてゐる訳だと思ひます。謹んでお禮を申しあげます。(同上書 p534)

芦田恵之助氏は、この文をうつさせ、総代の下田君に、「君が総代として読むのだから、自分の気にいらないところは十分になほして、自分の文としておきなさい。」と、直させた。

次の文は、下田君が直したものである。

謝辞

私は附属小学校生徒一同に代つて、嘉納先生にお禮を申しあげます。
私どもが此の学校に入学してから、今日までの御厚恩は何にたとへやうもありません。
三大節や卒業式、又は学校創立記念日等の先生の御訓話は、今なほよく覚えて居ります。
私どもは今日の御別れにのぞんで先生に申しあげたい事があります。それは私どもが他の小学校生徒に対して『僕の学校の校長さんは嘉納先生だぞ。』と常にほこつてゐたことであります。私どもはかやうに先生を敬慕して居ります。そして永久に先生を忘れません。私どもは今後一心に勉強して、御厚恩の萬分の一でも報いたいと思つてをります。謹んでお禮を申しあげます。(同上書 p535)

芦田恵之助氏は、この児童の文に対して、自分がつぎはぎしてまとめた一文は、到底較べものにならない、と書いていられる。芦田氏は、このような児童を随意選題で育てたことを誇らしく思われたことであろう。

課題作文の一つの場合として、児童全体に共通の思想で、書いてみたいと思うことを題としてとり、その成績物をまとめて一文とし、それを各自の気に入るように直させて自己の文とさせることも、文章修練の一方法である、と書いていられる。また、練習方法として難題を課し、その題のなかに自分の思想を投げ入れ、自由にこれをとりあつかわせる、ということもさせていられる。

芦田恵之助氏は、雑誌『教育研究』(二〇九号、大正九年八月)に、処理指導について「綴方講演　その三」として、書いていられる。そのなかで、芦田氏は、「私はいかなる取扱を省いても、児童の成績物を静かに通読することだけは省くことの出来ないものだと信じてゐる一人です。」と書かれ、作文の処理を省くことのできないものとして、たいせつにあつかっていられる。芦田氏は、作文の処理を「人は児童のためにのみ之を説きますけれども、私は教師自身の修養の上から、この事を廃してはならないと主張するのです。私は教壇上に立つて、児童を教へる時、常にかう考へてゐます、「我今汝に教ふ。」「汝今我に教ふ。」と。優良の教師又は経験ある教師とて、世は之を尊重しますが、その実は多年児童を教へて、児童から教へられた教師ではありますまいか。児童を除いて果して優良なる教師、経験ある教師といふ者があるでせうか。こんなことを思ひあはせると、児童の成績物の通読をおろそかにする教師は、殊更に自分のために作られた修養の機会を、自ら放擲するものであると思ひます。」と書いていられる。芦田氏は、「先覚諸氏の著書講演によつて、新智識を与へられ、雑然たる自分の智識の整理せられた」ことは少くないが、それよりも「児童の眞面目に書いた文章によつて、啓培されたことの甚だ多いこと」を認めていられる。処理について、芦田恵之助氏は、次のように述べていられる。

簿上でするものと板上でするものとがあります。簿上でするものは在来の方法で、板上でするものは学級教授が我が國に行はれるやうになつてからの新方法です。簿上処理は教師が児童の個性に応じて、その作品を処理するもので、全く個別的の教授です。これに越した処理方法はあるまいと思ひます。板上の処理は簿上処理を行つてゐるうちに、批正の適材といふものを選定して、之によつて行ふ処理で、一面からは推敲法の指導ともいふべきものである。即ち学級といふ考の上に工夫したものであるから、仕事の役割は作者批正者（作者を除いた外の同級児童）批判者（教師）とからなるので、仕組はやゝ複雑であります。こゝに気がついて、作者が自分の文を愛護するのに対して、批正者が些細の欠点も指導して許さないといふ態度、これらの所見を遺憾なく発表せしめて、正しき批判を与へるといふ所に板上処理の効果が存するのであります。簿上処理・板上処理は之を併せ用ひて、処理の効を全うするものです。（同上書 p537）

板上処理は、推敲させることで、批正者（作者を除いた外の同級児童）に厳しく批正させ、十分推敲させて、その後、指導者が正しい批判を与えるという処理の方法である。これは、児童全員による批正なので、真剣勝負のなかに全員参加の積極的な活動が見られることと思う。おもしろい推敲の方法であり、効果があると思う。

簿上処理については、次のように書いていられる。

私は簿上の処理をするのに、極めて消極的の態度をとつてゐます。誤字脱字などには符号を付するのみで、なるべく自ら訂正するやうに仕向けてゐますが、加筆する場合は文意の通じないところにかぎつてゐます。よりよくといふ積極的の訂正は、教師の労力を要することが大で、児童を善導する効よりは、却つて態度をくるはせるおそれがあるかと思ひます。たゞし文章観のくるつたもの即ち模倣の弊に流れ、時に剽竊の罪悪を犯すものなどは、厳しくその不心得を注意してやります。（同上書 p537・538）

そうして処理する間に、芦田恵之助氏は級全体が緊張しているか、弛緩しているかを観取していられる。この弛緩があるために、「寸刻の弛緩なきやうにと吾人は修養をつゞけてゐるのです。」いつも、児童の規範であり続けるという姿勢は、芦田恵之助氏の特徴であるとともに、野地潤家博士に受け継がれているものである。

処理に伴って、学級の傾向が鮮明になると、芦田恵之助氏は、「その傾向に乗じ」て、「文章道の眞髄を説」く。それは、傾向に乗じたものは、頗る耳に入り易いからである。

では、どうすれば、その傾向がわかるようになるのであろうか。芦田恵之助氏は、こう答えていられる。

> 成績物を多く通読したものには、之を観取する直覚力が強くなつてゐるものです。私は抽象的の概括した智識よりも、事実によつてきたえられた力を尊重するのです。(同上書 p538)

事実による直覚力を芦田恵之助氏は、信じていられる。自分の実践された事実が何よりもよりどころとなっていられるのがわかる。

範文にしても、自分の実践から「多く処理の際に得」ていられる。「批正の適材は忠実に処理する際にのみ得られるものです。」と書いていられる。児童の作文を自分の修養書類と考え、「いかなる取扱を省いても児童の成績物を静かに通読することだけは省くことの出来ないものだと信じてゐる」芦田氏の「事実によってきたえられた力」は、芦田氏のように随意選題で作文指導をすすめ、作文の処理を省くことのできない教師自身の修養の場としてたいせつにあつかう教師に与えられる力なのである。

次に指導ということについて書いていられる。

私は随意選題といひ、課題といつて文を書かせてゐますが、これも見方によつては一種の指導かと思ひます。何故ならば、児童は体験によつて、文を綴ることを体得するからです。たゞ教師が多く補助しないといふだけで、結果は却つて確実であるかも知れぬ。処理もまた指導です。美点と稱揚せられたところに文の工夫をさとり、欠点と指摘せられた所に過を再びせざらんと警める。文に関する智識はこの処理によつて、非常に豊富になつて来る。さすれば名は処理といふけれども、実は指導であります。（同上書 p540）

文の指導ということについては、次のようにも、述べていられる。

読書中に文の指導されることは多大なもので、欧陽修の文章の修養に、多読をあげてゐるのだと思ひます。談話中に文の指導されることも、読書に譲らないほどです。その外遊戯散歩等の場合に、文の修養を積むことが少くありません。要するに文を学ばうといふ心ある人には、天地間一切のものが悉く文の指導となるもので、この心なきものは、如何なる境遇においても、指導が不可能といふことになります。そこで指導する前に、油断なき充実した心持つて、すべての事にむかふ心、即ち学ばんとする心を啓培することが肝要です。これを指導の根本義と見なければなりますまい。（同上書 p540・541）

このように書くと、直接の指導者が必要でないように誤解される。では、芦田恵之助氏の考える指導とは、どのようなものであろうか。

指導の第一義は、文章に関する児童の生活に意義を附することです。自ら題を選定して文を綴るのはかういふ意義、題を出されて綴るのはかういふ意義、範文を読むのも、書取をするのも、悉くかくかくの意義であると知らせる類です。さらに微細なことに入つては、想のうかぶ時の心の状態、之を記述する時の注意など、児童の生活が悉く文章修養の上に意義深きものであることを知らせるのが大切であります。このことが進むと、体験によつて文章観をたかめる児童の活動は、次第に有効になつて、教師の指導を仰ぐ念も高まつて来ます、人は何がたのしいといつても、自分のしてをる仕事が、向上発達の意義深きことをさとり得たのに越すものはありますまい。(同上書 p541)

このようにして、芦田恵之助氏は、随意選題の指導を続けて来られたのである。自分が伸びていると児童に実感させながらの指導は、意義深いものであったろうと推測できる。

さらに、指導について以下のように、述べていられる。

現在の文章に関する生活についての考がすゝむと、児童は過去をかへりみるやうになります。尋三の後半期にもなると、ぼつぼつ思ひ出を書くやうになりますが、この時に文についてこの思ひ出をかゝせると、発達を遂げて来たあとが明かになつて、児童は各自に自分一流の文章作法をもつことゝなります。(同上書 p541)

尋四の児童に、「想像の天地に遊びたいやうな」色が見えてくると、芦田恵之助氏は、「自分が組立てて書く話は尊いものである。書物になつて出たり、雑誌にのつたりしてゐる小説は、すべて作者の想像を書いたもので、多少のよりどころはあつても、多くは自分の考を以て組立てたものである。君たちに組立てる力があるなら、書いてみてもよい。安心して書きたまへ。決していつはりを書くといふことではない。」と指導していられる。これは、傾向に乗じてうまく指導された例である。このような「想像の天地に遊びたい」という心が生じてきた児童に対し、「安心して書きたまへ」という指導は、想像の世界に自由に羽ばたける楽しさを与え、どこまでも書きたい思いを伸ばすものであると考えられる。心のなかに芽ばえた空想の世界を、虚偽を書くでない、と押さえることに比べ、芦田恵之助氏の指導は、際限なく空想の世界で遊ばせることとなる。しかもそれを書くなかで、児童の「書く力」は、のびのびとどこまでも伸びていくのである。

次には、「綴り方の想の変化」について、児童の書いたものを取り上げてまとめたことを書いていられる。

1　一二三年と四年の一学期位迄　（見聞事項）
2　四年の二学期頃から　（考へを加へて書いた）
3　五年ではあともどり　（周囲の壓迫のために）
4　五年の三学期から　（感想を添へて書く）
5　六年の今　（前の継続）
6　自分の理想　（自然の出来事を自然のまゝに書いた文）（同上書 p543）

芦田恵之助氏は、この児童の文に、「これだけの文章観をたてて進んでゐるものは、大人にも少ないかと思ひます。」と感心していられる。事実であり、同時に社会の真理であるという「自然の出来事を自然のまゝに書いた文」が書ける境地に到達したら、「人即文、文即人となることでせう。」と、芦田恵之助氏の理想の文でもあるように書いていられる。

指導について、芦田恵之助氏がこれからの研究として残されていることがある。それは、「形式に関する諸問題をいかに指導すべきか」ということである。

雑誌『教育研究』(二二〇号、大正十年三月)に、「綴方」という芦田恵之助氏が児童とともに書いた文章が載せられた。それは、次のようなものである。

ここに、芦田恵之助氏と、児童の平生の心の交流が現れていると思うので、次にとりあげる。


髪がのびてむづかゆい。いつか摘みにいかうと思つてゐた。

二月三日の晩から四日にかけては、東京にはめづらしい大雪であつた。今日は府中(理髪床)でも客はこんではゐまいと考へて、三時がなるとすぐ出かけた。

府中の主人は私とは十数年からのなじみで、私の髪の形についてはよくよく呑込んでゐる。大抵の時にはその主人にかつてもらふのだが、今日はどうしたものか、主人の姿が見えない。すると弟子の一番若いのが『こちらへ』といふ。私はまだ一度もこの弟子に刈つてもらつたことがない。

中々に腕がたつ、櫛のはこびから剪刀の切味まで、実にきもちがよい。私はつい睡気がさして、うとうととしてゐる中に、刈つてしまひ、鬚を剃つてしまつた。『先生、洗ひませう。』といふに目が覚めて、鏡にうつる私の姿を見ると、頭が非常に若々しく。私は一人で笑つた。

よくよく洗つて、すつかり仕上げてしまふと、さらに若くなつた。私はまた笑つた。府中では必ず変に思つただらう。

帰る途々『床屋は自分の理想を他人頭髪にあらはして、それで満足するのだらう。そこに床屋の生き甲斐があるのだらう。若いお弟子の理想を自分の頭にいただいて、こゝ十数日、老人が若げに暮すのは面白い。』と思つた。白髪の若い看板は、錯誤の感はするが奇抜だ。

一生が『先生この文を下さい。』といふから与へました。すると其の次の綴方の時間に左の文を書きました。

心が移る

心といふものは何にでも移るものであるといふ事がわかつた。芦田先生の髪を刈つた理髪床の若い小僧さんが、一心になつて刈つた髪は若く見える。是即ち小僧さんの心が先生の髪にうつつたのであらう。父母に此の話をしたら、母が『さういへば髪ゆひでも、若い者がゆうた髪は何となく若く見える。年よりの髪ゆひははやらなくなるさうだ。三年前に死んだ祖母は、五十位の時から若い髪ゆひを非常にいやがつた。』とおつしやつた。

父がそばから『面を作る人がおかめの面を作る時はにこにこ笑ひながら作つてゐるさうだ。又鬼の面を作る時はしかめつらをして、汗を流して怒つたような顔をしてゐるのださうだ。それだから自分の心を之にうつしてしまつて一心になる故に、此の面はたふといものなのである。此の面は生きてゐる物といつていいのだ。正宗が刀を作る時もさうである。何事をするにも精神を之に移さなければならない。面を作る者が、面が自分か自分が面かわからなくなるやうにならなければならないのである。』とおつしやつた。私は感心してしまつた。

（同上書 p545・546）

次は、芦田恵之助氏の感想である。

私はこの文を見て恍惚としてしまつた。かゝう師弟がしっくりあつてこそ微妙な教育の効果があらはれるのだと思ひました。私は『君はよいうちに生れた。これが真の家庭教育といふものだ。この間の文はすてたか。あ

るならかへして頂戴。この文とあはせて私の宝物とする。』と書き添へてかへしました。(同上書 p547)

このような心の通い合う師弟関係をつくることが、随意選題の綴り方の指導を通して可能になるのである。

学校で国語の授業をしているとき、家庭の協力を頼みたいと考えるときがある。芦田恵之助氏は、学校の教室だけでなく、生活のなかから綴り方の題材を見つけさせようとしていられた。当然家庭の協力もあればよいと考えていられただろうと思われる。

さきの「心が移る」などを読めば、なおさら、家庭の協力のありがたさもわかる。

次の、雑誌『教育研究』(二二四号、大正十年六月)には、「家庭での綴方」の題で、日記について書かれた文章を載せていられる。

家庭での綴方

五月九日の私の日記に書きつけた最初の一項は、次のやうな事です。

七時十五分登校した。三十分のなるのをまつて、尋六の入学試験の予習に出かけた。三部の階段を半あがつて、大きな姿見(鏡)の前に来た。心なき掃除者が穢ない雑巾で拭つたものと見えて、鏡面全体が曇つてゐた。私は何心なくポケットからハンケチを出して、拭ひはじめた。それを尋四のかはいらしい女児が見てゐて、何かいひたさうであつた。私が『どうです、きれいになりませう。』といふと、軽くうなづいた。その時つと我が口をついて出たのは、『ごみ箱のごみはきたなくはないが鏡面の曇はひどくきたなく感じる。』

といふ事であつた。私も自分でいつておいて、自分で奇体なことをいつたものだと驚いた。女児はその意味がわかつてか、わからなくてが(ママ)、滴るやうな笑を浮べて、階段を上つていつた。私も拭ひ終へて階段を上つた。

人は機により縁に應じて、自分ながら面白いと思ふ想のうかぶものです。その時々の人生観の閃きを、若しかきつけておくやうにしたらばとは、私は従来幾回思つたことだか知れませんが、之を実行し始めたのは今年の三月二十五日からです。書いてみて始めて日記の貴さがよくわかりました。

日記の書き方にも二様あるやうです。その日その日にしたことを報告的に細大もらさず書いていくものと、日々の出来事に対して、人生観が閃いた跡を記していくものとがあります。前の書振は出来事が主となつて自分は従属的ですが、後の書振は自分がかう見た、かう感じたといふ事が主で、出来事が従属的のやうになつてゐます。私はつとめて後の方を主として書いてゐますが、それでもうつかりすると、報告的に堕落しさうなことがあります。

さて私がなぜこんなことを述べたかといふと外ではありません。児童の家庭での綴方として、日記を書くことをおすゝめしたいと思ふからです。私は日記によつて筆写が早くなるとか、語句をあやつることが自由になるとかいふやうな、枝葉の効果を述べたてようと思ふのではありません、勿論日々書けば文字も達者になり、文章もなめらかになります。けれどももつともつと根本的な、日々の自己の活動を見つめることによつてたしかに人生といふものの意義がわかると思ひます。したがつて文章が人生と深い深い関係を持つことになつて来ると思ひます。こゝに綴方の教育的価値は存在するので、実用方面などは、いはゞその副産物といつてもよろしい。とにかく自己の人生観に閃いた事項を楽しんで記述するやうな日記を書かせたら、綴方はいふも更なり、徳育・智育・体育のすべてに多大の影響を及ぼすことと思ひます。

そこで人生に深く根ざした日記を、児童に書かせるにはどうすればよいか。それはかういふ効能があるからと、売薬をひろめるやうな手段では到底だめです。母なり、父なり、又は兄なり、姉なりが、真にその日記の真精神に浸つて、之を書くことを衷心から歓喜する態度で、児童を導かなければなりません。教育のすべてが、親を埒の外に置いて、児童に要求することが高いから、遂に効果を収めることが出来ないのでせう。父兄が率先して、私のいふ眞の日記を書いて児童を奨励せられたら、こゝに幾多の教育的活問題が発見せられ、解決せられることと思ひます。

少しく文字ある父や母が、自ら育つた課題の経験で児童の綴方を助言し、批評せらるゝことが、どれほど文章の発達を沮碍してをるか知れません。現代の子の親といはれるものは、特殊の人は別として、十中の九分九厘までは、文章を遊戯的か、実用的に解してゐる方です。これが人格修養の根柢をなすものとか、自己覚醒の捷径だとかいふ意には解されないのが普通です。私はそれで済んで来た方に対して、とやかく批難をするのではありませんが、これから徹底的に生きようといふ児童を、さういふなまぬるい方面に導くことは、第一児童の不幸であり、一家の不幸であり、親としての罪悪であると思ひます。私の目は何も見えませんが、永年の道楽から、児童の文に対する態度だけは殆ど鮮明に見ることが出来ます。教師が折角児童をよい態度に導いて、今一歩で確立といふまでにすると、いつの間にかその根柢から覆へされてゐることを屡々発見します。私は時々失望することがあります。

なほ私に忌憚なくいはせたら、父兄も児童と共に、現代の文の精神を研究なさるがよいと思ひます。子供のすることだからといふので、親が頭で承知しようといふのはずうずうしい考です。手でする事は手でしてみ、走ることは走つてみて、導くやうになさるがよろしい。百萬の資産をも、その子の手に委ねようとなさる大切なお子様を育てるのに、他人にまかせきつて、殆ど放任したり干渉する場合にもよくも研究しないでむやみに干渉するなどは、いづれも策の得たものではありません。教育の事はもつと本気でかゝつていたゞきたいと思ひます。（同上書p547～549）

芦田恵之助氏は、「父兄も児童と共に、現代の文の精神を研究なさるがよいと思ひます。」と書いていられる。口でいうことや、頭で考えることは、実行するよりは簡単である。しかし、実行しないでは、何もできない。親の後ろ姿を見て子は育つというけれど、子どもには、親の欠点や直したいところがそのまま出ていて嫌になることがある。親の行動そのものが、子どもに移るといってよい。そうすると、芦田氏のいっていられるように、父兄が、「真にその日記の真精神に浸つて、之を書くことを衷心から歓喜する態度で、児童を導」き、「教育のすべてが、親を埒の外に置いて、児童に要求することが高いから、遂に効果を収めることが出来ない」のである。「父兄が率先して、私のいふ眞の日記を書いて児童を奨励せられたら、こゝに幾多の教育的活問題が発見せられ、解決せられることと思ひます。」本当にそうかもしれないと思う。親や先生、周りの大人が、模範となる態度で、日記をつけたり、綴り方の精神を研究したりすることが、子どもの綴り方の成長に大きな力を発揮することと思う。綴り方の力は綴らせることでしか、つけることはできない。綴り方を教える力も、綴り方を書くことでしか、つけることはできないのである。芦田恵之助氏のいわれる「教育の事はもつと本気でかゝつていたゞきたい」ということばは、教師として子をもつ親として、真剣に受けとめなければならないと思う。

芦田恵之助氏を規範として認めることは、芦田氏の指導を受けている児童だけでなく、親に対しても考えられるべきことではないだろうか。

芦田恵之助氏は、『國語教育』（第一巻第七号、大正五年七月）の「綴り方教授の一例」のなかで、次のように書いていられる。

綴り方教授の方法としては、たゞ綴らすといふ一事が存するのみではあるまいかと、此の頃しみじみと考へるやうになつた。児童が幾十百題の文を書いて、自(オ)ら綴り方の真意義をさとり、おのが想ひをおのが言葉で書いて、その進歩発展のあとを楽しむやうになつたら、『いまだ学ばずといへども、我は既に之を学びたりといはむ。』と信ずるのである。（同上書 p550）

続けて、次のように書いていられる。

教授が若し児童の研究心を助長する意であつたら、師がなくても発達する研究心といふものを、計画の外に放り出すことは出来ない。之を教授の中に計算することになると、師も時に要あり不要ありといふ結論が出て来る。否師は不要にあらず、児童の活動を自然にまかせて、彼自身の発見発明を楽しませるやうに仕向けて、殆どかへりみないやうな態度にをる要がある。道を道に努力する児童には、教師は何等力を用ひる事がないが、それでも人間の弱点である油断といふことの警戒者のやうな意味に於て必要である。警戒者といふと、おまはりさんのやうな感じが伴ふが、こゝは温い母の懐に抱かれてゐる児の冷えることを知らない義である。（同上書 p550）

「温い母の懐に抱かれてゐる児の冷えることを知らない」このような居心地の良い環境のなかで、綴り方にとりくませることが、だいじなのである。そのために、教師は、その場にいることが必要なのである。

綴るといふ力は児童にあり、綴らねばならぬ必要もまた児童にあり、その模範は身辺を圍繞して、児童は之に接することを拒むことが出来ぬ。力と要と範とが具備して、そこに発達といふことがなからうか。これに加ふるに、文を楽しむの師があつて、児童の邪路に赴くをいましめ、一向(ひたすら)自然の大法に合致するを楽しましめたら、綴り方の上達発展は期して待つべきであらう。かう考へて来ると、綴り方の教授には、方法より前に解決しなければならぬ人生といふ問題が横はつてをる。(同上書 p551)

このように考えると、父兄が家庭のなかでも、文を書く模範となることは、望ましいことであり、子どもの成長のためにも、必要なことである。

最後に芦田恵之助氏は、「要するに綴り方教授は綴らすといふ一点に集注して、真生命の躍如たる作業が行はれると思ふ。」と書いていられる。ここまで、綴り方で児童を育てようと考えた指導者が、芦田氏以前にいられたであろうか。芦田恵之助氏の足跡を辿ると、胸が熱くなる。

『國語教育』(第十一巻第一号、大正五年十一月)の中で、芦田恵之助氏は、「綴方教授の帰着点」と題して、次のように書いていられる。

○綴方教授の帰着点といつたら、児童が文を書き得るに至るといふことである。児童の筆をのばさうがために、課題をしたり、範文を提示したりするのである。

○余は時に、児童はすてゝおいても綴方の上達するものではあるまいかと思ふ。まづ生後数ケ月の嬰児が、音声により、筋肉によりて、不完全ながらも内的生活を発表することを見ると、発表する力は天賦として存することが思はれる。
○さらに児童の生活を見ると、発表の必要は刻々に児童の身辺を圍遶してゐる。花を見ては歎美の要起り、鳥の音を聞いては稱讃の要起る。おのが慾求の満足を得ようとするにつけても、他人と共に事をなすにつけても、まづ必要とすることは発表である。
○発表の力内にあり、発表の要外にあり、而してその要に應じてその力をこゝろみるには、談話・文章としての範は、これまた身辺に散在してをる。天賦として力あり生活として要あり境遇として範をうることの自由なる児童は、棄てておいても、綴方が上達するものではなからうかといふ結論が生じる。
○二宮尊徳翁の幼時の文の師は誰であつたらうか。その名をきかぬ。蓋し翁はその天賦の力を、社会の範によつて活動せしめ、生活上の必要を之によつて解決せられたのである。要するに学ばうといふ一念は、教師以上の結果をもたらしたのではあるまいか。
○天下萬人その力とその要とその範を持つてゐないものはない。尊徳翁が家貧なるが故に、師なくて文を学び得たのかといふに、貧家の子弟は社会に多い。而もいまだ一人の尊徳翁あるをきゝぬ。師ある者もなほ翁の文に及ばざる者が遠い。こゝに於て、翁には師なき者にも、師ある者にも、容易に持つことの出来ないある物があつたといふことが思はれる。
○そのある物とは何ぞ。発動的学習の態度である。他人から迫られるのではなく、自ら求めんとする気概である。これある者の力と要と範はうまく統一せられて、自ら発達をとげ、これなき者の力と要と範は、少しも結合することなくて、一生無筆で終る。
○教師はあまりに自分の力を全く見てはならぬ。無を有に転ずるものゝやうに思つてはならぬ。すてゝおいても発達する者を、わづかに邪路に迷はせないやうにする位のものだ。力要範を自学といふ一念に結びつけて、自ら発達をとげさせる位なものだ。多数の児童中には教師の要なきものもをるのである。しかし師の許に安んじて研究するといふことは、どれほど学習を容易ならしめてをるかしれぬ。
○脚の立て所をあやまる者は、病者の医師によつて救はるるやうに、教師によつて心のおちつく所を示されなければならぬ。教師は発動的自学の態度を据ゑる土木技師であり、その狂つてゐるのを治する医師である。
○そこで綴方教授の帰着点を、児童の文がかけるといふ結果に求めるよりも、その根柢たる学習態度におくが至当であると思ふ。
○余は作業を教訓であると常にとなへてゐる。維新の頃にも『議論より実を行へなまけ武士。』といふ諺様のことがはやつたといふが、まことに実を行つて、論の解決せらるゝことは多い。
○余は綴方教授は児童をして綴らせるが肝要であると主張してをる。これは事実が議論に先だたざるべからずといふ義からである。範文を示され、或は日常生活をそのまゝ写せば文になるなどいふ指導によつて、文を綴ると、そこに文とはいかなるものかとの義が明かになつて来る。
○範文を提供し、材料選択に注意することを指導して、発表の力が発表の必要に應ずることが出来るやうになつたら、随意に選題して、思ふまゝに記述させるがよい。即ち題材に対しても、記述に関しても、全責任を児童に持たせたがよいと思ふ。
○随意に選題し随意に記述すると、そこに発動的の学習態度がわいて来る。いやしくも自分の注意に新なる事は、とつて以て之を題材にしようと工夫する。又巧なる記述に接しては、とつてもつて他日の参考に供しようと記憶するやうになる。こゝに至つて、綴方は甚だしく教師の力を要せずして発達を遂ぐるのである。
○この態度のある者には指導も有効に行はれる。指導を主とした綴方教授が、往々失敗に終ることのあるのは、要するに児童が之を欲求しないからである。彼等は要不要を甄別してのことではなく、何物をか得んとする態度の欠乏である。
○処理もまた発動的学習態度のあるものには有効に行はれる。文の明暗が文の価値に大なる関係あることを知らないものはないが、児童が之を欲求しなければ、教授者も策の施しやうがない。
○作業は発動的学習態度を確立せしむる有力な縁である。その因は無論児童に存するもので、因縁和合の結果が光あるこの尊き態度をうみだすのである。
○人を人が教育するところには、物質的理法で解し難いものがある。この見地から、発動的学習態度確立の縁を、教師の態度に認めたいと思ふ。
○とにかく教師が何事にも発動的態度で、世の中の事をすべて道のひらめきとして解し、道にかなへるものは之を景仰し、然らざるは之をかなしみ、自己究盡、向上発展を志すものであれば、その影響は必ず児童にあらはれないではをらぬ。
○師弟の心一つになりて、一校一級の全体が発動的態度に行動しはじめたら、蓋し人間最美の状態であらうと思ふ。師にしてもこれほど心よい事はあるまい。弟子にしても亦これほど心たしかなことはあるまい。
○発動的態度にあるもののみ、功も自ら甘受し、罪も自ら甘受することが出来る。功の前にも、罪の前にも、黙し得る者はこの態度のみの特権である。余はこんなことを考へて、いつも心を発動的ならしめようと工夫してゐる。たゞに綴方のみの問題ではない。かりにも人間と姿を現し、呼吸を経続してゐるものは、何人もかく心がけなければならぬものと思ふ。（同上書 p555～558）

これらは、芦田恵之助氏の考える綴り方教授に対する精髄である。ここに、随意選題の考え方がすべて含まれている。

『國語教育』（第二巻第一号、大正六年一月）の中で「綴方教授の系統案につきて」と題して、芦田恵之助氏は、次のように書いていられる。

余は自己の修養として、朝夕に端坐瞑目を試みる。（同上書 p560）

それは、何のためにか。

たゞ自己とは何ぞといふ一問題を究明するためである。責めては生をこの世にうけたるかひに、自己を究明したいといふ一念に過ぎぬ。こゝ二三年、一生懸命にやつてゐるが、分つたやうで、分らぬものは自己である。（同上書 p560）

自己とは何かを、どうして究明したいか。

自己の究明に志すものは、系統案といふやうな輪廓を弄ばうとはせぬ。自己の所信に立つて、児童の所信の動くのをまつ。（同上書 p560）

これが芦田恵之助氏の、指導法である。

教授は系統案の支配によつて行はるゝものではない。日に々々内省して止まぬ教師の自己究明と、児童の自己究明の接触によって行はるゝものである。したがって同じ犬といふ題を書かせても、教師によってちがひ児童によってちがふ。(同上書 p561)

全体を系統としてとらえるというような指導の仕方を、芦田恵之助氏はおこなわれない。個々の児童に対して親切丁寧な指導をしていられるのである。この個人を個人してとらえるということは、「国語教育個体史」の方法と見ることができる。

こゝに於て綴方教授は＝他の一切の教科も皆然り＝教師の自己究明の(ママ)度と児童学習の態度によつて、五十人の児童が同一学習を了するものとは到底いふことが出来ぬ。究明の度浅くして、所謂児童の琴線にふるゝことの少いものは、いかに教壇上に声を大にしても、発問を巧にしても、半数の児童をして眞に自己を書くといふ態度におくことが出来ぬ。いかに至れる教師といへども、五十人が五十人悉く一つ道の上に立たせることは出来まいけれども、教師の良否はこの多寡によつて決せらるゝべきものである。作文科担任の教師を、蔭に於ても、その面前に於ても、馬鹿にする様な所には、教授もなく、子弟もない。(同上書 p561)

このことから、芦田恵之助氏が、綴り方を重要視されていたことがわかる。また、国語科や作文科担任の教師を重要視しない世間の時潮もあったのではないだろうか。

余は如上の見地から、綴方教授の系統案をその根本に於て疑ふのである。したがつてその系統細案といふべき教授細目をも疑ふのである。単に参考文例、参考文題等を学年ごとに蒐集して、教師座右の参考資料とすることはのぞましいが、その系統細案を履めば、必ずある地上に到達すべしと論ずるやうなものは、出来もせず、またあつてはならぬと思ふ。（同上書 p561）

これが、綴方教授の系統案に対する芦田氏の答えである。

最後に、芦田恵之助氏が、自己とは何か、文とは何かについて書いていられる論文をとりあげる。それは、『國語教育』（第四巻第九号、大正八年九月）に「文とは何ぞや」と題して書かれたものである。芦田氏の考える文とは、次のようなものである。

私は今文を書いてゐる。これが直ちに『文とは何ぞ』といふ問題の答案である。この問題を得てからペンを持つて書くに至つた今まで、私の頭に文に関する思想が幾往来を重ねたかも知れぬ。けれども原稿紙に向ひつゝある今の今まで、これを書き現すことが出来なかつた、これをたゞ一概にづるいとか、他の仕事が忙しいとか見てはならぬ。想としてまとまらなかつたからである。

すると人は怪しむだらう。『今書いてゐる想はいつ出来たのか』と。これはせつぱつまつた昨夜、ある宴會から帰りに電車の中で出来たのだ。それを整頓して動かぬものには、書いて行く現在、今出来つゝあるのである。

更に人は驚くであらう。『想はそんなに今の今まで出来ないものだらうか』と。文についての幾多の想は私の頭にある。しかしそれは緒にぬかない珠数の顆のやうな形で存在してゐる。上に見えて顕在のやうに感ぜらるゝものもあれば、下積になつて潜在してをるものもある。それが長い緒にぬかれて首にかける珠数となり、短い緒にぬかれて手首にかける珠数となる。珠数に大小はあつても、緒にぬくといふことは同一である。緒がなければ珠数はない。

私は顆をぬく緒を文の上では自己と名づけようと思ふ。自己の働かない所に想はない。想のない所に文はない。かうなると自己とは何ぞといふことが問題の眼目になる。昔からこの説明にむせかへつて、空だといつたり、無だといつたり、零だといつたりしてゐる。私はその自己なるものを、自分に行はれてゐる自然の法則だといつて見たい。理非を悟り美醜を感じ好悪を思ふのは皆そのあらはれの一である。人は哲学者でなくとも理非の考がある。美術家でなくとも美醜の念がある。一切萬物に関して好悪はつきまとふものである。かういふ自己が自分の思想の上にひらめいて想が成立つ。想を書けば文になる。

至人はつまらぬ材料をとらへて堂々たる名文を綴りあげる。猫に人生観をあらはしたものが夏目漱石である。栗栖野の柑子に処世観をあらはしたのが兼好法師である。猫は朝夕に見てゐる。果樹のかこつたのは栗栖野でなくても何処にでも見られる。けれども『我輩は猫である』と『徒然草』とは『漱石』と『兼好』とを待たなくてはならぬ。実用の文章でもその意義に少しのかはりもない。同一のことを報告するのでも、甲乙全く同一ではない。同じ品物を注文するのにも、文の力には差異がある。それは自己のひらめきに強弱があるからである。

故に文とは自己のひらめきを書いたものであるといひたい。徒つて文の個性は文の生命である。因にいふ文とは自己を綴つたものだといつた私の以前の主張には不備な点がある。文とは自己が自己を綴つたものといはなければなるまい。即ち第一の自己は認めて綴る自己で、第二の自己ははたらいてゐる想である。思ふに文は流動流転きはまりなきものである。それを定義すると、文の本質を遠ざかるおそれがある。文とは何ぞといふ意義はこれを体得する外に道はない。(同上書 p563・564)

芦田恵之助氏は、「文とは自己のひらめきを書いたものであるといひたい。徒って文の個性は文の生命である。」と言っていられる。そして、その個性を大切に育てようとしたのである。綴り方を教えることは、ただ文の書き方を教えるのではなくて、人生そのもの、生き方、人としての在り方を教えるものであった。芦田恵之助氏は、「文字は汝の文字である。言葉は汝の言葉である。己れのものを使用するのに己れが責任を負はぬといふことはない。」と、自分の言葉に責任をもつことも、綴り方教授観として示していられる。これは、「ことば自覚」をもたせることではないだろうか。自身が規範者として生き、文とは何かという意義を体得させ、芦田恵之助氏以上の文章家に児童を育てることが、芦田氏の目標だったのではないか、と思いいたるのである。

芦田恵之助氏の実践を、理論的に基礎づけたのが、垣内松三氏である。野地潤家博士は、『野地潤家著作選集⑪垣内松三研究――「国語の力」を中心に』のなかで、次のように書いていられる。

国文学の根底に、国民生活があるということを発見されたところに、先生の学説の根底が樹立されていることは注目に価する。（『野地潤家著作選集⑪垣内松三研究――「国語の力」を中心に』p58）

この垣内松三氏の「国文学の根底に、国民生活がある」という発見は、芦田恵之助氏の生活のなかから随意に題をさがしてくるという、生活を綴り方の基盤と考えるのと同じである。

垣内松三の求めてやまなかったのは、国語教育における実践の技術学であった。実践の技術学への志向は、芦田恵之助の教壇を基礎としていた。（『野地潤家著作選集⑪垣内松三研究――「国語の力」を中心に』p364）

垣内松三氏は、芦田恵之助氏の授業実践についての感想を、次のように述べていられる。

この三年間先生の教壇に参与し得ること十数回であつたが、その十数回の実際の御授業を拝見する度ごとに、私としては心ひそかに自分が私の立場で考へて来たことが教壇の上にありありと出て居るやうな感激をもつて常に教を仰いで居つたのである。(『野地潤家著作選集⑩芦田恵之助研究』p89)

垣内松三氏は、芦田恵之助氏の授業実践が、自分の理論そのままの実践であると、感激をもってみていられたのである。芦田氏も、垣内氏に自分の実践を理論的に基礎づけられたことで、支えられたと思われる。芦田恵之助氏は、垣内松三氏から学ばれたこととして、次の二つをあげていられる。

1　教育事象の重視
2　教材たる文章の見方(『野地潤家著作選集⑩芦田恵之助研究』p87)

実践家としての芦田恵之助氏は、垣内松三氏を、次のようにみていられた。

教育事象の重視、これを我が師(引用者注―垣内松三氏)程温い目で視た学者がありませうか。(『野地潤家著作選集⑩芦田恵之助研究』p87)

芦田恵之助氏の随意選題の実践のかげには、それを認め理論的に基礎づける垣内松三氏の存在があったことを忘れてはならない。互いを尊敬しあい、信頼しあう関係がそこにはあったのである。このことからみても、芦田恵之助氏の読み方、綴り方の実践は、この当時、理想的なものであったということができると思う。その根本には、児童への愛情と、芦田恵之助氏の国語を愛する情のふかさが、あふれていたことであろう。その心が垣内松三氏に通じたことが、共同研究ともいえるふたりの間柄をつくったと思われる。芦田恵之助氏が、垣内松三氏から学ばれたこととしてあげていられた「1教育事象の重視」と「2教材たる文章の見方」にも、ふたりの共通する根本の考えがあったと思われる。その同意にも近い類似的な考え方が、互いに理論家として尊敬し、実践家として信頼する強い結びつきをもつ関係をつくったといえる。

芦田恵之助氏の授業実践の記録者として、青山廣志氏の存在を忘れてはならない。青山氏は、速記者として授業実践の記録をとる協力を惜しまなかった。芦田恵之助氏を師と仰ぎ、授業実践の記録に取り組まれた。現在芦田恵之助氏の実践記録が鮮明に残されているのは、青山氏によるところが大きい。

芦田恵之助氏は、岡田虎次郎氏の「岡田式静坐」と、嶽尾老師の禅書の提唱をきくことを、修行として八年続けていられた(その後も自分では続けるのであるが)。静坐と禅によって、自己を修養していこうとされたのである。「岡田虎二(ママ)郎先生語録」から、岡田虎次郎氏の述べたことばを引抄すると、次のようなのがある。

○道はおのれに在り、静かに坐れば其の道はおのづからに開ける。(「岡田虎次郎先生語録」五ページ)

○今の学問の仕方が間違ってゐる。教育の方法が誤ってゐる。書いたものは、真の知識ではない。書物は言はゞ飜訳物に過ぎない。原書は自然界である。(同上書、七ページ)

○何といふ青瓢箪だ。いくら学問をしても顔に血の気がなくなつたり、きらひな食物が一つも好きにならないやうな学問なら、何のやくにもたゝない。それは生きる為の学問でなくて、死ぬ為の学問だ。もつとほんたうの学問をして永劫に幸福に生きるがよい。(同上書、九ページ)
○教育の根本は愛である。愛の教育は低能や狂人をも化することが出来る。こゝに謂ふ愛とは悪む反対の可愛さではない。太陽の光の様な愛である。太陽の化育によつて万物の生じる如く、愛の教育によつて、人間が完成し、神性が開発するのである。(同上書、一〇ページ)
○物の味は外のものになくして内の心にあるのである。(同上書、一三ページ)
○強いものは総てになやまない。腹が痢(ママ)つても、熱が出ても、肺が腐つてもなやまなければ病気でもない。(同上書、一四ページ)
○教へた丈のことを、記憶させるのが教育ではない。教へた丈のことを、模倣させるのが教育でもない。教へないことを発明し、発見し、創作する処の、所謂創造の力を、湧き出さしむるのが教育である。創造の力それは天賦の神性である。神性の開発によつて、創造の力が湧き出づる。(同上書、一六ページ)(『野地潤家著作選集⑩芦田恵之助研究』p269・270)

以上の岡田氏のことばは、芦田氏に少なからず影響を与えたものと思われる。芦田氏は、自分の授業実践について、神経衰弱になるほど、悩んだ。苦しみ悩みぬいたのであろう。だから、鶴見俊輔氏の言われている意味での新興宗教としての性格をもつ、静坐にひかれるものを感じたのであろう。岡田氏のことばに、「私の方では自殺しなければならんと決心した位の人でなければ、面白くない、そんな人を素質のよい人と云ひます。」とあるが、そんな岡田氏に、芦田氏は救いを求めたのではないかと推測できる。

だから、芦田氏は、「内から出て来る。」「死の瞬間まで発達する。」静坐を続けたのであろう。この静坐をはじめることによって、芦田氏は変化を遂げる。野地潤家博士は、「静坐を行じていくことによって、教育思想の核をとらえ、教育易行道への方向をとらえ、教師みずからの自己確立・自己深化(内面化)によって、教育実践を内面的なものへと深めていくことに成功」されたとし、「静坐にはいる前と後とでは、いちじるしいちがい」があり、「この静坐による行が、芦田恵之助先生の教育実践を、内面化させ、充実させていった」とし、「自己凝視と教育観確立とに」静坐が大きく資したことを、指摘していられる。

岡田式静坐は、集団静坐・個人静坐を通して、静坐者各自に、それぞれの立場において、自己統一、自己確立を、自由に求めさせ、自己脱皮・自己革新を、心身両面にわたって可能にした。野地潤家博士は、「岡田氏の教育観・内省観に、芦田先生も、共鳴されるところが多かったのではないか」と推測され、岡田氏と芦田氏の出あいには、「出あいを必然のものとしていくに足る、考え方・求め方の類似性・共通性があったように思われる。」と、芦田氏が静坐に引き入れられていったことを究明していられる。

芦田氏は、「何でも教師が教へるものだと考へるからまちがいひです。子供と共に生活して行く間に、共に学び、共に進んでいったら、その日その日がどんなににぎやかでせう。その外に教育者の人生はありますまい」という岡田氏のことばが、教育思想の核となっている、と言っていられる。

芦田恵之助氏には、自己の実践に対する回想・追憶がかなり多くある。静坐をはじめることで、過去の自分に対する回顧・反省が加えられるようになった。

「恵雨自伝」のなかに、「私はなぜ自伝を書くのか」の項に、自伝を書いてみてわかったこととして、

①　自分のためにする大切なことである。

② 自分の育ってきたあとである。
③ 自分の教育史・自覚史・事業史である。
④ 教育の修養法として尊いものがある。

ことをあげていられる。そして、人の「教育観・教育意見は、自伝ときりはなすことはできないもの」と認識していられる。

　これは、「国語教育個体史」の考え方と同じではないだろうか。②は、「国語学習個体史」、「国語教育者成長史」といえる。③の教育史は、「国語教育実践史」と呼ぶことができる。自覚史は、「国語教育生活史」と呼ぶことができようか。国語教育を「事業」としてとらえると、「国語教育個体史」は、まとめて事業史と呼ぶことができる。④の修養法としては、自己の国語教育実践の向上を目ざすために「国語教育個体史」を書くことは、修養法となる。芦田恵之助氏は、「自伝」と言われているが、この「自伝」は、「国語教育個体史」そのものであり、自分の過去を記録し、反省・分析・考察を加え、それを次の実践に生かす工夫をされる研究方法は、「国語教育個体史研究」そのものであるということができる。

第二章　個体史的方法の展開・発展

——大村はまの言語生活指導・学習記録——

第一節　芦田国語教育の展開としての大村はま実践

1　大村はま「国語筆記帖に就いて」の考察

大村はま氏は、生徒に学習記録を書かせることにより、生徒の国語の力を充実させていかれた。それではどのような考えで学習記録を書かせるにいたられたか、また、学習記録にはどのような効果があったのか、芦田恵之助氏について国語教育実践の指導を受けられた大村はま氏の学習指導を「国語筆記帖に就いて」（雑誌「同志同行」第七巻第二号、昭和十三年五月一日、同志同行社刊）という報告より見ていきたい。

大村はま氏は、最初は筆記帖の大切さに気づいてはいられなかった。実践しているうちに、筆記帖を「見ることの大切さ」「指導の大切さ」が「心に沁みて」来られたのである。

昭和九年から十一年の間に、国語帖の実践を通じて、「修行としての意義価値」「教授と訓練の一致の姿としての意義価値」をはっきりと悟られ、「国語教授の徹底の為にも欠くことの出来ぬものであり」「訓練に参与する、最もよい機会である」と信じるようになられた。

芦田恵之助氏より得た「書く」ということの、「意義の深さと実際の効果」を知られるにつけ、「書く」ということに対して関心が深まり、次第に帖面というものに目が向けられるようになられた、ということである。また、「わかってゐるが書けなかった」ということが、「少しでもよく、自由に、そのわかってゐることを書き現はせるやうにとの指導は、是非しなければならぬものと思」って、「帖面への関心」を深めるようになられるのである。

大村氏は、自己の書くことの反省から、「書くことの力」に気づかれる。これは、大村氏自身が「書く人」であったからこそ、考えられたことである。「書く」ことには、「心を悟り、解決に達し、物事の深奥へと人の心を導き、考えを深められ、確実にする」力があることに、気づかれるのである。そして、帖面の研究をすることになるのである。

「国語筆記帖」の研究を実行してみて、思いがけないほどの収穫があった、と驚かれている。これは、学習記録として残された筆記帖を丹念に見ることにより、実践したことのすべてがみえたということである。記録することによって、事実を確実に知ることができる。実践を自分自身でつかみとることができる。学習記録にあらわれてきた収穫は、次の十一の「国語筆記帖」の利点である。

第一に、書くことによって、得たものが深く確かになる。

第二に、文の練習・文字の練習にも役立つ。

第三に、よき修行をさせ得る。一つ一つやり上げて行くことは、真によき修行である。

第四に、学習に親しみがまし、愛情のようなものに包まれて来る。

第五に、優劣いずれも精いっぱいの力を出させ得る。

第六に、授業の成功・失敗の結果が如実にわかり、教師にとってまことによき師を見いだせる。

第七に、生徒の個性を確実につかめる。

第八に、つかんだ個性にきめこまかな手がうてる。

第九に、訓練上の資料が豊富につかめる。

第十に、生徒の真の学力をつかめ認めることができるので、生徒同士無用な競争心が生じにくい。

第十一に、教師と生徒との関係を親しい温かいものにする。

このように、国語学習記録を書かせることは、多くの力を生徒につけ、また、指導の上にも役立ったのである。

このような効果を確実にあげるには、どのようなことに気をつけて学習記録を書かせればよいのであろうか。大村氏は、書くということの注意としてだいじな点をあげていられる。

注意すべきことは、次の三点である。

一つは、「国語筆記帖」を書くということが重荷になってはならない。

二つは、毎日書かずに、まとめて一度に書いてはならない。

三つは、他人の書いたのを、うつして書いてはならない。

ということである。この三点が、「国語筆記帖」の指導を始める前の、大村氏の心配事であった。この心配に対し大村氏は、次のような対策を考え実行させた。

一つ目の対策としては、書かせる工夫として、一年のうちは、授業時間中にだいたいが書けるようにした。二年になると、必ず書くことと、自由に書ける者は書くことを二段に分けて示すようにした。

二つ目の対策として、何回も提出させて、毎日書くことの意義を理解させた。

三つ目の対策として、自分で自分らしい「国語筆記帖」を書くことの楽しさと深さを悟らせた。

このような書かせるための工夫を怠らない指導が必要である。では、学習記録の実際は、どのようにしておこなわれたのであろうか。
入学当初、「勉強の仕方」として、次の事項を示された。

国語勉強の仕方（一年）

一、予習
1　読み
2　その文に何が書いてあるか考へて見る。
3　読み
4　下欄や本の後についてゐる読方やわけを見ること。
5　読み
6　読めない字やわからない言葉を書きぬくこと。
7　読み
8　段落を切つて見ること。
9　読み
二、本習
1　導かれるまゝに。
2　真面目に元気よく。
張りきつた姿勢、力の籠つた挙手と声。
三、復習

1　読み
2　教室で考へたことを書く。
3　予習6の始末
4　その終つた時、『○○○を読んで』といふ綴方のつもりで、感想を書くこと。(出来るだけ何度も読むこと。)

四、その他特に注意すること
　朗読　　文字

以上(『野地潤家著作選集④国語教育個体史研究実践編Ⅲ』p587・588)

これを、「国語筆記帖」が新しくなる度に、第一ページに書かせるのである。

このような努力目標がはっきりしていれば、しぜん家庭学習の仕方もわかるであろう。よく、国語の勉強の仕方がわからないという声を聞くが、一年の始めに、このように教えておけば、国語科の家庭学習の方法がわかり、定着するのではないだろうか。

大村氏は、「国語筆記帖」を提出させる度に評点をつけていられる。その項目は、次の三種十二類である。

一、努力
　1　書くこと
　2　貼るもの
　3　予習始末

4　答案始末
5　句読点
二、学力
1　文字の正確さ
2　内容
3　感想
三、たしなみ
1　帖面取扱
2　文字の美しさ
3　整理
4　貼り方

以上(同上書 p589)

学力だけでなく、努力さえすれば、だれにでもできるものの他に、たしなみがあるのが奥ゆかしいと思う。できないのは、恥であるという考え方は、今の子どもにはない感覚であろう。国語でことばを教えていくのに、その心の部分にことばのもとと考えられる部分に、たしなみが必要ではないかと思う。

一努力の3に「予習始末」というのがあるのも、確かな力をつけていると思われる。予習の(6)の所で疑問の箇所が書き抜かれてある。そこへ調べたこと、授業を通してあきらかになったことが書き加えられ訂正されているのを忘れず怠らず仕遂げてあるかどうかを見るのは、教師のつとめである。ここをきちんと押さえるかどうかで、生徒の心構えやことば感覚が磨かれるのではないだろうか。細かいところを見逃さない、まちがいに気がついて正すことが、規範をしめすことになり、「ことば自覚」をもって生きることを教師が身をもって教えることになる。

模範解答を配り、自己の答案と比較させ、反省し研究させるのが、一努力の４「答案始末」である。自分の答えを比較することでどこが悪かったかを考えさせるというのは、力のつく方法だと思う。自分の答案を自分で正しく直せたら、次の失敗は少ないであろう。

二、学力の３「感想」を入れることにより、文を深く読ませることと、発表力表現力をつけさせることをねらいとしている。

三、たしなみついては、国語科と無関係のようにみえて、教授と訓練の一致という立場から、躾の上から、必要なことであると考えていられる。

１「帖面取扱」では、大切にしてゆく心を身につけさせる。

２「字の美しさ」では、真面目な敬虔な文字を第一とし、心して書かせる。

３「整理」では、順序正しく、きちんと仕上げさせる。

４「貼り方」では、乱雑に貼らず、きちんときれいに、丁寧に貼らせる。

一努力、二学力、三たしなみの三つの項目をあげ、二の学力がいかに優れていても、一の努力、三のたしなみのない者は、真に世に役立つ者とも、人々に愛される者とも、又自ら幸せを楽しむ人とも、なり得ないこと、たとえ、二の学力は拙くても、一の努力、三のたしなみのよい人は、自ら不幸に泣かず、努力すれば、恥をかくこともない。人に迷惑をかけることもなく、人に愛されていく。一の努力と、三のたしなみは、国語の成績に関係がないようにみえて、実は大きな関係があり、努力とたしなみで、学力は宝物にもはなつまみにもなる、というようなことを帖面を提出させた後の批評の度毎に諭す。そして、二の学力は、天与の力もあるだろうが、一の努力や三のたしなみは、だれにでもがんばればできるもので、女学校の生徒としては努力しないことや、たしなみのないことは恥であるといいきかせている。このような躾は、国語の時間だからこそ必要ではないだろうか。

芦田恵之助氏のいわれる「想」を育てるのは、こうした毎日の指導によるしか方法はないのではないかと思う。では、この大村氏の実践のもととなった考え方は何によるのであろうか。野地博士は、大村氏の考えのもとは、芦田恵之助氏の教育観に源を発していると、次のように書いていられる。

この学習帖を、修養の一環として、求道・人間形成の有力な方法として、行じていこうとする考えかたは、芦田恵之助先生の教化によるものといえよう。『かく』(書くこと、手で考えること)を、重視され、また、綴方を修養の学科と見られた、芦田恵之助先生の国語教育観に源を発した考えである。それを旧制高等女学校の立場において、みごとに展開せしめられたといっていいであろう。(昭和五十七年度　大村はま国語教室の会　発表大会　研究発表Ⅲ　国語学習事例の考察――諏訪高女　小坂安都子さんの場合――野地潤家博士)

大村氏のこの指導はおこなわれたそのままのものであるが、国語学習の態度を育て、書くことの習慣をつけることの重要さと学力向上の面において、どのような価値があり、どのような成果があったかが、よく押さえられている。これは、実際に工夫を加えながら実践されたからこそできたことであろう。

提出された帖面について、努力・学力・たしなみの三種十二類について評点を加えていかれる。この評点の加え方にしても、きめのこまかなものであって、学習者の学習意欲を伸ばしていく方向で、考えていられる。自主的自発的に国語学習ができるように指導がなされている。

2　小坂安都子さんの「国語筆記帖」の考察

大村はま氏が指導された、諏訪高等女学校時代の小坂安都子さんの国語学習ノートは、現在、鳴門教育大学の図書館の特別資料室に十三冊残されている。それは、諏訪高女一学年と二学年のものである。「國語」（四）一学年一組三学期、一冊。「國語」（五）二学年三組一学期、六冊。（一冊目に「結晶の力」を含む。）「國語」二学年三組二学期、一冊。「國語」（七）二学年三組二学期、三冊。（二、三冊目に「武蔵野」を含む。）「國語帳」（八）二学年三組二学期、一冊。「國語帳」（八）二学年三組三学期、一冊。が整理されて残されているのである。「國語」（四）は、昭和十一年（一九三六）のものであり、「國語」（五）、六冊。「國語」、一冊。「國語」（七）、三冊。「國語帳」（八）、一冊。「國語帳」（八）、一冊は、昭和十二年（一九三七）のものである。

小坂安都子さんのノートから、小坂さんの成長のあとをたどってみたい。小坂さんは、いわれたことを受け身でまじめに消極的に実行していた記録から、だんだんと積極的な国語の力をつかみたいというような、大村氏についていこうとするような、主体的なものに成長していく。それに比例して、「国語筆記帖」への愛着も強くなっていっている。そのことを、小坂さんの感想・決意のなかからとりだしたい。それとあわせて、大村はま氏の指導についてもみていきたい。「国語(一)」には、国語帖批評要項が、貼りつけてある。それは、次のようなものである。

国語帖批評要項

一、全体について

1　ぬかさぬやうに

○復習　○感想　○プリント

2　よくわかるやうに
3　きれいに
　ていねい　字を大きく　つめて
二、細かいところについて
イ1　上欄・下欄の別
2　本習・復習
3　写し直し
4　順序
ロ1　予習の始末
2　答案の始末
3　書取
4　自由な勉強
ハ1　誤字
2　、。
二1　インキ
2　プリントの張り方
三、記号
1　普通のしるし
2　感想のところのしるし（『野地潤家著作選集④国語教育個体史研究実践編Ⅲ』p598・599）

大村はま氏は、中学のはじまりの年に、ノートの書き方を細かく示していられる。実際に生徒が書く場合、細かく示されていないと、迷うことが多い。実践者として、生徒に書かせるための配慮ができている。

小坂安都子さんは、一七一ページに、「巻一の読本の中で好きな課○永日　良寛さまのあの尊い清いやさしいお心が大好きです。」と、記している。国語学習帖が自分の心の中のことを書く程に、愛着を持たれてきているのがわかる。

次に、小坂安都子さんのノート、国語(五)には、「お帖面を新らしく変へるに当って」と題して次のように書いている。

○私はお帖面をおろしたばかりはとても丁寧に取扱(ママ)ます。

けれどだんだん古くなるにつけ(ママ)下手ななげとばしの字でとても粗末な取扱ひ(ママ)となります。

今度こそは、お帖面の一番始めにかうして書く位、確り(ママ)しようと思ひます。

最後までお帖面の使命をまつ通(ママ)してやりませう。今、書く気持と最後の頁を書く気持とが同じでありませう。

どの頁をめくつて見ても自分の力がみちみちてゐます様に。

一頁、一行、一字も考へずに無茶に書かない様に。

一字へも全力尽す様に。

此の様な事を守つて最後まで美しくしつかりお帖面を使ひませう。

○私の殊に気よ(ママ)つけることは

一、文字の美しさ。下手でも丁寧にきちんとした字を。

二、かなづかひ(ママ)
三、漢字を正しく多くつかふ(ママ)
四、帖面取扱ひ(ママ)
五、何時の方を先に書き(ママ)次に月日を書くこと(ママ)、
六、本を出来るだけ読(ママ)で感想を書くこと。
七、五課以内にノート反省をする事
八、ノート反省の時以上の事が出来たかを調べる事(ママ)、
九、ノート反省毎、一課毎に進歩すること。
十、熱心にする事、
○これを忘れるな
　少　年　易　老　学　難　成
　一　寸　光　陰　不　可　軽
正しく
熱心に。(同上書p603・604)
小坂さんは、「一年を終はらうとして」と題して、次のように、反省している。
　夜明け前から再び春になつて『春近づく』を読みをへるまで、私にはたつた一つ神様に許していたゞく事が出来ることが出来る。

それは、『書くべき事を一度もさぼらなかつたこと。今日やる事は今日中にやつて決して明日にうつさなかつた事』です。文字はまだ不正確でもきたなくとも、考へが浅くとも、私はたつた一つの事で神様から二年にしていたゞかうとしてゐます。（大村氏が『尊いことです。』と、赤インクで書いていられる。）私は少しも一年間の生活をくいません。それは私は自分の全力を尽くして来たからです。私はそれで満足します。それがいくら程度の低いものでも。

夜明け前から今日まで、自分のありつたけ進歩して来たと信じて私はこれ以上望みません。

私はたゞたゞ此の自分の力の溢ふ(ママ)れてゐるお帖面を有難く思ひ、自分の力を伸ばして下さつた先生を有難く思ひすべてのものにたゞたゞ感謝するだけです。満足した美しい気持で二年生にならうと思ひます。そして又全力を尽くして行きたいと思ひます。（同上書 p604・605）

この小坂さんの反省に対して、大村はま氏は、次のように、赤インクで記していられる。「来年の今日の日、またかういへるやうにしませう。尊い人といふものは、一日一日を、又一年一年を、かういへるやうに送つた人のことです。」そして、おしまいに、大村氏は、「真面目な熱心な優しいよい学習態度でありました。前にも申しました通り、自分を大事にして、ひたすらに、まつすぐに励んで下さい。」と記していられる。「国語筆記帖」の利点の第三に、「よき修行をさせ得る。」というのがあるが、「書くべき事を一度もさぼらなかつたこと。今日やる事は今日中にやつて決して明日にうつさなかつた事」という小坂さんのこの心構えは、これからの小坂さんの生きるうえでの拠点となることと思う。

この小坂さんの労に対し、大村氏は、右のことばを書いていられる。この温かいねぎらいのことばは小坂さん一人のためにかけられたことばである。どんなに嬉しかったことであろう。努力を認められたと、満足されたことであろう。「国語筆記帖」の利点の第十一に、「教師と生徒との関係を親しい温かいものにする。」をあげたが、こうして、努力を認めることで、はげましのことばを書いて残すことで、一層の信頼関係がつくられていくのである。

小坂安都子さんは、諏訪高女二年生になったとき、次のようにノートに記している。

二年生になって

二年三部の人と私はたつた今なつたばかりです。

珍しく、でも先生に注意していたゞく度に翼を展ばしてゐたのをちゞめた一年をやり終へて、いよいよ二年の学校生活へと出発致しました。

もう今までの様に決して一度でも翼をのばさない様にしなければいけません。

つまらないそねみ心や競争心・慢心などは決して決してやめて、清く正しく、ケンダタの教の様に自分の道だけをみつめて、自分の力をのばして行かう(ママ)思ひます。着々と一歩々々を確実にふみしめた二年としての一年間でありますように。

自分の力をすつかり尽して一心にたゆまず慢心しないで後でふり返つた時、二年生としての自分の力が一杯に溢れてゐる様でありたいと思ひます。

二年の最後の日に振り返つてみて決して自分としてくいなかつた一年間になりますやうに。

自分として深められ、進歩した神様にみられてはづかしくない一年でありますようにと心から祈ります。

同じ根に二つ咲きたるひ牡丹の一つ小さきすべなかりけり(同上書 p605・606)

一年のおしまいの反省も、二年の初めの決意も、ひたむきな心が伝わってくる。まじめな性格がそのまま溢れているようである。国語ノートを中心にした国語学習の様子が手にとるようにわかる。努力の跡、指導の跡がそのままに残されている貴重なノートである。

次は、国語(五)の「ノート総反省」である。

思つたより早く終りました。いろんな事をきよつける（引用者注、大村氏、気をつ(付)ける と朱書されている。）ひまもなく今や最後の頁となりました。其(ママ)して、今終る此のお帳面は、いつまでもいつまでも私の女学校二年の思ひ出になるかと思へば、これからめくつて見る、一頁一頁が、どうか力の籠つたものでありますやうに、と思へてなりません。

全体を通して、文字の上から見ても、きれいに書き出しては、だんだんきたなくなり、又はつと思つてきれいに書く(ママ)。といふやうでした。でも、『きれいに。』といふ事が頭から去らなかつた事だけでも、よい事として、又一層よくして行かうと思ひます。

ずーつと見て、一つもお役目御苦労がなかつたのは何よりでした。みな自分の力、ありつたけを出して書いてあるのは、今見て本当にうれしく感じました。一日一日きちんきちんとやつたのもうれしい事です。外の事より、一層心配してゐた、此れが出来た事は何ともいへず嬉しく感じました。

で、外の事も出来なかつた事は出来なかつたけれど、でも力一杯直ほさうとした事はたしかでした。『一生懸命に、やつたといふ事だけで、外の沢山の出来なかつた事をつぐなつていたゞいて、此のお帳面を、よいお帳面としていたゞきたい。』と思ひます。もし私が自分の思つた通り、一心にやつてあれば、神様は、きつと、此のつまらないお帳面を、よいお帳面にしてくださると思つてゐます。

何だか、今までで一番気に入るやうに一心に勉強したお張面のやうな気がします。

全体として、きよ(ママ)つけた点が出来たかどうか。

一、出来たり出来なかつたりでした。

誰でも出来る事ですから、どうしても、やり通さうと思ひます。(引用者注　同上書p603・604の反省　一文字の美しさ)

二、三、此れはわかりません。(引用者注　同上書p603・604の反省　二かなづかい　三漢字)

四、自分としてはやつたつもりです．出来るだけ。(引用者注　同上書p603・604の反省　四帖面取り扱い)

五、これも自分で調らべただけはやつたつもりです。(引用者注　同上書p603・604の反省　五何時・月日の場所)

七、これは、したはしたけれど、申し分ないとは、中々いへない、やうな反省でした。よい反省が出来るやうに。(引用者注　同上書p603・604の反省　七ノート反省)

九、此れは、ほんの少しですが、自分としてはやつたつもりです。自分の力だけで。自分の力のあるだけで。(引用者注　同上書p603・604の反省　九進歩)

十、此れもしたつもりでしたけれど、不真(ママ)目な日があつたかもしれません。さういふ日が再びないやうに一心にやりませう。(引用者注　同上書p603・604の反省　十熱心)

此のお張面は、私の力の籠つた、有難い、尊いお張面です。此の大切な、私の力を、大事に大事にしまつて、大人になつてから、よい思ひ出になるやう――。丁寧に、大事にしまつておかうと思ひます。(同上書p606・607)

この、国語(五)の「ノート総反省」で、小坂さんは、「みな自分の力、ありつたけを出して書いてあるのは、今見て本当にうれしく感じました。一日一日きちんきちんとやつたのもうれしい事です。」と書いてある。「国語筆記帖」の利点の第五としてあげられている、「優劣いずれも精いっぱいの力を出させ得る。」がそのままに、学習者の実感として書かれてある。利点の第四の「学習に親しみがまし、愛情のようなものに包まれて来る。」も、「何だか、今までで一番気に入るやうに一心に勉強したお張面のやうな気がします。」と、国語学習ノートに対する愛情について書いてある。このことは、形としては、国語学習ノートに対する愛情のようであるが、自分のしたことをだいじに思う心のあらわれである。「一心に勉強した」ことで、利点の第十にある、「生徒の真の学力をつかめるので、生徒同士無用な競争心が生じにくい。」も達成されている国語教室であったと推察される。人との競争でなく、自分とのたたかいになることで、友人関係も、お互いを認めあうようになったことと思う。『きれいに。』といふ事が頭から去らなかつた事だけでも、よい事として、又一層よくして行かうと思ひます。」には、自分で自分を正していこうとする、心構えができている。

大村氏が、自己評価をさせていることも、反省し自分自身を向上させる自覚をあたえるので、効果的であると思う。

次に、小坂安都子さんの学習ノート、国語(七)の初めには、「お帖面の始めに」として、次のように書かれている。

一、熱心な心で書いたお帖面でありますやうに。

どんなに浅い内容であつても、きちんきちんと一心に書き、不正確な文字でも、丁寧に丁寧に、心を籠めて書きませう。

お張(ママ)面を扱ふにも、此のお帳面のおかげで、私は進歩出来るのだ。と有り難く思つてつかひたいと思ひます。

自分浅い考へも、不正確な文字も、たゞ出来るだけ力を尽(ママ)して書きたい、それで満足して行きたいと思ひます。此のお帖面を、自分の全力をあげての、努力と熱心の結晶にしたいと思ひます。

たゞ其れだけでよい、私は決して、名答も、正確な文字も、出来ないといつて泣きはしません。自分の全力さへあげてあれば、其れが、どんなつまらないものであつても、私は少しも、悲しいと思はない。思へません。熱心で書きあげたお帖面こそは、私にとつてこの上ない、よいものです。尊いものです。私は此のお帖面を尊いものにしたい。上手な書きぶりも、美しい文字も、私には書くことが出来ません。しかし私は、熱心といふものだけは持てる、心の先生とする事が出来ると思ひます。熱心を持つて終りまで貫ら（ママ）ぬかう。そのお帖面がいかに不味いものであつても、私はその熱心だけで沢山、けつしていやな心は起らないと思ひます。下手だが熱心に書いた（この文字、脱落していたのを、大村氏が赤インクで書き入れられている。）後の気持のよさはさわやかな気分、嬉しい気分、清々しい気持はいひあらはせないでせう。どうかさうでありたいと思ひます。『尊い有難い。』と最後に感謝出来るやう、熱心に、熱心に、たゞたゞ熱心に、すべてを忘れて、すべてに打勝つて、熱心に此のお帖面をつかひ通すと決心致しました。

二、此のお帖面を通して修養

此のお帖面を通して私は心を錬つて行きたいと思ひます。勉強が沢山あるのに、つかれて眠い時に、用が山程ある時に、其の日書くことを書くのには中々、努力が入ります。しかし其れらの苦しみに勝つて、勉強して行くことは大事な修養です。沢山書くことがあつて、丁寧に字を書いて行くことは、本当に泣き出したい位です。しかし其れも修養です。此のお帖面を立派に仕上げるには、本当に、お役目御苦労でなく、自分を修養して行くものだ、といふ覚悟でやつて行かうと思ひます。

○　最後にもう一度、此のお帖面は、熱と努力によつて、心から愛すべきものにしたいと思ひます。（同上書 p 609・610）

右の小坂安都子さんの決心に対して、大村はま氏は、赤インクで、「かう決する時、困難・苦労の感はとけ去りますね。先生の帖面を見る心もこれと同じです。人は苦労でせうと言つて下さいますが、先生には又、ちがつた味ひがあります。」と記されている。ノートを提出させて、それを一冊一冊見ていく労の多い仕事に対して、当時、大村氏がどのような熱意であたつていらしたかがよくわかる。この熱意が、生徒たちに伝わらないはずはない。このあたりから、小坂さんのノートも熱をおびてくる。「わたくしがノートを書く情熱と同じ情熱をもって、先生も頑張っていられるのだから、わたくしも頑張らなければ。」と、はげみになったにちがいない。

小坂安都子さんは、「女子国文新編」巻三を終わるにあたって、「感想」を記し、ノートの総反省をしている。

○二年いまゝでの感想

『真によい文章には真によい結晶の力がある。』とみんなで声を合はせてやった時から今日まで、今思ひ起して見ると様々の思ひ出にみちてをります。ある時は先生のおつしやることが、何んだかわからなくなつて、頭がもうもうしはじめたり、とてもよくお答へが出てきたりしました。しかし、どの課をみても、いやな思ひ出のないことは、やれるだけはやつたといふ気のしますことは、いひしれぬ幸福と感謝の心で一杯です。よみたくて、よみたくて困つた森の絵も、長くていやになつた精進湖も今は美しい思ひ出となつた事は本当に嬉しい事です。

外に勉強が沢山あつて、明日た(ママ)に延し(ママ)たい、と考へた時も、今日の事は今日の中にと苦しいのをが(ママ)慢してやったことも、眠くなるのをやつと、水を飲んでやつたことも、今ではかへつて、それが嬉しい思ひ出になるのでした。

私は自分の二年の初めからのお張(ママ)面をじーつと見つめて、なんだか、自分の努力の結晶を見るやうな気がしてなりません。様々に努力してきた自分のあるいた道をみせつけられるやうな気がします。ある時は、字が乱雑になり、ある時はお張(ママ)面を粗末につかひました。しかし自分が、はつと気がついてまた努力しはじめたことは、それらの事の(ママ)以上に嬉しい事だと思ひました。

いろいろな苦しい事に負けないで、毎日の事を、きちんきちんとやり上げ、自分のお張面を、よくしよう、よくしや(ママ)うと、努力した事だけで私は満足出来るやうな気がします。外の人に何といはれても、自分は、此れで、『よかつた。』と思ひます。私は、私の力一杯したことに対して、どなたかは、きつと、許して下さると信じます。

一度も、二年の初めに、ちかつたやうに、一度も、競争心を起さないで、たゞたゞ自分をみつめ、よそみしないで、真直に自分の進歩をした事(ママ)を心から有難く思ひます。ともすれば慢心しさうになる自分の心ををささへるのも大変でした。しかし私のしたこの苦心は、形の上でめぐまれなくても、心の上でめぐまれようとも望まないけれど、決してむだではないでせう。きつときつと役にたつて、(それが此の上も悪いと思ひますが）くれるでせう。感謝と喜びを持つて巻三の読本を終ります。

○ノート総反省

○まだ雪どけの、若芽も出た出ない頃、始めて顔を合せた五十二人は、どれもどれも緊張し切つて『結晶の力』を読みました。若葉の頃、初夏の頃と、季節のうつり変りと共に、私達も、好きな課、きらひな課、よみたい文、永(ママ)たらしくていやな文と、様々の文章を習つてまいりました。その『結晶の力』から『箱根路』に至るまでの努力が此のお張(ママ)面にあらはれてゐるのかと思ふと、『おろそかに出来ないやうな、大切に大切にしよう。』といふ心が湧いてきます。

○此の前に、『お張(ママ)面は自分の生活をあらはす。』と、いはれた方がありますが、本当に、『さうだ。』

と感じました。

真剣な気持でやる頃は真剣に、身体がごしたく、ふうふういつてゐた処は、ごしたさうに、上手に書けないで、努力したなりき(ママ)に、こんな事ではと奮発した．処もやはりあらはれ、ふわふわのとこは、ふわふわと、真剣に気持を取り直した処はそれらしく、驚く程、よく生活があらはれてをります。どうか、これからも、力一杯努力しようとする、真剣な生活があらはれてきますよう(ママ)に。

○今度はもう少しきれいになりますやうに。すべてに。美しい文字で、美しい心で、本当に、いつみなほしても、美しく、懐しく感じられますやうに。自分の築き上げたものを見るやうでうれしい。どうか、今度も、努力できたもののやうに。(同上書p611・612)

小坂安都子さんが国語学習帖に真剣にとりくんでいる様子がよくわかる反省である。自発的に努力して自己のノートをよくしていこうとしている決意がよくあらわれている。「やれるだけはやった」と生徒に思わせ、「いひしれぬ幸福と感謝の心で一杯」と巻三を満足させて終わらせることは、容易なことではない。「どの課をみても、いやな思い出のない」と、すべての課で全力を出させ、「今日の事は今日の中にと苦しいのをが(ママ)慢してやったことも、眠くなるのをやつと、水を飲んでやつたことも、今ではかへつて、それが嬉しい思ひ出になるのでした。」と、学問のうえでの苦労をさせている。それは、師である大村氏と、同じ体験をさせ得たということであり、生徒にとっては、何より名誉なことであり、師と同じことができたという言うに云われぬよろこびであろう。

国語学習ノートが「自分の努力の結晶」である、と言い切れることは、小坂さんの努力がほんものであったことをあらわしている。「毎日の事を、きちんきちんとやり上げ、自分のお張面を、よくしよう、よくしや(ママ)うと、努力した事だけで私は満足出来るやうな気がします。」小坂さんは、これで、国語の学習の仕方が、身についたと思われる。しかも、この学習の基本の姿勢は、国語科だけにかぎられたことではない。どの教科にも応用できることである。大村氏は、国語科の指導を通じて、小坂さんに学習する心を教えたといえる。「一度も、競争心を起さないで、たゞたゞ自分をみつめ、よそみしないで、真直に自分の進歩をした事(ママ)を心から有難く思ひます。」真剣に誠実に自分だけを見つめて、よこしまな心を起こさずに努力できたということは、何にもかえがたいよろこびとして、小坂さんの一生をかざることになるであろう。

「女子国文新編」巻四の学習開始にあたり、小坂安都子さんは、次のように記している。

新しい読本

一、思ひ出深くなつた巻三も終り、新しい、巻四となつた。新しい読本を前にして坐ると、何とはなしに、心が緊張し、『うんとやるぞ。』といふ元気が湧き決心が出来る。今、第一頁をめくらうとして本の前に坐ったこの気持、それがこの本をつらぬいてくれ、また、この気持がいつも単に読本をくる時だけではなくもてるやうに(ママ)、どの本も、初めは、この決心が出来る、しかしこれを最後までもちこたへる努力は、出来たか、と、つくづく考へさせられる。どうか、決心が出来たら、必ず努力も出来上がらせよう。

二、後になつて、この思ひ出の本をひろげた時、どの題を見ても、どの頁をくつても、なんとなくえみがほゝに浮ぶやうに。その嬉しい思ひ出の中には、自分の力一杯やり通した思ひ出もあらう。わからなくなってきた頭にしよ(ママ)うをつけて、先生のお話を夢中で聞いた思ひ出もあらう。そしてそれらすべての思ひ出がこの本に一杯になつて行くやうに努力しよう。あとでひろげた時、『あゝこの本は自分の努力の結晶だ。』と少しの悔もなく喜んで楽しい心になれますやうに。(同上書 p613)

この文章には、強い学習意欲を見ることができる。国語学習帖を学習拠点として、毎日、全力を出し続けていった成果として、こうしたしっかりした心がまえができてきたのではないだろうか。

このノート(七)には、朗読についての学習記録もある。

私の今度読んだところは、割合につまらぬところでした。しかし明治神宮の一つの特色である、うしろが松の疎林といふこともありました――一生懸命読みました。しかし、大事な力と深みが他より劣つてゐることは、自分の力の足りなさを示してまだまだ努力しなければと思はれます。でも、力一杯読んだ後は中々気持よいものでした。(同上書 p614)

小坂安都子さんは、自分の朗読を自己評価することができている。それには、大村氏の「朗読票」に示された観点が、自己採点の助けとなっていたことが推測される。「朗読票」の観点は、「正確さ(漢字・仮名)・発音・声の大きさ・早さ・切り方・力・深み・姿勢・本の持ち方」などである。

大村はま氏の指導された、小坂安都子さんの国語学習帖(一)(五)(七)の内容は、以上のようであった。

大村氏の学習記録が、芦田恵之助氏の「個体史」の発展・展開であることを示すために、小坂安都子さんの国語学習の様相を、具体的に考察していきたい。一年・二年から、それぞれ二例ずつとりあげていくことにする。

次に、小坂安都子さんの「犬ころを読んで」という感想をのせる。

犬ころを読んで

此の課を読めば、『まあ、可愛い犬だこと。』と言はなければならない様な気が起つてしまひます。犬嫌いな人でさへさういふ気になるでせう。私は犬好な方では有りませんが此(ママ)の、ポチだけは思ひきり抱きしめてほゝづ(ママ)りしてやりたくなつてしまひます。

どうしてさうなるかといえば、辰ちやんの犬好きといふ心が表さうと思はなくても犬好なものだから自然に表れてしまふのだと思ひます。小狗の可愛い仕ぐさ、辰ちやんの犬の愛しやう、それが一しよになつて思(ママ)ず私の心は『可愛いな。』といはずに居られなくなりました。（同上書 p619・620）

犬好きな方ではない、小坂さんが、犬好きな辰ちゃんの気持ちになって読みとれているところが、読解力がついてきたところだと思う。意欲的な読みができてきたともいえる。物語のなかにはいって読んでいるのがわかる。主人公の気持ちに、小坂さん自身の気持ちが重なったことは、深い読みができている証拠である。

大村氏のプリントは、どのようなものであったろうか。次に「犬ころ」のプリントをのせる。

犬ころ　　　五月二十日出　一年一部(13)小　坂　安都子

一、辰ちやんの犬好きな心持のよく表れてゐるところ

「阿母さん阿母さん門の中へ入つて来たやうだよ。」と私は居堪らないやうな気になつて如何して棄ててつたんだらう。

我れ知らずむつくり起上つた。

じつとして見ては居られない。どうしても放さなかつた。

二、母さんの、辰ちやんをかはいがつてゐるやさしい心持の表れてゐるところ
蒼蠅いよ、などといふ母ではない。

「もう晩いから黙つてお寝」

それでも台所へ行つて欠茶碗に冷飯を盛つて何かの汁を掛けて来てくれた。
三、小狗のかはいらしさのいかにもよく書けてゐるところを選び、よいところを説明してごらんなさい。
ちよつちよつと呼んで見た。が、左程畏れた様子もなくちよこちよこと側へ来て、流石に少し平べつたくなりながら、頭を撫でてやると私の手を、下からぐいぐい推上げるやうにして、ぺらぺらと舐め廻し、手をくれる積りなのか頻りに圓い前足を挙げて、ばたばたやつてゐたが果はやんはりと痛まぬ程に小指を咬む。
ちよこちよこ……短い足で様々這寄る。
ぐいぐい……うれしさうに、
ぺらぺら……私はあなたが好きですよ。
ばたばた……だつこ……、
やんはりと……うれしいなうれしいな

「犬ころ」の答案より
一、○近所の犬は大抵馴染だ。　○「如何して棄てつたんだらう。」　○先づ何処かの飼犬が以下の想像　○何だか居堪らないやうな気になつて　○じつとして視ては居られない　○頭を撫でてやる……咬む。私は可愛くて可愛くて堪らない。　○折柄絶え入るやうに啼く狗の声に私は我知らずむつくり起上つた。
○私は小狗を抱いて逃廻つてどうしても放さなかつた。

二、〇「どうしたの、寝られないのかえ。」〇「何処までも相手になつて、其の意味を説明してくれて「　」と優しく言つて　〇「寒いぢやないかね。」〇母も渋々起きて雪洞をつけて起上つた。　〇それでも台所へ行つて……何かの汁を掛けて来てくれた。阿父さんに叱られるけれどと言ひながら……敷いてやつた。

三、ちよつちよつと呼んで見た。……小指を咬む。　ちよこちよこ＝短い足でやうやう這寄る。　ぐいぐい＝うれしさうに、　ぺらぺら＝「私はあなたが好きですよ」　ばたばた＝「だつこしてえ」　やんはりと＝「うれしいなうれしいな」とでも言つてゐるやうな様子が見えて本当にかはいゝ。そして、ちよこちよこといふやうな言葉、どれもよく使つてあつて、様子が目に浮かぶ。（同上書 p620・621）

右の「答案より」は、大村はま氏が、「犬ころ」の答案の中から、すぐれているものを選んでプリントし、参考として、生徒に配られたものである。

作品「犬ころ」の構成・表現など、各時間ごとの学習状況が、およそどういうものであったかは、右のノート記録から察知される。大村氏のプリントによる作業資料が有効にはたらいている。学習者小坂安都子さんの態度はじめである。自分の力を精いっぱい出して最大限の努力を続けたことがよくあらわれている。

野地博士は、この「犬ころ」の段階では、「自発的・積極的なものは、まだ表われていない。」と指摘していられる。それは、一の質問に対する小坂さんの答え方に、情の弱いところ、犬好きでないところがあらわれ、受け身の態勢であると思われたからであろうか。

次の学習記録は、「蜘蛛の糸」である。

2　一二、蜘蛛の糸　　　　　　　　　　芥　川　竜之介　　　　　——「国語」(一)から——

予習

文段

一、一のところ

極楽の美しい楽しいながめとお釈迦さまのお慈悲

二、二のところ

地獄の様子

三、三のところ

第一時（七月八日）　蜘蛛の糸

一　極楽　　　二　地獄　　　三　極楽

揵陀多が救はれなかつたわけ。

一、無慈悲な心

本の百三頁の「こら、罪人ども、此の蜘蛛の糸は俺の物だぞ。お前たちは一体誰の許を受けてのぼつて来た。下りろ下りろ。」といふところに表はれてゐる。

二、途中で休んだ時下を見たのが悪かつた。途中で他見をした為に、

1　無慈悲な心が起り、

2　油断をし、

3　強(ママ)まんな心が出来

4　御恵みを忘れ、

5　利己心が起こつた。

この様な自分(捷陀多)の欠点がむくむくと頭をもたげて思はずそれを行つてしまつたが悪い。

私たちは、

父母や先生・自上の方のみちびいて下さる目的地へと真直に決して他見をしないで、疲れたら目をつぶつて休んで、ちよつとでも他見をすれば、又元へ帰るぞと思つて進んで行く。

この場合

他見とは、

他人のかげ口を聞いたり(ママ)いろいろと自分の欠点を出させるやうな場合　目的地へ着くまでに不必要な事を見ることが他見である。

疲れるとは

身の境遇の変化・体の疲れた時(病気)などである。

(引用者注、右の図は鉛筆で書かれている。)

第二時（七月九日）　蜘蛛の糸
○蜘蛛を助けたことがある――それだけの善い事をした報い――救ひ出してやらう。
○一生懸命に上へ上へと
○今の中にどうかしなければ、糸は真中から――落ちてしまふに達ひありません。
○悲しさうなお顔をなさりながら
○お釈迦様のお目から見るとあさましく思召さ(ママ)たのでございませう。
○お釈迦様のどんな小さい善い事をしただけでも地獄から救ひ出してやらうといふ深い御慈悲のお心。
○自分に下された、救(ママ)の綱を一所懸命上へ上へと上つて行く、揵陀多のいかに助かりたひ(ママ)かといふこと。
○自分だけよければよいといふ揵陀多の浅さ(ママ)はかな心と、助からなくても、救はれるだけ救はれればよかつた。
○人の悪い心や行を見てゐゝ気味だなどと思はないで、悲しいと心から腹(ママ)底から思ひ下さる広い厚つ(ママ)い御慈悲のお心。
○お釈迦さまがあさましいと思ひになるのは誰でもない自分達だと思つて、思はづ(ママ)はつとしました。

蜘蛛の糸を読んで

お釈迦様の御慈悲のお心はどんなであらうか。わたしには此の課を読むと赤くなるやうなことを小学校にいた時沢山々々したのです。

ほんたうにお釈迦様の御慈悲は私達の心では、はかり知れない程、深く広く厚いものだと思ひました。

宿題

蜘蛛の糸　復習　　　　　一年一部(13)　　小坂　安都子

一、一と三の文について、書いてある事柄、その書いてある順序、文の調子なども比べて、どんなに、この一と三の文がしっくりと合つてゐるか説明してごらんなさい。

一、蓮池のふちふち(ママ)を一人でぶらぶらとお歩きになつてゐらつしやいました。又ぶらぶらお歩きになり始めました。

二、蓮の花は、みんな真白で、其の真中にある金色の蕋からは、何んとも言へない好い匂が絶え間なくあたりへ溢れて居りました。

其の玉のやうな白い……絶へ(ママ)間なくあたりへ溢れでます。

三、極楽は丁度朝でございました。

説明全体に前と後とは似たことをかいてある。後の方には、前にもさうい(ママ)ことがあつた様に書いてあること、

例　　又ぶら……　　　極楽も、もう

二、「……のやうに」といふ形容してゐる語を書き抜き、何を（又はどんなことを）、形容してあり、どんなによく言ひ表はされてゐるかを、画きなさい。

(あるだけ皆)

◎玉のやうに（美しい）　◎翡翠（美しい）　◎死(ママ)かかつた蛙（ぐつたりとなつてどうすることもできない程になること）　◎水晶（にごり一つなくすきとほつてゐる）　◎馬鹿のやうに（ぽかんとして）

◎独楽のやうに（くるくまわ(ママ)りながら）

◎墓の中のやうに（無気味の沈黙）

三、「後には唯……ございます。」

残念な物足りない心の表れてゐる語に、——をなさい。

後には唯極楽の蜘蛛の糸が、きらきらと細く光りながら、月も星もない空の中途に、短く垂れて居るばかりでございます。

一、〇例　「蜘蛛の糸」の答案より

一段　蓮池のふちを……いらつしやいました。

三段　又ぶらぶらお歩きになり始めました。

一段　蓮の花は、みんな玉のやうに……溢れておりました。

三段　玉のやうな……あたりに溢れ出ます。

一段　極楽は丁度朝でございました。

三段　極楽ももうお午に近くなりました。

右のやうに一と三の文の調子がしつくり合つてゐる。

〇一に書いてあることは、皆三に出てくるといふやうに書いてあるので、一と三とがしつくり合つてゐて、離れません。文の調子やことばまで似てゐますが、その中にも時のたつこと、お釈迦様のお心持のちがふ所は現れてゐます。又前と後とにこんなに美しく極楽を書いたので、中の地獄がよけい暗く恐しく思はれます。

二、1　玉のやうに（蓮の花）

2　○清い美しさを表はす。　○円満といふ感じがする。
翡翠のやう（蓮の葉）
3　○美しいすきとほつた青い葉を表はす。　○しっとりと露をためて、みづみづしい感じがする。
水晶のやうな（池の水）
○いかにも極楽の水という感じがする。あまり美しくすきとほつてゐるので、この世の水と同じ水に思へない。
4　覗き眼鏡を見るやう（極楽から地獄をのぞく感じ）
○とても近くはつきり見える。　○すみからすみまでこまかく見える。
5　墓の中のやうに　（地獄の中）
○いかにも気味わるいやうな静けさが表はれてゐる。
6　死にかゝつた蛙のやうに（血の池にむせんでゐる揵陀多）
○ほんたうにぐつたりして、たゞぽかぽか浮いてゐる感じがする。
7　人目にかゝるのを恐れるやう（糸の下り方）
○いかにもそろそろと下りてくる。　○不気味な静けさが感じられる。生物のやうな感じがする。
8　蟻の行列のやう（揵陀多の後から上つてきた罪人たちの様子）
○蟻といふ小さな動物の名前でいかにも隙間のない感じがする。　○数へ切れない程沢山といふことが思はれる。
9　たゞ馬鹿のやうに（揵陀多があとを上つてくる人々をみつけた時の様子）
○驚きと恐しさの大きかつたことがよくわかる。

10　独楽のやうに　(落ちていく様子)
○勢よく、早く、くるくるまはつていくことがわかる。
11　右のやうに(血の池に沈んだ様子)
○どうーんと深く沈んでもう浮上つてこなかつたことが思はれる。
○いかにもその落ちた様がみじめであつたことが思はれる。

以上

答案の反省
一の問題は大体優秀なる答案と似てゐたので大変安心しました。後の説明は、さう思つてゐながら上手に云(ママ)ひ表はせなかつたので残念でした。
二の問題は大へんいゝ加減にしてあつたので我ながら驚きました。
これからはもう少し丁寧にする決心を致しました。(同上書p622〜627)

右の「蜘蛛の糸」の学習記録は、第一学期の終わり近くになされたものである。学期初めに近かった、「犬ころ」に比べると、さらに精細になっている面が見られる。「犬ころ」に比べれば、この「蜘蛛の糸」の学習ノートには、予習の項が加わり、答案の反省が加えられている。揵陀多が救はれなかったわけが、無慈悲な心と、途中で休んだ時下を見たのが悪かつた。途中で他見をしたために、蜘蛛の糸が切れてしまった。他見することの悪さをここで強くとりあげているのが、大村氏の独特のとらえ方である。

野地博士は、「第一時の学習に関連して、『他見』『疲れ』の問題を、自分たちの問題として記している。」と、指摘していられる。「一つの考えかたがうちだされている」こととともに、「意義深い答案の反省が本人の学習省察」

としてできていることも指摘されている。

次に、二年生になって、最初に学んだ課「結晶の力」の学習記録をあげることとする。

予習

3　一、結晶の力　　島崎藤村
――国語(五)から――

一、書いてある事(ママ)。

いろいろな自分の身の廻りにある事を藤村さんがおやりになつて、その事は文章の道にもあてはまるとお思ひになつてあてはめてごらんになつた。

それらの事の外に自分の身の廻りにある事をおやりになると、そこからも又文章の道にもあてはめることが出来る様なこと(ママ)悟ると思ひになつたこと。

そして最後に今までの事や其の他のことがしつかり結び合ひ一つものにとけてかたまつてそれらの事がばらばらでない時の力で書いた文章は真によい文章であるとおつしやられてあると思ひます。

私は文章の道にもの「も」はまだ外にお茶の湯の道、学問の道、生花の道、書道の道、音楽の道、其の様なすべての道に自分の身の廻りにある事をやつて見て悟つた事を当はめて行くことが出来ると藤村さんがお考へになつたのではないかと思ひます。

結晶の力は、まづ第一にありとあらゆる道を真に好いものにし、それを得るには、いろいろの事を実地に知つてそれを人の道にあてはめて、其の上其れを一つに引しめた時、結晶の力は得られるのではないかと思ひます。

二、よみとわけ

優（ユウ）　煩はしい（ママ）（うるさい）　新片町（シンカタチョウ）　弄する（ロウする）　難くない（カタくない）

三、段落

一次……五頁七行目

○水泳を試みて、「だれにでも到達し得られる様な境地があり（ママ）そして根気さへあればそこまで行くことは決して難くないに相違ない。」といふ事を悟つて文章の道に当はめた。

二次……六頁終りまで

○弓を習つて、文章の道にも自分の悟つた「的に向つて焦心することは決して目的を達する道でない。真にやらうとするには自己から正してかゝるといふ事を当はめた。

三次……八頁九行目

○お百姓さんをやつて見て悟つたこと。文章の手本とすべきものは……あつても……悟らない……仕方がない。

「試みるといふことは悟る」といふことの初（ママ）である。

四次……九頁終から二行目

○「漕ぐ」といふ事から文章の道に当はめられる。「力の省略・簡素の美」を悟つた。

五次……残り全部

○結晶の力

第一時（四月十日）　朗読

二年の勉強の仕方

○四年生になつて卒業してからは自分の力だけで文を読むのですから自分の力でやれる様にしなければいけない。四年になると予習が主になつて最後の大事な処だけ学校でやる様になります。でそれにはだんだん予習が重くなりますから一年の時より少し重くなります。

第二時(四月十二日)　結晶の力

根

○岸を離れる(ママ)

○中流まで

○向ふ岸まで

○往復、水瀬。水温。他の人

……………………

○抜手、浮身

自

試　　　省

文章の道に当嵌めて見ると。
○岸を離れる。
・書いた事が、人を書いたか、犬を書いたか、いみが通つてゐる。わけだけはわかる様に書いてある。
○中流まで。
○向ふ岸。
・文の意味が通るのは勿論の事、たゞ「行つた。」といふ処を、どんな景色だつたか、どんな気持だつたか、等といふ事を書く。
　そして、少しは読む人を感激させたり、喜ろ(ママ)ばせたりする様になる。少しは文章らしくなる。
○往復から後(ママ)。
・材料のよい、わるい、から文の味、その文は、感想文か写生文か、といふ事。更に、此れはかういふ事から書き始め、かういふ事を中心にして、などと書いて見たり、此の文はかういふ風な書きぶりで書くとか、あの文は、「あります。」と長くやるより「ある。」ときびきび書いた方がよいといふ様になる。
又他の人の文を評したり、どこが此の文のよい処かと知つたり、実に名文だと思つたりする。

自分の文が失敗したのもしり、何処が失敗したかさへ解る様になる。

自分の思ふ事、書かうと思ふ事がすらすらと書ける様になり、文章の道を行くのが楽しく、面白くなる。根気に根気を重さ(ママ)ねれば出来ない事はない、必ず(ママ)来る事が出来る。誰でも根気で来られる処である。

処が、其の次は、

○浮(ママ)身、抜手

天分がなければいけない。今までよりずっとずっと根気が百倍もゐ(ママ)り、其の他に、自己を正す。文を沢山書く。力を省略する等大事な事を山程しなければいけない。が、此処まで来ると実に文は鮮やかなものである。此処まで来れる人はほんの少ししかありません。

文章の道にも、泳ぎの様に、五段の段に考へる事が出来ます。さうして四段までは根気さへよくやれば到達出来ます。しかし最後の一段だけは誰でもといふわけに行きません。文才のある人が苦心して上り、ない人でも根気をもうもういひあらはせない程したり、苦しい苦しい思ひをしてやつと上る段です。

私達は、

○私達は女学校に入つて実に．とんとん段を登り、目ざましく進歩しました。

そして多くの人がもう四段目までおしよせて来ました。これからは足ぶみをする様で五段目には中々上れません。

みんなが上らうとしてゐるのです。しかし決して焦つてはいけません。

さういつて気をゆるめてはいけません。自分で力一ぱい一生懸命やつて行きなさい。

私は。(ママ)

○私は何処にゐるか一寸見当がつきません。四段目へ来た時から始めたのでは、私には到底間に合ひさうもない、(ママ)「自分の心を正す」といふ事を今から始め様(ママ)と思ひます。私は次の二つはよくわかりませんから習つてからしようと思ひます。

どうか私の心が真直ないゝ心になりますように。どんな時でも根気を忘れないで、「心を正す。」事を心に銘じて、一心に文を書かうと思ひます。

自己を正して、
唯めつ茶苦茶に文を書けばいゝといふわけは決してない。

唯、上手に書けさへすればよい。

やたらに上手にばかり書かうと思つて焦つて書くから変な文が出来る。

上手にたまに書けても、自慢するから、ほめる事が出来ない。いやな感じがする。

文の材料のよい、わるいも、どういふ風に書くには、かうしなければいけない等といふ事も知ろ(ママ)うとは知(ママ)ないでめくらめっ法書く。

文を真に書かうとする人は実に心から正しくしていかなければいけない。

美しい立派な心になつて、焦せな(ママ)ず、ゆるまず書いた文は結晶の力のある文でありませう。

最後にいるものは、考へや手先ばかりでなく、正しい立派ないゝ心であるとおつしやつてあります。

焦せらないで自分から正しておかゝりなさい。

試みる、(簡単にいふと、)
○文の五段目に入るには文のよい材料の文を沢山々々一心にお書きなさい。
書かなければ何にもなりません。唯お書きなさい。沢山お書きなさい。一心に。筆まめに。

第三時（四月十三日）　結晶の力
　的に向って矢を当てる。
　心に頼むところもなく。
　矢の曲直を弁別する力もなく。
　姿勢を正す。
　荒れた畑の地面を掘直す。
　土、小石、地ならし
　植ゑ易いものから作って見た。

　草取、サク
　自分で作った新鮮な野菜
　…………………………（ママ）
　本当の百姓の手で好く整理された畠
　耕作の苦心
　厳粛な念

文章の道にして見ると
○的に向って矢を当てる。
・心や修養などしないで唯、文が上手に書ければいゝ。ほめられゝばよい。唯それだけである。
まぐれ当りにたまに上手なものが書けても、次に「もう一つ上手に書いて下さい。」と頼の（ママ）まれても決して再び書けない。

まぐれ当りであるからだ。

雑誌等に当選したのは、心がよく、材料がよいのではなく、いたづらに飾りたてた、まぐれ当りのものである。決してさういふものに感心したり、ましてまねなんか絶対にしない様に。

私達が文を上手でさへあればよいと考へて、よい心。（ママ）よい生活を考へないで進んで行く様な事があれば、其れは、的に向って矢を当てる事と同じ事だ。そして其の人が、其のいやな考へで進んだならば文才で（ママ）あっても四段目迄しか進めない。

先生に、まだ、其(ママ)れが正しいのか、まぐれ当りかを知らない私達女学生は頼つていけばよいのださうです。

先生は、まぐれ当りの文ならば、どんな文でもほめては下さらずぴしぴしおしかりになり、心正しく、的近い文はほめて下さるさうです。
○心に頼むところもなく、
○矢の曲直を弁別する力もなく。
・其の文が、よいわるいを知る力もなく、心が不正なので、心からやる力もなく、手先だけでやる。
文の材料のよし、あしもわからず、めちやめちやに書く、(ママ)よい文かわるい文かのわかる力もない。

行き当りばつたりのやり方である。

自分の文が正しいか、まぐれ当りかも知らない、わからない。

飾つてあるいゝ加減な文を嬉しがつて読んだり、つまらないものに感激したりして、真によい文、深い文がわからない、実に書きぶりのよい処、深い意味の籠つた処など、つまらないと見むきもしない。

自分(ママ)欠点をも長所をも知らず、欠点を補ぎ(ママ)なほ(ママ)うとも長所を伸ばさうともしない。

よいわるいも知らず、心を正さないで、やたらにやる事は、前の二つの弓の道としたものに当はまります。
○姿勢を正す。
・心を正すこと。
真によい文は、正しいよい心、ひきしまつたよい生活から生れて来ます。

心を正す事は文章の道の五段目に入つて行く最も大切な事の一つです。

第二段の中心は、

・「心を正す」といふ事にあります。

よい文、は心が正しくある時、ひきしまつた心の眼をあけて毎日毎日を、きまりよく生活して行く時書けます。第五段目にあがれる文章の道のひ決です。　以上　第二段。

○荒れた地面を掘返す。土、小石、地ならし。

・文を書いて行く為の準備で自分の心のいけない処、みにくい処、きたない処などをきれいにきれいに捨てゝ、くもりのない、美しい、立派な心になる事です。さうしなければいくらよい文の生きた種子を蒔いても決してよい文章は書けません。

きれいな心で生きた材料で書いてこそよい文章が書けます。

○植ゑ易いものから作つて見た。

・書き易いものから書いて見た。

即ち自分の身の廻りの中から題を拾つて書いた事です。

いきなり「星の世界」などといふ難しい事から書いてなんかいけないのですから。

いろいろ手近か(ママ)な事から始めて行くべきだとおつしやつて有(ママ)ります。

○草取り、サク

・自分の心に起つて来た雑念を取り除くといふ事です。ともすれば、きたない心になりがちな自分の心をきれいにきれいにといつも心掛けてやる事です。

○自分で作つた新鮮な野菜

・自分で書いた新鮮な文。

拙ないけれども、自分の力で一心に書いた生々した文。

生々した文とは誰の真似もない、古くさく人のをうつした様な感じの文でない。言葉の真似もない、自分だけの独特の味のある文。

一心に誰の力も借りずに書いた立派な文。

私達とすれば漸く文集に入つて喜こんだ処位。

自分の文が、自分の力を思ふ様、自分なりき(ママ)に発揮した文。

此れまでは、どれもどれも自分でやる事で、自分でやつた事である。

何よりもまづ(ママ)先に此れをしなければいけない。何事をやるよりも前に。

「試みる、(ママ)」此れが前の事によく相当する。まづ「試みる」である。
○本当の百姓の手でよく整理された畠
・専門の文学家が鮮やかに書きあげた作品。
此れが、よい処を、「あゝ！よい処だなあ。」といひ(ママ)「深い処を真に深い。」と悟り、此処の処を「実に上手にやつてある。」と感ずるのは、自分が拙いながらも今まで文を書いて来たから始めてわかるのです。
○耕作の苦心。厳粛な念。
自分がやらないで先に見ると、よい処も上手な処もわからない。

読んだ甲斐がないのである。書いてから読めば、血となり肉となり、実によく身について上達する。
・文章を書く人の苦しい苦しい心が、読んで見て始めてわかり、何ともいへず、それが尊くて自然に其の作品の心に頭が下る様になつた。

文章を真に書く人の苦心といふものはどれ程だかと心から知つて、其の苦心、其の苦心に一心に向つた作者の心に自分が書いて見て深く打(ママ)れ自然に尊い感じに打れた。

第三段の中心。(ママ)

・読むよりは先に書く。どうしてもまづ書かなければいけない、(ママ)どんなに拙い文でも書かなければいけない。

書いてしまつたら次に読む。さうすると、其の文の味が心から深くわかる。「自分はあゝいふ処が出来なかつたが、其れはかう書くのだ。」といふ事が自然にわかつて来る。

さうしてどこがこの文のよい処(ママ)か、上手な書きぶり、深い考へ、などがはつきりと自分にわかつて来る。

自分がやつてあるからである。真に読んだ甲斐が出て来、自分の此の次に書く文の此の上もないよい力になつて来(ママ)れる。

此れを逆にやると、其れこそ大変な事になる。

何にも書かない中から文の参考にするのだなどといつて文を読む事は骨折り損のくたびれもうけである。たゞ得られるものは、くせだとか、言葉のはしなど真似していけないものばかりである。

書いてないので、心の眼が明いていないから、よい処など少しもわからない。利口になつたつもりで書くから実に高慢ないやらしい文が出来る。

書いてから読む。

試みて悟る。

書いて読む事によって、すつかり悟る。

書いてから読む。

私は。（ママ）

○私はまずひきしまつた生活。心の眼のあいた生活。いつも「題」のある生活をしや（ママ）うと思ひます。

次に、書く、此れは中々です。ひまを作つて、生きた種子で出来るだけ書かうと思ひます。

最後に私に取つて一番難しい「心を正す。」をしようと思ひます。決して駄目になつても再び起きあがつて。（ママ）根気に根気を重ねて前の事をしようと思ひます。二年は文の進まない時ださうですから余計に一心にやろ（ママ）うと思ひます。

どんなに進まなくとも悲観しないで、正しい文章の道を歩ゆ（ママ）も（ママ）うと思ひます。

書いてから読む、といふ事は、

書く事を主として、読むことは第二であるといふ事です。

○力の省略

文章の道でいふならば、言葉少（ママ）く、少しのひ（ママ）るぎのない文句で、しかも意味は深く深くそして広い事ではないかと思ひます。

○無暗に手足を動し。

やたら文句ばかりくどくどと書きたてゝしかも其の文句は意味ない文句である。言葉多く、意味は少しかない、といつた書（ママ）方であらうと思ひます。

第四時（四月十七日）　結晶の力

艪。　身体全体の力、　大きな伝馬　　船頭。

文章の道にすれば。（ママ）

○艪、（ママ）

言葉である。艪が舟につきものであるやうに、言葉は文章につきものである。文章を初めて書く尋常一年生から、神様といはれる様な文学者まで言葉なしには、文はかけないのである。

神様のやうな文学者だつて、「言葉なしに文を書いて下さい。」といはれゝば文は書けない。

どうしても文を書くには、言葉がゐ（ママ）る。言葉なくして、文を書くことは出来ない。

○身体全体の力。

生活全体の力である。

文章の真に上手な人は生活をひきしめてゐる。なぜならば、ひきしまつた生活から出る力、ひきしまつた心から出る言葉こそ、無駄のない結晶の力である。一点の加除をも許る（ママ）さない、真の言葉である。

ひきしまつた心から出た言葉はなぜ無駄がないかをいふと、誰かが「あなたの心をおつしやい。」といへば、どうしても自分の心を言葉であらはす。心が「嬉しい。」と思つてゐる時は、それを言葉で「嬉しい。」とあらはす。悲しい時には悲しい。飛び上るやうな時は飛び上る様だ。

すべて言葉は心をそのまんまあらはしてゐる。

だからひきしめた生活をしてゐると、心もひきしまつてゐるから、文の上にあらはれて来る言葉もひきしまつた、結晶の力のある言葉である。

「辞書と首（ママ）ぴきでよい言葉をさがさうとしても、見つからない、いやになつてしまふ。名文を読んでは、其の中から言葉を拾ひ出して、まとめてやらふ（ママ）。」

こんなことをしてゐるのは、舟でいふならば、艪をあつちへやり、こつちへやりして、骨を折つて、しかも舟が少しも進まない処である。これは心がひきしまつてゐなく、生活がひきしまつてゐないから書けない事はあたり前である。心を少しも改めないで、生活をひきしめないで、よい文を書かうとして、言葉ばかり探してゐる。

こんな事をしてゐる間に、体全体の力でゆつくりと艪を押して来る人がどんどんすーい。すーいとを(ママ)いこして行つてしまふ。

また文がだれるのも、先生がいくらたしたり、へらしたりてもなほらない。其れは生活がだれてゐる為である。先生は、生活をひきしめるやうに、おこ言をいふ。

よい文章を書かうとするには、どうしても生活を、心を、ひきしめて、結晶の力のあるものにさせてかゝらなければいけない。ひきしまつた生活全体の力で書いた文こそ真によい文章であり、真によい結晶の力がある。

真によい文は言葉だけでは書けない。

ひきしまつた生活がなければならない。
○大きな伝馬。
不幸である。

自分の文章を非難されたり、家に不幸が出来たり、病気になつたりする事である。

この場合、あるものは、自分から不幸にぶつく(ママ)かつて、ひつくりかへり、再びたてない様になり、あるものはよけそこなつてひつくりかへつた。

しかし、もう一人の人は、ぢいつとさわらないよ(ママ)うに伝馬の側を通つてやりすごしてしまつた。

其の人は藤村さんである。

あらゆる不幸が来た時、じいつとこらへて、其れがなくなるのをまつてゐるのだ。その苦しみを味は(ママ)い(ママ)ながら。其(ママ)して其れを後で文章に書く。

「不幸がきたのを、あれを、やりすごそ(ママ)う。」といふ普通なら苦しいのを「楽しみだ。」とおつしやる藤村さんのお心の尊さは驚くばかりだ。

私達の不幸は、家に病人が三人も出来て、勉強もなにも出来ないでいそがしい。其れをたゞ「いやだいやだ。アーンアーン。」と泣いてばかりゐれば何にもならないが、其の苦しみをよくよく味わひながら看護して、なほつたら其の苦しみを作文に書けばよいものが出来る。

お友達とけんくわをして、いろいろ悪口をいはれる。こつちも三角目をしてやればそれつきりだが、其の苦しみを味はつておいて作文を書けばよい。

不幸がきたらぢーとこらへて、その苦しみを文章に綴ればよい。

○船頭

いふまでもなく専門の文学者である。

水泳の話。(ママ)

文章の道にも誰にでも到達し得られるやうな境地があるに相違ない。そして根気さへあれば、其処まで行くことは決して難くないに相違ない。

弓の話(ママ)

真によい文章を作らうと思ふものは、どうしても先づ自己から正してかゝらねばならない。

農業の話。

「試みる。」といふことは「悟る」といふ事の初めである。

舟を漕ぐ話。

真に好い文章には真に好い結晶の力がある。

○心の眼。（ママ）

藤村さんは日常の様々の事から様々の大切な事を悟っていらつしやいます。

其れは其れは一寸した（ママ）から大へんな事を悟っていらつしやいます。

とても心の眼がひらいてゐるからでありませう。

私は同じ事をしてゐながらたゞ、ぼかぼかとやってしまい（ママ）ます。藤村は一々いろいろの事をまなんでゐられます。

心の眼はどうすればひらくのでせうか。生活がひきしまつて、修養を積まなければひらかないと思ひます。

「結晶の力」を読んで

自分の文章に対する考へを教へてくれた文であった。

結晶の力のわけも初めてわかつたし、根気・心を正す・書くことを本位・結晶の力等、文章の道の第五段に進む途もわかつてきました。

女学校の文章の道の第五段にすゝむ私達二年であり、苦しいさうですが、私には喜こ（ママ）びと、取る事が出来ます。

なぜならば、今まで、とんとん拍子に進んで来たさうです。それはとても嬉しいが、「人生の急所をきわめる人」で習った、「大そう楽しみ大へん苦しむ。」の中、苦しむ方に向ふのもまた修業の中の一つだと思ってやつて行く喜びなのです。苦しい思ひも、する事は大切だと思ひます。苦しい時自分の力で打ち勝つて行く事は大事な人の修養の一つだと思ひます。

この課でならつて、深く胸にしみ込んだ、「四つの大切な事。」を守つて、苦しい処へ向ほ（野地潤家博士注、大村先生が、はと朱記訂正をされている。）うと思ひます。

此の課は私の心を深く深く動かしたとても尊い課のやうに感じます。

私の苦しい処へ向ふ心に、どうであれと教へてくれた有難い課です。

私にとつて一番難しいと思はれるのは、「生活をひきしめる。」「心を正す。」です。難しいといつて投げ出さないでいつも心に置いて、一心にやるつもりです。

いつもながら藤村さんの人格の高さ、心の深さ、などには何といつてよいかわかりません。たゞたゞ頭が下るばかりです。

此の課を読んで、いろいろ、深く考へさせられました。自分を反省させ、此れからを考へさせられました。

心から深く感動させられた文でした。（同上書 p628〜642）

小坂安都子さんの「結晶の力」の学習記録は、右に引用したとおりである。「専門の文学家が鮮やかに書きあげた作品」の「よい処を、『あゝ！よい処だなあ。』といひ(ママ)『深い処を真に深い。』と悟り、此処の処を『実に上手にやつてある。』と感ずるのは、自分が拙いながらも今まで文を書いて来たから始めてわかるのである。自分がやらないで先に見ると、よい処も上手な処もわからない。読んだ甲斐がないのである。書いてから読めば、血となり肉となり、実によく身について上達する。」「文章を書く人の苦しい苦しい心が、読んで見て始めてわかり、何ともいへず、それが尊くて自然に其の作品の心に頭が下る様になつた。文章を真に書く人の苦心といふものはどれ程だかと心から知つて、其の苦心、其の苦心に一心に向つた作者の心に自分が書いて見て深く打(ママ)れ自然に尊い感じに打れた。」「読むよりは先に書く。どうしてもまづ書かなければいけない、(ママ)どんなに拙い文でも書かなければいけない。書いてしまつたら次に読む。さうすると、其の文の味が心から深くわかる。『自分はあゝいふ処が出来なかつたが、其れはかう書くのだ。』といふ事が自然にわかつて来る。さうしてどこがこの文のよい処(ママ)か、上手な書きぶり、深い考へ、などがはつきりと自分にわかつて来る。自分がやつてあるからである。真に読んだ甲斐が出て来、自分の此の次に書く文の此の上もないよい力になつて来(ママ)れる。」この部分の指導は、芦田恵之助氏の随意選題の綴り方指導と似通っている。「随意選題によって自作し、自ら指導し、自ら処理する根本の確立してゐるものは、他の指導を受けて、向上の一路を求め他の処理をうけて、おのが文章を完成する道をさとる。」「随意に選題し、随意に談話して、自ら指導し、自ら処理して、つひにここに到達したものではあるまいか。」自分が書いて始めて、よい文を理解することができる。書くことの指導は書かせることでしか身につけさせることはできない。

芦田恵之助氏が、随意選題を骨子とした綴方教授をたいへん重要な方法として主唱するのは、最も的確なる指導と処理の作業を書くことが兼ねているからである。しかも、随意選題は、書こうとする想を持っているから、自ら工夫し、発見して書くことを進めることができる。随意選題の指導は「自指導と自処理」を生む。芦田恵之助氏は、次のように述べていられる。

「記述して、想の満足にあらはれた時には、そのあらはるゝ所以をさとり、満足にあらはれない時にも、またその然る所以をさとる、これ最も適切なる指導ではあるまいか。」「自指導のこの教をつむものにのみ、師匠の指導が有効にはたらくのである。さらに処理といふ点から見て、一行書いては之を読みかへし、二行書いては之をなほす、これまさしく自処理ではあるまいか。自処理に忠なるものにして、はじめて師匠の処理が有効にはたらくのである。

自ら文題を選定し、他より何等の拘束をうけないで文を書いても、自分の満足を得むがためには、発動的に如上の作業をなすものである。これ即ち文章を学ぶ者の根本的修養にして、これをおろそかにしては、いかなる指導も、いかなる処理も、つひに無効に終るかと思ふ。」随意選題の「書きたいものを書く」ことが、自主的な推敲力の源であることを、いいあてている。この随意選題の「自指導・自処理」の力はまず自分で書くということが最初である。大村氏は、芦田氏のこの教えから、まず何よりも自分で書くということに力をいれられたのではないだろうか。

野地博士は、小坂さんの学習記録が「二年生になって初めての国語学習であるが、一年生の時に比べて、予習・本習・感想ともに、意欲的になって」いることを指摘していられる。また、「記録もくわしくなっている」ことに気づいていられる。特に、「本習」の学習記録は、「要点をはずさず、きちんとこまかくとらえている」ことを指摘していられる。

右の学習記録のうち、

〇先生は、まぐれ当りの文ならば、どんな名文でも決してほめては下さらずびしびしおしかりになり、心正しく、的近い文はほめて下さるさうです。

〇二年は文の進まない時ださうですから余計に一心にやろ(ママ)うと思ひます。

などには、「大村はま先生の的確な周到な指導ぶりがうかがえる。」と野地博士は評していられる。

また小坂安都子さん自身、

〇私は何処にゐるか一寸見当がつきません。

と、自己の文章表現力をどう位置づけるかについて、「たいへん素直に述べている。」と、野地博士は、とらえていられる。

右の学習記録には、大村氏からの、復習用、答案抜抄のプリントは貼られていないが、課「結晶の力」の学習内容については、くわしく記録されていて、「受身で消極的な態度ではなくなっている。」ことが、野地博士によって指摘されている。


以上みてきたように、二年生の学習記録は、一年の時と比べて、学習者小坂安都子さんの国語学習面での成長・進歩が認められる。

野地博士は、「島崎藤村の『結晶の力』は、旧制中学校、高等女学校の国語教材として用いられることが多かった。」ことを調べていられる。また、垣内松三氏の「国文鑒」教授指導書二学年用（昭和八年十二月三〇日文学社刊　第二版）に、この課の取扱いについて、書かれていることをとりあげていられる。

ここで、垣内松三氏の指導書には、この教材について、どのように書かれていたか、見ていきたい。

一　教材研究

1　解題

国語教育に於ける真の革新は、表現作用の本質を中心とする講読と作文との学習指導に出発し、文の理解・鑑賞・批評と共に表現作用そのものを体験させることによって個性の伸長を期することにあらねばならぬ。即ち常に此の二作用を更に深い一貫の関係に置いて表現の力を教養しなければならぬ。そこで本課を第二学年の最初において、進級して新らしい気持でゐる生徒たちに、表現の可能と発展の方向とを知らしめ、そのコツを悟らせ、文の出発点を指示したい。

本課は島崎藤村の随筆集「飯倉だより」より採つた。
作者　島崎藤村　シマザキ　トウソン　本名春樹　ハルキ　（以下引用省略）

2　文意
水泳・弓術・耕作・舟漕ぎ等の経験から、文の制作に於ける体験とコツとを描いた。抽象的な説明し難い心の問題を、具体的な例によって適切にわかり易く語つてゐるのである。

3　節意
第一節　水泳と文章道――誰にでも到達し得られる境地があつて、根気さへあれば、そこに到達することは決して難くない。
第二節　弓術と文章道――真に好い文章を作らうと思ふものは、先づ自己の態度から正してかゝらねばならぬ。
第三節　耕作と文章道――まづ自分で作り、試みねばならぬ。それが「悟る」ことの基礎である。
第四節　舟を漕ぐことと文章道――小手先でなく、体全体でおしてゆかねばならぬ。そこに個性的単純化が成立し、結晶の力、即ち真の表現力が生れて来る。
右の各節は真の好い文章に達すべき道を順次に述べてゐるのであって、各項孤立してゐるのではなく、漸進的に相関聯してゐる。即ち最初に、根気さへあれば誰でも到達し得る境地があることを信ぜしめ、次にその根気・努力は如何になさるべきかについて、まづ目的よりも自己の態度を正すべきこと、自ら苦心して試みて他の苦心を悟るべきこと、さうして出来た根柢に立つて、自己の全体でおして行くべきこと、そこに結晶の力をもつた真の好い文章は生まれるのだといふことを説いた。

4　句意

（全く水には経験のなかつた私。）

後には「板子なしには溺れる外はなかつた私」と繰り返してある。作者がとにかく水の中にゐて十分の余裕をもち、隅田川を往復することが出来るまでになつたのは努力の結果である。文章の道とて、最初から経験のある者はない、努力の結果、ある程度まで到りうることは、これと同じだ。

（的に向つて矢を当てることばかりを心掛ける。）

これでは心が先の方許りに働いてゐて、根本たる自己の態度の方に向けられてゐない。的に中らない所以だ。文章でいへば、唯美しい言葉を並べようと、あせつてゐるやうなもの。まづ自己の姿勢を正し、自己の態度を確立すること、それが出来て、放たれた矢は的に中らないでも、思ひもよらぬ場所に飛んで行くことはなく、それが出来て書かれた文は、傑れたものにはならなくても、自分といふもののない、美辞麗句の羅列に過ぎないやうなものにはならない。それは真によくなる道である。

（「試みる」といふことは、「悟る」といふことの初めである。）

「悟る」とは、理窟でわかつたといふやうな表面的なことでなく、自己全体として、自己のものとして、本当に知ることである。それは自分でやつて見て、始めて出来ることである。他人のよい文章をたゞ読んだだけでは作者の本当の苦心は悟れない。桶屋の桶を作るところを見てゐれば、桶の作り方は分るであらうが、自分で水のもらぬ桶をつくるには、それだけでは駄目なのと同じだ。その次で、自分が舟を漕いで見て、船頭のやり方のゆつくりしてゐるのを見たのも、「試みるといふことが悟るといふことの初である」例である。その試みなしには、或はその形は目にうつつても、「悟る」ことは出来ない。その事は単に文章道のみならず、諸道諸事を通じて最も重要な基礎をなすものであるが、現代教育に於ては殆ど忘れ去られてゐる観がある。

(身体全体の力で、ゆつくりと他を押すことが出来るやうになつた。)

手先だけでやつてゐるうちは駄目だ。かうなつて、はじめて余裕が出る。いらぬ所へ力を入れることがなくなる。ほんとうの自分が舟を動かすやうになる。これは最初の水泳の例でも同じことが考へられる。文章の道でも、本当の所がつかめないで、いらぬ所へ力を入れてゐるのがわからないうちは駄目である。

(真に好い文章には真に好い結晶の力がある。)

真に好い文章、それはどんなものか、本文の言葉を借りていへば、すぐ前の「自己の真の表白」が出来てゐる文章をいふのである。そこにはいらぬ言葉、借り物の文字は無い筈、さうして人に迫る力はそこから出て来る。「結晶の力」とはそれをさした。

5　語意

「文章の道にも」の「も」。

これ挿話と文章道とを、形式の上から融合させてゐる。

「文章の手本とすべきものは、……あつても」の「も」。

これは次に反対の結果を導く仮設条件を示す助詞である。この、「あつても、……仕方がない。」は、実は無いのだけれどもといふのではなくて、文章の上にも、非常に厳粛な念に打たれるやうな立派な手本とすべきものがある、しかし、さういふものが何程あるにした処が、といふ意味。

二　指導研究

様々な経験を文章の道に於いて統一してゐるところを読みとらせたい。同じことは文章の道以外に於いても考へられる筈であるが、それは当面の問題としない方がよいと思ふ。「真に好い文章」とは真に自己を表白したものをいふのであることを考へつかせたい。文に対する自己の態度を正すことなどは、それから一層はつきり考へられるであらう。

三　参考資料

なほこの文についての他の考察を引用すれば、西尾実氏「国語国文の教育」に、島崎藤村氏の「飯倉だより」の中の「初学者のために」と称する一文から抽出せられた、高等女学校の教科書の一章を採つて、専攻科一年生に、文の主題とその展開を跡づけさせようと、試みた成績は次のやうであつた。

最も多数を占めた答案は、文の主題を「文章の道」に見出し、各章節の意味を

一　水泳と文章の道
二　弓の稽古と文章の道
三　耕作と文章の道
四　船漕ぎと文章の道

としたもので、これは各章節の考察が常に文章の道に帰結してゐる所からその主題を「文章の道」に見出し、従つて各章節の開聯を、思索感想の直接対象となり端緒となつた水泳・弓術・農耕・漕船とこの「文章の道」とに置かうとしてゐるのであつて、その理解が平面的概観に止まつたものであつた。

今これを仮に第一類の成績と呼び、更に第二類に当るものをあげれば、「真によき文章」を主題となし、四章節の意味を

一　練習の力
二　練習の基礎
三　練習の意義

四　練習の目的

の如く見出したものがその代表的成績であつて、これでは第一類の成績が、どの章節をも平面的同列的に眺めたのと異つて、(一)から(二)へ、(二)から(三)へ、(三)から(四)へ、といふやうに、章節相互間に関聯を発展的に跡づけ、文の主題との開聯をも展開の相に於て見出し得た点に於て、第一類よりも立体的関聯の認識に一歩を進めたものである。

しかしこの類の成績は理論的な考察を精しくしたとは思はれるけれども、表現の立場に立つて直観した構想としては、何となく内面的自由感に乏しい。これを形象の直観としての構想たらしめるためには、その基礎に読みから来る立場の発展がなくてはならぬ。しかし、それを断片的に示し得た生徒はあるが自ら再構成として定位し得たものはなかつた。

しかしとにかくこの類の成績としては、主題を「結晶の力」に置いたものがそれであつて、これは前二者に比し、作者の衷に動いて来た主題感動の焦点を把握し、これを四章節を貫く核心として定位しようとしたものと見ることが出来る。これを共働的に補ひ且つ体系づけて、

一　「根気」の意義とその到達点
二　「自己」を正すことによる新しい出発点
三　「試みる」ことは他を「悟る」ことの基礎
四　全体の力でゆく力の省略と簡素の美

とした。かくてこの文を貫いてゐる意向は自己の体験を内省することによつて一つの真理を見出さうとしてゐる態度であり、しかもそれが文章の道に精進してゐる作者の自律的精神に統一されつゝ、一章毎に響き合つてゐる関聯は、論理よりも深い論理の体系で、まづ、根気の意義とその限界が見出され、次にはその上の新しい

出発点としての「自己を正すこと」が考へられ、更にこの自己を正し、自ら試みることから自己を取囲むすべてが悟られて来るといふ実践的認識の境を提示し、更に又その完成としての全体の力でゆく時の「力の省略」と「簡素の美」の成立に至る展開であつてこの展開を跡づけることによつてこゝにわれわれにも「結晶の力」が発見されたといふ確認感を得たのであつた。

語　釈(一部)

〔船頭〕センドウ　(一)ふなをさ。船長。　(二)ふなのり。ふなこ。ふなびと。かこ。船夫。水夫。水手。

(三)武家の職名。水手の長でよく水利を弁ずるもの。こゝは(二)の意。(同上書p643〜648)

右の教材研究・指導研究は、当時用いられていた一般例としてかかげたものであるが、これと、諏訪高女での大村はま氏の実践例とを比べると、そこにはちがいが見いだされる。それは、すべてを文章の学習にひきあててとらえさせようとされたことである。

大村はま先生が、水泳・弓道・耕作・船漕ぎの各体験例を、文章の道において解釈して説かれているのは、独自のくふうというべきであろうか。そのように説いていくことによって、二年生の段階に、よくわからせることもできたのではないかと推察されるのである。(同上書p648)

と、野地博士は、考察していられる。

芦田氏の綴り方指導の研究に、教えを受けていられた大村氏の作文に対する熱意が、水泳・弓道・耕作・船漕ぎの各体験例を、文章の道において解釈して説かれるという工夫に結びついたと推察できる。

小坂安都子さんの二年生二学期後半の学習記録の一例として次の「武蔵野」・「武蔵野日記」がある。

4　一九　武蔵野　　　　　　　国木田　独　歩
　　二〇　武蔵野日記　　　　　国木田　独　歩
　　　　　　　　　　　　　　　　　　　　——国語(七)から——

予習　武蔵野

一、書いてあること

武蔵野のさまざまの風景を、しんみり味はひ深く書いて、つまるところ武蔵野はどういふものであるか、といふ武蔵野の真の姿、心を書いてゐる。

二、わけとよみ

短編（短い小説。）　微妙な叙景の筆の力（景色を細く巧みにうつした筆の力）　すだく（鳴く）　野末から野末へと（野の果てから果てまで）　忍びやかに通り行く時雨の音（そを(ママ)つと通つて行く音）　村居（ソンキヨ）　天下の名所……武蔵野の様な……日の西……特異の美観ではあるまいか。

原の景の単調なるだけに、人をして其の一部を見て、全部の広い、殆ど限りない光景を想像さするものである。

広い原つぱの景色は、生一本で変化がないからこそ、其の一部を見ただけで、全部の、広い光景を頭に浮(ママ)べて見ることが出来るのである。

よむの(ママ)前の感想。

私のやうなものが読んでも(ママ)「この文は、いゝ文だなあ。」と感じる。味のある、心の落着く、深い静かな文だ。なんとなんといゝ文であらう。
武蔵野の風景が目にうかび、作者の心が心にうつる。

三、文段
一、始……四三頁七、秋の初
1　（四二頁八）　自分のみたい武蔵野
2　（四三頁七）　林の武蔵野
二次………四九頁八　秋の中旬
1　（四五頁七）　秋九月中旬のさる樺の林で。
2　（四六頁十）　落葉林の趣のよさを知ったいはれ、
3　（四七頁七）　武蔵野に（ママ）しみじみ味はひつつ、武蔵野の心にさへふれる。
4　（四九頁八）　武蔵野の音。武蔵野の時雨の味
三次、………終　秋の終———初冬
1　（五〇頁十一）　武蔵野の風、それに共（ママ）なう（ママ）味、感想
2　（終り）　日の光を美しく感じさす武蔵野

第一時（十月二十八日）　武蔵野（引用者注—ふりがなは小坂さんがつけている。）
(42)林影（リンエイ）　煌（キラ）めく　杜（モリ）　屡（シバ）々　絶類　(43)猶　悉く　滴る　許（バカ）り
一斎（セイ）　落葉林　樺（カバ）　小雨　霞　棚引き　(44)四顧　幽（カス）か　戦（ソヨ）ぐ　漸く　私語
（ササヤキ）（く）（引用者注—小坂さん記入）　間断　(45)光沢　布く　俄に　葡萄（ブドウ）　褪め　(46)流石
稚木（ワカギ）　漏れ　滑り　脱け　短編　冒頭（ボウトウ）（サイショ）　叙景（ジョケイ）　微妙　凩（コガ

ラシ）　時雨　一陣　（47）方域（イキ）　亘（ワタ）る　裸体　沈静　睇視　傾聴　黙想　適ふ　転る　叢　蹄
演習　斥候　（48）声高　（49）幽寂　鷹揚（オウヨウ）　人跡絶無　世田ケ谷　小金井（ガネイ）　（50）微か
静粛　永遠　星（セイ）斗（ホシ）　闌干（キラキラヒカル）　野分（風）（引用者注―小坂さん記入）　熊谷直好
（51）隙間　覗く　碓氷　兎も角　特異（トクイ）　平原　単語　占める

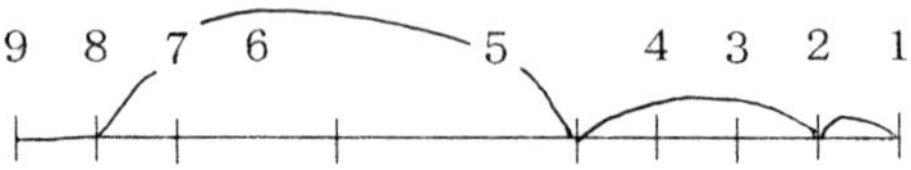

初秋の光の武蔵野を書いた。

武蔵野の特色は林にあるのだ。

ツルゲーネフの文の影響を受けて、林といふものに対して目が開かれて、真剣に林をみつめはじめた。

傾聴、武蔵野の秋から冬へかけての本当の心、本当の姿を知るには、どうしても、一心に耳を傾けて、音を、さまざまの音をきかなければならない。音によつて、音を傾聴することによつて、秋から冬へかけての、武蔵野の心を知ることが出来る。

さまざまの音を、音といひ、響とかき、声とあらはして、さまざまの面白い、音の面白さを書いた。

季節でいへば秋と冬。時でいへば昼と夜、此の二つの違つた音を書いて、音をきく趣の深い、味はひがあることを書いた。

晩秋の、光の武蔵野。

○結局
此の文の調べる処は、ツルゲーネフの文と、武蔵野の心がわかるといふ段だけである。
○作文

もし真似をするなら作者がしたやうな真似、林の文を読んで、自分も林に対して目が開けるやうに、私達も、文の調子や言葉は真似していけないが、かういふことは真似をした方がいゝ位である。

○音、響、声

音、声、声、音、響、音、声、音、声、音、音、音、

短、短、長、中、長、短、中、中、短、短、長、長、

このやうに、声なら声を二つ、つゞけたところは、前の言葉に文句がついて変化を起し、長さの同じものは、音とか響とか違つたものをつけて調子をつけてゐる。何の気なしに読んでも、本当に調子のよい、変化のある、それでゐて文の心をこはさぬ上手さ加減には、驚くより仕方ない。さすがに偉い方、多年文章の道をあるいてきた方は違ふと、思はれてくる。どこが上手だか知らないが、自然に頭が下つてくるやうな上手な書振。何処がいゝのかわからないが、此の音を、さまざまにあらはしてあるのに感心し、好きである。

○作者が、音をきいて武蔵野の心を知つたのは、あれは何の音、何の音と、はつきりきゝわけが出来る程、じーつとどんな音でもきく程、どの音にも深い深い味はひ趣を感ずる程までも、作者の心は深かつたせいではないでせうか。すべてを忘れて、たゞ音をきかうと、其の時の深い美しい清らかな心に、武蔵野の心がうつるのではないでせうか。

○今日の朗読

小林きみさん

上手な読み振りだが、力が足りなく、発音が少し不明瞭に感じた。もう少し、はつきりと、力強く読んだならきつと上手な朗読になりませう。でも、最初の日として、本当に上手だと感じました。

宮下伊諏子さん
一心になつてゐるのは、わかるけれど、もう少し落着いて堂々と読んでもらひたく、感ずる。をどをどしてゐて、きいてゐる方も気がき(ママ)でなかつた。文の表面を、やつと読んでゐるやうな気がして、心の方がわからなく感じた。落着いて読んでほしい。
吉沢富士子さん
此れが最後だと思ふと、一字々々も一語一語も、心にしみ渡る思ひである。もう此の朗読がと思ふと、たまらなくなつてくる。
しかし、なんと上手に読まれたであらう。最後の朗読、幾時間もならつたかのやうに、上手に、あの声、あの調子、まだ胸に響いてくる、最後、懐しい朗読。
小島三美さん
一生懸命読まうとしてゐるは(ママ)わかるけれど、努力程の読みにならなかつたことは、残念だ。でも最初の日としては中々の方であつたと思ふ。
小松政子さん
やさしい読方。政子さんその人のやうな読方である。もう少しといふところである。すべて、もう、一、二分よければ、申し分ないであらうが。上手ではあつたと思ふ。
全体に。(ママ)
どの人もどの人も、最初の日としては驚く程上手だつた。そしてどの人も一心に読んだことが本当に嬉しい。此れからも、下手でも、熱心に読んだ朗読であつてほしいと思ふ。
○自分の感じ

此の文を読むと、自然に心に落着きが出来てくる。そして理由や理くつは少しもわからなくともおぼろげに、此の文の、本当の心に打たれるやうに感ずる。何が、どうだ(ママ)うだからといふことは抜いて、はつと、胸にこたえるやうな気がする。自分の心はだんだんと深くなつて、秋の末になる、地味な、落着いた、淋しい(ママ)静かな、深い心になり切る。そして、武蔵野に自分が行つたやうにさへ感じてくる。作者の余りの上手さが、自分のやうなものの胸にまで響いてくるのであらうか。口ではいへない、文ではあらはせない一種の深い感情が胸一杯に湧いて、いつまでもいつまでも此の心でゐたくなる。たゞ、いゝ、いゝ文だと思ふ。

◎文全体に、しつとりとした重い、落着きがあつて、ぼーつとしたうすい暗い幕のやうなものが文全体をつゝみながら、しかしすつきり晴れ渡つたやうな美しいものがある。静かなしかし奥の方に、底深い力がもくもくと動いてゐるやうである。地味な、しつとりした、静かな深い文だと思ふ。どことはつきりいへないが、何者(ママ)かをはつきりつかむことの出来る文と思ふ。

第二時（十一月一日）　武蔵野

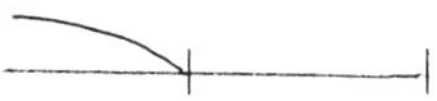

一、空　　晴間　雲間

二、木の葉のそよぎ　　ざわめき　そよぎ

三、林の中のやうす

話し声
お饒舌
私語の声

照　全景
樺の幹
落葉
わらび
曇　全景
樺の木の葉
椎木
木立
雨

○ツルゲネーフの小説が輸入された為に、日本の自然を書いた文章に一大改革が成つた、といはれる程である。その頃の青年達が血を湧かせたツルゲネーフの文を、もう一度見直して、各々の言葉の上手さ加減を味はを(ママ)う。国木田独歩さんの自然についての眼を開かせたこの文の、自由な見方、細い鋭い観察。そしてその自分への感じの巧みなあらはし方。私達も、それをみて行かう。

一、

○小雨が降りそゝぎ(引用者注―緑色の傍線)
小雨が降りまでは私達でも書けるかもしれないが、「そゝぎ」とはどうしても出ない。上手な所。
○生暖かな日かげも射して、
これも「暖かな」は書けるかもしれないが、「生」が書けない。そう感じてはゐるが、かう上手には書きあらはせない。「流石にロシアの文豪といはれる方の書いたもの。」と、たゞ感心する。
○無理に押分けたやうな雲間
此の頃の空模様がはっきり浮かぶ。「本当に、その通りです。」これしか言葉がない。あのいひ難い空の様子を、こんなに上手にいひあらはしたと驚く程感心した。
○澄みて怜悧しげに見える人の眼の如くに、
私達なら秋の澄んだ大空を、深い、晴れた、としかいへないのを、澄みて怜悧しげ、と書いた上手さ、何とよくいひあらはしてあるのでせう。たゞ感心するだけ。
○大空のことを書いたの(ママ)二つ。
両方とも、前のは、生物がすること、「押分け」をつかひ、後のには「人の眼」といつて両方共に生物にたとへてある。それ故に、非常に文が生々としてゐる。上手な上手な所。

二、
○笑ふやうなさゞめき。(ママ)
かういはれて見ると、本当に、春先の赤ちやんのやうな、若葉は、まだ柔らかくて、風が吹いても、笑ふやうに、面白さうに聞える。本当に、若葉の風に吹かれてゐるやうに上手に書いてある。
○さゞめき、………(ママ)

○ゆるやかなそよぎ、永たらしい話し声
夏ともなれば木の葉も、うつさうと茂つて、濃い緑となり、葉も大人になつて、重くなるので、風が吹いても、たゞゆるくゆれるだけ、決して、ざわざわとしたり、がさがさとしたりしない。重い葉を、そろりそろりと動かすだけである。それはちやうど、「ねー。」といつたやうな、永い話をしてゐるやうでもある。永たらしいとやつたので余計に永いやうにきこえる。

夏の木の葉のそよぎを思ひ出して見ると、成程、そ(ママ)うだ。(ママ)と感じる、上手な書振り。
○うそさぶそ(ママ)うなお饒舌
水分がすつかりなくなつた晩秋になれば、やうやく、しがみついてゐる(ママ)は風が吹くたびに、おどおどした、うそさぶさうなお饒舌としかきゝとれない音をたてる。おどおどしたといつて、落ちさうな木の葉が、やつと木につかまつてゐる時たてる音を上手に現し、うそさぶさうな、といつて、晩秋の枯れかけた木の葉を思(ママ)出さ(ママ)させ、お饒舌といつて、がさがさといふやかましい音を、あらはしてゐる。何ともいへぬ、到底、真似出来ないやうな上手さ。

四季によつて、風の木の葉に当る音が、違ふといはれて見ればなる程さうだと思はれる。それを、かうも上手に、その時々によつて違ふそよぎを、あらはしてあるのかと、言葉もない程感心する。私達なら、さゞめきの違ひを、ともすれば感じない。

感じても、何ともいひあらはせないで、何となしに、などといつてしまふ。それをかうまでよくとらへてあるのかと思ふと、たゞたゞ感じ入るより外にない。
三、林の中のやうす。(ママ)
○微笑したやうに、隅(ママ)なくあかみわたつて、微笑したやうに、と人のやうに書いて、生々とした感じを出し、文を生々させ、あかみわたつてと、あかるくなつた様を上手にあらはしてある。私達なら、明るくなつてとしか書けない処を、微笑した、と人のやうに書いたりして、自由自在に、上手に書いてある。

○（以下曇全景まで自分の考へ）白絹めく優しい光沢、普通の人なら明るい光沢位しかいひあらはせないし、もし其れ以上にいへる人でも優しいとまでは八分通りいへるかも知れないが、白絹めくとはどうしてもでてこない。今までと、全然違ふ方向へ筆を向けて、書く。白絹めく、何と上手なあらはし方だろ（ママ）う。

○散り布いた細かな落葉。

散り布いたなんと上手な書き方。本当に、秋の初の落葉は散り布いたやうである。それを知りながら、散り布いた、とあらはせなかつたのである。それを何の造作もないやうに、私達が、落ちてゐると書くやうに、書いてゐる上手さ。いひあらはせない。

○頭をかきむしったやうなバアポロトニクの見事な葉、だれでも、頭をかきむしった、とは出てこない。もやもや、こちやこちやとした、ごしやごしやにかきまはしたやうに、としか出てこない。頭をかきむしつたやうな、その有様が目に浮ぶ様である。人の足もとにもをよばぬ上手ないひ方。

○またゝく間に物のあいろも見えなくなり（曇全景）

物のあいろも見えなくなり、此処が普通の者には出来ぬ処であらう。その前の、俄に薄暗くなりだして、これはまだ出来るかもしれないが、「なりだして」など上手だと思ふ。しかし、其の次のこれ、物のあいろ、此れは、実際にさうだと解つてゐながら、書くと抜けてしまふのである。実際の事を、細くとらへて、本当に上手に書いてあると思ふ。しかも、照る時の方は、今と反対に、あかみわたつての方の後へもつてゐつてあるとこなど、流石は、文豪といはれる方だけあると感ずる。
○著しく光沢が褪めても、流石になほ青かつた。（以下自分の考（ママ））
いひ難い木の葉の色をぴつたりと、それこそ、此の上なく上手に書いてある。我々のやうなものなら、此んなことは足もとにも及ばない。萬遍のべてもまだ、これ程、この半分もいへない。いふことの出来ない、形容などの出来こ（ママ）つこない上手さである。流石になほ青かつた。此れだけの言葉で、色をぴたりと定めてゐる。
○赤くも黄色くも色づいて、
雨に濡れた許りの細枝の繁みを漏れて、滑りながらに脱けて来るのをあびては、赤くもの、くも、黄（ママ）ろくもの、くも、これが何ともいへず上手である。この一語で、様々に色づいた稚木をあらはしてゐる。我々にはこの「くも」が入らない。たつたこれだけの言葉で、ずーと景色を想像させることはどうしても出来ない。細枝の繁みを漏れて、までは私のやうなものでも、一心になれば書けるかもしれないが、「滑りながら脱けて来る。」とは逆立をしても書けない。日の光の通る様を、上手に上手にその又上手に書いてある。滑りながら脱ける。本当にさうである。これこそ真の、真情真感のぴたりとした表現であろう。
○小雨がしのびやかに、怪しげに私語するやうにぱらぱらと降つて通つた。しのびやかに、までは書ける。しかし、怪しげに私語するやうには到底だめである。私語するやうに、迄でも並々ではないのに、其の前に、怪しげにをつけて、一層感じを出すといふことなどは到底どんな事をしても出来ないのである。秋の小雨は、本当に、怪しげに私語するやうである。また、降つてまでは出るが、其の後がどうしても出ない。「通つた。」上手ないひ方、通つた、この一語で様々のことが解る。降る時、間、降り方、また、其の後の景色までも想像できる。上手な上手な書き方。
○降りつもつたまゝで、まだ日の眼に逢はぬ雪のやうに白くおぼろに霞む。
今までとは全く違つたあらはし方。普通の者で、うんとやつても「雪のやうに、白くぼーつとしたものにつつまれたやうな」しか出来ないのに、降りつもつたまゝの雪とやり、日の眼に逢はぬとまで細くやつてある。しかも其のするどく、細くみつめた中でさへも、降りつもつた、のつもつたで、人並はづれ、まゝとやつて、また上手で、日に逢はぬと、いふのを、日の眼にあはぬとやつて、更に文を生してゐる。あまりの上手さ加減に、驚いて、口を(ママ)塞さがらない位である。何といふ何といふ上手なあらはし方だろ(ママ)う。たゞ感心するより外ない。
◎(ママ)以上、自分でいゝ処を調べて見ると、わからないなりき(ママ)に、一層よい処がわかつて、この文の価値が少しでもわかるやうな気がした。はじからはじまでお手本になるやうな上手な表現。こんな文章を、独歩さんがいゝ真似をなさつてまたまたいゝ文章をかゝれたのだから、明治の青年が血を湧し、躍らせて感激したのも無理はないと思はれる。そして明治の叙景の文章に一大改革の起(ママ)つたのは無理はない、当然だと思はれます。其の頃の人達より、かういふ叙景の文になれた私達でさへも、このツルゲネーフの文と、独歩さんの文を読むと、心がよつたやうに感じます。いゝ文章だと感じます。

第三時（十一月二日）　武蔵野

風　鳥

虫
車
蹄
声（ママ）
村の音
女
大砲
銃
栗

◎（ママ）時雨
○自然の音。人の音。
以上書きあげたのを見ると、音が二種類に分れる。その一つは、自然のまゝの自然の音。他のは、人、そのものが起す音と、人が間接に起す、人の音である。
自然の音は、
　風、鳥、虫、栗。時雨。
人の音は、
　車、蹄、村の者（ママ）、女、大砲、銃である。
○この人の一番、好きな音は、
それは時雨の音である。なぜならば、時雨の音は、若し、夫れ時雨の音に到つてはと、非常な勢で書き始め、しかも、一番長く、此処がいい、あそこがいゝ、と長々書いてある。一番、力を入れて書いてある。自然の音も好きなのはある。人の音はきこえたから書いた。(ママ)といふだけで、本当に作者の好きな音は時雨の音である。

○作者の一番好きな時雨の音は、
和歌の題にまでなつてゐる。これは、昔から、多くの日本の人が時雨の音のよさを知つて、好きであつた。それ程、いゝ音であつた。といふ事と、時雨の音、そのものが既に一つの音楽であつた。時雨といふものは、生れながらにもう唄であり、音の調子であつたのだ。時雨は、歌に詠まれなくても、詠まれても、其れはもう歌である。自分自身が歌である程、時雨の音は、いゝ音である。こんないゝ時雨の音が、広い広い野末から野末へと、林を越え、杜を越え、田を、横切り、又林を越えて、と広い武蔵野を通つて、様(ママ)の音楽を奏して、人に様々の感情を起させて通つて行く。その起る感情も、時雨の音楽も作者は、大好きなのである。

すべての音の中で一番好きな為に、作者は、一生懸命になつて、あゝだ、こ(ママ)うだ、といつてゐる。長く力こぶをいれて、夢中のやうになつて書いてゐる。

○音だけによつても、武蔵野の地勢を知ることが出来る。それなら、武蔵野の地勢は、どんなであらう。

○叢の蔭、林の奥にすだく虫の声。
此れによつて、武蔵野は、林があり、叢や、やぶがあることがわかる。

○落葉を蹴散らす音、此れで、其の林は落葉林だなとわかる。

○銃の音。
猟の出来る位な、え物のゐる、林だな、かなり深い林だなとわかる。

○栗、

林の中には栗の木もあるのだな。

○時雨、

野末から……又林を超えて、ずい分広い処とわかる。

即ち　武蔵野は、

栗の木もまざつた落葉林であり、林の下は、一面の叢、又はやぶであり、しかもその林は、鳥や獣も沢山居て結構、猟も出来、其の上、広い広いところである。

○土地柄も音によって、略々察せられる。村の者のだみ声、田舎特有の声高なだみ声、栗の落ちる音などによつて田舎だといふ事がわかり、場所選みの上手な外人が散歩に出かける、どかんといふ、文明の砲声によって、大都会に近いといふ事がわかる。村の者のだみ声と、遠乗りに出かけた外国人のくつわとが一しよ(ママ)並んで通るやうな所。

大都会を控へた田舎。

独り淋しく女の足音が遠去つて行くのがわかる程、静かな、平和な里でありながら、どーん、どん、と、文明の音が、すぐ其処でする。といふ、信信あたりとは少し違つた、都会が家なら其の庭のやうな特種(ママ)な田舎。

○長い音、短い音、(ママ)

長、囀る声、風、虫、車、蹄、だみ声、女、時雨、

短、鳥の羽音。大砲、銃、栗、

音はまたこの二種類に分けることが出来る。

○音の最後、
羽音の音(オト)で結び、声とし、風……声で終り、虫の音(ネ)といってやめ、横ぎる響として如何にも遠くからきこえるさまを現し、音、声、音と結び、声、音とやり、また音、最後にもう一度音として結んである。

音がやはり一番多いが、それでも、音、声、音(ネ)、響、声(ゴエ)、声(セイ)とさまざまに結んで、その前の句を生し、単調を破つてゐる。

本当に上手だ。
○音を現すあや、
村の音と、人の直接の音を中心とし、それから前へ、人の音、自然の音とやり、それから後へも、人の音、自然の音とやつて、一つの組合せ方をしてある。また、短い音に、長い音によって、あやなしたり、最後に様々の言葉を並べて、平調になるのをふせいでゐる。ある時は自然の音と人の音、しかも長い短いを見ても、最初が短く、最後が長い、其の間にも、折よく入つてゐるし、最後も調子よく言葉が連ら(ママ)なつてゐる。一つゞ(ママ)ゝ見ても、三つ一しよに見ても、二つゞつ見ても、みんなそれぞれに、あやになり、単調になるのを破つて、変化を見せてゐる。音のたゞ並べてあるやうで調子がよいのはかういふわけで、変化のある、面白味のある、うんと上手な並べ方をしてある。

上手な処、よくつかんである処、
○鳥の羽音。此れはなかなかつかめない、囀る声の方は、大底(ママ)の人がつかめるけれど、羽音の方はきいてもあらはせない。
○風の……声、

一つの位なら誰でも聴けるけれどかう沢山は、中々きけないものである。上手な処。
○作者は時雨の音が主になつてきいたので、其の次が自然の音、人の音といふ順序で、人の音などはきこえたから入れた、といふだけであるが、時雨の音が主になつて、其の次に自然の音、人の音をきゝ、これは、きこえたから書いた。（ママ）」といふことが、何となし、身にわかつてくるやうな気がする。
この文をよくよくよめば、自然に、さういふ事が、その順序や、其の他のことなどがわかつてくるやうに感ずる。
○今日の朗読。（ママ）
小口勝子さん。

力の籠つた上手な朗読でした。しかしもう少し続けて、ひよつ、ひよつと切れるでなく、読めたらもつともつと上手だらうに、といふ気がしました。しかし上手な上手な、勝子さんらしい朗読でした。

三沢桃見さん
どんな読方かしら、と散（ママ）々考へたのもやつと終りました。落着いた、ゆつたりとした感じいゝ朗読でした。何となくゆとりのある読方でした。もうほんの少し、力があつたなら、といふ気も起りました。

萩田せつさん、（ママ）

力のある上手な朗読でした。しかし、「若し夫れ」の処を間違へたのは残念でした、（ママ）外の処を全部駄目にする位残念でした。

しかし外のところは大層、せつさんの、いつもに恥じない上手な読み振りでした。

岩波楊さん

揚(ママ)さんのも、中々上手な朗読だと思ひました。いつもよりずつとずつと上手に読めたと思ひます。いつもこの位、熱と力とを持つて読んでいたゞきたい。でもでも上手でした。もう少し、はつきりした発音と、深みとがほしいやうな気が何処かでしました。

◎(ママ)みんなが今日の朗読のやうだつたらどんなに嬉しいだろ(ママ)う。私も、今日の朗読のやうに読まう。今日は、みんなが上手で、努力してあつて本当に嬉しい。

第四時（十一月四日）　武蔵野

自然の静粛を感じ、永遠の呼吸(ママ)身に迫るを覚ゆるであらう。

人の思ひを遠くに誘ふ

此の歌の心

○永遠の呼吸(ママ)身に迫るとは、

ある日、散歩に武蔵野に出掛けて、耳をかたむけてみますと、様々なる音、いろんな音が、さまざまに聴かれます。そして其れ等の物音が止んであたりが静かになつた時、風の吹くのを待ちきれず、木の葉が、かさつとかすかな音をたてゝ落ち、其の音、そんなかすかな物音さへも聴き取れなくなつた時、心は深く深くなり、自然の静けさといふものを感じるでせう。その時、耳にも聴かれず、眼にも見えず、何物の動きもないはずなのに、心には、ある一つのものが、見え、はつきりと聞えるのです。耳に聞えるとか眼に見えるとか、さうしたものでない、ある一つの大きな力がひしひしと身に迫るのです。自然の気といはうか、何んだか形になく、しかし非常に強い言葉ではいひつくせない、あるものが身に迫つてくる。それを、永遠の呼吸といつた。静かな時、神様が、動(ママ)しなさる動き、神の力、神の耳にだけ聞える、外のものには耳には聞えない、といったやうな、「何んだ」と人のいひきることの出来ぬ力、自然の呼吸、自然がなす、口でいひあらはせない、一種の、人に迫る強い感、強いもの。耳にこそ聞えね、眼にこそ見えね、心には、はっきりと、ひしひし、はたはたと、迫ってくる偉大な動き。偉大な音。人を恐れ入らすやうな、心もが深くなつて始めて、本当に感じる自然の力ともいふべきもの。

深い深い意味でいふ自然の声ともいふべきものか。神の出さ(ママ)る音ともいふべきか。

この音こそは、すべての音の止む時、はじめてきゝ取れる音なのである。永遠の呼吸とは「耳にも眼にもきこえないで、しかも心にはつきりと動きをきゝとれるもの」である。

自然の動きであり神様の動きである。
○遠くとは、
考へて見るに、嵐の晩、私達は落着いて勉強出来ない。大丈夫ときいても、落着いてゐられない。あのことを考へて見る、この事を考へて見る。あちら、こちら、どの思ひも、心が落着かず、どんなこと、どんな様々なこと(ママ)考へて見ても結局心はどれへも治ってゐない、(ママ)あれ、これ、あれを、それ、あちら、こちら、そちらをと、心が嵐に吹きまくられてゐるやうに、一つの処に止どまってゐられない。そこら中を飛んで歩くやうになる。

遠くにとは、空想的になることである。
○歌の心
この歌は、歌の作者の心と、同じである。しんみりとした、暖い、温和な人、此の歌を読むと、この作者にお友達になりたいやうな親しみを感じます。高い心の、静かな心の、しみじみとした、優しい温い人。

この歌がそれであると、同様、この歌の作者もまたさうであらう。

「武蔵野」を読みて

好きな好きなその又好に(ママ)な、大好きな文でした。

ツルゲーネフの書いたのも、独歩さんの方も、両方とも、死ぬ程読みたく、それ程人に好かれる、それ程いゝ文章であつたと思ひます。

何処を見ても、何処を見ても、よい処ばつかり、上手な好きな所ばかりでした。隅から隅まで大好です。読んで読んで読みぬいて、結局、言葉が出ません。

なんだか、心の底から感激が、泉のやうに、胸一杯に湧いてくるやうな気がする。本当の文章にふれ、文といふものを、「読んだー、(ママ)」といふ気がします。読んだ読んだ読んだ読んだ読んだといつまでも叫け(ママ)んでゐたい程好きな文章です。

しみじみと読むこの文章に、自分の心が通よ(ママ)ひ切つたやうに思はれます。

味のある書振りをしんみりと味はひつゝ読んで行(ママ)この文は、文をおほうてゐる、文の心をおほうてゐるものが、晩秋の心そのまゝのやうな感じを受ける。

何処を見ても好きな処、いゝ処、(ママ)

此の文に出て来る音を、作者のやうに心を深くきくならば、本当に、その音のやんだ時の永遠の呼吸さへ、身に迫る感じがする。景のところも、心のところも、読むものをうつとりとさせて、身も魂も、文の中に溶けこんで行くやうに感じられる。

地味な落着いた、しんみりした文であり、しかし文の中には、新しい、若々しい元気な力強いものがあふれる程になつてゐると思へて仕方ない。

この文は、競技（引用者注―この「武蔵野」の直前に学習した教材。）のやうに人を訓へるやうな処はないが、それ以上に高い頃(ママ)にさせ、いゝ心にさせるところがある。

あくまで文章としてのよさのある文である。

「いゝ文章だ」と心から感じ入つた文であつた。（同上書 p655～672）

小坂安都子さんは、「武蔵野」の学習記録を、以上のように記している。ここまで記して、国語ノートを提出することになって、「お帳面を出すにあたつて」という感想を記している。

○お帳面を出すにあたつて
はじめてお張(ママ)面と別れるやうな気がして、一寸の間でも、お張面とわかれるのが悲しい。どうか元気で早く帰つておくれ。無事でかへつて私をなぐさめてを(ママ)くれ、といふやうなきがする。わかれるのは悲しい。でも元気で。早くかへつてね。（同上書 p673）

これほど、国語学習記録が大切に思われ、親しまれているのは、片時も離れていられない程に思われているのは、国語の授業そのものが、何物にも代え難いだいじなものとして思われていたことの証拠とも推察される。大村氏の国語学習記録を見ることの楽しみと、師弟間の愛情があふれているのが、伝わってくる学習記録である。この学習記録に対して、大村氏は、次のような評価を与えている。

○努力

1　書くこと　　　　　　　　　　優
2　張るもの　　　　　　　　　　優
3　予習仕(始　先生訂正)末　　　優
4　答案仕(始　本人訂正)末　　　優
5　、。　　　　　　　　　　　　優　ゐ
○学力　　　　　　　　　　　　　　×
1　文字の正確さ　　　　　　　　優　まいりました。
2　内容　　　　　　　　　　　　優
3　感想　　　　　　　　　　　　優
○たしなみ
1　帳面取扱　　　　　　　　　　優
2　文字の美しさ　　　　　　　　美◎
3　整理　　　　　　　　　　　　優
4　張り方　　　　　　　　　　　優　大変しわになつてゐるのがありますが、なるべくさういふことのないやうに扱ひませう。(同上書p.673)

このようなノート評価をしてのち、大村はま氏は、次のように書きそえていられる。

帖面が、すつかり『自分のもの』となつたのが、うれしく思はれます。本当に『先生のもの』でなく『安都

子さんのもの』となりました。（同上書p674）

この学習記録が「自分のもの」となることが、学習記録を書かせる目標であったと思われる。ここまで、小坂さんが学習記録を、離せないものとしてだいじに思うようになったということは、大村氏にとっても、目標が達成されたということであり、たいへん嬉しいことであっただろう。

野地博士は、次のように考察していられる。

ここで、大村はま先生が、『帖面（ノート）がすっかり自分のもの』となったこと指摘していられるのは、国語学習上、もっとも重要な点である。諏訪高女に入学してから、満一年半にして、二年生の二学期のおわりがたになって、ここまで到達している事実に着目したい。国語学習帳を、国語学習の拠点として指導し、積み重ねて来た成果がここにあらわれていると考えられる。

小坂安都子さんがノートに記しているところによれば、大村氏がノートを調べられた結果、右のノート提出の際、『今度組に七（ママ）・六人づつ、お帳面が本当に自分のものになつた人がゐて本当に嬉しく思ひました。』と、述べられたという。小坂安都子さんのように、国語の帳面（ノート）を、『自分のもの』とした学習者が、一組に、六、七人もいたことになる。

国語学習帳の指導の成果が、一人の学習者小坂安都子さんに、どのように結実していったかは、右の一〜四例をたどることによっても、その過程の側面をうかがうことができよう。

「武蔵野」の学習終了後、提出したノートについては、大村はま先生が丹念にみられ、その所見を、十一月十八日、二十二日の両日にわたって、くわしく述べられている。

十一月十八日
一、批評を受ける態度
二、お帳面の中に
三、嬉しい事
四、書くこと
五、張るもの
六、予習始末
七、答案始末
八、　、　。
九、文字の正確さ
十、内容
十一、感想

十一月二十二日
一、文字の正確
二、感想
三、日記
四、帳面取扱
五、文字の美しさ
六、整理
七、張り方
八、感想（1入江の奥2盆燈籠3大海の日の出4箱根路5古城6御製謹講7競技8武蔵野9文字についての感想から選んで、先生がプリントされたものを配られた。）

以上、『二十二日の七項』まで、小坂さんのノートでは、十二ページぎっしり写しとられている。大村はま先生がどれほど真剣に周密に国語帳面の批評をなされたかがわかる。同時に、それをくわしく書きとっている小坂安都子さんの態度も、まじめそのものである。

学習者に国語学習の態度を確立させるため、このような熱心な指導のあったことを忘れることはできない。なお、大村はま先生は、予習、復習を、忘れることなく、確実にやっていくために、小ノートを用意し携行して、気をつけるようにと、勉強のしかたについて注意を与えていられる。（同上書p674・675）

最後に、小坂安都子さんは、「かうして見ると、十三項の中、一つも、私達の心を錬(ママ)つてくれないものはない。十三が十三とも、私達が修行して行く為に出来てゐて、国語帳を書くのも修養して行く一つの途なのだ。自分達が一生懸命国語帳を書くのも、みんな(ママ)、みんな修養の為だといふ事が、殊更一層身にしみました。」(ノート、国語(七))と記している。国語の学習記録が、自己の修養のためのものとして生活の中心にあったことが、うかがわれることばである。

大村氏の勉強のしかたの注意のまとめの部分は、次のようなものである。

勉強の仕方は、まづ

第一、小ノートをつくること。

第二、それを何時も持つてゐて書き入れてやつて行くこと。

第三、それを整理して行くこと。

第四、順序に従つて、ノートを積み重ねて、やるべき処までは必ずやり上げる覚悟でやること。

大体以上のことを守つて、一生懸命やつて行けばよいでせう。(同上書 p675・676)

大村氏がたいへん積極的にこまかく、生徒たちの学習・勉強を自覚的に丹念にしていくように心をつかわれていることがわかる。

3　大村はま実践の歩みの略史

大村はま氏が自己の歩まれた道をふりかえって、「国語教育個体史（略史）」ともとれる文章を、次のように述べていられる。

野地博士の考察とともに見ていきたい。

明治39年6月2日、横浜市中村町に生まれた。上に、すでに六歳の兄、四歳の姉、二歳の兄があり、四番め、次女として生まれた。当時、父は、今も横浜の山手にある共立女学校の教頭であった。

大正8年3月、小学校卒業。ミッションスクールの共立女学校に入学。やさしい児玉愛子先生に国語を教わる。作文が好きであった。

大正9年4月、同じく横浜の、やはりミッションの捜真女学校に転校した。共立では、上級学校受験資格が得られず、姉が検定を受けるのに苦労したからである。

この捜真女学校で、垣内松三先生・芦田恵之助先生にとくべつ深く師事していた川島治子先生から国語を教えられた。そして「国語」は、「好き」以上の離れられないものになった。今、日本美術院の小倉遊亀先生も、そのころ捜真で国語と絵とを教えていて、このふたりから、いろいろ影響を受けた。

大正14年4月、東京女子大学高等学部に入学、寮にはいる。安井哲先生に実践倫理の指導を受けた。新渡戸稲造先生も時おり見えた。

一人一室の寮室で、心ゆくまで自分を見つめ、物を思い、読書し、意義深い三年間を送った。一年めには、歴史のレポートのために、武者小路さんの新しき村の研究をした。二年めには、源氏物語を全巻読んで、「もののあはれ」について研究、三年めには、主として古事記によって、「高天原・綿津見国・黄泉国」という題で、古人が、この世以外に考えていた世界を調べた。国語教師になる心は、いつのまにか、ごくしぜんにきまってきていた。いろいろな材料で指導案を立ててみたりしていた。

昭和3年3月、卒業。不況で就職難の時代のことで、勤められず、半年、家で、文検といった文部省の検定試験の準備をする。当時東京女子大学では、まだ、無試験で教員免許状を受けることができなかった。

7月、就職しやすいことを考え、小学校専科英語の検定を受け、合格。

8月末、長野県諏訪高女に赴任。美しい自然の中で、気のすむまで国語教育に打ちこみ、素朴で明かるく、いきいきとした生徒たちと、この世にまれな幸福を味わって過ごした。

この諏訪高女に在職中、川島先生の紹介で、一日、甲府から身延線で静岡に出、はじめて、芦田恵之助先生に逢う。その後、芦田先生は西から帰京するとき、東京から西に向かうとき、「あなたがいるからね。」といって、中央線をまわっては、一日か一夜かを諏訪で過ごすことがあった。はじめて見てもらった授業は、垣内先生編集の教科書の「難破船」(野地潤家博士注、「女子国文新編」巻一に収められていた、三浦修吾訳「愛の学校」から採られた教材。一七ページに及ぶ分量のもの。)であった。授業を見てくださったり、自分で授業をして見せてくださったりした。夜は卒業生のいる湖畔の鷺の湯に泊まり、わたくしにも、へやをとってくださるのが常であった。

昭和8年の夏、岐阜から和歌山への旅行に同行。早暁、暗いあかりの中に廊下のテーブルで、教材調べ(何十ぺん教えたかわからない教材を)をして指導案を書いている芦田先生をみて、何かおののきを感じたのも、この旅の間のことである。和歌山には垣内先生も来会、さかんな研究会になった。この旅で、多くの、心にいれきれないほどの収穫を得た。

国語の学習記録を指導しはじめたのも、そのころであった。作文の評で、何かを批判したら、そのことばの中に、それを直せるヒントがなければならない。いや、そのヒントのほうだけが、生徒に対しての、評なのだ、そのようなことを考えて、夢中になりはじめたのもそのころだった。

芦田先生の一線を引く授業を、わがものにしようと、板書のくふうにこったのもそのころである。

学校の向かいがわ、木立の中に、地蔵寺という静かな寺があった。しだれ桜が池にしだれて咲くころ、写生文を書こうと師弟相談して、春のひとときを、その池のめぐりで過ごしたりした。

半年、茅野病院で療養したことと、姉の死とだけが、諏訪の生活に連なる暗さである。

昭和13年4月、東京府立第八高女（現在の八潮高校）に転じた。転じてまもなく校長が変わり、山本猛先生になった。鋭く、きびしく、しかし、あたたかく、深い理解をもって導かれ、時代はちがうけれども、教えられたことのかずかずは、今も役立つことが多い。第八の十年は非常に健康で、一日も欠勤をしなかった。

妹が満洲に嫁し、戦争になり、弟が応召し、父が亡くなり、残った家族とともに千葉県我孫子に疎開した。

終戦となり、何もかもの変化の中で、新しい中学校の発足を知った。すでに十年いついた第八に、静かに、なれた生活をつづけることもいいが、しかし、二十年の経験を生かして、新しい時代のしあわせのために、何かしたいと考えた。捨身になって、何かしたかった。

あわれむ目や、笑う目を感じながら、ひとつの悲願のようなものを抱いて、中学校へ出た。

（昭和22年5月～昭和35年3月、大村はま先生は、江東区深川一中、目黒区立八中、中央区立紅葉川中、中央区立文海中に、勤められた。――野地潤家博士注。）

昭和35年4月、大田区立石川台中学投に転じ、いま、ノートの指導は、いちばん、成功したと思いながら、それから、よい書き手をたくさん育てることができた、(ママ)ことに、いわゆる理科系といわれる生徒に、よい書き手の育ったことを喜びながら、三年生と別れようとしている。(以上　プリント印刷「大村先生の歩まれた道」による――野地潤家博士注)(『野地潤家著作選集④国語教育個体史研究実践編Ⅲ』p676～679)

以上述べられていることは、大村はま氏の実践の歩みの略史ともいうべきものである。

野地潤家博士は、これらのことをつぶさに考察し、次の八点にまとめられる特徴を指摘していられる。

①諏訪高女時代はじめたノート指導は、石川台中学校におけるノート指導を、国語の学習記録指導の頂点(到達点)とするなら、その源泉となり、源流となっている。

②諏訪高女時代に、新制中学校における作文指導・表現指導の発想の一つ(ヒントを与える)が見られる。

③芦田氏の一線を引く授業を、わがものにしようと、板書のくふうにこった。ここに、芦田恵之助氏からの影響を見ることができる。熱意に根ざす、自発的主体的なものであった。

④小坂さんのノートには、きめのこまかい注意がなされ、国語学習帖の成長充実していく過程を見ることができる。評価項目(三種十二類)の枠組みを国定させるのではなく、それを拠点に、充実させていこうとする態度がある。

⑤学年にあわせた指導で、自主的に予習ができるようになっている。学習活動を確実に方向づけ、組織していくのに、国語の学習記録が役立っている。

⑥旧制高女における国語学習の体制を生徒たちの自発的な学習意欲と努力とに訴えることによって、みごとにうちたてられている。国語の帖面(ノート)が国語学習の進展の拠点となっている。

⑦芦田恵之助氏へ、川島治子女史によってひきあわされ、直接指導が受けられたことから、国語の先生として、徹底して行じていこうとする根本精神が、強く深くなった。
⑧国語科の授業を、どう組織し運んでいくかについても、芦田氏の実践を通しての教示と、芦田氏に授業を見てもらっての、具体的な助言によって、多くの啓示を受けつつ、自得発明された。

野地潤家博士は、大村はま氏の国語の授業が、芦田氏からの展開・発展であることを次のように述べていられる。

①教育＝修養という根本精神に多くのものを学ばれた。
②教式については、そのよさを吸収しつつ、独自の実践様式を伸長していかれた。
③芦田教式を自分なりの工夫で生かしていかれた。
④芦田教式の根本の呼吸は、よくとらえられ、継承された。
⑤「朗読」が重視されている。
⑥芦田教式を基本とし、「四、かく」を、大きく個性的に展開させた。

大村氏は、「犬ころ」では、主人公の立場になって読む、「読み」の力をつけようとしていられる。小坂さんは、犬好きな方ではないが、「此の課を読めば、『まあ、可愛い犬だこと。』と言はなければならない様な気が起つてしまひます。犬嫌いな人でさへさういふ気になるでせう。私は犬好な方では有りませんが此(ママ)の、ポチだけは思ひきり抱きしめてほゝづ(ママ)りしてやりたくなつてしまひます。どうしてさうなるかといえば、辰ちゃんの犬好きといふ心が表さうと思はなくても犬好なものだから自然に表れてしまふのだと思ひます。小狗の可愛い仕ぐさ、辰ちゃんの犬の愛しやう、それが一しよになつて思(ママ)ず私の心は『可愛いな。』といはずに居られなくなりました。」と、小坂さんが、犬好きな辰ちゃんの気持ちになって読みとれているところが、読解力がついてきたところだと思う。物語のなかにはいって読んでいるのがわかる。

「蜘蛛の糸」では、「読み」の力をさらに進めて、解釈の力をつけようとしていられる。自分たちの問題として、「無慈悲な心」と「他見をする」ことの悪さをとりあげている。誠実に心を正して「生きる」ことの価値をといていられる。さらに、芥川龍之介の優れた文に気づかせるため、「一と三の文について、書いてある事柄、その書いてある順序、文の調子なども比べて、どんなに、この一と三の文がしっくりと合つてゐる」かを読みとらせ、文の調子を読み味わわせようとしていられる。

「結晶の力」では、島崎藤村の文章への道を、すべてを文章の学習にひきあててとらえさせようとされた。ここでは、「書く」ということに焦点をあてて指導していられる。心構えとして、自己の体験を内省すること、心の眼をひらいて、いろいろのことから「書く」ことを中心に考えることへと意識を導いた。生活すべてを「書く」ことによって一つの真理を見いだそうとする態度は、芦田恵之助氏の教えの通りである。誠実に「書く」ことの出発に「自己を正すこと」を考え、「想」を生活のなかから見いだす心がまえを諭された。

「武蔵野」「武蔵野日記」では、国木田独歩の文章を、丁寧に解釈され、じゅうぶんに読みひたらせた後、朗読させ、味わわせていられる。小坂さんは、「好きな好きなその又好な、大好きな文でした。ツルゲーネフの書いたのも、独歩さんの方も、両方とも、死ぬ程読みたく、それ程人に好かれる、それ程いゝ文章であつたと思ひます。何処を見ても、何処を見ても、よい処ばつかり、上手な好きな所ばかりでした。隅から隅まで大好です。読んで読んで読みぬいて、結局、言葉が出ません。なんだか、心の底から感激が、泉のやうに、胸一杯に湧いてくるやうな気がする。本当の文章にふれ、文といふものを、「読んだー、(ママ)」といふ気がします。読んだ読んだ読んだ読んだ読んだ読んだといつまでも叫け(ママ)んでゐたい程好きな文章です。しみじみと読むこの文章に、自分の心が通よ(ママ)ひ切つたやうに思はれます。味のある書振りをしんみりと味はひつゝ読んで行(ママ)この文は、文をおほうてゐる、文の心をおほうてゐるものが、晩秋の心そのまゝのやうな感じを受ける。何処を見ても好きな処、いゝ処、(ママ)此の文に出て来る音を、作者のやうに心を深くきくならば、本当に、その音のやんだ時の永遠の呼吸さへ、身に迫る感じがする。景のところも、心のところも、読むものをうつとりとさせて、身も魂も、文の中に溶けこんで行くやうに感じられる。地味な落着いた、しんみりした文であり、しかし文の中には、新しい、若々しい元気な力強いものがあふれる程になつてゐると思へて仕方ない。此の文は、競技（引用者注——この「武蔵野」の直前に学習した教材。）のやうに人を訓へるやうな処はないが、それ以上に高い頃(ママ)にさせ、いゝ心にさせるところがある。あくまで文章としてのよさのある文である。『いゝ文章だ』と心から感じ入つた文であつた。」と学習記録に感想を書いている。模範となる、「こんな文章を書きたい。」と思うような文を繰り返し読ませることは、作文指導から考えても、有効な方法であると感心しないではいられない。「国語学習帖」の上段に大村氏は日記を書くことを勧めていられる。小坂さんの「国語学習帖」には、「國語帳」(八)二学年三組三学期の二月二十四日から、日記が書かれている。

野地潤家博士は、「国語学習帖を丹念にしあげていく根本精神としての自己修養への意欲は、大村はま先生のばあい、一努力、二学力、三たしなみという、国語を学ぶ人間としてのありかたを、はっきりとおさえられていることから、引きだされたのではないかと思われる」と書いていられる。「学習者を集中させるのは、大村はま先生の、一冊、一冊、国語学習帖を調べられての、心のこもった注意・助言であり、また、卓越した国語指導力そのものによったのであろうと思われる」と書かれ、その「根底に、芦田恵之助先生が身をもってなされた、修養ということがあった」として、芦田恵之助氏から、根本の精神を大村はま氏が学ばれ、指導の呼吸と、どんな力をつけさせ、どのようにみちびいていくかという一番だいじなところをうけつがれたことを、二人の「個体史研究」をされるなかで、発見された。ここに、大村はま氏が、芦田恵之助氏の指導を直接受けられながら、教育＝修養という根本精神に学びつつ、芦田教式のよさを吸収しつつ展開発展させ、独自の実践様式を伸長していかれたことが書かれてある。芦田氏の指導の流れが、そのまま大村氏へ継承されていることが実証されている。

4　大村はまの実践の意義

次に、戦後の国語教育の世界をリードし、大村はま氏と同時代に活躍した人たちが、大村氏の仕事をどのように見ていたかについて、主に「月報」所載の文章などによって追っていきたい。

大村はま氏の実践について、国分一太郎氏は、「『大村国語教室』と教授学」と題して、『大村はま国語教室　月報1』のなかで次のように書いていられる。

大正のおわりごろから昭和のはじめにかけて、男の中等学校や高等女学校に赴任してくる国語の教師は、そのほとんどが、いわゆる国文学の教師といってよかった。そのころ国語の時間は、習字をのぞけば、講読・国文法・作文とわかれていたが、そのうち講読のために使う教科書(私が習ったのは垣内松三編『師範国文』)のなかの現代文などを、それらの教師はふっとばした。ざっと通読させるだけだったり、『自分で読んでおけ』といったりした。そのうえ明治以前の国文学史のなかの作品(抜すい)ばかりを、教師それぞれのこのみに応じ、あるいはこまかく、あるいはあらっぽく訓こ(ママ)注釈した。国文法では文語文法の講義をし、私たちにマル暗記を強要した。作文にいたっては、学期末に生徒作一編の提出を命じて点をつけた。（『大村はま国語教室月報1』「『大村国語教室』と教授学」国分一太郎）

こんな先生が多いなかで、一部の教師のなかには授業の工夫をする人もいた。

それらの国語教師が教授法・学習指導法について研究したり、それを自分の教育実践のうえに生かすというようなことはまれであった。わずかに、何年間かの小学教師をしたあと、中等学校教員国語科の資格検定をとったひとだけが、授業のうえで、すこしばかりのくふうをこらすというふうであった。(同上書)

そういうなかで、大村はま氏の実践がいかに卓越したものであったかを、国分氏は次のように述べている。

これらの事情とくらべると、東京女子大を出て、昭和三年に長野県諏訪高等女学校の教師となったという大村はまさんのばあいは、いちじるしくちがっていた。そしてこの教師としての出発点が、今日までの大村さんの国語教室を決定づけている。大村さんの自伝的な思い出などを、すこしばかり読むなかで、このことを私は思う。つまり大村さんは、より創造的な『教えかた・学ばせかた』をもキチンと自分のものとしたひとなのである。私は、このようなたぐいのひとのひとりとして、愛媛県で農学校を出て代用教員から出発し、りっぱな国語教師となった古田拡老に見るのだが、古田老のばあいは国語ばかりでなく『教育学』その他まで、それこそ検定試験で資格をとり、心理学や教授学まで、ひろくふかく自学自習し、また、それを教育の実践に生かしている。しかし大村さんは、最初の出発のころも、いわゆる『教育書』というものは読まなかったと、どこかで告白しているのに私は接している。

そうであるならば、大村はまさんは、どのような契機で『教えかた・学ばせかた』への熱情をこくしていったのであろうか？　他のひととちがって『大村国語教室』での実践に、よい意味の『教授学的創造』のおおきさを見る私には、ここのところへのふかい興味がわくのをおさえることはできない。おなじく大村さんの告白によれば、自身の高女生時代に良師をえたという。そしてその二人の良師は、故芦田恵之助氏に傾倒するひとであり、その紹介で大村さん自身も、芦田氏の書いたものをよろこんで読んだという。長じて諏訪高女赴任ののちは、いわば芦田派の徒ともなったもののようである。そうすれば前記古田老とは、ともに芦田氏を師とあおぐ同行の兄妹ともいえることとなる。しかも、その芦田氏は東京高師附属小学校の訓導であり、その前は生地丹波篠山ちかくの農村小学教師である。

むろん私は、よく話題となる『芦田派』の人びとのすべてを支持する立場にはないが、大村さんの出発のときを思いつつ、いましがたあげたことどもについて考えるとき、つぎのひとつのことは言いきってもよいのではないかと思う。すなわち芦田氏らを中心とする初等教育の世界での研究実践の動向に注目し接触し、そこから『人間の成長のための教育としての国語科』のありかたを追求しようとする良質の中等教育の国語教師と高等教育の国語教師（これには垣内松三、石井庄司の両氏などをいれてよい）が、東京その他には存在したのだと。そして、そこには、世界に就学前教育と初等教育の発生以来、コメニウス、フレーベル、ペスタロッチ、ヘルバルトその他以来、長い歴史のなかで追求されてきた教育学的遺産・教育学的蓄積が存在したのだと。

私の独断としては、このような星雲のなかから大村はまさんは教師として出発した。そのためさきに私があげたような大正～昭和はじめのこそくな国語教師、いや国文学の教師に、大村さんは、けっしてなることなく、十五年間の意味ふかい高等女学校国語科教師の道をあゆみ、ついで十五年戦争の敗戦後は、新しい中等教育の教師となりえた。

さて大村はまさんについて語るとき私はなぜこのように『中等教育』のことを、やかましくいうのか？　それは、世界と日本の教育学的遺産・教授学的蓄積は、おもに就学前教育・初等教育の事実を対象としてつくりあげられたものであって、前期・後期とわけていわれたとする中等教育の事実を対象としてつくりだされたものは、いまだ微少である。これは外国でもそうであるし、日本のばあいは新制中学発足からとしても三十余年間の蓄積しかない。したがって中等教育にしたがうものは、まず、初等教育を対象としてつくりあげられた遺産から、本気になって学ぶ必要がある。それなのに義務制になっているとはいいながら、中学校の教育期間ですら、受験勉強その他のために、それが忘れられがちとなる。そのようなところへ、中学校での大村さんの『国語教室の創造』があらわれ、さらにそれが持続的に豊富化の道をあゆんできた。そこに私は大村教室の意義を見いだしたいのである。

もとより大村さんは、言語そのものの教育としては、民族の言語である日本語についての知識を、すべての生徒のものにしようとする。また言語活動の教育として、日本語を手段とする読みと書きのたしかな能力と方法とを、どの子のものにもしたいと願う。自由読書の生活についても、これをゆたかに指導しようとする。しかもそのとき、大村さんは、大正から昭和はじめにかけての教授学的遺産をうけつぎつつ、自分のかずかぎりない創意とくふうにより、生徒個々とその集団が、よろこびのうちに学びつづけていくことへの助力をつづけていく。（同上書 p3）

このことから、大村はま国語教室の意義として、①「人間の成長のための教育としての国語科」を追求し、②「国語教室」を「創造」し、言語そのものの教育として国語を考えていられたことがわかる。学習意欲喚起と学力をつけることの源に、③大正から昭和はじめにかけての教授学的遺産をうけつぎつつ、④かぎりない創意と工夫をしていられたことを、国分一太郎氏は認めていられる。

5　大村はま単元学習の生成

次に、単元学習の生成を考えてみたい。『大村はま国語教室　第一巻』のなかで、大村はま氏は、次のように書いていられる。

『私の単元学習の歩み』は、やはり『私の国語学習の歩み』としたほうがよかったかもしれない。単元学習というものがあって、それを実践してきた歩みのあとのように聞こえるからである。そうではなく、読むことでも、作文でも、話し合いでも、発表でも、一つ一つの国語学習をほんとうに子ども一人一人を伸ばし、一人一人の言語生活をゆたかに高めよう——端的に単純な言い方をすれば、ほんものの国語の力をつけよう——としているうちに、ひとつのそれまでとちがった教室になっていた、そして、単元学習と呼ばれていた、その歩みのあとだからである。（『大村はま国語教室　第一巻』p7）

「ほんものの国語の力をつけよう」として単元学習をしていたこと、一人一人の言語生活をゆたかに高めようとした、大村国語教室がそこにはあったのである。

私は自分のしていることが単元学習であってもなくてもよいと思っていた。強いて名づけて言わなければならないときは『効果的な学習』と言っていた。最初から主義もなにもなく、効果的な学習を目ざしていたに過ぎなかったから。（効果ということは、今はあまり教育の世界では使われないが、昭和二十年代には評価と効果判定との違いなどが論ぜられて、教師によく知られていた新教育用語の一つであった。）（同上書 p8）

大村氏は、「効果的な学習」を目ざしていた。ところが、単元学習には、多くの問題がとりあげられていた。単元学習を論じていた人は、「経験主義か能力主義か」で、大村氏が考えていられたのは、「すばらしい能力を育てようとしてこそ従来の方法から脱出し、経験学習・生活学習に取り組んでいる」ということであった。この当時、国語の単元学習は次のように考えられていた。

国語科の単元は、他教科の場合と区別して、経験単元（生活単元）だけでなく、教材単元、練習単元も、単元と考える、国語科の単元は三種類であるということになって、一応、静まるとともに、単元のなかの単元、経験単元（生活単元）は、急速に光を失ったと思う。それは、単なる計画案の発表のしあい、研究会用の研究授業になっていったようであったが、それもやがて影が淡くなって、研究会の発表テーマももとの次元にもどっていったと思う。

教材単元、練習単元は、従来の方法そのままと解されて、それぞれ実践していたどの授業も、単元学習のなかに入っていたのだということになり、すべてがもとにもどっていってしまったように思う。『単元』ということばは、教科書のなかに残り、教材をいくつかまとめてユニット（単元）として、ある題をつけるという形に残ったが、かえって、ほんものの単元のいのちを消していったようである。一般には第一単元というふうに呼んでいても、それは以前の第なん課といわれた場合と、教材に対する感じ、態度、扱いはほとんど同じようであった。（同上書 p8）

そのなかで大村氏は、次のように考えていられた。

そして、私は何はともあれ、ほんとうの国語力を、人間を人間にすることばの力をつけよう、――つけたつもりでなく、ほんとうにつけようと思って、単元学習であるかないか考えることも忘れて、一つ一つの学習に取り組んでいるうちに、実際には、はっきりと経験単元（生活単元）に向かっていた。

『生活のなかでこそことばの力はつく』『話すために聞くために書くために読む、読んで話し合い聞き合い書く、書いたことを読み合い話し合う、書くために聞き読み話す、ことばの活動はつながりあっているものだ、離れ離れでは生きた力はつかない』『一人一人を伸ばす』『主体性・自主性・自分から学ぶ』『落ちこぼれのない教室』『創造力』『ゆたかさ』『ゆとり』……あとからあとから思い浮かぶ望ましいこと、そのどの一つも単元学習のなかでこそなされると、今は、思っている。（同上書 p8・9）

大村氏は単元学習のために、ほとんどの時間を国語教室のために費やしていた。そのことについて、増淵恒吉氏は、『大村はま国語教室　月報6』のなかで「大村先生の教材研究」と題して、次のように書いていられる。

かつて、私は、『大村教室の根底にあって、それを支えているものは、大村先生の確かな学力、生徒たちへのひたすらな愛情と熱意、そこから生まれる創意工夫である』と発言したことがあった。『大村はま国語教室』の既刊の巻々を読ませていただいて、いよいよその感を深くしたことはいうまでもない。

大村先生の単元学習のそもそもの出発が、『読むことでも、作文でも、話し合いでも、発表でも、一つ一つの国語学習を、ほんとうに子どもの一人一人を伸ばし、一人一人の言語生活をゆたかに高めよう――ほんものの国語の力をつけるものとしよう』としたところにあった。『そのうちにひとつの、それまでとは違った教室になっていた、そして、単元学習と呼ばれていた』と先生御自身は述懐されている。

昭和二十年代の、心ある国語教師の多くが、個人差に応ずる国語教室〞一人一人のための指導計画・自発的・自主的な学習活動等を目ざして、いかにすればそれらが実現できるかを模索し工夫したものであった。グループ学習を推進したり、学習課題の与え方に苦労したりしたのも、その現われである。しかし、私を含めて、それらをとことんまで究明したり、徹底したりする熱意が足りず、持続力に欠けていた。個人差に応ずる、などというのは、所詮理想であって、到底実践できるものではない、それに近づけばよいのだろうと、妥協し安易な方法に流されてしまったのではないか。

大村先生は違う。『一人一人の国語の力をつける』という理念を文字通りまともに受けとめ、真剣にそれと取組んだのである。しかも、個人差に応ずるだけではなく、個々の生徒の可能性を発展させることまでを目標とされていた。教材研究を授業に臨む前の『準備』とするなら、大村先生の『教材研究』は、一般のそれとは天地の差があり、数十倍いや数百倍の苦労を積み重ねておられる。生徒個々の力を伸ばすためである。

昭和二十八年十一月・十二月に授業された『文学の鑑賞（二年）』（本全集第四巻参照）の『教材研究』は、中学生に与える文学教材は、どんなものが適当か』という教材選定から始まる。十五名の生徒の感想文や生徒との面接から得た『生徒は、作品がどのように書かれているかというよりは、何が書かれているかという事柄そのものに引かれている』『自分たちの友だちのような人物が出て来るのを喜ぶ』『あまりやさしいものや架空の物語よりは、現実をみつめたものの方を好む』などの、生徒の関心・傾向を踏まえ、独歩の『絵の悲しみ』ほか四編を資料として選ぶ。次に、文学的環境や文学的雰囲気を醸成するため、『文学の壁』という文学掲示板に、季節に合った詩とか、『名作をたずねて』と題して、そのあらすじを添えたものとかを掲示する。

これらの用意を整えた上で、個々の作品の教材研究が始まるのだが、先生は、文学鑑賞の時間を、『純粋に読み浸る、味わう、酔う時間にしたい』との方針のもとに、『生徒それぞれに応じて文学を享受し、しらずしらずのうちに力が伸びていく』ようにするには、どうあるべきかと計画に工夫を凝らされる。

『絵の悲しみ』においては、主人公『岡本』の心持ちをたどることを生徒の作業の中心とする。ここで注目すべきは、『岡本』の心持ちの変化をたどって、大村先生御自身がその答案をお書きになっていることである。九つの場面に分け、上段には場面ごとに見出しを付け、下段には『岡本』の心のよく表れている文を抜き出しておく。

『岡本』の心を読みとり、書くためには、生徒はどんな能力を必要とし、どんな条件を具えていなくてはならぬかを考慮した上で、生徒を八種（八グループ）に分ける。

各グループに応じて、『鑑賞のてびき』を八種類作成する。場面の欄には、先生の原案どおり全部書いておき、『岡本のこころ』の欄は、グループの能力に応じて、空欄の数を違え、能力の高いグループほど空欄の数をより多くする。このような『てびき』があれば、それこそ、自分の力相応に、生徒は、引け目を感ずることなく学習に参加するはずである。

壷井栄の『坂道』の場合は、『堂本さんの日記』の形にして、十六日分の日記を、これまた大村先生が前もって書かれる。グループによって、空白の数を異にして、書き入れさせるのである。その他の作品の場合にも、生徒の作業に変化あらしめるように配慮し、しかも、それぞれの『てびき』を与えておく。このような学習によって、多様な段階の生徒に、『個々の能力に応じ、その生徒なりに、文学を享受させよう』との意図が見事に結実されていく。

およそ以上の準備をして、その上で教室の学習指導が始まる。この準備が大村先生の『教材研究』である。

昭和四十年代から、大村先生の単元学習は、倉沢栄吉氏の御助言もあって、『読書』に関するものが主流を占めてきたようである。第四巻には、それらのうち六つの単元学習の実際が指導記録によって書き下ろされていて、大村教室の精神に親しく接することができる。いわゆる練習単元の必要なことも先生は認めておられる。しかし、『国語の学習を通して、生活を高めていく』ということが、国語科における単元学習の本来の姿であるとするなら、それは、生活単元ないし経験単元によらなければならない。滑川道夫氏が、大村教室の単元学習を、『言葉を芯とした言語生活単元学習』と称されるゆえんである。国語という教科の枠内での、理想的といえる極限まで押し進めた、生活的な単元学習である。その好例を、私たちは昭和五十三年二月の『単元「――という人」〔伝記を読む〕（一年）』（本全集第四巻参照）によって学ぶことができる。

資料には、『TN君の伝記』ほか八冊が選ばれる。『偉人という態度で書かれていない伝記』で、『偉人伝全集』にはいっていないものばかりである。『学習の進め方』の『てびき』には、(1)それぞれの本を読む　(2)その人をよく表す十の場面を考える　(3)その中から、一つか二つを劇にする。その他の場面は四百字から八百字くらいの文章にする。どちらにも題をつける　(4)ある場面で、情景なり、気持ちなりをよく表していることばを、『適切な表現』『新しく知ったことば』として拾っておくなどの四項目を挙げて作業を指示する。次にグループと担当を決め、『発表はこんな筋で』の『てびき』は、生徒たちが、空白の部分に書き加えさえすれば、容易に発表ができるような台本となっている。

『従来の狭い教材研究だけでは間に合わない世界にまで、生徒たちの本を使う世界が広がった。教師はそれに対応しなければならない。一つの文章や一冊の本を精読しただけでは教えられないもの、育てきれないものがでてきた』という認識の上に立っての読書生活単元の指導なのである。

やはり、大村教室の根底を支えるものは、個々の生徒の国語の力を伸ばし、生活を向上させてやろうとする真底からの愛情であり、どんな方法によれば、生徒の積極的な活動を誘発できるかという、常住創意工夫に心を砕かれるその熱意である。しかも、国語教師としての学力が、それらをしっかりと裏付けている。

近来、先生の周辺に、その真髄を会得しつつある実践者が現われ始めている。全集完成の暁には、その輪が更に広がるに違いあるまい。（『大村はま国語教室　月報6』「大村先生の教材研究」増淵恒吉）

このような生徒たちに対する愛情と、国語の力をつけさせたいという熱意が大村国語教室と単元学習を成立させたのである。現在、中学校の現場では、大村はま実践に続く者が出はじめている。『大村はま国語教室』の完成により大村はま実践の理解者・共感者が増え、そのなかから学びとろうと考えている者は多い。しかし、大村はま氏の真似をするだけでなく、芦田恵之助氏から継承された精神と方法を継承していくことができるであろうか。このことは、芦田恵之助研究、大村はま研究を続け、その根底に流れる規範的精神をみきわめることによって実現できる。

6　大村はま「国語教育実践史」一部　やさしいことばで

ここにあげるのは、大村はま氏の単元学習の実際である。単元学習の歩みが記されている。「やさしいことばで」という単元は、大村氏の初期のものである。生徒の学習記録をもとに、単元学習の生成を追っていきたい。

(1)やさしいことばで　　　昭和二十三年　　　江東区立深川第一中学校

教科書の二年生用の(1)の第二課に、この『やさしいことばで』という教材があった。私はこの文章を読んで胸をおどらせた。そうだ、と思った。そうだ、やさしいことばでこそ、人の心のなかに入っていけるのだ、むずかしい理論、高い思想、深い感動を、みんなにわかるやさしい、平らな、なめらかなことばで伝えていかなければ、文化はみんなのものにならないのだ、文化がみんなのものにならなければ、文化国家として民主国家として日本は生き返っていけないのだ。その文化をみんなのものにするところに、新制中学の出発の意義があるのだ、そして、私は、その先頭に立っているのだ、そう考えて興奮した。

今から思えば、少しおおげさな幼さを感じるが、終戦後、日の浅いそのころ、私の周囲には、これから日本はどうなっていくだろう、どうしていかなければならないかということについて、それぞれ、その人なりに一生けんめい考えている雰囲気があったように思う。

とにかく、この教材に共鳴し感動し、この文章を教えることが楽しみになった。そして繰り返し、熱心に読んでいった。

読めば読むほど、共鳴するところがふえてくるような気がして読みつづけていたある日、立ち寄った書店の店頭で、新しく発刊されたらしい少年少女向けの雑誌『虹』を見つけた。出版物の少なかったころのことで、この種のものがあれば、何でもとにかく、買いもとめるのが常であった。この日も、なんのためらいもなく、すぐこの『虹』を買った。(『大村はま国語教室　第一巻』p10)

その「虹」の裏表紙に、大村氏は鉛筆の広告を見つける。その広告は次のようなものである。

三菱鉛筆

六十年の歴史と最新の技術が保証するマーク

精選され、更に厳密な加工を経た削りやすさ

滑らかさと強さと光線遮断力を倍加した特許加芯

コーリン鉛筆
世界を雄飛しよう　日本の鉛筆
削リヨイ　書キヨイ

ヨット鉛筆
新潤滑芯
なんにせよ――スバらしい鉛筆ですよ　スピードあげて書くほど
いくらでも早くすべる――まったく気もちのよい鉛筆ですよ

エベレスト鉛筆
王者の貫禄
最高峰(同上書 p11)

教材は、見つけようとする心で見ていれば見つかるもので、「やさしいことばで」にふさわしい適切な教材に出会ったのである。大村氏は次のように書いていられる。

私はこの広告を見ていきながら胸がわくわくしてきた。なんというい教材であろう。『やさしいことばで』

の、あの趣旨を考えてみるのに、なんという適切な材料であろう。毎日みんなが使っている鉛筆、子どもたちの身近というよりも必需品、今日にもだれかが買いそうな。どれが子どもを引きつけて、『これ、買おう』と思わせるだろうか。（それに、書いた人、広告主は、この、子どもの雑誌の裏表紙に出すのであるから、はっきりと、子どもの目を意識して書いているにちがいない。）

私はもう子どもたちが乗り気になって一生けんめいに話し合い、論じ合っている教室が目に見えるような気がした。このことばのことをどう言うだろう、あの子もこれなら黙っていられないだろう……などと、子どもたちの顔を思い浮かべた。どの子も喜びそう、○○も◇◇も、乗ってくる、きっと！　私はわくわくし、胸の高鳴りを感じながら、教材を探すということの味を覚えた。また、よい教材、適切な教材というものの手応えと感触というようなものに気がついた。（同上書 p11・12）

生徒一人一人のことを考え、教材を探し、ぴったりくるこれ以上のものはない、と思える教材に出会ったときのうれしさを知ると、新しい教材を探さずにはいられない。大村氏はこのように、教材をあらゆるとき、あらゆるところで楽しみながら探していたのではないだろうか。

この材料での話し合い、意見交換の時間は、予想どおりいきいきとした時間になった。（同上書 p12）

教材が生徒の心をつかんだとき、授業は思うように進む。そのためには材料選びがたいせつな鍵を握ることになる。そう考えると、準備のだいじさがよくわかる。いつも材料を探すことが必要となる。そうしているとつかえそうな材料がだんだんと手元に集まるようになる。日頃から材料を集めようと心がけることが、材料を自然と身近にすることにつながる。そういう筋道がよくわかる事例である。この導入によって生徒の学習は、次のように積極的になった。

この時間の楽しかったことが、積極的な学習を誘うことになった。子どもたちは、『やさしいことばで』の趣旨によって考えてみたい資料を収集してきたのである。探した資料を見せに、いそいそと近づいてくる子どもたち、できる子でもできない子でもない子どもたちであった。『やさしいことばで』の趣旨によって、その文章の直しを試みた子どももあった。

『やさしいことばで』を、いつのまにか繰り返し読ませることができたと思った。また、その趣旨をからだで受け取らせ、感動のある理解にもっていくことができたように思った。『どういうことが書かれていますか』『筆者はどういうことを言おうとしていますか』という問いかけではとうてい及ばないほど、趣旨とともに、筆者の訴え、叫び、筆者その人を受け取らせることができたように思った。

勉強ぎらいな――というよりも、勉強の習慣のない、力がなさすぎて勉強の楽しみを知らない――そういう子どもたちには、『よく読みなさい、何度も読みなさい』『どういうことが書いてあるか、考えなさい』『筆者はどういうことを言おうとしていると思いますか』『筆者はどういう気持ちでこれを書いていますか』、このようなことを言ってはだめである。しかし、何度も読ませたいし、筆者の考え、気持ちを受け取らせたい、そういうことのできる力をつけなければならない。このときどうすればよいか。

この『やさしいことばで』の学習で、この問題への答えをぼんやりとながらとらえた、と思う。そしてそれはその後、今日まで貫いているものの一つになった。(同上書 p13・14)

生徒たちに国語の授業に魅力を感じさせ、主体的・積極的な学習をさせることが、この教材を用意することでできるとしたら、指示することばなしに身につけさせたい力をつける方向へ授業を進めることができるとしたら、材料を探すことは楽しいことになるにちがいない。

大村氏は次のように、生徒岩間巌氏の学習記録を抜粋している。

「昭和二十三年六月五日始、昭和二十三年七月十八日終」の奥付がある。

目　次

(同上書 p14・15)

この目次を見ると、国語科が他の教科の中心となっていることがわかる。また、生活のなかから生徒自身が探してきたものも教材としてとりあげられたことがわかる。生活に役立つことやまわりの社会生活にも生徒の目が向けられているのがわかる。

次に、この目次の内容について見ていきたい。

一　私の国語学習のあと

　　小学校での国語学習のようすを書いた文章(同上書 p16)

これなど国語学習個体史そのものである。「てびき」として大村氏の模範作文(大村氏自身の国語学習個体史)が書かれていたと推測できる。

二　「やさしいことばで」の感想文　　原稿用紙

三　問題　国語手引きのつづき

(一)(二)(三)　略

(四)　国語問題　当用漢字や現代かなづかいについて意見を集める。

(五)　国語問題の一つを選んで友達や父母に聞く事、そしてそれを統計にとる。

(六)　町の掲示板や広告の文を集める。一般の人に向かっての文として批評する。よくないのは直してみる。

(七)　新聞の論説を読んだりラジオの講演を聞いたりしてわからない言葉をかきぬいてみる。

(八)「文化日本建設とことば」という題で作文を書く。
(九)八番と同じ題で話す時、項目をプリントにしてその原稿をつくる。
(十)理科で習った事の一つをえらび年下の子供に話してみる。立案から結果まで記録する。
(十一)　言葉について調べる。
(イ)どこか、ことばにわからないところがあり、ひとりよがりのことを言ったりするために、相手方に通じかねてみぞができて来る。
(ロ)なるべくやさしくくだいて、一般の人たちにもわかるように、心がけて行きたいものである。
(ハ)観念的なことばを並べたり、誇張した表現を好んだりして
(ニ)空を流れる白い雲
(十二)(イ)これには、いろいろな原因があろうが、その一つはお互いの心持ちがよく通じていなかったということにある。
……………原因があるが、それは……
(ロ)気持ちがうまく通じない大きなわけは
……………通じないわけは
(ハ)はっきりしたことを言うためには、まず心がはっきりしていなければならない。
……………ためには、心が
(ニ)ひとりよがりになりがちである。
ひとりよがりになる。
(ホ)決して理解しにくいことはあるまい。

……………………ことはない。
(へ)心がけていきたいものである。
心がけていかねばならぬ
(十三)「やさしいことば」のやさしいという意味をほかにどんなことばで書いてあるか。
(十四)(イ)通じかねて　(ロ)やむを得ない　(ハ)どのように話してみたところで
(ニ)むしろ　(ホ)しかも　(へ)関心を深める
(十五)次のような意見にはどのように答えたらよいでしょうか。
(イ)やさしいことばを使うと文の調子がゆるむ。
(ロ)ほかの事はともかく学問上のことは学問の術語をつかわねばあらわせない。
(十六)反対者に手紙のように反対論を立てる。
(十七)漢字の略体で書いてあるのをしらべる。
(十八)(イ)気持ちがうまく通じない大きなわけは、お互の使うことばが相手によく通じないためである。
A　討議法について、どうお考えですか。
B　なにしろ昔やってみて失敗した方法だものですからね、過去において。
A　一度失敗したとしても、それだからもうやってみるねうちがないというわけはないでしょう。
B　もちろん、そうですよ。いろいろの点に注意して、まえの失敗の原因をたしかめてやらねばと思います。
A　前の時と社会のようすもちがうのですから、そうただ過去についての研究の通りにはいかないでしょう。
(ロ)話をする時にも、できるだけやさしいことばを考え……
×私はそれをはっきり意識していた。　○……知っていた。感じていた。

×日本人には社会という観念がない。○……という考えがない。ということを考えていない。
(ハ)「文に書いてみてはじめてわかるようなことばではなく」
×高度　硬度　光度　○高さ　かたさ　明かるさ
×翼長　○つばさの長さ
(ニ)話す時には適当なところでくぎり、長く続けないことである。
×友だちどうしでありながら、お互に離れ離れになり、時には争いごとを起したりすることがあるのは、いろいろな原因があろうが、その一つはお互の心持ちがよく通じていなかったということにあり、お互の心がよくわかっていれば、そのくいちがいがなくなり、離れようと思っても離れることができなくなり、親しくなるはずだのに、気持がうまく通じない大きなわけは、お互の使うことばが、相手によく通じないためであって、どこかことばにわからないところがあり、ひとりよがりのことをいったりするために、相手方に通じかねてみぞができてくる。
(ホ)言おうとする自分のことばをできるだけくだいて話すことである。
×だれしも自分の幼少時代を回想して、それが後年の生活に影響を及ぼしたあとをたどってみるならば、つきぬ興味となつかしさを感じつつ、幼少の生活が強く自分を支配している事実に驚くであろう。
○だれでも、自分の幼いころをふりかえってみて、それがおとなになってからの生活を動かし、向きを定めているあとをたどってみるならば、わきあがるような興味となつかしさを感じつつ、幼いころの生活が、一生を通じて強く自分のいきかたを動かしているということに驚くであろう。

○××

いと発音される時　いひゐ

○×

う………　うふ

○×　　　　　　　○　　○

え………　えへゑ　ただし　海へ　こちらへ

○×　　　　　　　○

お………　おほを　ただし　○○をください。

○×　　　　　　○

わ………　わは　ただし　私は

（十九）　自分たちで不断使う言葉で不正確な言葉などひろってみる。（同上書 p16～19）

大村はま氏は「やさしいことばで」の教材で、以上のことを実践している。このような実践は、生徒参加型だからこそできることであり、単元学習だからこそできることであろう。大村氏にとって子どもたちは、一緒に研究する仲間であり、教師と生徒という枠を越えて親しいものであり、尊敬し理解し合える理想的な間柄であっただろう。この学習記録を見ると、生徒たちが喜んで次々と思いつき調べた様子がわかる。では、どのような目標をもって生徒たちは学習にとりくんでいたのであろうか。

次には「国語手引き目標」をとりあげる。

国語手引き目標

①　文の要点をつかむ
②　大勢の前で話す
③　学級の討議
④　会見する
⑤　会話をする事
⑥　ラジオを聞く事
⑦　知識を得るために本を読む
⑧　項目の一覧表
⑨　もの事をたのむ手紙を書く事
⑩　いろいろの人の意見の分類をしたりうまくまとめたりすること（同上書 p19・20）

この目標を見ても、「国語手引きのつづき」を見ても、生徒を学習の仲間としてとらえ、ともに学んでいこうとする姿勢が見える。生徒たちは、指導者の準備に応え得るだけの積極的なとりくみを見せてくれると思う。「国語手引き目標」を見ても生活に結びつく内容が考えられ広く社会の中から取りあげようとしていることがわかる。

次にとりあげるのは学習の資料として配られた広告文と、それをもとにおこなわれた学習の内容が書かれた文章である。

広告文

二年Ｂ組　岩間　巌

（一）空高くとぶホームランのような書きごこち　三菱鉛筆
（二）大声援のおかげでヨットが輸出のトップです　ヨット鉛筆
（三）速い筆記に堪える弾性　トンボ鉛筆
（四）新潤滑芯　ヨット鉛筆
（五）あっ！、ホームランの様に気持よく楽しくかけるクリーム性ゑのぐ
（六）国民生活は断然音楽と共に！　トンボ楽器製作所

あまりとってもきりがないので(六)までにした。今の時代一番発達しているので野球の言葉が多くなった。昔のヨット、トンボ、ミツビシなど一般に向っていってる言葉でない所がある。しかし広告文は近頃だんだんわかりやすくなった。それから感づいたのは……えのぐとかいてあるそのえのぐのえをこのゑを書いている。皆そうだ。そういうまちがった字を書いてあるのを不びんと思った。（それから物の不足か広告のとおりでない時がある）トンボ鉛筆の弾性とかヨット鉛筆の新潤滑芯など一般向でないと思う。
それからコーリン鉛筆のは絵で書いてあるが、かえって実際的でいいと思うが、芯の木の波があればよい鉛筆だ、という事をしらなくてはならぬ。(同上書 p22)

この広告文を書く前の学習の資料として、次のメモがある。

それぞれの鉛筆の広告文について（授業の話し合いで出た意見のメモ）

三菱鉛筆

厳密だとか、光線遮断力とか、むずかしい字を使って、一般の人にわかりかねる。中学生くらいならわかるかもしれない。
(注　ここの「中学生」とは、旧制中学校を指していると思う。戦後まだ日が浅く、現在の中学校は新制中学と呼ばれ、ただ中学校といえは、旧制を指していた。)
コーリン鉛筆
はじめの一行はむずかしいが、わかりやすく書いてある。
ヨット鉛筆
新潤滑芯という字はむずかしいが、あとのは会話的に書きあらわしてある。これならきっとだれにもわかると思う。しかし、この会話は大人としての会話であるから、もっと明るいように書くのなら、子どもが言っているように書くとよいと思う。
エベレスト鉛筆
「貫禄」とか「最高峰」とか、とてもむずかしい字を使っている。もっとわかりやすく書かなくてはならぬ。
(同上書 p21・22)

このように、学習記録が残されているので、どんな資料からどのような文章が生まれたかがよくわかる。単元学習がどのようにおこなわれたのかが、この学習記録によって理解できる。さらに岩間巌氏は、「まとめ」として授業での話し合いをもとにして、この授業を次のように締めくくっていられる。

三菱鉛筆

厳密だとか光線遮断力だとか精選されただとか、とてもむずかしい字をつかっている。一般の人にわかりかねると思う。中学生ぐらいならわかるかもしれないが、もっとわかりやすく書かなくてはならぬ。

コーリン鉛筆

これは世界の各国へ日本の鉛筆がわたるよう、その日本の鉛筆の代表がコーリン鉛筆になるといっている。そして削リヨイ書キヨイ。初めの一行は少しむずかしくあとのはわかりやすく書いてある。

ヨット鉛筆

新潤滑芯という字はむずかしいが、あとのは会話的に書きあらわしてある。これならきっとだれにもわかると思う。しかしこの会話は大人としての会話であるから、もっとわかるように書くのなら、子供がいっているように書くとよいと思う。

エベレスト鉛筆

エベレスト山は世界の一番高い山で世界を支配している、という意味だが、最高峰などの字はむずかしすぎるからもっとわかりよいように書かなくてはならない。(同上書 p23)

中途半端で急いで終わらせようとするような、駆け足で教科書をこなしていくような授業に比べて、きちんと始末をつけていく授業がなされているのがわかる。それだけではない。国語の授業中だけの国語ではなくて、生活のなかからも教材を求め、言語生活者として生徒たちを育てているのがわかる。

次にとりあげるのは、生活のなかからわからない言葉を書きとったものである。

ラジオの講演や新聞のわからないことばを書き取る

ラジオ講演から
　クレジット　論じている　シンタク　シテキしている　トゼツ　エンカツ　ゴウリカ　カクホする
読売新聞　六月十日　社説　「国民健保強制加入に反対」
　滞納　動脈硬化　社会保障　美辞麗句　喪失　遅延　官僚的独善　医療費　国庫補助金　修飾的　企図　経過　国民健康保険強制加入　遮二無二　課して(同上書p23・24)

このように読むことから、わからないことばを書きとるだけでなく、ラジオから聞きとったわからないことばを書きとるということもさせている。わからないことばというのは、意識しないと書きとったり、まして、聞きとったりできないであろう。わからないことばを探し出すというはっきりした目的があってこそ、聞きとったり書きとったりすることができ、新しい語彙としてとりいれられることと思う。また、一度このことをしておくと、日常生活のなかでわからないことばに出会ったとき、自分で探したり、調べたりすることができる。
この「やさしいことば」の単元で、ことばを調べるうちに、生徒たちは、ことばと文化について考えている。そして、次のような文章を書いているので、とりあげたい。そのことで、単元学習の広がりを確認したい。

文化日本建設とことば
二年B組　岩間　巌

現在の日本は、とてもすさんだ世の中である。なぜだろう。それは、ことばのむずかしさにあるのではなかうか。お互いの心を通じるたった一つのやさしいことばである。やさしいことば、いろいろな、とうとい物を生む、其の人の人格、正義、正しい心などである。文化の進んだ国は、やさしいことばを使っている。なぜやさしい言葉を使えば、文化が進むのだろう。私達は自分自分でこの事をよく考えなくてはならない。今迄の日本は、やさしいことばを使う物は小供の物であると思い、むずかしいことばを使ってあるのが大供(ママ)の物であると思っている。日本は今迄、ずうっと古い習慣を通して来たから、一遍には直らないこの習慣を、なくす機会は、私達の世の中である。私達の世の中がきたら、明るい、楽しい、文化的な日本にしなくてはならぬ。世界を大きく見てこそ、その国の文化が生まれるのである。その文化が生れてこそ人類のかちという物が出来るのだと思う。高い思想と高い衆に向って、やさしい言葉で、説く事は多くの人をどれだけ幸福にさせるか。今の学者は大いに反省しなければならない。むずかしいことばは、おそろしい事を起す原因なのではなかろうか。一刻も早くこの文化のおくれた日本を、やさしい言葉で、たてなおさなくてはならないと思う。やさしい言葉を使えば、日本だけでなく、世界人類の幸福にもなるのである。(同上書 p24・25)

この作文の要旨として、次の文章が続いて書かれている。自分の文章の要旨を書かせるというのも、文章の要旨をとらえる練習の初歩として役立つし、言いたいことを短くまとめさせる訓練にもなる。

文化日本建設とことばの要旨

二年B組　岩間　巌

現在の文化日本建設とことばとどのような関係があるか、日本建設を促進する為にはどんな物があるか。平和の御代になった日本は、過去の文化をかえりみて、深く反省する物があります。そして、その反省する物は何か、それは、いろいろな事がありますけれど、一番大切なのは言葉です。むずかしい言葉をつかった事にあります。今後立派な文化を立てるには、やさしい言葉にあります。そして、一般大衆は今こそ、深く反省し、やさしい言葉を使うべきではないだろうかと思います。(同上書 p25)

このように自分のことばで、自分の作文の要旨をまとめるというのも、作文の授業のまとめとしては、よいのではないだろうか。

次の文章は、先にあげた目次十一「理科で習ったことの一つをえらんで、年下の者に話してみる」の課題に対する、同じ生徒の作品である。

理科で習ったことの一つをえらび、年下の者に話してみる。

二年B組　岩間　巌

山に降った雨の水が海にそそぐまでのすじは、始めに雨の水は山の木の葉や枝や幹、落葉、コケなどをぬらして、ぽたりぽたりと葉から落ちた水は落ち葉の間を通って下に流れこみ、そこには年ごとに木や草の葉が落ちては腐ってそれがつみかさなり黒い土になります。その土はまるでカイメンのように水をよく吸います。そして水はだんだん流れ集まって谷川の水になり、くさった葉から土にしみこんで谷間のかげから落ちる水も谷川の水に加わります。(同上書 p25)

この文章を年下の子に話した結果は、次のようであった。

私は七月十二日の午後近所のある三年生をつかまえて説明した。

私は山に降った雨の水が海にそそぐまでの話を一通りしましたがわからないようす。私は又話しました(本の書いてある通り)が、しかしわかりそうもないのでこんど三回目は具体的に話しましたが、その結果は言葉のいみはやさしいけれど話のすじがわからないと言いました。質問はないと聞いたら言わないので私が質問した。それはカイメン、黒土の意味を聞き正しましたらカイメンの意味はわからず黒土の意味だけ言いました。

落葉や草や木の葉がくさって黒土になったと言いました。そして逃げていってしまいました。一般に結果は思わしくありませんでした。全部の字数は約一九五字。(同上書 p26)

非常に真剣にしかも、楽しんで説明している様子がわかる。芦田恵之助氏の随意選題を、学校の外でも四六時中題材を積極的にさがして書いていた子どもたちと同じように、進んで国語の課題にとりくんでいる。そのうえに自分でもその課題を広げようとしているのがわかる。

「やさしいことば」についての学習が深まったところで、やさしいことばをつかうことの良さを、反対する人への手紙という形でまとめさせている。その手紙を次にとりあげたい。

やさしいことばを使うことに反対する人へ手紙文でちがうことを説明する。　　二年B組　岩間　巖

私はやさしい言葉をつかうと文の調子がゆるむというのは絶対反対です。決してやさしい言葉を使うと文の調子がゆるむなどはしないと思います。そして文の調子がゆるむのと、やさしい言葉とは無関係だと思います。そして一般にわかるように書けば文の調子などよいと思います。私はやさしい言葉を大いに使うべきであると思います。

ほかの事はともかく学問上のことは学問の術語をつかわねばあらわせないなど私は絶対ちがうと思います。これをしゅちょうしている物は学問は何んの為にあるべきかを知らない。学問は、一般民にもわかるように書くのがあたりまえだと思う。学問は今までむずかしい物であるという事を早くすてさり、新しい学問を進ましたいと思う。それからやさしい言葉ばかり書くと子供っぽく見える、というのは、学者だけわかればそれでいいと思っているのかしらないが、子供がよんでも大人がよんでも内容がしっかりしていれば、それでよいと思

う、子供っぽく見えるというのは一種のみえという物であると思う。そういうつまらないみえなど、もってないでやさしい言葉を使おうじゃあないか。(同上書 p 27・28)

生徒が主体的に積極的に学習を進めていると、新しい疑問がでてきたり、調べたいことがでてきたりして、学習そのものが発展していく。この単元をおこなう前と、後では成長の跡が見える。

次にあげるのは、生徒自身が書いた反省である。

(一)前の感想を書いた時と今とのこの文に対する感想

(二)この課を学んで『ことば』について新しく考えさせられたこと

私は初めてことばと文化日本と関係があることをしりどれだけ大切かを知った。深く反省すべき所がたくさんある。

(三)この課を学んで『ことば』について新しく知ったこと

やさしい言葉を使う事。そうしないとお互にもつれあう事がある。

(四)この課の学習中興味深く感じたこと

私はいろいろ思ったがその一つはことばの大切なてんを興味深くかんじた。

(五)この課を学んで自分として力がついたと思うこと

皆んなの前で話せる事、多くの知識を得た事、作文でもすぐ書けるようになった事、文の要点をつかめるようになった事である。

(六)この課を学んで組として力がついたと思う事

皆団結しまとまって来た。それから中学生らしくなった事。まだあるがおもにこの二つである。

(七)この課を学び終えて新しくしらべたくなった事
　ことばについてもっと深くしらべたいと思う。
(八)この課を学び終えて新しく持った疑問
　一、昔の人はどんな言葉を使ったか。
　二、文字はどうか。
　三、言葉はどうして作ったたか。(同上書p34・35)

このような反省は、自分自身の考えがまとめられよくわかる。他に、態度・聞きかた・話しかた・書きかた・読みかた・作文の反省の自己評価ができる自己評価表もある。

「国語教育実践史」は、このように、指導者の記録と学習者の記録の双方から立体的に明らかにされてこそ、十全な材料を備えると考えられる。このような単元を大村はま氏が、国語教育実践を、単元の積み重ねとして、とらえかえして初めて「国語教育実践史」を成すことができる。この単元は「国語教育実践史」の一部ととらえることができる。

7　大村はま「国語教育実践史」二部　クラーク先生

この「クラーク先生」の単元は、大村氏に単元学習でしか生徒に力をつけることができないのではないか、と単元学習について決意をあらたにされた単元として大村氏の単元学習をとりあげるときに、はずすことのできないものである。

クラーク先生（国定教科書）　　昭和二十三年十二月　　江東区立深川第一中学校

クラーク先生――と、この名を見たとき、興味ということば以上の引かれるものを感じた。それは『ボーイズ　ビー　アンビシャス』のゆえではなく、私の敬愛した、開拓精神に富んだ二人の伯父、札幌農学校出身の伯父たちの思い出に直結しているからである。まるで身内に出会うような親しみをもって教材のページを開いた。この気持ちがこの学習の終わりまで変わらず、教材に対する誠意というようなものになり、惜しみなく手をかけ時間をかけて教材とその背景とを調べることになった。当時の北海道のようす、ことに札幌のようす、新聞にはどのようなことが報道されているか、クラーク先生をとりまいていた人々、札幌農学校への一般の目、札幌農学校での教育、学習のようすなど、調べたいことがふえるにつれて、その方法も少しずつ開けてくるようであった。

いよいよ、今日から『クラーク先生』の学習に入る、というときには、私は『クラーク先生』博士になっていた――そういう気がしていた。教室に行って、正式に授業が始まる前から、もうまわりに集まってきた子どもたちを相手に、クラーク先生の話が、口を突いて出てきた。まわりの子どもが次々ふえてきた。ベルが鳴ったので、『さあ、とにかく授業始めよう、それからお話しするから』と言って、みんなをとにかく席にもどし、お早うのあいさつをした。礼をして頭をあげてみると、期待の目でいっぱいである。いつも書くことにしていることを黒板に書き、そのあとしばらくは、みんなの期待に応えざるを得なかった。『応えざるを得なかった』は、自分のおしゃべりが恥ずかしいからで、実際はみんなの聞きたい気持ちより私の話したい気持ちの方が大きかったかもしれない。そして、そのどちらよりも大きく強かったのは、クラーク先生の話、素材そのもののもっていた魅力、迫力であったろうと思う。
みんなで『クラーク先生』を読み、これをもとにして小さな発表会をすることにした。そのことは、なんか、すらすらといつのまにかそういうことになってしまったと思う。
まず、クラーク先生のえらさを確かめることから始めた。
私は、見やすい表にするといいと言った。一枚めは、クラーク先生のことばを取り上げ、二枚めはクラーク先生のされたことを取り上げ、そして三枚めは、弟子たち学生たちのクラーク先生に対する気持ちを取り上げてはどうかと言った。そしてそれぞれ三段に分けて、上の段には、その取り上げたことばとか、されたことどか、気持ちとかを書き、中の段には、そのことばなどについて、それがどういう場合、どういう場面でのことかを書き、下の段には、それぞれ、それがどういうことを言っているか、表しているかということを書いてはどうかと言った。みんなはたいへんいいことを教わったような顔をして、どんどん線を引いて読んでは書き、書いては読んで静かであった。中に線を引かず、ことば、場合、意味というように書いている子どももあった。なにも線を引かなくても、これでもよいわけで、そのように、ほかの方法もくふうせよと言えばよかったと思った。

一例　村松富子　学習記録から

ことば　そのようなことで人間がつくれるものか。予がこの学校に望む規則は Be gentleman!　ただこの一言に尽きる。

場合　学則を定めるときに、参考のために、札幌農学校の規則書を持ち出し、その大要を英訳して先生の前で読んだとき、先生がおいかりになって。

意味　ゼントルマンというものは、定められた規則を厳重に守るものである。規則にしばられてやるのではなくて、自分の良心にしたがって行動するものである。

この学習を進めるあいだに教材は読みこなされていった。そして、小さな学習発表会のために、また新しい観点でこの文章は読みこなされていった。(『大村はま国語教室　第一巻』p35～37)

国語科の教師は、お話が上手でなくてはならない、と橋本氏が「大村はま先生の話し方の修練」のなかで書いていられたが、その前に、お話をすることが好きでなければならないと、わたくしは思う。子どもを前にして、話したくてたまらないものをたくさんもっていなければならない。また、教材そのものを好きになることも教師としては、だいじなことだと思う。教師が夢中になってとりくんでいるその姿を見て、生徒も作品に興味を持ち、魅力を感じるにちがいない。

この「クラーク先生」の単元で、大村氏は「雑炊単元」と非難されていた単元学習に高い価値を見いだし、その意味づけを確かにした。「クラーク先生」の単元学習がすすめられたときの姿の記述である。

この学習は、単元ということばをつけるとしても、せいぜい教材単元であり、一まとまりの言語生活というもの、一まとまりの学習生活とでもいう程度のものであったと思う。しかし、それでも、子どもたちの学習ぶりは変わった。ことに小さな発表会の準備段階に入ってからの、『クラーク先生』を読む、読み返す、くわしく読む、読んで考える、その意気込みは盛んで、学習からそれていたずらに走る子どもをおさえこんだ。昭和二十三年の暮れ、新制中学校の出発から一年半のころ、そのころの中学校の教室は、まだまだ荒れていた。席につけておくだけでも容易でない仕事であった。こわれかかった机の上を渡り歩く子どもたちに声をかけながら、あばれない子どもたちに何かを学ばせているという状態になることも多かった。とんでくる足先から、す早く本やノートをのがれさせるなどということも珍しくなかった。それが静まったのである。最後までとびまわっていた一人が、あたりの雰囲気にふと気づいて、思わず足をとめ、さわいでいるのは自分一人と知って、とまどい、しばらく棒立ちになっていた、あの恥ずかしそうな、ゆがんだ口もとが、まだ目に残っている。

私はこの学習で、主体的に、積極的に読ませることを一つ覚えた。読みなさいと言ったり、細かい問いのたみかけではできないような熱心な読み手にさせることを覚えた。さらに言語活動のつながりということ、高まりということを知った。当時、雑炊単元という、わる口がささやかれたが、なんでも一時間中に話したり読んだり、聞いたり書いたり、いろんな言語活動がまじっているのが単元学習ないし新しい学習と考え、ごたごたして何を目あてにしているのかわからない、したがって、なんの力がついているのかわからない、そういう授業を笑っていることばである。（戦後まもない当時、この雑炊ということばは、現在とはちがった語感でひびくことばであった。とにかく非常にみじめ、そしていろいろまじっているだけでなく、そのまじっている一つ一つが価値の少ないもの、味も栄養もない、ただその場をふさぐだけのものである。雑炊単元といわれて、言下には打ち消せないものが、たしかにあったのである。）

当然この場ではこういうことが話し合われる、当然ここではこの文章を書くようになるという、自然の流れ、作りものでない実の場、言語活動が一つの話題を中にして互いにつらなりあい、呼び出しあっていく国語の教室、私は静まった、そして生き生きとした教室の一隅に立って、小さな階段を一つ、たしかに上りえたような気がした。（同上書 p39・40）

この「クラーク先生」の単元での成功が、大村氏に単元学習をすることを決意させたのではないか。戦後の動乱期に単元学習でしか力をつけられないと思わせたのではなかったか。そして、この単元で確かな手応えをつかんだのではないだろうか。この実践でもわかるように、大村氏の人間的な魅力が単元学習を生かしていたと考えられる。『大村はま国語教室　月報６』のなかに、先の岩間巌氏の「大村先生のこと」という文章が載せられている。岩間氏の生活が当時どのようであったか、背景として必要と思うので、次に載せる。

大村先生のこと

岩間　巌

先生との出会いは昭和二十三年深川第一中学校でした。教室に入ると温かい微笑みの中にも毅然たる態度で授業を始められたものでした。静かで無駄のない語り口、美しく正しい話し言葉を忘れることは出来ません。

私の家は終戦間もない空襲で焼かれ、当時学校の近くの汚いアパートで、八畳一間と小さな台所だけの部屋で家族七人が生活していました。それでも疎開で家族がバラバラに生活するより、家族全員が一緒に生活出来る幸せを感じていました。当然こんな状態ですから机も家にはなくミカン箱を引っくりかえして使っていました。当時、学校から帰ると深川の清澄庭園の片隅にある古色蒼然とした深川図書館によく通いました。古本の匂いと、何よりも静けさが好きでした。自分の部屋がないのでこの方がかえって落着くのです。

父は木場にある工場に通うサラリーマンでしたので、経済的にはかなり窮屈で、自分の好きな本を買うため、今でいうアルバイトを中学二年でしています。このアルバイトは学校に知られ途中で止めさせられましたが、ある飴屋でバターボールに包装紙を一個一個巻く作業で大分飴屋に重宝がられたものでした。二、三十個ぐらい巻くと一個ポイと口に入れ、オヤツ代りにしていました。稼いだお金で、塩谷温先生の漢和辞典を神田の巖松堂で買い求めたのを憶えています。電車賃を節約するため、深川から神田神保町まで歩いて行きました。今では表紙もとれ、すっかり汚れてしまいましたが、大事に保存しています。

過日、ひょんな事から先生と連絡がとれ、三十五年振りに電話でお話が出来ました。『大村はま国語教室』

の出版で忙しい日々を送られていること、さらに私の当時の作文がたまたま保存されていて、第一回配本に載せられている旨を知らされ、懐しさで一杯でした。私の母が未だ健在で、この事を話しましたら、母が父兄会に出席すると、大村先生から『他の生徒も岩間さんのようだと楽なんですけど』と良く言われたと話してくれました。

間もなくその第一巻が私に送られてきました。読んでいくうちに先生の授業が想い出され、やがて昨年中学を卒業した自分の息子の国語教育との違いが気になり、早速読んでもらい、次のような話をしました。

息子『僕らの国語の授業は先生が教科書主体に一方的に話をしていく雰囲気で、シーンと静まりかえって、いつも重苦しい感じだった。』

私『大村先生の授業は、先生と生徒が種々なテーマで常に対話がなされていたよ。頭の良い子、悪い子の隔てなく、どんなつまらない意見でもちゃんと取り上げてくれたよ。』

息子『先生は特に身近な題材を取り上げてテーマにしているね。僕らの習った授業は、論文・小説等の長文を読ませ、全体の意味の把握をさせたり、部分解釈が多かった。』

私『今の先生は授業を通じて生徒との対話が足りないんじゃない？国語に限らず数学でも、理科でも、社会でも対話が必要なんだよ。対話によって、この子はどこまで理解しているかだけでなく、どうしたら興味をもたせられるかがわかるからだ。又子供達は、先生が自分に関心を示してくれることを潜在的に望んでいるんだ。先生は俺には無関心なんだという気持を抱かせたら、いくら〝教育〟の橋をかけても駄目だと思う。授業は教科書のニュース解説じゃないんだから。』

息子『そんな事をしたら授業が騒がしくなって大変だろう？一度数学の先生が対話方式で授業をしたら校長先生がとんできて、〝何をしているんだ。静かに授業をしなさい〟とえらい剣幕で、先生が生徒の前で叱られたことがあったよ。その先生は他の学校に転勤させられたみたいだったけど。』

私　『話し方とか聞き方は習ったの?』

息子『習わなかったよ。書き方、読み方、ノートの取り方は習ったけど。』

私　『論文・小説ばかりでなく戯曲なんか使って話し方、聞き方がテーマに出来るんだけどね。』

息子『受験に合せざるを得ないんだよ。』


今日ほど教育の難しさを痛感させる時代は無いようです。行政的な問題、例えば偏差値によって子供を振り分けること、検定の教科書の内容。又社会環境、例えば物質ばかり豊富で精神の豊かさを求めない大人の価値感猥雑な大人の情報過多社会、その中で知識ばかりを詰めこまれ、情緒のない子供達が大人になっていったらと思うと、空恐しい気がします。教育の根元は、先生の人格が生徒に伝わることから始まることを、今一度考えてもらいたいものです。それにつけても私はつくづく良い先生に恵まれたと〝幸せ〟を感じています。(『大村はま国語教室　月報6』「大村先生のこと」岩間巌)

野地潤家博士は、国語の教師は規範性がなくてはならない、と書いていられる。「先生の人格が生徒に伝わる」こと、「教育の根元」は、そこから始まることを肝に銘じて教師という仕事を考えなくてはならない。

8　大村はま「国語教育実践史」三部　古典に親しむ　読書の技術

大村はま氏は、研究授業をよくしていられた。見ていただくための模範的な授業をすることもあった。「古典に親しむ」などは、手作り教材で、指導要領での古典の目標を「古典が読める」でなく、「古典に親しむ」にとどめてほしかったために、古典に「親しむ」授業とはどんな授業であるかを見ていただくために展開したものである。この実践をとりあげたのは、この「古典に親しむ」の単元に大村氏の特徴がよくあらわれているからである。この実践は、昭和二十五年、目黒区立第八中学校でおこなわれたものである。中学校の古典の学習について、大村氏は次のように考えていられた。

これは、新制中学校の古典の学習の目標が『古典に親しむ』というところにおかれることを願い、その読解中心でない『古典に親しむ』という授業は、たとえばどんな授業をすることかを見ていただくために計画したものである。

この学習の出発は、私自身の意気込みが生徒を圧倒した形になった。生徒は知らず知らずひっぱりこまれたのであるが、しかし、この学習に入る前の十一月十四日、掲示板に掲げた『古典というものは時代とともに新しい面を表すことによって、それぞれの時代にふれた新しい意義、新しい問題を提供するものであり……』と始まる谷川徹三の文章の一節に集まるみんなの目にはいきいきしたものがあった。そして希望によって、その一文をプリントして渡すことになったのであった。（『大村はま国語教室　第三巻』p27）

この実践の学習記録を、次にあげる。

学習日記（原倭子）から

○十一月十四日（火）

あしたから、『古典入門』の単元にはいる。

プリントをいただいた。『古典というものに対する考え方の代表的なものである。読んでおくように』と掲示してあった。

谷川徹三

古典というものは時代とともに新しい面を表わすことによって、それぞれの時代にふれた新しい意義、新しい問題を提供するものであり、その意味で時代とともに成長してきたものである。そう私は解釈いたします。もちろんそれぞれの古典がそれの作られたそれぞれの時代の制約をもっております。どこかに時代のからをくっつけているのであります。しかし、それが古典であるかぎり、単にそれだけのものではないのでありまして、それが今日まで生きつづけてきたということは、何百年何千年という長い年月の間、それぞれの時代に、それぞれの要求に応じて、新しい感じ方、新しい解釈を許してきたということであります。それでなければ、今日まで生きのびてくることはできなかったでありましょう。その意味で、古典は常に自然のように新しい、古典は第二の自然であるということができるのであります。

ノートに新しい紙を入れ、はじめのことばを書いた。

はじめのことば

古典、古典とよく聞き、よくいうことばではあるが、私として実際にまだ読んだことはない。ほんの一節読んでみたり、先生に教わったくらいのものである。けれども私は『古典』ときいて、きらいなどころでなく、この単元にはいるのがとてもうれしく思われる。ちょっと読んで、わかるような、少しもわからないような古典の勉強を、いったい、どんなにして楽しく学んでいくのだろうか。私は古典を好きだと思っているが、決して今読んでみようとまでは思えない。それが実際に手に取って自分から読めるようになるだろうか。なお一層

関心を深め、古典についての知識を増したいと思う。（同上書 p28・29）

新しい単元、古典に対する不安や楽しみが書かれている。このような思いは、普通の国語のノートには見られない。学習記録と呼ばれるゆえんである。一人一人の生徒が、自分の成長の記録として、国語の授業の記録として主体的に自分のために書かれていたことがよくわかる。言語生活を記す物として、国語の学習記録が生活の中心をしめていたことがわかる。新制中学校の厳しい現実が、それまでの女学校での一斉授業のような実践を許さなかった。そのことが大村氏に一人一人の能力に合った、単元学習をさせることになったのである。

新制中学校の教師となって四年め、私はもう何を扱うにも何を指導するにも、それまでの一応よくできていた方法を追わず、必ず何か、新しいくふうをする習慣になっていた。それは、優秀な女生徒の集まりであった長野県立諏訪高等女学校、東京都立第八高等女学校と、各段階の男女生徒の入りまじっている新制中学校との大きな違いが、心にしみとおっていたからである。また学校方言といいたいような型にはまった質問の形、指示の形から脱け出して、なに？と目を見はるような新鮮さで、学習活動をすすめなければ、やって価値ある問題に取りくませることができないことを、日々、一時間ごとに痛感していたからである。『させたいことを、しぜんにさせてしまうように』『しぜんに、いつのまにか学力のつく学習に熱中しているように』これが、くふうの基本であった。このくふうをしなければ、ほんとうに学習室、教育の場らしい、いきいきとした国語教室にしておくことができなかったのである。

この前に『物語の鑑賞』（本全集第一巻Ⅰ――1参照）の学習で、作品を味わう、作品に描かれている人物・心情・情景を読みとるために、その作品を劇化したことがあった。劇化の過程に、作品は繰返し読まれ、人物、心の動き、動作のはしばし、ことばの一つ一つ、全体の雰囲気など、しぜんに細かく深く読むようになり、『この人はそのときどういう気持ちだったでしょう』『このことばにはどんな気持ちがあらわれていますか』などの問いに答えさせることなしに、一人ひとりが自分なりの力をきたえていけたようであった。そして、楽しかった。

それで、古典も、そのような方法で読ませたいと、学習活動の向きは早くきまっていた。

取り上げる作品は、とにかく、質的にも量的にも多くなければならないと考えた。従来の読解中心の古典学習とちがって、古典に興味をもち親しみをもつことを目標にすれば、できるだけ沢山の古典を取り上げなければならなくなると思った。入門の門はできるだけ広くと考えた。

また、それまでは主に、古典のなかの主なもの、代表的なもの、また、内容も理解しやすく、文章も比較的やさしいものが取り上げられていたと思う。それはそれで動かない基準であると思うが、単元として考えて、何か一つのテーマがほしいと思った。

それで、『古典のなかの日本人に愛された心情、情景』というテーマのもとに、そしてなるべく、今までの基準に沿うようにと考えて選んだのが、次のものである。

古事記　　やまとたけるのみことの最期のところ。

万葉集　　熟田津に　わたつみの　磯の崎　ぬば玉の　あしびきの　石ばしる　夕づく夜

　　　　　水江の浦島の子を読める一首並びに短歌

源氏物語　若紫　須磨

枕草子　　春はあけぼの　五月ばかり　にくきもの　雪の山

平家物語　故郷の花

宇治拾遺物語　すずめ恩を報ずること
徒然草　仁和寺にある法師年寄るまで石清水を拝まざりければ
　ある人弓射ることを習ふに　真乗院に盛親僧都とて
羽衣
唐詩選　春暁　黄鶴楼に孟浩然が広陵にゆくを送る　山河（同上書 p29～31）

古典の入門としてできるだけ広く、質的にも高く、量的にも多く、というのは、教材研究もたいへんである。大村氏自身の教養の広さ深さなしにはできることではないと考えられる。それも原文で読ませたいと考えて工夫を凝らすのである。

次はテキストである。古典を読ませるからには、どうしても原文で読ませたかった。意味だけでなく、ことばの文のひびき、調べに接しさせたかった。それで口語訳は使いたくなかった。（同上書 p31）

ここに、垣内松三氏の主張された解釈の力を思う。原文を繰り返し読むことによって、自然と理解するようになるというのが解釈の力である。日本語であり、完成された古文の優美さを直接味わわせようとするところに、大村はま氏のほんものの教育を見る思いがする。手作りのテキストは次のようにを考案されている。

くわしい語釈、通釈の方法が多くとられており、そういう本もいろいろあったが、それらを本文と引き合わせながら読むことは、ほとんどの中学生にとって、とうていむりな作業であると思った。

学生として源氏物語を読んでいたとき、私はある日萩原廣道の『源氏物語評釈』に出会った。あのときの感動は今も胸に残っている。なんという明快さであろう。それまでなんとなくはっきりしなかったところが、一度にくもりがとれて全く透明であった。あのときのすうっとした胸の中、わかるということの快感は今も忘れられない。

私はテキストを萩原廣道式に作ろうと思った。たとえば

▽がよい。　▽が　美しくあかあかと　つつ　山ぎわ　▽に　たいそう
秋は夕ぐれ▽。　夕日《ユウヒ》▽、　はなやかにさして、山のは《ハ》▽　いと

なっ　ている▽その空　▽なんか　が　ねぐら　帰る
近《チコ》うなりたる　に、からす▽　のねどころへゆくとて、

三羽　四羽　二羽　三羽　というふうに▽つれだって　▽の　まで　味わいがある
三《ミ》つ四《ヨ》つ二《フタ》つ三《ミ》つなど▽　飛びゆく▽　さへ《エ》あは《ワ》れなり。

まして　がん　のような▽趣のある鳥が　列になっ　ている▽それ▽ずうっと遠くとんでゆくすがたが
まいて　かりなど▽の　つらねたる▽が　▽

たいそう　　　　　▽けしきが　たいそう　おもしろい。
いと小さく見ゆる▽　　　　いとをかし
　　　　　　　　　　　　　　　オ

○左がわはよみ、右がわは意味。
○▽のところへ▽を補うと意味がよくわかる。
○できるだけ単語の意識をもてるように、語の区別をはっきりさせる。

このようなテキストによって、原文を少しゆるやかに読み聞かせると、右側の書き入れが本文といっしょに目に入って、耳に古典の原文の調子を聞き、原文にじかに触れつつ、意味は口語で受けとめられていくと考えたのである。この場合の朗読は必ず教師の仕事としていた。（同上書p.31・32）

このようにして、読みと意味が同時に理解できるテキストをつくり、原文のリズムを肌で感じさせながら、たくさんの資料を使用して、古典への興味・関心をしめさせ、「古典に親し」ませたのである。学習指導案は次の通りである。

学習指導案

学年　第三学年

単元　古典入門

一　目標

1　古典が現代とつながりを持っていることを感じ、古典への関心と親しみを持つ。
2　古典の調べかたがわかる。

二　資　料

1　教科書『海彦山彦』『万葉秀歌』『羽衣』
2　指導者の作成した註釈つきテキスト
3　ラジオ　放送劇脚本集　付録　放送劇の書き方　放送劇用語の解説
4『放送のしかた　聞き方』(参考書)
5　NHK『ことばの泉』　放送台本『ひょっとこの由来』
6　古典註釈書
7『有職故実図譜』
8『日本絵巻物集成』
9　前の単元のときのいろいろの作品
10　前の発表会の反省会とその記録
11『映画の世界』　飯島　正
　シナリオの書き方　石森延男
12　古典について　谷川徹三
13　レコード　羽衣
14　ラジオ　日曜　世界の名作　(第二放送)　後　八：〇〇
　水曜　えり子とともに　(第一放送)　後　九：〇〇

木曜　学校放送「文学」（〃）　前　一〇：二〇
　　ラジオ小劇場（〃）　後　九：一五
金曜　放送劇　（第一放送）　後　八：〇〇

15　国語科学習書『徒然草　枕草子』輿水実　塚本哲三　安藤新太郎

三　学習活動

1　指導者のテキスト朗読を聞く。
2　テキストの十種の古典を読む計画をたてる。
3　計画にしたがい、グループにわかれ、グループごとに学習の予定をつくる。
4　グループの学習、個人の学習を平行してすすめる。

(イ)　放送劇（古事記による）グループ

①　教科書によって山本有三作『海彦山彦』の劇を読む。
②　テキストによって劇『海彦山彦』の素材である古事記の一節を読む。
③　ふたたび『海彦山彦』の劇を読み、素材と読みくらべて、古事記の一節のつかみ方、生かし方について研究する。
④　放送劇の特色を復習する。
⑤　『やまとたけるの命の最期』をよく読む。
⑥　『やまとたけるの命の最期』を放送劇にする。
　A　場面をきめる。
　B　せりふをつくり、擬音の入れ方を考える。

C　プリントにする。
⑦　演出して批評しあい、又、指導者の批評を聞きつつ練習する。
(ロ)　放送劇（平家物語による）グループ
①　放送劇の特色を復習する。
②『故郷の花』をよく読む。
③『故郷の花』を放送劇にする。
④　演出して批評しあい、又、指導者の批評を聞きつつ練習する。
(ハ)　幻灯グループ
①　幻灯の特色を研究する。
　映画との比較、映画の方法のとり入れ方について特に研究する。
②　それぞれの材料である古典をよく読む。
③　建物、服装などについて調べる。
④　制作をする。
⑤　演出の練習をする。
(ニ)　朗読グループ
①　古典の原文をよく読む、意味と気持ちとをとらえる。
②　朗読の放送劇や幻灯にない特色を考える。
③　練習をする。
(ホ)　作品研究グループ

①　参考書を集める。
②　作品をよく読む、感想を書きとめる。
③　話しあって、研究問題をきめる。
④　きめた問題について研究する。
⑤　発表形式を考える。
(ヘ)　個人の学習の一、『古代和歌の調べ方』
①　教科書『万葉秀歌』を読む。
②『万葉秀歌』で、とりあげている研究の項目をひろいあげて『古代和歌の調べ方』としてまとめる。
(ト)　個人の学習の二、『万葉集と唐詩選の口語訳詩』
①　作品をよく読む。
②　原作の意味と心持ちとを生かして口語詩にしてみる。
(チ)　個人の学習の三、『徒然草を読んで』『論語を読んで』の討論会のための用意
①　徒然草や論語を読み、感想を書く。たびたび読み、その時々の感想を書いておく。
②　感想文を持参して、指導者と個人面接をする。

5　発表会、討論会、講話の会の準備をする。
(イ)立札、掲示用プログラム、討論会、講話の題目、案内状、(ペン、プリント)、プログラム(プリント)
封筒表書き、詩集表紙、とびら、ポスター、しおり、を書く。
(書くことの特別指導として、別案を、後に加えた。三九～四一頁参照)

(ロ)各司会者、開会、閉会のことばをのべる者をきめる。それぞれ用意する。
6　作品発表会をひらく。
7　討論会をひらく。
8　講話を聞く。
(イ)　指導者の話を聞く、メモをとる。
(ロ)　大要をまとめて、学校新聞記事を書く。
9　レコード（羽衣）を聞く。
(イ)　原文を読む、訳文を読む。
(ロ)　レコードを聞く。
(ハ)　謡曲の文章の大きな特色を指導者から示してもらう。
(ニ)　レコードを聞く。
10　口語訳詩集をつくる。
(イ)　編集する。
(ロ)　プリントする。

四　評価

1　予備調査　略
2　グループ学習中に、次頁のような反省票をつけさせる。
3　作品発表会について
(イ)　各グループの評価表を指導者も生徒もつける。

（ロ）　反省会をする。

4　次の意見に対しての自分の意見を、学校新聞にのせるために書かせる。

『古典は自分たちのような現代の青年には、関りのないものである。』

5　源氏物語と平家物語とを一対の軍記物語と思っている少年(少女)への手紙を書かせる。

6『次のことを調べたいのですが、どのようにして調べたらよいでしょうか』という問で、古典の調べかたについての項目をあげて、書かせる。(同上書 p32～39)

反省票の項目は、次の通りである。

○グループのこと

反省

・みなが参加していたか

・熱心であったか

・気持ちのいい愉快な話しあいであったか

・ことばがはっきりしていたか

・ことばづかいが適当であったか

・話しあいにすじが通っていたか

・内容のしっかりした話しあいであったか

希　望

・もっとよくするために，こうしたらよいと思うこと

疑　問

・こういうことはどうしたらよかったろうと思うこと

○自分のこと

反省

1　準備は十分であったか
2　積極的に進んで話したか
3　言おうと思っていたことが全部話せたか
4　自分の言ったことを人にとりちがえられなかったか
5『その場の空気を知って話す』ということはどのくらいできたか
6『自分の話がどう人に受けとられているか観察しながら話す』ということはどのくらいできたか
7『聞きながら相手の話をよく理解し、それに対しての自分の考えをたしかにし、批判しつつ聞ける』ということはどのくらいできたか

○司会者として

感想、疑問、困ったこと、その他(同上書 p38)

やさしいことばをつかかった項目で、生徒もチェックがしやすくなっている。

次にあげるのは、書写指導を、単元のなかに必要な場を得て実施したものである。単元のなかに必要性に応じて、書写をとりいれているのは、見習いたいところである。

学習活動5の指導案――研究発表会準備

一　目　標

1　研究発表会をするために書くものとして、作品のほかに、どんなものが必要であるかを知る。

2　それぞれの場に応じて適当なことばを適当な用具を使って、正しく形式をととのえて書く。

3　全体として統一のある一貫した気脈の通っているのがよいことを知る。

二　学習活動

1　研究発表会をするために書くものとして、作品のほかに、どんなものが必要であるか、話しあう。

2　書くものの種類によってグループをつくる。

3　めいめいの分担のものを書く。

イ　評価表を研究する。

ロ　書く。

ハ　自己評価をする。

ニ　指導者の批評指導を受ける。

4　作品を展示して鑑賞し評価しあう。

5　展示作品について指導者の話を聞く。

6　次のどれかの形で、その一時間のことを書く。

イ、学級日記　　ロ、欠席生徒へのはがき通信　　ハ、学級新聞短評欄

三　資　料

1　教科書(文部省一、二)

2　前回までの発表会の際の作品各種
3　封筒（実際の通信に用いられたもの）
4　詩集の表紙、とびら
5　しおり

四　評価

1　各グループごとに項目を別にした評価表をめいめいに持たせ、一枚書き終るとともに、自己評価をさせる。

A　立札、題目、プログラム
姿勢に気をつけたか
用具の持ち方に気をつけたか
文字が正しいか
用紙が内容や場合にあっているか
書き方や内容が場合にあっているか
字くばりは適当か
字の大小は適当か
墨つぎ、墨の濃淡のくふうが適当か
線に張りがあるか
線に変化があるか
形が整っているか

全体に一貫した気脈が通っているか
全体としてまとまりがあるか
全体として迫力があるか
時間

B

案内状、ペン
姿勢に気をつけたか
用具の持ち方に気をつけたか
文字が正しいか
用紙は適当か
書き方が内容や場合にあっているか
字くばりは適当か
線に張りがあるか
線に変化があるか
字形が見やすく整っているか
全体に一貫した気脈が通っているか
全体としてまとまりがあるか
時間
用件がたりるか
むだはないか

趣があるか（同上書 p39〜41）

このように、一枚毎に自己評価をさせているので、枚数をすすめるほど、自分で自分の欠点に気づくことができ、上達したことと思う。自分の下手な字は直しようがないように思いがちであるが、このような項目で点検していれば、自分自身で悪筆を直すことができる。また、文字の美しさだけが書いた作品の美しさを決めるものではないことにも、自然に気づくであろう。

原倭子氏は、次のような学習記録を書いていられる。

○十一月十五日(水)」

予備テストがあった。（同上書 p42）

「予備テスト」とは、次のようなものである。

「古事記・万葉集・源氏物語・枕草子・平家物語・宇治拾遺物語・徒然草・謡曲・論語・唐詩選・古今集」について、次の問に答えるものである。

一、よみがなをつける

読んだことがある(一部分でも)

読んだことがない　名は知っていた　名も知らない

家にある

随筆である
歌集である
軍記物語である

二、枕草子の一段（プリント略）
この文の大意として、どれが一ばんよいでしょうか。
(イ)四季おりおりにそれぞれ趣がある。
(ロ)四季の趣のうち、冬の朝がすぐれている。
(ハ)四季のうち秋のゆうぐれと冬のつとめてがおもしろい。
(ニ)春はあけぼの　夏はよる　秋は夕ぐれ　冬はつとめてがおもしろい。

三、枕草子　うつくしきもの
(1)だれが『ねずなきする』のですか。
(イ)雀の子　(ロ)人　(ハ)親雀
(2)だれが『をどりくる』のですか。
(イ)親雀　(ロ)雀の子　(ハ)他の雀
(3)何を『するたれば』なのですか。
(イ)親雀　(ロ)親のない雀　(ハ)雀の子
(4)何が『らうたし』なのですか。
(イ)雀の子　(ロ)親雀　(ハ)雀の子と親雀と

四、徒然草　かなへかづきの段（プリント略）

右の文を読み、次の記述を調べて、正しいものに○、誤りのものに×をつけなさい。
(1)仁和寺のある法師が、足がなえをかぶって舞いたところ、満座限りもなく興に入った。
(2)かぶった足がなえがぬけなくなり、また破れもしないので、京の医師のところへつれていった。
(3)医師も足がなえをぬこうとして、いろいろ手をつくしたがどうしてもぬけなかった。
(4)本人の希望により足がなえをひっぱって、とうとう引きぬいてしまった。
(5)鼻や耳がもげても足がなえがぬけたので、命だけは助かったが、その後長い間、わずらっていた。
(6)作者はこの珍談に非常に興味を持ったらしく、こまかく詳しく書いている。
(7)作者はこの僧に非常に同情し、きのどくに思う気持ちを書いている。(同上書 p42～44)

予備テストということで、生徒は気楽に楽しみながら受けられるようである。本文には、読みと意味がつけられており、古典の原文になれれば、現代文と変わらずに考えられるような工夫がされている。

楽しみにしていた古典の授業について、原倭子氏は、次のような学習記録を書いていられる。


いよいよ『古典』である。プリントをいただき、先生に読んでいただいた。先生がしずかに、古典の本文を読んでいらっしゃる。それにつれて、私たちは、横にあるわけやら、入れることばをいっしょに目に入れてゆく。

ふしぎになめらかな文章のひびきを耳にしながら、意味がむねにうつってくる。私は夢中になっていた。だれも同じとみえて、ふと気づくと、あたりはしーんとしていた。おもしろくておもしろくて、休み時間も休まずに、先生に読んでいただいた。二時間を読みふけって終ったとき、もう私はすっかり古典に心をつかまえられてしまっていた。みんなも、ほおを赤くして、てんでにまわりの人と『おもしろいなあ』『おもしろいわねえ』と話しあっていた。

◇古典の範囲について先生のお話

・古典というと日本のものだけではない。もちろん外国のものもはいるが、今度は日本のものだけにする。

・古典も、すでに評価のきまったものとすると、明治の作品もはいると思うが、一般に古典といった場合、明治のものを入れないので今度は明治のものは考えない。

・一般の『古典』といわれるものも、もちろん全部でない。ことに俳句の方面は全然とりあげてない。又江戸時代の作品もとってなく、室町時代までである。ここにとりあげたのは、ほんとうに『入門』として適当なものだけである。

・中国のものがはいっている。中国のものも、日本の古典と同じ位置をもっているからである。(同上書 p45)

自分の感想が自然にはいっている。全く自分の学習記録になっている。このように各自が「自分のもの」といえる宝物のような学習記録をすべての生徒に、大村氏は書かせていられたのである。

目標・作業・日程を考えている学習記録が、次の物である。

○十一月十七日（金）

・目標をきめた。（注一）

谷川徹三の文章を読んだりして考えたが、なかなかわからなかった。中島さんは、

『古典をすらすら読めるようにする』

という目標を出した。あたりまえのような気で聞いていたが、先生に『大望は結構ですけれど、どうもその目標はむりですね』といわれ、よく考えてみたら、ほんとに大望なので、少ししてみんな、ふきだしてしまった。

『古典を読む力をつける』

というのも出たが、とても、それほどまではできないということになり、先生に手つだっていただいて次のようになった。

目　標

一、古典が現代とつながりを持っていることを感じ、古典への関心を持つ。

二、古典の調べ方がわかる。

・次に、することを考え、計画を立てた。どういうふうに勉強したらよいかわからないので、ほとんど先生に頼ってしまった。

作　業

A古事記　教科書の劇『海彦山彦』を研究して、放送劇にする。

万葉集　1　教科書の『万葉秀歌』を研究し、『万葉秀歌』でとりあげている研究の項目をひろいあげて、『古代和歌の調べ方』としてまとめる。

2　作品をよく読み、一首を選び原作の意味と心持ちとを生かして口語詩にする。(注二)

3　みんなのを集めて詩集にする。

4　朗読する。

源氏物語　1　『若紫』を幻灯にする。

2　『須磨』
朗読する。
先生から、ここを材料にして源氏物語の味わい方についてお話をきく。（注三）
メモのとり方練習。
大要をまとめて、学校新聞の記事を書く。

枕草子　1　『雪の山』を幻灯にする。
2　参考書を集め、作品研究をする。
対談の形で発表する。

宇治拾遺物語　幻灯にする。
平家物語　放送劇にする。
徒然草　『徒然草を読んで』の討論会をする。
謡曲（羽衣）　レコードを聞く。
論語　『論語を読んで』という討論会をする。
唐詩選　万葉集のように口語訳詩をつくる。
B　Aを仕事別にしてみる。
（指導案学習活動の4（三四～三六頁参照）と同じため略す）
・次に日程を作った。
条　件
すべての作品しあげ　十一月二十八日

発表会　　　　　　　十二月　五　日
討論会・講演会　　　十二月　六　日

・みんなで希望を出して、仕事によってグループにわかれた。
私は『枕草子幻灯グループ』にはいった。
グループで実際の学習計画をした。

18　土　参考資料を調べて集る。シナリオのつくり方復習
19　日
20　月　(めいめい作品をよむ)
21　火　作品の研究場面をきめる
22　水　制　作
23　木
24　金　制　作
25　土
26　日
27　月　台本プリントはじめ
28　火　制作しあげ　台本プリント
29　水　演出練習
30　木
1　金　演出練習

2　土
3　日
4　月　演習練習
5　火　発表会

○十一月十八日（土）
・参考資料として先生から『有職故実図譜』をお借りした。
シナリオの書き方のプリントを出して読んだ。前の『地蔵の話』や『山椒大夫』の時のシナリオや幻灯台本紙しばいの本など、集めた。『地蔵の話』で集めておいた、用語集が役に立つ。
・先生が『ただすじの通りを画にしていくのでなく、映画の手法を研究してとりいれてみなさい』とおっしゃった。又『たとえば、A子ちゃんは今たのしい心持ちでうちへ帰りました。というところがあるとしたら、ただ子供がうれしそうな顔をして道を歩いていくところの画だけでなく、その子のうれしそうな顔だけ大写しにしたり、その子の目の中にうつっていると思われるけしきをうつしたりするように』とおっしゃった。すぐ、みんなでこの点について考えた。そして練習として、今の『A子ちゃんは、たのしい心持ちでうちへ帰りました』だけについて画面を考えてみた。
1　道を背景にして、たのしそうな顔で歩いている
2　子どもの肩から上の横顔
3　子供の顔だけ
4　1と同じ

5　道ばたの草がかるくそよいでいるところ、明かるい色で
6　青空、雲が浮かんでいる
7　たのしそうな子どもの顔
8　もう一枚、たのしそうな顔
9　6のような空
これを先生にお見せしたら、たいそうほめてくださった。うれしくなって、一同、はりきって、枕草子の読みにかかった。
・掲示板に先生の『万葉集口語訳詩』の例が出た。
　春過ぎて夏来たるらし白たへの衣ほしたり天の香具山
(口語訳詩)
　春が過ぎて、
ああ、もう夏が来たのか。
ごらん、
天の香具山のあたりに、
白いきものが
かがやいている。
いつのまに、
夏は来たのか。
おお

まぶしいほど、
若葉のひかり。
ああ、こういうふうに作るのか。今まで、どんなふうに作るのかと心配だった気持ちが一度にはればれした。自習時間があったので、さっそくやり始めた。まず『石ばしる』の歌を試みた。
石ばしるたるみの上のさわらびの萌え出づる春になりにけるかも
岩の上を
せかれて流れていく滝
音を立てて走り流れる
ごらん　その滝のほとりに
わらびが頭をのぞかせている
ああ、もう春だね
わらびの萌え出る
春になったのだね。
まずこんなふうに作ってみた。見直しているうちに、きょう先生が、『石ばしる』の註が岩となっているけれど、それはちがっているので、『石ころの多い様子』であるだけとおっしゃったことを思い出した。やっぱり枕ことばとして省いておく方がよいかとも思った。でも、後世の枕ことばのように、全く音調をととのえるだけの用をしている枕ことばと区別して、この枕ことばを生かすくふうをしたいものだと思った。
『走り流れる』をくり返したらどうか、『ああ、もう春だね』の前に、『春の使だ、春の知らせだ。』と入れたらどうかと考えた。けっきょく次のように直した。

石の上
せかれて流れていく滝
音を立てて走り流れる
　　走り流れる
ごらん、その滝のほとり
わらびが頭をのぞかせている。
春の知らせだ
春の使がやってきたのだ
ああ、もう春だね
わらびの萌え出でる
春になったのだね。

先生にお見せすると、ほめてくださった。それから、終りから二行め、『萌え出でる』は『萌えでる』がいいといわれた。『出でる』は文語の『出づる』と、口語の『でる』とが、いっしょになっているようだ、活用の形を文法の本でみておきなさいといわれた。

　文語　出づ　で　で　づ　づる　づれ　でよ　下二段
口語　出る　で　で　でる　でる　でれ　でよ　下一段
　　　　　　　　　　　　　　　でろ

・Aさんと、直していただいたのをみせあって研究した。
Aさんは、『わたつみの』の歌をとっていた。

~~海の上~~
浜辺に立って見わたす、~~よ~~
ゆったりとたなびく雲~~は~~、
ゆたかな雲、
夕日が赤くさしている。

今夜の月は
さぞ澄みわたるだろう。

○二行め、三行めの切りかた
○一行めのとったことば
○三行めと四行めの間に入れられたことば
○終りの、『だろ』と『だろう』のちがい
この四つの点をしみじみと味わって、何だか詩のことが少しわかったような気がした。

Aさんは、『私の詩が生まれ変わった』といって、とても喜んでいた。

夜、今度は『唐詩選』の方を試みた。『春暁』にした。

『夜来、風雨の声、花落つること知る多少』というところ、とても骨が折れた。とうとう次のようにしてしあげた。

　　ゆうべから
　　はげしい風
　　それにまじる雨
　　庭先の花が
　　ぽつりぽつり落ちていく
　　あちらもこちらも
　　そうしてたくさん落ちていく

・予備調査の結果が発表になっていた。

○十一月二十日（月）

きょうは国語はないが、それぞれのグループで、何かと相談している。私たちも、清少納言の顔をどういう顔に書いたらよいかとか、清少納言を好きだとか、あちこちにとびながら、話しあった。

夜、また静かに読んだ。何だか、いろいろの場面がまざまざと浮かんできて、構図をしてみたりした。

一番はじめの字幕に、字の上にずらっと雪をつもらせたらどうか、とふと思いついた。何だかすばらしい考えのような気がして、うれしくてたまらなかった。

・つれづれ草を読んだ。
　五十二段
○けっきょく、少しのことにも先達は必要であるということをいっている。それが定年に達しない者とか、その道に浅い人などにあてはまることだと思う。

○自由とか何とかいっても、前にあげたような者には必ず指導者がいなくてはならない。

九十二段

○怠慢の心を捨てて、ただ自分の道に励まなければいけない。今はいいかげんにしておいても、もう一度細かく修行しようということを予期する考えで、先へ先へと、いっときのがれをしていって、そうして一生を終ってしまうようなことになる。

六十段

○僧都がこれほどまでに、わがままかってでありながら、皆の者から尊ばれていたということは、何といっても万能に長じていたからであると思う。それに顔形がりっぱで、からだはがっしりしている。多くの方面に長じているだけに、わがままかってなふるまいをするといってもやはり無智な人のする行いとは、おのずからちがっていたのであろう。

・「唐詩選」の訳詩を返していただいた。先生に直していただいたのを、壁にはり出すことになった。十六編はり出された。私も出した。もとの作を読んでは、直されたのを読んで、かみしめてみていると、一つ一つ、目が開かれるようであった。

○　　　　私

(前略)
ゆうべから
はげしい風
それにまじる雨

庭先の花が
　どんなに散っただろう
~~ぽつりぽつり落ちていく~~
に　　に
あちらもこちらも
一面に散っただろう
~~そうしてたくさん落ちていく~~

○　　　　　　　　社さん

春　春
ぐ　ぐ
春だよ。
春の夜はねごこちがよい。
ぐっすり眠って
暁
暁を知らず
ねすごしてしまった。
~~春はねごこちがよい。~~
目がさめた
だがしばらくは

起きる気にはならない。
そして
　に
外の鳥のなくのを
　いる
聞いてすごした
昨夜より
今朝にかけての
　の音、
雨まじりの風か
風の声
はげしかったようだ。
そうだよ、
庭をみてごらん
　は
花がむざんに
散りおちたろう
たおれているよ。
たしかに

雨まじりの風が
はげしかったのだ。
庭の
庭先の
花が
たくさん、たくさん
落ちている。
かわいそうに
この花も、この花も
これで終わりなのか。

○　大橋さん

山登り
　に来た。
秋の山　　見わたせば
い
遠くたなびく白い雲
あたりにまばらな人の家
い　　石の道
白き道、石の道

そしてぐ
　　の中の
夕やけ~~そまる~~紅葉の
目にしみる美しさ。

○十一月二十一日（火）

きょうは、くわしく徹底的に読む約束でとりかかった。文のくぎり、くぎりについて、

一、ここは、どんな場面か。

二、この場にだれだれがいるか。

三、その中で主な人はだれか。

四、その人々のしていること。

五、その人々の気持ち。

この五つに目をつけて、みんなでくわしく読んだ。あとはたやすく、とりあげる場面をきめることができた。きょうのグループ活動は、自分ながらよかったと思う。やっぱりほんとに、ひとりひとりが調べてあったからだと思う。準備が十分であるから、しぜんに、熱心に積極的になり全員が心から参加してくるわけである。そして、自然に話しあいの内容も、みのある、しっかりしたものになった。

あしたまでに、少しでも台本を書いていくことに相談したので、夜、いっしょうけんめい書いた。すらすら書けて、おもしろく、一時までかかったが、一通り書きあげてしまった。気がせいせいした。

グループのみんなは、どんなふうにできたか、Tさんも、きっと、書き上げてくるだろう。あしたの時間に

発表しあうのがたのしみだ。

放送劇の古事記のグループも、あしただいたい作品をつくってくるということだった。なんでも、あの日本武尊を、ただ英雄的な存在とせず、0さんのいうには『「芸術的」というか、「情熱的」というか、あたたかい愛情をもつ人として、表現したい』とのことであった。

作品研究班は、先生御自身のお書きになった、『枕草子註釈』をおかりして、うれしそうだった。私もこの次のときは、あのように、正面から作品にぶつかる、作品研究をしてみよう。

○十一月二十二日（水）
朝、学校にいくと、何となくみんな興奮していて、教室は妙に活気づいていた。みんなが、力いっぱいの、しかし、あぶなかしい作品を持ってきて、自信と不安とのいりまじった気持ちでいることがわかる。かばんの中に入れてある部厚な作品を、とても人に見せたいし、また見せたくないのである。国語の時間になるのが待ち遠しいし、こわいのである。私もそのひとりであった。三時間目の国語の時間までに、私は何度も、かばんの中の作品の存在をたしかめた。

三時間め、いよいよめいめいの作品を発表しあうのである。きょうの司会はYさんである。次々に朗読で発表して、思いついた感想を書きとめておき、全部終ってから、話しあいで、中心にする作品をきめることになった。

次々に発表したが、私のが一番よいとほめられた。そして私のを中心にして、他の人のよいところをとり入れてしあげることになった。

読みながら、意見を聞いて直した。ことばづかいをどの程度にするか、ということがむずかしかった。

一方、絵にとりかかった。まず、清少納言の顔を、どういう顔にしたらよいか、話しあった。前に社会科で、この時代の風俗などを調べたときのことを思い出して、面長な、少ししもぶくれの顔ということになった。天野さんを絵の方の主任として、あとの仕事を運ぶことになった。天野さんの指図で、それぞれ絵の構図を考えたり、衣裳や建物・道具などの見取図をかいたり、放課後もつづけて仕事をすすめた。

習字の時間には、発表会の準備として、作品以外に必要なものをいろいろ考えた。

イ、立　札
ロ、掲示用プログラム
ハ、討論会の題目
ニ、講演の題目
ホ、案内状、一般のもの、プリント
ヘ、案内状、特別のもの、ペン
ト、プログラム、プリント
チ、封筒の表書き
リ、詩集の表紙・とびら
ヌ、ポスター
ル、しおり（これはなければならないのではないが、Kさんの案で特に、おみやげというような意味で、古典の中からのことば、歌など書いてしおりにする。）

みんな、自分の書けそうなもの、書きたいものを選んで、グループになった。私は詩集の表紙ととびらを書くグループを選んだ。きょうは、紙や筆など用具の相談、書くことばや字くばりなどの相談で終った。

立札や掲示用プログラム、討論会などの題目を書く人たちは、先生から、とても太い筆をお借りして、大得意だった。

しおりの人は、先生から、たんざくその他、きれいな紙をいただいていた。

ポスターの人たちは、字がへたでも勤まるのはこのグループだといいながら、たのしそうに書きはじめていた。

プリントの人たちは、練習のため何でも刷ってあげるという広告を出した。

私たち詩集表紙のグループは、佳作がほんとうに私たちの万葉集口語訳詩集の表紙やとびらに採用されるというので、みんな心の中で、われこそは、と思っているらしく、一番、静かに、しんとして筆を持ちつづけた。私も、この前、姉に見せてもらった色紙の字の美しさを心にえがきながら、くふうしながら書いてみた。

放課後、台本に手を入れた。あちらこちら直しているうちに、清少納言の性格がおもしろくて、思わず時間を過した。そのうちに、清少納言の発表しなかったその時の歌はどんな歌だったのだろうとそれが知りたくなった。幻灯の絵に、清少納言が歌を書いているところがあるが、あそこで、ひとりで歌を口ずさむようにしたらおもしろいと思った。さっそく先生のところにいって、その時の歌は、どこを探したらよいか、お聞きした。『それがね、わからないんですよ、何にも残っていないのです。永遠の秘密ですよ。』とおっしゃった。

私はいよいよおもしろくなって、どんな歌だっただろうかといろいろ想像してみた。

先生から、清少納言は歌が得意でなかったこと、当然、上手であるはずだと人に思われる環境にありながら、また当時の宮中の生活で歌というものがどんなふうに扱われていたか考えても、歌が上手でないことは、清少納言にとって、どんなにか残念だったろうということなど、お聞きした。清少納言の持っていたものは、当時の和歌という形からあふれてしまうようなものだったともいえると、おっしゃった。

私は何だか、清少納言という人が、急に親しい人になったような気がしてきた。

○十一月二十三日（木）

勤労感謝の日で、休みである。

いろいろの予定を一つ一つかたづけていくのが、たのしかった。

まず、台本を読み返して、また少し直した。それから、きのうからやってみたかったので、清少納言の、あの発表しなかった歌を想像してつくってみた。第四句が、どうしてもはいらない。あした先生にお力を借りようと思って、ここまででやめた。

雪山のまま年越してこの日には
…………かざられにけり
雪山はみだれも見せず年越して
…………かざられにけり
こともなくきょうまで越したる雪の山
…………かざられにけり

次に『万葉秀歌』を読んだ。どんなことと、どんなことが調べてあるか、私は次のような表にして調べた。それぞれの項目の書いてあるところに○をつけた。（同上書 p45～64）

表の項目については、次の通りである。

①作者について

②この歌のできた事情
③地名について
④時代について
⑤一首の意味
⑥調子
⑦改作との比較
⑧先人の研究
⑨特色

このあと表をまとめている。

そして、けっきょく、『古代の和歌の調べ方』として、次の項目にまとめて、出すことにした。

一、作者について　①
二、どういう時の歌か　②③④をまとめて
三、語句について　⑤
四、一首の意味　⑧
五、鑑賞批評　⑥⑦⑧⑨をまとめて

次に『論語』を読んだ。

『子いはく忠信を主とし、おのれにしかざる者を友とすることなかれ。過ちてはすなはち改むるにはばかることなかれ。』

『忠信を第一とする』は、心からうなずけるが、（A）『自分にまさらない者を友とするな』（B）『過ったらばためらわず改めればよい』ということは、そのままではのみこめない。

（A）の場合、能力の程度の低い人は、友だちがないことになる。どこから『自分にまさっていない者』という人がきまるのであろうか。よく、話に、『無学な、表面的に人に注意を払われないような人が、つきあってみたら、ほんとうの人間らしい精神の持ち主であった』というのがある。こういう場合に対して、ここではどう解決しているのであろうか。

（B）あらためたらば、それで行ったあやまちが許されるだろうか。現在の世の中では通らないことである。これは今日の感想である。なお、よく考えてみたいと思う。

○十一月二十四日(金)

きょう、台本と大体の絵を先生にみていただいた。だいたいは、よくできていて、ほめていただいた。しかし一ばんの大失敗は、中宮を『男』としていたことである。

『中宮様はどのかた』

とお聞かれして、ゆうゆうと、侍姿を指さした私たち、

『えっ？』

という先生の驚きの声を聞いても、何を驚いていらっしゃるのか、てんで気のつかなかった私たち。

先生から、それとはっきりお聞きしたときのおかしさ、ああ、笑っても笑っても笑いきれないくらいだった。笑いのようやく静まったあとで、当時の、宮中に仕えたさまざまな女性について、その呼び名を中心にお話

をうかがった。先生御自身も、学生のとき『主殿司』というのを男だと思っていらして、とんだ失敗をなさったとのことである。あとは、大笑いのうちに、台本の中宮のことばを女のことばに直すやら、絵をかき直すやら大さわぎだった。

きのう作った清少納言の代作の歌を先生にお見せした。第四句、考えてくださったけれど、先生も急に思いつかれない御ようす。

『ふたに飾ったのだから、「ふた」になにか修飾することばをつければいいのですが』といわれた。

放課後、いろいろ考えているうちに、ふと『もののふた』と思いついた。『もののふたに』と入れてみると、まだ一字たりないけれど、どうにか読めるので、うれしくなって、職員室へとんでいった。

先生も、『よく、こんな使い方を知っていましたね』といって、ほめてくださった。そして、『もう一字たりないから、このあとへ、助詞を一つつけたらいいでしょう。普通、かざられることのない雪が、長く残って年まで越したので、こうしてかざられるようにまでなったのだといって感嘆しているのですから、文法の本をよく見て、「感嘆」とか「詠嘆」とかを表わす助詞をみつけて、つけるとよいでしょう』とおっしゃった。

私は、うれしくてたまらない。さっそく文法の本を調べた。

感動を表わす助詞は

　　や　かな　かも　な　を　も

の六語だったが、一字でなければ、ここに添えるのには適当でない。すると

　　や　な　を　も

の四語になる。どれがよいかと思いながら用例を見ると、助詞についているのは『も』だけだった。『もののふたにも』と入れてみると、ちょうどよい調子である。さっそくこの句を入れて三首を書き、もう一度先生に

お見せした。

雪山のまま年越してこの日には
　ものふたにもかざられにけり
雪山はみだれもみせず年越して
　もののふたにもかざられにけり
こともなくきょうまで越したる雪の山
　もののふたにもかざられにけり

先生は、第二首めのがよいとおっしゃった。そして
『よくやりましたね、清少納言はそんなような歌をつくったでしょうね』
とおっしゃった。私は得意だった。ひとりでに、にこにこしてしまった。絵の中にも入れて、幻灯にうつし出そうと、夜、姉から本を借りて変体がなをまぜて書いてみた。

評価表を作った。今までそれをめあてに苦心してきたことを、あげてみた。Tさんがそれを整理して、次のような項目にした。短い時間に、非常によく整理してまとめてくださったので、みんな感心した。すると、Tさんは、『放送劇のグループの人が先生に見ていただいているのを聞いていたら、「あんまり、いろいろのことがごたごたしているから、大きく、作品そのものについてのものと、演出についてのものとにわけて考えてみなさい」と言っていらしたので、それで整理してみた』と言った。

評価項目

1　場面のとり方

2　各画面の構成

3　原作の気分を出しているか
(イ)絵について
(ロ)ことばについて
4　せりふが適切か
5　せりふのいい方
(イ)正しく聞きとれたか
(ロ)気分が出ていたか
6　映写技術について
十一月二十五日（土）
十一月二十六日（日）　略
十一月二十七日（月）
○十一月二十八日（火）
台本のプリントを終った。表紙には、清少納言と雪の山を出した。そして、例の歌を、雪山の上に刷った。二度刷りにして、歌だけ青色で刷った。

一方、配役を決定したり、『研究経過』の発表の用意をしたりした。

配役は、今までのうちに、いつとなくきまってきていたので、討論するほどもなかった。私が主役の清少納言をすることになった。

〔研究経過発表の原稿〕

私たちは、この前の物語の味わいかたの時のことを思い出し、今度は、演出の方に力を注ぎたいと思って、早くから協力して作品を作り、はじめの予定通り、二十八日までに作品をすっかり仕上げました。そしてその後は、せりふの練習に力を入れました。

作品としては、時代の感覚、宮中の生活のようす、登場人物の性格を出すことに力を入れ、絵の方もいろいろくふうし、さしこみなど作ってみました。雰囲気、心持ちを表わそうとして、歌なども作ってみました。

おかしかったことは、はじめ、『中宮』というのを、何の疑問もなく、男と思ってしまい、侍の上等と思ってしまっていたことです。先生に注意されて初めてそれと知ったときのおかしかったこと、この研究中の失敗として各グループを通じ、第一位と思います。

・幻灯の前に、ちょっとした作品の解題のようなものをつけることにした。作品研究グループへいって、本を読んだり手つだってもらったりして調べ、だいたい次のようなことをつかみえた。

〔枕草子と清少納言　メモ〕

○枕草子は大部分が作者の宮中生活中に書かれたものと思われる。その外自然物に対する記述、世間の出来事などに対する感想批評があり、うれしいこと悲しいことなど多方面にわたって多くの事がらを独得な批評とともに、秩序なく記している。

○当時の貴族の生活や思想を知り、又作者の性格をうかがうことができる。

○作者の学問才能に対しての自信と負けぎらいとは、先人の跡をたどるのを好まず、常に新しいものを発表しようとつとめたのである。だから平凡なことの中にも、人の思いもよらぬ意味を発見して鋭く批評したり、内心あやぶみながら人の言うことと違った意見を出すという態度が見られる。

○しかしいくら独得の感想と思われることも、よく見れば、当時の中流階級以上の人たちの思想感情を、最も鋭敏に、最も穏健に代表したものもかなり多くある。
○批評的な態度をとる作者は、自然冷たい女性であった。が、多く笑ってすましていて、男性的ともいえるさっぱりしたところに恵まれていた。
○詩的情操を第一とした時代の人として、常に歌の影響を受けていた。自然に関する記録など歌の趣味から出たものである。しかし、作者は、父祖以来、歌をもって聞えた家に育ったにもかかわらず、生来歌才に乏しく、作者自身もそれを自覚していたので、この欠陥を、文章の方面で補っていた。
○作者のてきぱきした性格そのままに、文章は簡潔にのびのびしていて、読む人の胸にぴりっとくるところを持っている。
・対話の形で発表することにした。それで相談して、問と、問を出す順序、それから、それぞれの問に対して答える人をだいたいきめた。

はじめに

『これから枕草子と作者について話しあいましょう。』

問1　枕草子はいつごろの作品ですか。
問2　作者はだれですか。
問3　枕草子は文学の種類からいうと何にはいりますか。
問4　この作品にはどんなことが書いてありますか。
問5　この作品の特色はどんなことですか。
問6　この作者について何か聞かせてください。

私は間6に答えることになった。
・この対話の間に、遠くの声にして『春はあけぼの』の段の朗読を入れることになった。読み手はYさん。
習字のとき、終りに展示会をした。いい作品に、黄いろい紙をはった。ひとり五枚しかない黄いろい紙、どの作品につけようかと迷った。いちばん、黄いろい紙も多く、その上、先生の銀紙に、いっそう輝いた作品は、

○掲示用プログラム　　Sさん
○案内の手紙――先生の知人へ、ペン　　Kさん
○詩集表紙・とびら　　私
○ポスター　　Nさん
○しおり　　Kさん

プログラムのととのった書き方、あれだけの字数を実によく納めていた。それに、字くばりと、字の大小のつり合いが、実によくできていて、そのために、全体として、非常に映えている。

Kさんの手紙、実によくわかる手紙であると思った。練習のを一通いただいた。

ポスターは、古事記とか万葉集とか、古典の名を地模様として散らし書きしたもので、その着想にみな感心した。

あした、徒然草について、個人面接の番がまわってくるので、今夜は読み直して心の用意をした。

○十一月三十日（木）
放課後の二番に、個人面接の番がまわってきた。感想文を持って、先生の前にこしかけた。

先生のお話
○五十二段について
　先達、指導者が必要であるということを痛感した経験、実例を、いくつも考えておくように。
○六十段について
　もし自分がこの僧都のようなふるまいをしたら、どうであろう。この僧都がこれほどかってなことをしても無礼なことをしても、人に、にくまれない、にくまれないどころか、尊ばれている。なぜであろう。きっとこの僧都は、他の人の持っていない尊いものを持っているのだ。それがなんであるか、も少しつっこんで考えてみるように。
○五十二段・六十段について
　両方を合せて、『自由』ということについて、考えてみるように。
十二月一日　(金)
　　二日　(土)
　　三日　(日)　略
○十二月四日　(月)
一時間めに全体的なお話、二時間めには、それぞれ練習し、マイクを通じ、音楽などを入れてやってみた。
○十二月五日　(火)　発表会
　(前　略)

このカードは六十段の討論中、私が『この坊さんのような人は、今の世だって、又、昔だって、きらわれたと思う。ただこの人には、どこかすばらしいところがあるのできらわれず、尊敬されていたので、この人なら、今だって同じように尊敬されるだろう。そのすばらしいところは、自分というものをよく見抜いて、自信を持った態度であったので、これがあったからこそあのような大胆な行為がなされたのである。又、その行為が非常に民衆的で、人のよりつきやすいようなものである』と言ったあとに、いただいたものである。（注四）

だいたい 人というものは

人にどう思われる ということばかり 気にしていて、 自分が自分のもの

でなく、まわりの 人のものに、なっ てしまっている。

（注四）

私の意見が、本心にふれたような、ふれないような意見だったので、よくわかるように書いてくださったものであると思う。私自身として、ここに書いてくださったようなことも、はっきりと考えていたわけでもないので、非常にこのことがぴんときてうれしい。

（後　略）

○十二月二十一日

三時間めに、グループの新聞の企画の話し合い、次に『論語』の討論会、午後から発表会をした。私たちとしてはよくいったと思うが、最後のほうで滝口さんは映写がまにあわなくて、そのため、先生に何かご注意を受けたそうだ。クラスの女子の多くの人は、滝口さんに同情していた。しかし私は、私があんなに『大丈夫？』というのに、『大丈夫』と答えてその仕事を引き受けて責任を持っていながら、そうしたことになるのはいけないと思った。

討論会のとき、題目を黒板に、山根、羽島が、『討論会　論語を中心に　司会——小林明』と書かされた。羽島さんのは、速く（いざ会を始めようという場合の前としてこの位の速さがよい）、しかし論の字を間違い、字の大小がない。山根さんは少しおそく　○○○○○と、高さ、字の大きさはよい。ともに悪かったのは『司会小林明』の小林と明の間があいていないこと、ここはあいたほうがよい。

○○○

私の今日の発言はよかったと思う。このごろ、わりに気安く意見が出せてうれしい。小林さんの司会について先生からのご注意は『原さんが、三Ａが「学びて思わない」方に傾いていると言い出して、みんなの発言が活発になった後に、〃ではもとにもどるようですが、「思うて学ばない」ことについては？〃と言ったのはまずかった。その場合、せっかく活気を帯びたのがくずれるし、またそれだけ討論されたら、それに反対の面のこともおのずとわかるから、うまくまとめて次へ行った方がよい』であった。参観の先生は国立国語研究所の平井昌夫先生ともう一人、その他一人の三人であった。

○十二月二十二日

朝礼（クラスの）のとき、きのうの会がよかったとおっしゃった。

何でもまず一語『だめだ』という意味のことをおっしゃってから、ゆっくり考えて、『しかし……は、まあ……』とよいところをおっしゃるというような先生もいらしたが、その方も、ほめてくださったそうである。

孔子様のことばは、もともと一般には『ごもっともな、りっぱなおことばですが、実用にはなりません』とはねつけられ、孔子は一生を寂しく送った人だそうである。そのことを知らない私たちがとてもよい討論をしたと、参観の先生がほめてくださったそうである。大村先生は『よくできたが、しかし私としてはおこごとを言いたいところはありますが、平井先生が、ほめるときにはほめて、その後に、「しかし……が悪い」をつけないようにとおっしゃったからやめます』とおっしゃった。あとで、私の清少納言がよかったと大村先生は私におっしゃった。自分としてなんだか、まじめでなかったような、また、あれ以上はどうにもできなかったという気持ちがしている。また、先生はおっしゃる。『あの新聞は企画だけで実際には作らないということでしたが、参観の先生が、出来たらぜひ見せてくれとおっしゃるので、しかたなく、ただ、はい、はいと言っていました』とおっしゃった。そのうち作るようである。

○学習記録　後記

これだけの学習ではじめの目的目標が達せられたと思う。

それにもまして、なにより楽しい学習ができたことが、ほんとうによかったと思う。中には、いやなこと、つらいこともあったが、結局、あとで考えて思われるのは一生けんめい学んでいろいろ覚えたうれしさである。思いもつかなかった学習方法は、今になっていくら考えてみても楽しいものとなっている。楽しく、のびのびとして、十分に努力できることが、なにより効果のあがる学習であることが考えられる。（同上書 p64～76）

大村氏は、学習記録をもとに反省をしていられる。次はその反省である。

(注一) 目標を決めたり次の学習計画を立てたりすることを、このような形で、生徒にさせなければいけないという誤解が一般にあった。

ひどく苦労した末、そういうことは教師のすべきことであることだと気づいた。生徒に目標を考えさせたり、学習計画を立てさせたりして、そういう力をつけることは、単元の展開中の、ある活動、ある学習について、個人またはグループの、時には学級の目標や計画の場合のことであることに気づいた。気づいてみれば、単元全体の計画など、教師であっても容易でないものを、とおかしくさえ思った。

ここでは、まだはっきりと気づかないままで、一応生徒に考えさせながら強力に引っ張っている様子が『先生に手つだっていただいて』とか、『どういうふうに勉強していいかわからないので、ほとんど先生に頼ってしまった』という正直なことばのなかにありありと出ている。(同上書 p.77)

また、工夫としては、次のようなことを考えていられる。

(注二) 歌の意味を口語で言いなおすのでなく、もともと詩なのであるから、口語であっても口語詩にしたいと思った。詩にするために、その歌を詩として味わう態度ができると考えた。ただ意味をわかるだけでなく、感動を受け取る姿勢が少しでもできるように思われた。その口語詩は、作品としてはよいものにならないが、その制作の過程に、情景を想像すること、心情をとらえること、ことばのひびき、リズムを感じとること、作者の感動にゆさぶられて自分の感動が湧き立ってくることなどを経験することが貴重だと思った。貴重というよりも、それこそが、この中学生に万葉集を味わわせる方法という気がしていた。

その制作の実際は、この学習日記の十一月十八日のところに、作品例数例を載せた。

(注三)話の内容　上欄が話を聞きながらのメモ、下欄がメモによってあとで書いた話の内容

題　源氏物語を読むために考えておきたいと思うこと

上欄	下欄
一、平安　美しい　おもむき	一、源氏物語の作られた時代が時代的に、美しいとか、趣とかを特に好んで考えた時代である。
二、無造作なこと	二、それと同時に、また、堅くるしく、あまりにきちっとしたことがきらいで、ゆったりとした無造作な、ちょっとしたことを好んだ。
三、かけことば　絵のよう	三、かけことばがある。波が寄せる夜になったなど、二つの場面を絵のように一つの時に表すもので、両方のよるを含めて一つの夜としている。
四、使っていることばと違う意味	四、おもしろい　おかし　など、現在使われていることばが出てくるが、意味が違うので注意。
五、助詞・助動詞の深い意味	五、助動詞や助詞に深い意味や気持ちを含めている。

これを学校新開の記事として文章にしたもの。

源氏物語を読む際に是非知っておかねばならぬこと

日南田幹雄

源氏物語を読む時には、いや源氏物語に限らずすべて古典を読む際には、次の五つの注意を要する。この心得なくしては正しい古典の解釈は難しい。というのは、第一に古人――平安朝の人々は美を以て生活の信条としていたことである。そして美を損うことをこの上もない不幸だと考えていたのである。その二は、しどけない――即ちきちょうめんでないことを好もしく思っていたこと。三番目に、文章をできるだけ絵画的に表現しようとしていたことがあげられよう。いわゆるかけことばをしばしば用いているのは、このためである。次に、助動詞や助詞の用法について繊細な技巧を用いていること。このような小さな語のうちにいろいろな感情が表現されている。最後は、現在の語と全く同じでありながら意味の著しく違う語についてであって、あわれとかおどろきなどはその例である。一般に古語と知れるものには注意するが、このような点は見過し易い。心得るべき事柄である。(同上書 p77～79)

大村氏は、授業中、生徒の邪魔をしないように、声を出さないで、カードに書いて渡すということをしていた。次は、カードについての説明である。

(注四) このカードは討議のあいだに、発言を指導するために、個人に渡したカードである。この場合は三枚一つづきであったが、このような長いのは珍しかった。三枚を並べるようにひろげて机上においた。(同上書 p79)

討論のとき、教師が横から口を出すと、討論は中断してしまう。このカードに書いて渡すという方法は、よく考えられたものだと思う。

さらに、この学習を発展させて、大村氏は、発表会を企画していられる。そして、書写の学習もあわせとりいれていられる。そのことを、大村氏は次のように書いていられる。

生徒の学習として書いたもの。プリント、生徒。鉄筆も書く道具の一種として、プリント原紙を書くことを書写の学習の一分野としていた。（同上書 p79）

次は生徒の書いた案内である。

発表会

一、御案内

大村先生にお頼まれして、先生の代わりに研究発表会の御案内をしたためます。

山茶花もほとんど散ってめっきりお寒くなりました。先生にはお元気のことと存じます。

さて私共は今「古典入門」という単元で勉強しております。目標を「一、古典が現代とつながりを持っていることを知り古典への関心と親しみを持つ　二、古典の調べ方がわかる」というような所においてやり始めました。先生から別封のような、新案の註釈つきのプリントをつくっていただいて「古事記」「万葉集」「源氏物語」「枕草子」「平家物語」「宇治拾遺物語」「徒然草」「謡曲」「論語」「唐詩選」を読んでおります。同封のプログラムでおわかりと思いますが少し申し上げてみます。「古事記」は教科書に

「海彦山彦」の劇があるので、その原文の古事記を読んで研究して「やまとたけるの命の最期」のところを放送劇にしてみます。

「万葉集」は教科書の「万葉秀歌」で、古代物語の調べ方を見やすい表にし、一人一首以上口語詩に訳して詩集をつくります。佳作は朗読して発表します。「源氏物語」はプリントに「若紫」と「須磨」がありますが、「若紫」は幻灯にし「須磨」は大村先生の講演をお聞きします。聞き方のおけいこです。「枕草子」は対談形式で作品研究を発表するのですが「雪の山」だけを幻灯にしてみるグループがあります。「平家物語」は「故郷の花」で放送劇です。「徒然草」と「論語」はよく読んで、感想を書いておき、二日めに討論会を開きます。その他「宇治拾遺物語」は幻灯、「唐詩選」は万葉集と同じように口語詩にしてみます。「謡曲」はプリントをみながらレコードを聞くのでこれは発表会にはしないのですがついでにおしらせいたしました。このようなわけで、グループですること自分ひとりですること、いろいろみなめいめいのプランでいそしんでおります。

発表会は十二月五・六日の両日十時からでございます。先生お忙しい中でございましょうが、万事おくりあわせの上ぜひいらして下さいませ。大村先生も、先生にはぜひおいでいただいて御批評を賜りたいとおっしゃって、この手紙を書くように私に言いつけられました。ではお待ちいたしております。

十一月二十八日

金子美恵

大村浜代筆

落合中学校長　野村秀義先生

御案内

朝夕めっきり冷気を含む季節となり、皆様にはいろいろお忙しいことと思います。私たちは、文部省の国語科の実験学校に指定されて以来、去年にもまして着々と新しい行き方の教育の線にそって学習の歩を進めてきました。さてこの度「古典入門」の単元で、私たちははじめて日本の古典を学んでいます。

放送劇にしたり、幻灯にしたり、又直接作品の鑑賞の結果を対話の形式にまとめたり、あるいは徒然草、論語などについて大いに発展して討論会をするところです。

来る十二月五日（火曜日）同六日（水曜日）八中国語研究室にて、この発表会を行います。皆様の御期待にそえることと自信をもっております。ぜひ御来校の上御批評をおねがいいたします。

御父兄各位

（同上書 p79～81）

二、プログラム

これを黒板にも書き、めくりも大筆で書いた。いずれも書写の学習でもある。

国語研究発表会——単元・古典入門——

第一日　十二月五日　　作品発表会＝プログラム＝

1　開会の辞

（同上書 p81）

2　朗　読……………源氏物語より
3　放送劇……………日本武尊の最期
4　幻　灯……………若　紫　A
5　幻　灯……………雀　物　語
6　放送劇……………日本武尊の最期　B
7　幻　灯……………雪　の　山
8　幻　灯……………若　紫　B
9　朗　読……………万葉集口語訳詩集より
10　作品研究…………枕草子について
11　放送劇……………故郷の花
12　閉会の辞

第二日　十二月六日　講演、討論会
一、源氏物語の味わいについて　大村先生
二、討論会
徒然草・論語を読んで　全　員
三、作品から

〔脚本〕
雪の山〔場面8―1〕

幻灯班脚色

〔配　役〕

三　上	岩崎伊孝	映写係	天野政雄
中　官	金平陽子	演出係	原　倭子
清少納言	原　優子	朗読	社　悦子
侍	天野・岩崎	解説	田口禎子
中宮の使	武内澄子	以上	幻灯班
清少納言の使	社　悦子		
女　房	武内・社	指導	大村先生
木　守	天野政雄		

8	B	縁から、心配そうに雪山をみる	清「白山の観音様は、どうかこれをお消しなさるな。十五日までもつといった以上、力いっぱいしてこれを守りましょう。」
9		7番のような庭	
10	F・S	雪山を子供が足でどたどたやっているところ。乞食女がつえで雪山をたたいて雪を散らす	解説　雪山は雨にもとかされる、子供のいたずらや、乞食女がもらいものがないといってかんしゃくを起してつえでくずしたり、そういういろいろな出来事もあったが、無事に年が暮れる。
11	O・U	雪山とうれしそうな清の顔	

12　W　雪山の前をつんとした顔でふり返りながら通って行く侍
13　F・S　縁から雪の降る庭を見るうれしそうな清の顔
14　B　縁側から笑い顔の中宮と侍（一月元日）つんとした清
15　C・U　よごれた雪山だけ（二日）
16　B　女房とがっかりした清の顔（三日）
17　W・CUなまいきそうな清の顔

侍「あんがい消えないね。これで無事に年は暮れたけどこの後どうなるものかな――。」
清「うわあ、すてきすてき。少し低くなったけれど、この雪で又つもるわね。」
中宮「こんどの雪は少しずるいわね――、すてないと、去年の雪とまざってしまうわね。」
女房「もっともでございましょうね。」
侍「ははは、年はこしたが、あの雪も七日までがあぶないね。」
侍「いやあ、こう天気じゃあ、もう、二、三日でしょうさ。」
女房「急に中宮様は禁中へお上りになるそうでございますよ。」
清「まあせっかくなら雪山をいい当てて御覧に入れたかったものを、残念にねえ。」
女房「そうでございますよ。下で、侍たちもしきりにこのことをいっておりますよ。案外十五日まであるかもしれないとか、十五日までなかったらどんな顔をするか見たいものだって……。」

〔口語訳詩集〕

夕づく夜心もしぬに白露の
　　おくこの庭にこほろぎ鳴くも
　　　（巻八）湯原王

　　　　高津光正
夕ぐれに
夕月の光をあびて
光るつゆ
庭のこおろぎ
こおろぎもなく

わが宿のいささ群竹吹く風の音のかそけきこのゆうべかも
　　　（巻十九）　大伴家持

　　　　社　悦子
夕がただ
さわさわと竹が音をたてる
さわさわとかすかに
心にしみいるような
この夕べよ

遠く寒山にのぼれは石径斜なり
　白雲生ずる処人家有り
　　車をとどめてそぞろに愛す楓林の晩
　　　霜葉は二月の花よりも紅なり
　　　　　　　　　　　　杜　牧

　　　　　　　松尾多見子
はるばると
秋の山にのぼって来た
見おろすと石の道は斜にみえ
白い煙か雲か
　たなびくあたりに
人の家も見える
美しいもみじ思わず車をとめた
夕日にうつる木々の葉は
春の花より紅

夕磯の崎漕ぎたみゆけば近江の湖
　八十のみなとに鶴さわに鳴く
　　(巻三)　　高市黒人

住友　蒼

磯の崎をめぐって
　こいでいくと
近江の湖
　そこに
　　鶴の群
澄みわたる鳴き声

石ばしるたるみの上のさわらびの
　萌え出づる春になりにけるかも
　　（巻八）　志貴皇子

金子美恵

岩の上を
走りながれる滝
その滝のたのしそうな音
そのほとりに
　白いしぶきを
あびそうに
わらびのこぶし

春のしらせ

〔学級新聞〕

古典学習特集号・昭和二十六年十二月二十五日

（第四グループ案）

一面（1）　標語（題字の下に。「古典で知る昔の生活」）

（2）　古典研究発表会終わる

目黒八中三年A組

（3）　論説「古典は現在の我々の生活に関係があるか」

（4）　古典研究方法

私の勉強はこうしてした

（5）　紙上討論会

現在の青少年と古典

（6）　一言質問

源氏物語・平家物語、どちらが軍記物語ですか

二面（1）　古典を読んで――私の翻訳

（2）　源氏物語の味わい方

（3）　古典紹介

（4）　古典に関する質疑応答――古典の泉

（5）　古典娯楽版　笑話その他
　笑話
　漫画　古典の典ちゃん――古典を読んで知る昔の生活
（6）　アンケート発表「あなたはこれから古典の研究をしますか」
　する　しない　未定その他
（7）　後記（同上書 p82～88）

清少納言の代わりに短歌をつくったり、身近な人としてとらえさせる実践をされている。「古典に親しませる」という目標は達成できている。この単元を終えることで、古典に興味を持ったり、好きになった生徒は多いことだろう。大村はま氏の中学生の力に応じた授業実践は、古典においても効果をあらわすことができた。国語教育実践主体が国語教育実践客体の力を見極めることは当然しなければならないことだが難しいことである。大村氏がひとり一人の生徒の真の力をはっきりとつかみ、個に応じた教育ができていたことが、この学習記録からうかがえる。

また、大村氏の特色として、図書室で授業をおこなうことがある。当然読書指導もおこなわれたと思われる。次にとりあげるのは、「読書の技術」という単元である。このなかでいろいろな資料を集めてつかう実践をしていられる。

読書の技術　　昭和二十六年　　目黒区立第八中学校

いろいろの資料を集めて使うことの味を覚えた単元である。手作りの教材の生徒への魅力を知った。読書新聞を作らせて、手作りの教材というのは、教師の手作りという意味だけではない、子どもたちの手作り教材があることに気づいた。学習として作ったものが単なる成績品ではなく、いつのまにか次の、また次の学習の材料になることに気づいた。それとともに、単元学習のゆたかさに「驚く」思いであった。（『大村はま　国語教室　第一巻』p60）

「手作りの教材というのは、教師の手作りという意味だけではない、子どもたちの手作り教材がある」「学習として作ったものが単なる成績品ではなく、いつのまにか次の、また次の学習の材料になる」ことに、ここで大村氏は気づかれるのである。芦田恵之助氏は、このことに作文の指導で気づかれた。大村はま氏は、「学習記録」でそれを受け継ぎ、ここでついに、単元の内容にまで踏み込んで、生徒にも教材作りに関わらせようとしている。生徒と共に教材作りをしようとしていられるのである。

9　大村はま「国語教育実践史」四部　研究発表　実用的な手紙の書き方

次の「研究発表」の単元では、広がるだけ広がった単元になった。指導者としての自分の人間としての幅、能力を考え、資料の用意の確かな見通しをもって計画すべきことを痛感した単元となる。わたくしが大村氏の実践を国語教育個体史としてとらえるのは、このような成功したとは単純に言いきれない実践でも、残しているところにもある。

（9）研究発表　　昭和二十七年五月　　中央区立紅葉川中学校

目黒区立第八中学校に昭和二十四年一月から二十六年八月まで在職した。二十六年九月、中央区立紅葉川中学校に転じた。ずっと文部省学習指導要領の委員であってその委員会は私にとっては全く勉強であった。そのほか、いろいろの研究会、講習会が多く、またいろいろの本も出版された。ほとんどの会に出席しほとんどの本を読みながら単元学習を見つめ直し、くふうに明け暮れていた。そしてとうとう前にもあとにもないほど、広がるだけ広がった「研究発表」という単元を展開した。

この単元はそのころの「単元」に対する考えを真正面から文字どおりに受け取って、自分の能力の限界も考えず、夢中で突入したといってよいと思う。当時の典型的な単元学習の計画と実践である。

「子どもたちの興味と関心」をまず第一にして、それぞれの題目を選ばせたため、題目が大きく、広がりすぎ、私では内容的な指導がまにあわなかった。ほかの教科の担当者と組んで指導に当たるのがよいことも聞いたり読んだりしていたが、現在でさえほとんど行われていないティーム・ティーチングなど、できるはずがない。

資料に何が用意できるかを考えることも忘れて、ただ生徒の興味と関心を大きく受け取ってしまった。指導力なく資料なく、苦闘の日がつづいた。そして指導者としての自分の人間としての幅、能力考え、資料の用意――収集とじゅうぶんな検討――の確かな見通しをもって計画すべきことを文字どおり痛感した。

これが貴重な経験になって、国語教室を、単元学習を見る目が少し開かれたような気がする。（『大村はま国語教室　第一巻 p60・61』）

次は、その実践である。

国語科の単元学習

A　この間、ある授業を参観したのですが、それは「読書の技術」という単元の一部で、もう「生活の必要のために読む場合」「研究のために読む場合」「娯楽のために読む場合」などをすませ「文学の鑑賞」をとりあげているところでした。「文学の鑑賞」だけで、一つの単元ともいえるわけでした。

教科書に鴎外の、「山椒大夫」がありましたので、それを直接の材料にしていました。私が見せてもらいましたのは、もうこの単元の終りであったのですが、発表会で、生徒たちがそれぞれ、朗読のグループ、脚本のグループというように分かれて、発表をしました。

ここにそのプログラムがあります。

又次の案内状がついていました。

(これはプログラムの説明になりますからごらんください。)

国語研究発表会プログラム

開会のことば

朗　読

絵　本　　安寿と厨子王

劇　　　　安寿の決心

放送劇　　別　れ

幻　燈　　母をたずねて

放送劇　　　　　厨子王の逃亡
創　作　　　　　安寿の遺書
作品研究　　　　「山椒大夫」を味わう
閉会のことば

御　案　内

めっきり秋らしくなってまいりました。何かからだじゅうに力が盛り上がってくるような気がいたします。こうした時にあたって、来たる十月十一日(水) 午前十時から三年A組において、国語科の研究発表会をいたします。森鴎外「山椒大夫」を読み味わい、その結果グループでは劇や放送劇に表わし、あるグループでは幻燈や絵本として発表します。朗読をするグループもあり、創作グループは「安寿の遺書」を書いてみましたのを発表することになっています。作品と正面からとりくんだ作品研究グループは、座談会の形で発表をします。「山椒大夫」という一つの作品を、とりどりに研究し、とりどり表わした、実におもしろい会です。どうぞいらしてください。お待ちしております。

十月一日

三年A組

父兄の皆様

B　これは楽しそうな発表会ですね。

A　ほんとに楽しそうでした。先生のお話では、朗読しようとし、放送劇にしようとすれば、自然にくわしく深く読まなくてはならず、しらずしらずのうちに、楽しく、しかもいきいきと調べてしまうということでした。そして「文学の鑑賞」という目的の仕事が、自然にされていくということでした。しかし、私には、何となくはっきりしないものが残ったのです。この中に作品研究グループがありますが、これは、この作品のねらいとか、描写のしかたとかについて研究したり、又ここに出てくる人物についてそれぞれの性格を調べたりしておりました。私は何だかこのグループのが本格的で、これだけでいいような気がするのです。その他のは、なぜ、あんなふうにしなければいけないのだろうと思うのです。

B　そうですか、私はそのいろいろのグループ――あなたのおっしゃる、余分のようなグループ――の目ざしているものがよくわかり、それがたいせつのように思います。「文学の鑑賞」ということが、とかく「文学研究」といっしょにされていますのをいつも残念に思っていました。「鑑賞」ということは「味わう」活動そのものであって、どういう味わいがあるとか、ここはどういう心持ちを表わしているのだというふうに説明することではないと思います。ですのに、この味わった結果の発表に重点がおかれすぎて、ゆっくりと、しみじみと味わってたのしむという点は、かえっておろそかにされているように思うことが多いのです。今のお話で、一つ一つのグループが、いろいろの作品にするために、しらずしらず作品を読み味わうことになる、そのしくみに、私は深く賛成いたします。

A　その、しらずしらず、作品を読み味わうことになるという点、も少し説明をしてくださいませんか。

B　そうですね。たとえば朗読グループとします。この作品の心持をほんとうに朗読によって表わそうとしますと、一言一言の細かいところまで考え、正確にも深くも読み味わわなければ、又人物の性格もはっきりつかまなければとうていできないと思います。例をあげてみましょう。安寿が厨子王を逃がす日の朝、すっか

り決意をかためた安寿と何も知らない厨子王が山を登ってゆくところに

ちょうど岩の面に朝日がいちめんにさしている。安寿は重なりあった岩の、風化した間に根をおろして、小さいすみれの咲いているのを見つけた。そしてそれをゆびさして厨子王に見せて言った。

「ごらん、もう春になるのね。」

厨子王は黙ってうなずいた。姉は胸に秘密をたくわえ、弟は憂いばかりをいだいているので、とかく受け答えができずに、話は水が砂にしみ込むようにとぎれてしまう。

という一節があります。この「ごらん、もう春になるのね。」の一言でも、「どんな調子で、どんな声で、どう読むか」ということは、よほどよくこの前後の文章、大きくいえば作品全体を味わって、安寿の性格などもつかんでなければ定められないわけです。「安寿の性格」といって説明したり、「ごらん、もう春になるのね。」ということばの心持を説明して聞かせるのでなく、朗読しようとするその活動の中で、こういう程度の高い、「味わう」という仕事を自然にやっているわけです。幻燈の絵一つかくにも、作品の細かいところにまでわたって味わわなければならなくなりましょう。

つまりこの行き方は、この作品を味わいなさい、と押してゆくのでなく、味わわなければならないような場面をつくってやって、ひとりでに味わうという経験をさせてしまうわけです。味わう力というものは「味わう」経験をすることによって伸びることを考えると、この方法のよさがわかると思います。

Ａ　生徒がどのくらいに味わえているか、指導者にどこでわかるでしょうか。

Ｂ　生徒の、作品を見たり発表を聞いたりすれば、わかります。

Ａ　直接、味わい方を直すとか、教えるとかいうことはないのでしょうか。

Ｂ　それはもちろんあります。作品を作り、発表の練習をする間に、かんたんなことでは、漢字の読み、ことばのアクセントなどから更に文の解釈について、味わいについて、始終細かく指導するわけです。そしてその指導もなるべく、自分で文を味わい直すようにしむけて「文を味わう」という経験を得させようとする主旨に徹するようにするのがよいと思います。よく、全体の計画と、細かい一つ一つの指導と、目あてがくいちがっていることがあるのですがそういうことになりますと効果があがらないのです。

A　何か実例をあげてください。

B　そうですね。先に例にあげました「ごらん、もう春になるのね。」というところ、朗読グループや、放送劇のグループで、このことばのいい方がもし快活であったり、強すぎたり、とにかくよくなかったなら「どのようにいってみなさい。」と指導するのでなく、このことばの前後、特に次のところを指して、いい方についてくふうするようにさせるのです。この場合は、

「それをゆびさして厨子王に見せて言った。」「話は水が砂にしみ込むようにとぎれてしまう。」というところなど。

A　文の味わいかたのたりないところを指示しては、自分で読ませていくわけですね。それから今、お話伺っていて気づいたのですけれど、この学習をすすめていく間には、ずいぶん、いろいろの「話す」機会がありますね。

B　そうなのです、友だちどうしはもちろんですし、指導者とも、直接指導者以外の校内の先生とも、同学年の他学級の者、上級生、卒業生、ＰＴＡの人々、その他。又、場合としても、質問のときも相談のときもあり、こちらで十分に説明して意見を開くこともあり、大体のすじを述べて意見を聞くこともあります。何かを依頼する、問い合わせる、礼をいう、詫びをいう。相手の人数も多いとき少ないとき、グループの話しあい、全学級での討論、それらの司会、まだまだいろいろの機会が出てくると思います。

Ａ　すると、それに応じて「聞く」機会もさまざま出てきましょう。いろいろな人の、それぞれの特色あるものの言い方に接してみることはとてもよいことですね。うっかり聞いていると、すぐ支障がはっきり出てくるような話を聞く機会も、いそがしく聞く場合も出てきそうです。だいたい、細かい話を多く聞きわける練習の場が多そうです。

Ｂ　従って、書くことも、それはいろいろの場が出てきますよ。いろいろのメモ、書きぬきノート、報告、手紙、会議の記録などはことに多そうです。作品はもちろんですが。発表会になれば、プログラムやポスターも書き、掲示も書きます。読むものも、作品のほかに、参考書を読むでしょう。広告や紹介を読んだり、序文、あとがき、目次などを利用して、必要な本を探すこともあるでしょう。目次や索引を使って、必要な部分だけを急いで読むこともあるでしょう。記録を読んだり手紙を読んだり。……この学習の中には、聞く、話す、読む、書くの四つの活動が実にゆたかに含まれていると思います。

Ａ　今その四つの活動を切り離さないことについてですが、私も実際やっていますと、次々につながりがあるので切り離さずにまあやっていますが、この根拠といいますか、どういう考えをもとにして、これでいいのだといえるのでしょうか。

Ｂ　今、あなたのおっしゃった「実際やっていると、次々につながりがある」ということ、それが、この四つを切り離すべきでない、何より強い根拠であると思います。実際の生活の中で、ことばの働きというものは、みな、つながりがあります。実際の生活の中で、ほんとうに役に立つように、実際の生活にあるような経験をさせていくのがよいのではないでしょうか。それでないと、学校での成績はよいが、社会に出ては、自分も苦しみ、まわりも不便なことが起ってくるのではないでしょうか。

Ａ　お話が別のことになりますが、先にお話ししました発表会では、一グループに与えられた時間が十分間でした。ですから、十分でできるだけしか発表しないのです。劇も一部分、放送劇も一部分しか発表しませんでした。発表しないだけでなく、作品も、十分間に発表できる程度しか、作ってないのです。もちろん、構成だけは全部やってありましたけれど。これはどうなんでしょうか、全編をやらせた方がいいように思うのですが。時間がないのでしたら、何も一日に発表させなくてもよいでしょう。

B　あなたのお考えもごもっともと思いますけれど、私はやはり十分間ずつくらいまでにする方がいいと思います。それ以上になりますと、生徒にも荷が重すぎ、国語のためにだけ力をふりむけすぎるということも起ってくるでしょうと思います。又、指導者として、みてやりますにも、各グループが、四十分もかかるのでしたら、とうてい、手がゆきとどかず、よい指導ができないと思います。もちろん、今の学校の実際、多人数が一組に編成されている普通の学校の場合ですけれども。これは「文学の鑑賞」ということでしている学習であって、学芸会に出演するのでもなく「劇の演出」という単元でもないことをも心にとめておきたいと思います。

A　だいぶん、いろいろのことがわかってきました。たしかに、私の参観してきました教室はいきいきとしていました。ほんとうに「自分の勉強」をしているというようすでしたが、そのわけが、少しわかってきました。

B　何か、評価表のようなものを作っていませんでしたか。

A　ありました、めいめいのグループで作っていまして、それを他のグループにくばってありました。これがその一部分ですが。（『大村はま　国語教室　第一巻 p63～69』）

評価表の項目は、次の通りである。

評価表（創作グループ）

・内容について　　原作の生かし方　　ゆたかさ　　深さ

・表現について　　構想　　用語

・その他

評価表（絵本グループ）

作品（六歳の子供向き）

・絵に品があって美しいか。

・ことばが簡明であるか。

・ことばが絵の説明に終っていないか。

・ことばづかいは適当か。

・原作の扱い方。

・感想

発表

・形式はどうか。

・態度はどうか。

・話し方はどうか。

・感想

B　一つすむと、これをつけるのです。指導者も生徒もつけます。発表したグループは、反省や感想でしょう、自分たちのグループの席にもどって、静かに話しあっていました。いい風景でした。

A　この間、いろいろ伺って、私もようやく、つめこんでもだめなのだ、てっとりばやいようでありながら、けっきょく、身についた力にはならないものだということがわかってきました。そして、ことばは、実際に話したり聞いたり読んだり書いたりする、ことばの活動を通して身につくこと、私たちの仕事は生徒たちに、有効な、ことばの力の伸ばせるような機会を作り経験の場を設けてやることだということがわかってきました。けれども、私は何か、実際にやることが不安なのです。何だか、自分は、大きな学力の穴をあけてしまいそうな気がするのです。いろいろ、教えておかなければならないことがありますが、それが果たして、みな扱う機会に恵まれるでしょうか。まあ、極端にいえば、ゆきあたりばったりのようなことになってしまって、知らぬまに、大きな穴ができてしまっているというようなことになりはしないでしょうか。それはもちろん、ほんとうにやれれば、そんなことはないでしょうが、未熟な私の場合には、やはり心配です。

B　それはほんとうに大切な問題だと思います。そういうお気持ちのかたはずいぶん多いでしょうと思います。そして又事実、ぜひ学習させておかなければならないことが、ぬけたりしては、それこそ学力低下の問題であると思います。ぬけないまでも、重点のおきどころがちがっても、偏っても困ることです。

それについては、次のような表が必要だと思います。この表は、どれもみな、まことに未熟な、たくさんの問題をもったものですけれど、まあ、形をお見せしてみるだけのものとお考えください。このような表を用意していつも全体というものを見通していることがどうしても必要だと思います。

〔A表〕これは、一つ一つの単元について、一応の指導計画を立て、それによって指導した場合、生徒は、どんなことばの生活を経験するようになるかその大体の予想を、聞くこと、話すこと、読むこと、書くこと、の四方面にわけて、一覧表にするものです。（『大村はま　国語教室　第一巻p69～72』）

その項目は、次のようである。

言語経験
1　あいさつ
2　伝　言
3　紹　介
4　宣　伝
5　経験発表
6　説明・解説
7　研究発表
8　意見発表

一応の案で、できた表を見直し、それぞれの経験のくり返される度数などを見、生徒の実状にあわせて加除します。そして案として適当と思うところまでしあげておきます。

そして、一つの単元の学習が実際に終ったなら、実際に行われたものには、実施ずみのしるしをつけます。もし、途中予定を変更したり又はその他の理由で、行われなかったものについては、もう一度考え直し、一回ぬけてもよければそのまま消し、どうしても回数のへらしたくないものであったら、それを行えそうな、これから先にある単元の方へ、移しておいて、そのときに代わりに扱えるようにしておくのです。このようにしておきますと、どの経験が足りないか、また十分かが、はっきりとわかっていて、むだを省き、不足を補うことができ、学習活動が一方に偏るというようなことは、確実に防ぐことができますよ。

次のB表、C表も、左側の項目がちがうだけで、その趣旨と活用のしかたは同じです。

〔B表〕A表の中に○をおいても、足りますが、これは、ぜひ、重点をおいて指導しようとすることを、単元とあわせて一覧表にするのです。「私たちのことば」という単元で、「聞くこと」の経験としては、いろいろありますけれど、その中で、特に意識して指導しようとするのは、たとえば「あいさつ」「伝言」「説明・解説」であったら、それだけをA表の中で◎にするか、又は別に作るわけです。　（表略）

〔C表〕各単元を、目標に照らしあわせるのです。（『大村はま　国語教室　第一巻』p72・73）

C表の目標項目は次のようである。

聞くこと

1　集まって話を聞く場合の礼儀や態度になれる

2　伝言や用件を確実に聞き取る

3　発表や報告の内容をもれなく聞きとる

4　話す人の真意がどこにあるか聞きわける

5　主眼点と末節中心と付加的部分とに注意する（『大村はま　国語教室　第一巻 p73』）

『文法』も、このような表にしてありますと、いろいろの活動の中で、しかも統一を以て学習させていくことができると思います。

ただこの、一応つくり上げた表に、こだわりすぎないようにしなくてはならないと、いつも注意しています。又この表の作り方などもこれから大いに研究しなければならないのですが、要するに、何かによって、いつも見通しをつけていなければならない、そのときしていることが、全学習指導計画のどこに位置を持っているかを、はっきり知っていることが大切だと思います。

A　ほんとに、こうしていけばよいですね。先ほど申しましたような不安もとれてきました。決してゆきあたりばったりではないことがわかってきました。

それから、なおつづいて伺いたいことは、『聞く、話す、読む、書く』の四つの活動を孤立しないように扱っていくことについてなのですが、単元によって、もちろん、このどれかに重点があってもよいわけでしょう。

B　もちろんそうです。四つの言語活動が孤立しないようにということは、たとえば『読書のしかた』という単元でも読むことだけをせず、どんな本を読むのがよいかということについて、面接して他の人の意見を聞くとか、ラジオの読書案内を聞くとか、友だちと話しあうとか、また、読んだことをまとめて書いたり、感想を書いたり、それらを集めて『新聞』や『雑誌』の一部分を作ったりするというふうにして『聞く、話す、読む、書く』ことが、偏らずしぜんに、含まれるようにすることです。それが、実際の言語生活なのであって、実際の生活では、聞くことだけ、読むことだけが、行われることは少なく、くわしく見ればいろいろの言語活動が互に関係してつづいているものだからです。しかし、時には、ある方面の活動に重みがかけられることはもちろんありますし、あってよいと思います。たとえば『日記の書き方』『実用的な手紙の書き方』

では『書くこと』に、『会議のすすめ方』では『話すこと』に重点のおかれることもあります。

A　その『会議のすすめ方』ですが『聞くこと、話すこと』に当然重点があると思われるのですが、この場合の『読むこと』『書くこと』は、どんな場面、どんな学習活動があるでしょうか。『読むこと』は、それでも、話しあう題目についていろいろ調べるために、読書もすることでしょうし、だいたい、見当がつきますが、『書くこと』は、まあ会議の記録などでしょうか。

B　『会議のすすめ方』の中でも、いろいろの学習活動の場面があるでしょうが、今『話しあいたい題目によってグループにわかれ、グループごとに会議をして、他のグループがそれを批評しあう』ということになったとしましょう。すると『書くこと』は、だいたい、次のようなことが考えられましょう。

1　参考として聞いておくべきラジオの座談会、討論会を探して、時間や題目を掲示する。

2　各グループの会議練習の日割一覧表をかいて掲示する。

3　各グループの題目を書き並べて掲示用プログラムを毛筆で書く。

4　各グループの題目とメンバー、会議の日時を一覧表にしてプリントする。

5　話しあいの題目についてゆたかな意見を持つために、読書をして、要点を書いたり、特別なところは書き写す。

6　やはり、話しあいのための自分自分の用意として、書物を読む外に、専門家や、地域社会の適当な人にあって意見を聞くことがありましょうが、そういう時に、その話を聞きながら要点を書く。

7　これも、話しあいに出る自分の用意として、話しあう題目について、他の人の意見を聞く手紙を書いたり、題目について問い合わせる手紙を書いたりする。

8　めいめいのグループで自分たちの題目、グループのメンバー、会議の日時、などを教室に広告する。
9　会議を始める前に、題目を板書するか、又は大きく書いたものを、はり出す。
10　いろいろ、読んだり聞いたりしたことをもとにして、自分の考えをまとめるために書く。
11　いよいよ話しあいが始まれば、自分が有効な適切な発言をするためには、議論の大体の方向や、問題の焦点をはっきりつかまなければならない。そのために、他の人の発言を聞きながら、要点を書く。
12　もし記録係ならば、くわしく記録をとる。
13　他のグループの会議についての批評を書く。
14　めいめいのグループの会議について、そのようすや、批評会での批評の報告を書く。
15　学習日記にこの学習の大要をまとめ、感想を書いたり、疑問な点や質問を書いたりする。
16　学級日記の学習欄を書く。
17　欠席した生徒に、この日の会議の学習のようすを知らせる手紙を書く。
18　この日の会議に参加した経験を書く。
19　いろいろ書いてきたものに見出しをつけ、ページを打って、ノートの整理をする。
20　会議の記録を、学級新聞や雑誌にとりあげたり、記録を集めて「批評つき会議録集」をつくる。

A　ずいぶん、いろいろありますね。
B　もちろん、これをみんなする、というのではありませんけれど、書こうとすればどんな書くことがあるかと思っていろいろ拾いあげてみました。（『大村はま　国語教室　第一巻 p73～76』）

いろいろな活動のなかで、「聞く、話す、読む、書く」の四つの言語事項が孤立しないように、扱っていくことの話がとりあげられていた。このような会話形式ですすめられているとわかりやすい。

次は、資料の問題がとりあげられている。

A　それから、まだ私には単元学習へのスタートをにぶらせられることがあるのです。それは資料の問題なのです。単元学習をすすめますには、豊富な資料が必要と思いますが、それが、なかなか用意できそうもないので困ります。

B　資料のことは、ほんとうに現在の状態では普通の学校では困難なことですけれども、それを幾分でも救うためにまあ、次のような費用のかからない資料のくふうもあると思います。

（1）　生徒の家庭にある本を活用する。

これは、父兄の協力が必要になりますが、まず、生徒の学習の資料として活用できそうな、生徒の家庭にある本を調べます。それから、それを分類して目録にします。こうしておきますと、必要なときに、その本を利用させていただくのに便利です。ただ便利というだけでなく、こうしてなければ、なかなか、生徒の個々の家庭の書物というものは、利用しにくいものです。ただある機会に、うちに参考になるものがあったら持ってくるように、という程度ではとても十分な利用は望めないと思います。

（2）　新聞の切りぬきを作る。

社説・短評をはじめ、その他いろいろの記事の適当なものを切りぬきます。それを、いろいろの観点から分けて、はっておきます。いろいろの観点というのは、たとえば、

(イ)　同じ題目の論説を集める。
(ロ)　一つの題目についてニュースや社説や解説、短評というふうに題目によりいろいろの種類の記事を集める。
(ハ)　論説は論説、娯楽は娯楽というふうに種類によって集める。
(ニ)　同じく論説でも、娯楽でも、内容の難易によって集める。
(ホ)　『見出しのつけ方』を学ぶため『文章の書き方』を学ぶため、というふうに、特別な学習の目あてによって集める。

このように、分けてありますと、いろいろの学習に当たって、都合よく利用することができます。もちろん、生徒の手を利用してつくるのですが、この作る過程もまたなかなかよい学習の場面なのです。

(3)　他校の学校新聞や雑誌、文集などを送ってもらう。

これは至って平凡なことですけれど、他校に依頼して、これらのものを送ってもらいますと、新聞、雑誌の編集、文集の編集などのときはもちろん、その他の場合でも、よい資料になります。

(4)　『手紙』『書式一般』などの資料は学校や家庭、商店などから集める。

このようなものは、いつも心がけて大勢で集めますと、案外豊富に持つことのできる資料です。

(5)　広告やポスター、ビラ、その他、身のまわりのいろいろの印刷物を集める。

町会の掲示板などに出ているプリント、保健所からの伝達事項、選挙とか納税とかのためのいろいろの解説宣伝、何々週間というような地域社会の行事の宣伝、新聞その他の広告、看板、駅などの注意、案内、町会とかクラブとかの規約というふうに、身のまわりから注意深くいろいろ文字によって伝達され表現されているものを集めるのです。

(6)　会議の記録、面接の記録などは大切に整理して資料として役立てるようにします。その他、話しことばの蒐集、生徒によって作られる文集、学習日記、ノートなど、みな次のよい資料として活用することができます。

A　けっきょく、資料を作り出しながら、やっていかなければだめですね。

B　ほんとにそうです。話しあいをすれば、その話しあいそのものが次の大切な資料になるわけですし、資料がゆたかにないことは、ほんとうに困ったことですけれども、しかし、だから、新しい学習は全くできない、とまでは考えていないわけなのです。

A　よくわかりました。私もこれから、いっしょうけんめい、資料を作り出すことを考えてみましょう。(『大村はま　国語教室　第一巻 p76～78』)

大村氏は、これから単元学習をはじめようと考えている教師に、できるだけわかりやすく単元学習を説明しようとしていられる。また、次の授業の資料とするために、国語教育実践営為を記録して残している。この大村氏が記録されたものは、国語教育実践史、生徒たちが記録したものは、国語学習個体史と呼ぶことができる。

A　まだ、いろいろ細かいことで、伺いたいことがあるのですが。
一単元には、およそ、どのくらいの時間をかけるのが適当でしょうか。

B　二十時間前後が適当であるように思います。が時には、五、六時間から十時間くらいの短い単元もあってよいと思います。たとえば二年程度で、『電信電話の利用』、三年程度で『書式一般』など、短くてよい単元であると思います。

A　『電信電話の利用』や『書式一般』というような単元は、いろいろの単元の中に、少しずつ出てきそうですが。

B　ええ、ですからこのような単元はこれだけで一単元にしなくとも、他の単元の中で適当な機会をとらえて扱ってよいと思います。しかしまた、つねに、どの単元の中にもあることでありましても、ある時、それを主にして、まとめて扱うことも意味のあることだと思います。『会話のしかた』なども、こういう種類の単元ですね。これをまたある期間を隔てて、つまり、途中に他の単元をいれて、何回かに分けて継続的に扱うことが適当であるとも思われます。『日記の書き方』『読書のしかた』『放送の聞き方』など、これに当っていますが、ただこの種のものは、多すぎてはいけないと思います。

A　学習計画は、指導者と生徒と共同して立てるのですね。どういう単元でもそうしなければならないのですか。

B　しなければならない、というと、少し強すぎますが、ほんとうに学習を生徒のものにするために、指導者の案をそのまま提供するのでなく、共同で計画することがよいと思います。もちろん『共同して』なのですから、生徒の案に引きずられていくことではなく、十分に指導するのですが。それから、時には、指導者の独自の計画によることもあると思います。たとえば『古典入門』というような、生徒の能力では、計画を立てることが困難である場合です。

A　『話し方の改善』『文章の書き方』『報告のまとめ方』というような単元は『新聞・雑誌の編集』とか『研究発表のしかた』などという単元にくらべて、小さい単元ですね。もし『新聞・雑誌の編集』というのを、力を入れて十分に学んだら『文章の書き方』とか『報告のまとめ方』はもちろん『話し方の改善』もその他たくさんの小さい単元がみなその中にふくまれてしまうのではないでしょうか。

B　それはそうですが、だからといって、『新聞・雑誌の編集』という単元を長い間つづけているということでなく、『新聞・雑誌の編集』という単元では主眼を『編集』という点において学習し、その間に発見された、聞くこと、話すこと、読むこと、書くことの力のたりないところに着限して、その力をつけるような単元を計画したらよいと思います。それが『話し方の改善』『報告のまとめ方』というような単元にもなるのでしょう。

A　生徒の個人差はいつも重く見ていかなければならないと思いますが、特に個人差を重視した指導が、効果があがるという単元がありましょうか。

B　『読書のしかた』『創作のしかた』『会議のすすめ方』『話し方の改善』『新聞・雑誌の編集』などは、個人差を特に考える必要があると思います。又『新聞・雑誌の編集』などは、どの程度の生徒も、相応に活動のできる場をゆたかに含んでいます。

A　生徒の力が全体に低い場合は、どんなふうにしたらよいでしょうか。

B　地域によって生徒の力にかなりの開きの見られるときもありますが、もし生徒の実力が一般的に低いと考えられるときは、小さな単元を数多く設けることがよいと思います。そして『聞く、話す、読む、書く』の四つの活動を小きざみに、まんべんなくさせるようにくふうするとよいと思います。たとえば、いま『聞く』活動があれば、必ずそれについて話し、その話の大意や要点を書き、書いたものを読みあうようにさせます。『話す』活動があれば、話すことについてその内容をゆたかにするために読む、同じ題目のことを他の人にたずねる、その話の要点を書く、その人の印象を書く、話しあう、読んだり聞いたりしたことをたねにして自分の話の草案を作る。話をしてから批評を聞く、その要点を書く、このようにして四つの活動を小さい単元の中でからみあわせるように経験させていくのです。

A　他教科との関係について聞かせてください。

B　他教科との関係を持たせることは、つねに必要です。『新聞』『会議のすすめ方』などは、特に社会科と密接な関係があり、『あいさつのしかた』『実用的な手紙の書き方』『書式一般』などは、家庭科、職業科に関係が深いといえますし、『放送のしかた』は、理科と重要な関係があります。その他『発表のしかた』『記録文の書き方』などはいろいろの学科にたえず関係しています。

A　習字や文法は、どんなふうにしたらよいでしょうか。

B　習字や文法は、それだけを切り離してしまわずにいろいろの単元の中で適当な場をとらえ、その場に即して扱うべきであると思います。その実際については、あとにある、習字や文法指導のところをごらんください。

A　いろいろ細かいことについてわかってきました。この辺で何か一つ単元展開の例をあげてください。案だけでなく、実際に指導されたものについて、くわしくお聞かせください。（『大村はま　国語教室　第一巻　p78～81』）

実際に単元学習を実践するとなると、実践例が知りたいものである。次には、実践例がとりあげられている。

B　では、三年の単元『実用的な手紙の書き方』をとりあげてみましょう。

『実用的な手紙の書き方』

〔単元設定の理由〕

1　(まず、生徒自身の生活に必要がおこっており、それに従って関心を持っているかということを考えて)生徒たちはこれまで書物を父母から買って与えられることが多かったが、このころからは自分で買うことが多くなり、書物について問い合わせたり、注文したりする機会が多くなる。書物ばかりでなく、学用品、運動具なども同様である。ことに地方の学校では、このように問い合わせたり注文したりする場合が多い。三年生となり、最上級生となったため、生徒会の委員、クラブの役員など、責任ある位置にある者が多くなり、急にこのような実用的な手紙を書く機会が増している。生徒会の記録を見ても、問い合わせ、注文、依頼の手紙が、たびたび発送されているようなことがわかる。学芸会、運動会、父母の会、映画会、見学、遠足など、行事についての案内状、通知状など、いろいろの実用的な手紙も多く、学校新聞や雑誌に関係したもの――記事を書いてもらうように頼む手紙、新聞雑誌代の催促の手紙なども多い。

2　(他教科との関連から生徒の関心を考えて)社会科、職業・家庭科などの学習に伴ない、社会に関する認識が高まってくる上に、社会へ出る日も近いことは、実用的な手紙への関心を深めている。

3　(社会的必要という点から考えて)一般の社会生活の中で、書く生活の大部分は手紙を書くことである。実用的な手紙はことに多い。実用約な手紙を書きなれ、十分用のたりる、正確な手紙を書く力を持つことは、社会生活を円満にしていく上に大切なことである。多くの生徒は、まもなくいろいろな職業につくであろう。それらの生徒には、よい実用的な手紙を書く能力がたいへん重要である。

4　(この単元の学習をしていくだけの経験と能力を生徒が持っているかどうかという点から考えて)生徒の八〇パーセントは手紙を実際に書いたことがある。それは自分で書いたのもあり、父母などの代筆で書いたのもある。

5　(4と同じ点から考えて)学用品、運動具、洋服などの商店や製造所から、いろいろの広告の手紙をはじめ、案内状などの実用的な手紙を受け取って、実用的な手紙の実例を見る機会も多くなっている。

6（前後の学習の関係から考えて）もし、生徒が、前に社交的な手紙を学んでいるなら、卒業を前にして実用的な手紙を学ぶことは適当である。

7（『聞く、話す、読む、書く』の力を増すことができるか、それぞれのゆたかな『言語活動を含んでいるかどうか』という点から考えて）実用的な手紙を書くとともに、読む機会も多く、いろいろな人の書いたいろいろな文章、いろいろな字体に接することができる。手紙の書き方についても、読んだり話しあったりして、手紙を書くことを中心に、ゆたかな言語活動をすることができる。

（この外に、ここに書き表わしておかなくともよいのですが、次の二つのことは実際には重要なことだと思います。）

8　指導者の能力にあっている。

9　資料がある。

次に目標ですが、〔目標〕

1　実用的な手紙は社交的な手紙に比べて、どういうところに特色があるかを知る。

2　実用的な手紙にはどんな種類があるかを学ぶ。

3　実用的な手紙を書くには、どういう点に注意しなければならないかを学ぶ。

4　筆ぶしょうでなく、気がるに手紙を書く態度や習慣をつける。

5　実用的な手紙の形式や文体などを学び、各種類の実用的な手紙が書けるようになる。

6　実用的な手紙を書くことを通して社会についての認識を深める。

7　次のような点について特に能力を増す。

(イ)　それぞれの手紙の種類と場合とに応じて用具用紙を効果的に使う。(ロ)　必要な用件をわかりやすく速く書く。(ハ)　いろいろの書き方の手紙を速く読みとる。(ニ)　必要に応じて気がるに速く手紙を書く。

8　次のようなことができるようにする。
(イ)　参考書、実物見本などを集めておいて活用する。(ロ)　細かいことについて調べたことを話しあったり、報告や解説をしたりする。(ハ)　研究したことや研究のための資料を整理しておく。(ニ)住所録を整理しておく。

A　この八つの目標の中には、軽い重いがあるのでしょうね。どれに重点がおかれますか。

B　３４５は重い目標と思います。それから７も、別の方から３４５を言い直したようなものですから、しぜん重点がおかれます。

A　７の(イ)はどういう意味ですか。

B　これは、それぞれの手紙が、どういう手紙であるか、どういう人に宛てる手紙か、ということで、普通のはがきにするか往復はがきにするか、又は封書にするか、封書としても、どんな紙や封筒を使うか、ペンで書くか、毛筆で書くか、というようなことが的確にわかること。又『効果的に使う』というのは、たとえば、封筒の表書きなど、字くばりがよく、字の大小のかげんもよく、読みやすく書けることです。

A　７の(ハ)の『いろいろの書き方の手紙を速く読みとる』というのは、どういう意味ですか。

B　これは、はっきりしない書き方ですが、いろいろの人の、いろいろの書きぶりの字にも文章にもなれて、意味を頭にうつしながら速く読むことなのです。見なれない字であると、一字ずつ拾って読んでいておそくもなり、また読み終っても意味がとれないというようなことがよくありますね。

A　(ニ)の『必要に応じて気がるに速く手紙を書く』は、返事もふくんでいるのでしょう。

B　そうです。出すべき返事が、大した理由もなく、おくれるというようなことがないようにしたいわけです。

A　8の各項目は7に比べて、ちょっと間接的ですね。

B　しかし、なかなか大切なことだと思います。(イ)(ハ)(ニ)のようなことを手まめにしておくような、そういう訓練、といっていけなければ習慣、それが、気がるに手紙を書くようにするのではないでしょうか。気がるに手紙を書く習慣をつけるとか、筆まめとかいうことは、ただ口で説明したり、望んだりしてもできてくることではないと思います。どうしたら実際にそういう習慣を身についたものにさせていくことができるか、それは、手紙が実際に手を動かしてすることなのですから、身につけるにもやはり実際に手を動かしてすることがよいのだと思います。そして『してみればむずかしくもなんともない、かんたんなことなのに、何となくおっくうな心持ちから取りかかれないような、そういうくせ』を実際に払ってしまうことがたいせつであると思います。

A　一が単元設定の理由、二が目標、三は何ですか。

B　三には、今あげた目標を達するために、どんなことを、どのくらい学習させたらよいか、ということを考えます。ことばとしては、何といってもよいと思いますが、この単元の『内容』です。

〔内容〕

1　各方面から集めた実用的な手紙について、

(イ)　どんな種類があるか。(ロ)　どんなことがどんな順序に書いてあるか。(ハ)　何に、何で書いてあるか。(ニ)　どんな形式で書いてあるか。(ホ)　どんなことばが使われているか。(ヘ)　どんな文体であるか。

(ト)　どんな書体であるか。

2　実用的な手紙と社交的な手紙との関係。

3　それぞれの実用的な手紙の特色、組み立て、順序など。
4　一般的な、手紙に特有の用語、敬語の使いかた。
5　硬筆、毛筆による細字の書きかた。
6　封筒、便箋、はがきなどの書きかた。
7　ごく一般的な漢字のくずしかた。
8　文章の要点の読みとりかた。
9　文章の、場面にあわせてのまとめかた。
10　研究資料の集めかた、利用のしかた。
11　住所録のつくりかた。
12　ごく普通の、身近な郵便規則。

A　そうしますと『内容』というのは『学習事項』といったようなものですか。

B　そうですね。この単元の中で『何を』『どれだけ』学習するか、ということなのです。

A　これは、ただ書き方の違いかもしれませんが、1を、各方面から集めた手紙についての研究、2を、実用的な手紙と社交的な手紙との比較、5を硬筆、毛筆による細字の練習、というふうな書きかたではいけないでしょうか。

B　それでも、もちろんいいと思います。ただそうしますと、あとの『学習活動』と同じになってくるだけです。『研究する』『比較する』『練習する』というふうに、生徒の活動になってきます。活動になっても、全くあとの『学習活動』の項と同じになるわけでなく、『内容』の方はこの単元の中にふくむものを全部書きあげてみるのであり、『学習活動』は、それを、実際の生徒の活動の順序にするのですから、もちろんそれでもよいわけです。

『学習事項』のようなあげ方をしますと、どうかすると、これらを、実際の経験として与えるということが忘れられそうになって、全体が知的に傾いていきそうになりますので、その点誤解のないように注意しなければならないと思います。あくまで、たとえば『2実用的な手紙と社交的な手紙との関係は、こういうものである』と、知識を与えるのでなく、実用的な手紙と社交的な手紙とを比較する、という経験を与えるのです。二つの手紙の『関係』は、その『比較する』という経験を通して、当然、得られるのです。

次は四で学習活動の例をあげてみましょう。学習活動の(1)は、当然『導入』であるわけです。『導入』と特に書いてもよく、又書かなくともよく、内容として『導入』の段階があれば、項目のあげてある、ないは、問題ではないと思います。

私は『導入』のもう一つ前に、属するところをいえば『評価』なのですが、教室の実態を主にして考えて、ここにもう一つ仕事を入れたいと思います。指導案としては『評価』の一番初めに書かれるべきものと思います。それはかりに『予備調査』といういい方をしておいてみます。いま、この新しい単元にはいるのですが、その初めに当たっての生徒の力を、できるだけはっきりつかみ、指導にも役立て、又終りに、どれだけの成長ができたかどうかを見る材料にもするわけです。この、初めの力が調べてなくては、終りになって、ほんとうにその単元の学習が生徒に力をつけたかどうか、判定ができないことにもなると思います。もちろん、この種の調査だけが、評価の材料ではありませんけれども、これもまたなくてはならない一つではあると思います。この調査は、当然、この単元の主な目標に対して行われるわけですし、又いわゆる学力の調査だけでなく、資料などどのくらい持っているか、その実状をもあわせて調べるようにするとよいと思います。つまり、いろいろな意味で、学習準備をするわけです。

この『実用的な手紙の書き方』の場合は、次のような問題で、どうでしょうか。

〔予備調査〕

一、次の三つの手紙について批評しなさい。

(A)　宛先　雑誌『中学生時代』発行所　差出人　中学生

「中学生時代」購読いたしたく、半年分の代価及び送料、四百八十円、本日御社振替口座に払いこみました。よろしくお願いいたします。

(B)　宛先　おばさん　差出人　中学生

おばさん、長い間の望みがかなって、いよいよ一軒の家に住むことができるようになりました。きのう、この家に引っ越してきました。たった十坪の小さな家ですけれど、私の勉強室はとっていただきました。畑もついています。おばさん、どうぞきてください。電車は、東横線の自由ケ丘で下車、横浜へ向かって左がわへまっすぐにいって、三つめの四つ角を右へはいり、少しいきますと、生垣のある家がありますす、そこから三軒めです。では、お待ちしています。

（C）　宛先　父兄　差出人　中学生

青葉を吹く風のここちよい時節になり、第一学期の生活もいよいよ充実の時になりました。

この時にあたり、私ども三年A組では、左記要領によって、国語研究発表会を催すことになりました。

どうぞお出かけくださいますようお願いいたします。

記

一、とき　六月二日（木）午前十時
一、ところ　区立紅葉川中三年A組教室

二、次のことを、小学校のときの先生にお尋ねするはがきと、書店に尋ねるはがきとを書きなさい。
『中学生向きの、文章の書きかたについて書かれた本』

三、次の注文のはがきを、体裁に注意して、書いてみなさい。表も書きなさい。（はがきと同大に切った紙を使う。わくをとっただけでなく。）

宛先　神田局区内錦町二ノ一　石田紙店　差出人　中央区立紅葉川中学校編集部　氏名

先日お送りくださいました原稿用紙見本により左の通り注文いたします。本月三十日までにまちがいなくお届けください。
一、原稿用紙　四百字詰め　五〇〇〇枚。一、同じく　二百字詰め　五〇〇〇枚。なお、代金は現品と引きかえにお払いいたしますから、領収書を御持参願います。

A　各問題の主な着眼点のようなものを示してください。

B　問題一の(A)は、たいせつな用件がぬけています。半年分の代金がいつからいつまでのであるのか、何月号から雑誌を送ってよいのかわからないという、実用的な手紙として用のたりない手紙であることに気づくかどうですか。

(B)の手紙は、駅から家までの道を、かんたんな略図として添えるべきであることに気づけばいいのですが。

(C)の手紙は、どういう会か、という会の性質がはっきりせず、ほんとうに来てほしい方に来ていただくことができなそうな案内状です。案内状としてのたいせつな用件がぬけているわけです。また、ときは、始めの時間だけでなく終りの時間も書くべきであると思います。

二では、親しみをもった、そして目上である先生と、何の特別な関係のない商店に対して、それぞれにどの程度に適当な敬称やていねい語を使って書くことができるか。

三では、主として形式ですが、ことに、注文品と、その数量などを、行を改めて箇条書きにするというようなことに、どのくらいなれているか、表書きの形とともに、気をつけてみたいところです。

これらは主な点ですが、実際の生徒の書いたものからは、まだまだいろいろの点で、能力の実状を読みとることができると思います。——学習活動にはいる前が長くなりました。

〔学習活動〕

さてまず「学習活動」の1、「導入」として、

（1）　学級で、手紙に関した、次のような話をしあう。
（イ）　用事の手紙を書いた経験＝どんな用事で書いたか――その時感じた困難
（ロ）　用事の手紙をもらった経験＝どんな用事であったか。
○（イ）（ロ）の話を聞きながら、めいめい、次のようなことをまとめるようにする。
▽　どんな用事の手紙が、書かれることが多いか。
▽　書く場合の困難は、どういう点にあるか。

A　『学級で』とありますのは『クラス全体で』という意味ですか。
B　そうです。クラス全体で、コの字の形の席にでもして、話しあうのです。
全部の生徒が、話をしたり、友だちの話を聞いたり、聞きながら『どんな用事の手紙が、書かれることが多いか』『書く場合の困難は、どういう点にあるか』という二点について必要なことをメモしたりしている教室になります。

そして
①　人の前に立って、自分の経験を材料にして短い話をする。
②　話しあいを聞いていろいろの人の話の、共通点をとらえる。
③　話を聞きながら、ある目的にかなうように、必要なメモをとる。
というような能力をつけることのできる場合になっています。このような一つ一つの作業について、それがどんな能力をつけることのできる場面かということを、指導者は、しっかりと意識していなければなら

ないと思います。目標にとりあげられている能力でなくとも、のがさずに機会をとらえる用意をしていたいと思います。

A　この終りのまとめの処理は、どのようにしますか。

B　それは、かんたんにしてよいと思います。生徒はおそらく大部分のものが、この二つの点についてまとめることができたでしょうと思われますから、いきなり指導者のを発表してそれを聞きながら自分のものと比べ自分自分で評価させるくらいでよいと思います。『導入』であることを忘れずに、あまり重くならないように、たのしく学習にはいっていく、いとぐちになるようにしたいと思います。

(2)　各家庭、学校、商店、会社などから、実用的な手紙を集める。

(イ)　手紙を集めにいくところや、面接のしかた、事務所や商店その他に、手紙を集めにいった時に注意することなどについて話しあう。
話しあいながら必要なことをメモしておく。
メモをもとにして、訪問の手続きや行動に関する注意を見やすくまとめる。

(ロ)　紹介状をもらう。
学校長などに、目的を話して、紹介状を依頼する。
学校長などからの紹介状を謄写版刷りにする。

(ハ)　各方面から手紙を集める。
なるべく、どの手紙がよく、どの手紙がよくないか、またできたら、その理由などを聞いてくる。

（二）　手紙集めについての報告会をする。

A　これだけの学習活動の中に、どんな能力をつける機会がありますか、前のところのように、ここでもう一例をあげてください。

B　『話すこと』では
○細かい多くのことがらについて話しあう。（イ）
○目上の人に、ひとりで、用件のある話をする。（ロ）
○未知の人に対して、用件のある話をする。（ハ）
○五十人くらいの人の前で、まとまった話をする。（ニ）
『聞くこと』では
○細かい多くのことについて、適当な質問などでいとぐちを作ってはいろいろの人から目的の話を聞く。（イ）
○人に用件を話して、はっきりと答を聞いてくる。（ロ）
○未知の人の話を、はっきり開きとる。（ハ）
○聞きじょうずになる。（ハ）
○いくつもの報告を聞いて、要点をつかむ。（ニ）
『書くこと』では
○話を聞きながらメモをする。（イ）（ハ）（ニ）
○メモをしておいたのをもとにして、必要な文章をまとめる。（イ）
○箇条書きのしかたを知る。（イ）

○内容に応じて見やすく書く。(イ)
○半紙半枚くらいのプリントをする。(ロ)
　『読むこと』では
○見つけない、おとなの書くものを読みなれる。(ロ)
　まあ、こんなことでしょうか。

A　『メモをもとにして、訪問の手続きや行動に関する注意を見やすくまとめる』というのがよくわかりませんが、何のためにそういうことをするのでしょう。

B　これは、そのすぐ前の話しあいで出た、いろいろのことをメモしたわけですね。そのメモのままでは、いよいよ手紙を集めに出ていくときに、注意すべきことが、すぐ効果的に思い出されないと思えますので、メモをもとにしてきちんと何箇条かに、注意すべきことをまとめ、しかもそれを一目で見やすいように、書くのです。すなわち、1　重点を明らかに、2　短いことばで、3　きれいなきちんとした文字で、4　小さい、はっきりした文字で、一目にたくさんはいるようにつめて……、書くのです。

A　集めるのは、もちろん、グループですね。

B　そうです。

A　手紙集めについての報告会をする、とありますが、その報告の内容は、どんなことですか。

B　報告の内容は、だいたい次のようです。
　1　集めにいったところ　2　どんな手紙が、どのくらい集まったか。3　苦心したこと。4　うれしかったこと、つらかったこと。5　今後注意すべきこと、学びえたこと。
次の学習活動は

(3)　作家その他著名な人の書いた実用的な手紙を集める。
(イ)　図書館を利用する。
(ロ)　適当なものを選んで書き写す。
(ハ)　適当なものを選んで謄写刷りにしてクラスに配布する。
(ニ)　できたら筆蹟も集める。

これは、できるだけのことで、このためにあまり力をそがないようにしたいと思います。資料などの関係で、できないことも多いと思います。

(4)集めた手紙(A　家庭、商店、会社など。実社会から集めたもの)について研究する。
(イ)　手紙を用件によって分類する。
(ロ)　分担する手紙の種類によってグループになり、それぞれ次のようなことについて調べる。
○どんな場合の手紙か。○どういう人からどういう人にあてた手紙か。○どういう組み立てでどういう順序に書いてあるか。○何に、何で、書いてあるか。○どんな形式で書いてあるか。○どんな用語が使われているか。○どんな文体が使われているか。○どんな書体で書いてあるか。

この作業では、実社会の生きた材料を使って、ずいぶんいろいろな知識を得たり、能力をつけたりすることができるのです。また、これらの手紙を通して、社会への認識も少し深まってきましょう。まず知識的なもの

を箇条書きにしてあげてみますと、
1　実用的な手紙の種類はどんなものがあるかということを知る。
2　文体の区別を知る。
3　候文、文語文についてある程度の知識を得、文語の文法にもふれてみる。
4　書体について知る。
5　書く用具のいろいろについて知識を持つ。
6　用語について知識を増し、語いを増す。
それから、能力として
1　いろいろな人の筆蹟を読みなれる。
2　文章を読んで、そのすじや順序をつかむ。
3　文章を読んで、それがどんな場面で書かれたものかをつかむ。
4　文章を読んで、それを書いた人や、それを受けとる人を考える。
5　文章を読んで、その言おうとしていることをつかむ。
A　集めた手紙について研究させている間に、このような知識を得られるように、また、このような能力がついていくように注意して、指導にあたればよいことになりますね。どうでしょうか、生徒はずいぶん、この実際の手紙は、読めないでしょうね。
B　ええ、くずした字など、ずいぶん苦労しています。しかし、それがまた、書体ということに目をつけさせたり、かんたんな、ごく一般的な草書体を知らせたりする、よいいとぐちにもなるのです。
A　候文もまじっていますか。

B　非常に少ないのですが、やはりあります。とり立てて、扱わなくとも、候文と口語文とを対照した表をプリントにして与えておけば、興味をもって動きだしている生徒たちなら、役に立てていくでしょう。候文から、つまり文語文、文語文法にもふれる機会となり『旧かなづかい』にも、ふれてみることができる、一つのよい折であると思います。ただひどく深入りはしたくないと思います。

A　このいろいろのことを調べさせるのに使われた、記入式の表がありましたら、見せてください。

（表略）

A　これなのですが、ただけい紙などに書くよりも、こういう表に書きこむことの方が、何か、らくな感じがしてすきのようです。又、おかしいことに、この方が、きれいに書きたくなるようです。私の方も、このように定められた広さの中に、おさめられるように、文章も字も、かげんして書くというようなことは、とてもたいせつな練習である、はがきなどを書くための基礎的な練習にもなることである、と思って、すすんで表を作って書かせています。やらせてみますと、書き損じをしないくせをつけるにも多少役立ちますし、先ほど申しましたが、きれいに書きたくなることは、何といってもきれいに書くようになる第一歩ですし、思いがけない効果のあることがわかりました。

次もやはり集めた手紙について調べるのですが。

（5）　集めた手紙（B　書物などから集めた、作家やその他著名な人のもの）について調べる。
（イ）　用件によって分類する。
（ロ）　それぞれ、次のことを中心にして調べる。
○その筆者はどういう仕事をした人か。○どんな場合、どんな事情の中で書かれたものか。

○特におもしろく思った点、又は、すぐれた書きぶりであると思った点。

これは、先に、学習活動の(3)が、できなかった場合は、この方もよくできないわけです。けれども、(3)の方は資料がいろいろなくては、集めるということはできないのですが、今度は、教科書にのっていれば、それを使い、なければ指導者が選んでおいた、ある手紙について、(ロ)の方の学習活動をすることができると思います。すぐれた人の実用的な文章は芸術的な文章とは、かけはなれたものでないことを立証するような、趣に富んだ、実用的な手紙を読ませることは、たいせつだと思います。

場合によっては、ここで教科書にのっているこの種の手紙や、いく編か選んだ有名な人の手紙について.パネル・ディスカッションをしてもよいと思います。討論に加わったり、記録をとったりするわけです。いくつかのグループにわかれて、それぞれ、別の手紙を中心にして討論をしたら、いっそうおもしろいでしょう。ただ、ここで、このことであまり時間を多くかけたり生徒の大きな重荷になるようなことは、全体のバランスの上でよくないと思います。

(6)　参考書によって調べる。
(イ)　実用的な手紙について書かれた本、その他、どんなものがあるか調べる。目録にする。
(ロ)　目次を見たり序文を読んだり、全体にざっと目を通したりして書物の大要を知るようにし、主として読む本を選ぶ。
(ハ)　参考書を速く読みながら要点を書きとめる。

A　ここで、読んだり書いたりすることについて扱える能力を、今度はやさしそうですから、こちらからあげてみましょうか。
まず『読むこと』として＝1　書物の全体にざっと目を通してその大体を知る。2　説明的な文章を速く読む。3　目的にあわせて本を選ぶ。

次に『書くこと』として＝1　参考書目録をつくる。2　書物を読みながら要点をメモする。

こんなでどうでしょうか。

B　そうですね、賛成です。集めた手紙を調べ、参考書を調べ、次は

(7)適当な人から、実用的な手紙についての話、今まで受けとった、いろいろの実用的な手紙についての感想と、それを通しての青少年への忠告を聞く。
○メモしながら聞く。
○あとで、集めてある手紙の中から、話の実例として適当なものを選び、例として入れながら話の大要をまとめておく。

この活動ではどんな能力がつけられるでしょうか。聞くこと、書くことが主になりますね。

『聞くこと』として＝1　十五分くらいのまとまった話を集中して聞く。2　話の主眼点をとらえる。

『書くこと』として＝1　話を聞きながら要点をメモする。2　メモをもとに文章を書く。3　説明的な文章を書く。

『読むこと』として＝1　きまった目あてに適当するものをさがしながら読む。（一つの目あての実例を求め

ながら読む)

A　『適当な人』というのは、どんな人ですか。

B　実際には、ＰＴＡのかた、それが都合よくいかなければ、学校長、とか、校内の他の先生がたで、よいと思います。

(8)　実用的な手紙と社交的な手紙とをくらべてみる。
　実用的な手紙の特色を箇条書きにする。

ここにくるまでにもう実用的な手紙について十分調べましたので、この辺で、前に勉強したことのある、又今まで多く書いてきた、社交的な手紙にくらべてみるのです。そして実用的な手紙の特色を、いっそう、はっきりさせて、まとめの仕事にとりかかる用意にするわけです。

(9)　各グループで、それぞれ分担している種類の手紙の書き方についての研究発表会をする。

今まで、いろいろ研究してきたことをまとめて発表するのです。その発表も、ただ、普通に説明する、解説する、というのでなく、対談とか問答とかの形で、自然の話しあいの中で、研究の結果を発表するというようなことも試みたいと思います。たくさんあるグループのうちのいくつかに、試みさせたらよいと思います。

A　どんなふうにですか、何か例がありましたら、みせてください。

B　ここに『通知の手紙』のがありますから、ごらんください。

(a)　通知の手紙は、ことばのとおり、いろいろなことを知らせる手紙ですね。
(b)　そうです。転居したとか、入学した、卒業した、就職したなど、いろいろありますね。
(a)　この種類の手紙で、注意しなくてはいけないことを教えてください。
(b)　まず、お知らせすることが、はっきりわかることが第一ですね。相手に、よくわかるように書くことが。
(a)　もう少し具体的に説明してください。
(b)　たとえば転居通知ですが、もし町名などに特別な読み方があったら、読みがなをつけておくこと。もよりの駅や停留場など、交通方面について書くこと、そして略図を書いておくといいと思います。
(a)　ほんとにそうですね。私がこのあいだ、いただいた、やはり転居の通知でしたが、町名と番地だけしかなかったのです。ところが、急にその方におあいしたい用ができたので、地図でその番地のところを探したのですが、なかなか見あたらないのです。下車駅だけ、見当をつけて行ってみましたが、下車して聞いてみると、もう一つ先の駅の方が近いとのことです。また、つぎの電車に乗り継いで行きました。その駅に下車して、わりに駅に近いところでしたのに、知らずにずいぶん歩いてから、やっと人に教えられてあともどりしました。ほんとに略図まではなくとも、下車駅と「駅から何分」という時間ぐらいが書いてあったら、どんなに助かったろうと思いました。
(b)　ほんとうに気をつけなければなりませんね。

こんな調子で、発表すべき内容を全部もりこむわけです。実例を示して、その批評をするというようなところは、ことにこの種の形が、らくに、各方面での見方を出すことができるようです。

また、もし施設があるならば、グループによっては、幻燈を活用して説明することもよいと思います。いろいろの形式などは、幻燈によれば、口で説明するのの困難なところもたいそうやさしく、又効果的に、わからせることができると思います。たとえば、封筒の書き方でも、正しい形を見せることはもちろんですが、よくない例、訂正した例など、ゆたかに、あざやかに、目に訴えることができるので、はっきりわかると思います。

A　発表の内容については、どの程度に指導をなさいますか。生徒の力だけで発表させて、それについてくわしく批評なさいますか、それとも、発表以前に、手をお入れになりますか。

B　できるだけ、細かく注意して、発表会に欠点の少ないように指導しておきます。この、それぞれの題目について調べたことをまとめ、発表の用意をするときには、生徒は、実にさまざまの、変化に富んだ、生活に直接必要な、言語経験をゆたかに味わうことができるのです。ここにそれらを全部挙げきれないのですが、たとえば、いま、一応できた、発表の案の一部について、指導者から賛成できないところを指摘されたとします。

○誤りなく、確実に、聞きとり、話す人の真意をくみとる。　○相手の意見と自分の意見とのちがいはどの点であるかを発見する。　○相手に自分の考えをわかってもらうためには、どの点を話したらよいか、考える。　○どうしたら相手の心を動かすことができるか、くふうする。　○短く、明快に、自分の意見を述べる。　○たしかな論拠をもって、その上に立って話す。　○他の人の意見を冷静に終りまで聞く。

というようないろいろの経験をし、いろいろの能力のつけられる折があります。

又、発表の原稿を見ては

○ことばづかい。　○はっきりしたいい方の基礎として、文脈、文の組み立ての問題、つづいて文法の方面。　○文字の誤り。

発表の練習を聞いては

○発音、アクセント、抑揚の問題。　○態度、身ぶり。

というふうに、手を加えなければならないことばかりです。おちなく、かたよりなく、個人に対しても、グループ、学級に対しても、このようないろいろな指導の機会をのがさないように、努力しなければならないと思います。

どんなふうにできるか、生徒だけにさせて、途中で手を加えない、ということも、ある場合はよいと思いますが、今のこの場合は、発表のしかたは別に主目標でもなく、そこに主限点をおいて、この単元の指導をしているのではありませんから、この発表のしかた、について、あまり細かく批評をして、時間をとり、この単元としての目標がはっきりしなくなるようなことはしたくないと思います。この、目標を見失わないこと、この単元で、何をしようとしているかということを、いつもはっきりとみつめて、いろいろの学習活動を進めるということは、単元学習の成功のために、非常にたいせつなことであると思います。先ほどから、それぞれの学習活動について、その場で扱える能力を拾いあげてきましたが、それらはもちろんどれもこれも同じ重さを持っているわけではなく、一つ一つの作業の持つ意義と、指導の着限点を示してきたほどのことにすぎません。一つ一つを大きくとりあげたなら、当面の単元をすすめていくことができなくなるでしょう。

A　これはプリントにするのですね。

B　ええ、プリントにして、発表に先立って、みんなにくばられるのです。そして、めいめい、プリントをよく読み自分の直接分担外の種類の手紙について勉強します。発表のとき、わからないところについては、質問をするようにします。

Ａ　その質問ですが、なかなか、いい質問が出なくて、あの発表では、こういうところが不徹底である、聞いている生徒もわからないだろうに、と思いますのに、やはり質問も出ず、そのまま終ってしまうようになります。そうすると私の方では心配になりますから、あとで批評という形で、そのところを説明し直すようなことになり、前の発表が、あまりそまつだったときなどは、まるで私の話を引き出す役に過ぎなかったようなことになります。

Ｂ　そういうことになっていることが、案外あるようですね。もっと、その質問そのものを指導しなければいけないと思うのです。発表会のとき、発表のあいまいな点、違っていた点に対してはもちろん、聞く生徒の身になってみて、必要なことがみなわかるように、当然出なければならない質問を出させるように努力し指導しなければならないと思います。発表中につかんでおいた質問を、生徒に与えて出させたり、何かヒントを与えたりして、重点のぬけない、いい研究会にさせるようにしなければいけないと思います。

次は、いよいよ、手紙を書くのです。

(10)　実際にいろいろの用件について、手紙を書く練習をする。
(Ａ)　(イ)　めいめいの身近な用件で手紙を書く。　(ロ)　評価表を用いたりして自己評価する。
(ハ)　互に批評しあう。　(ニ)　自己評価や相互評価をまとめて、自分の不足な点について勉強する。
(Ｂ)　(イ)　各グループから、代わる代わる出題しあって、内容、形式、条件などのいろいろな手紙を書く。
(ロ)　書いた手紙を、その種類によって分担して評価する。　(ハ)　各グループから成績の発表をする。

（A）の方は、ごく普通ですから省きまして、（B）について少しお話ししましょう。これは、しらずしらずのうちにたくさんの手紙を書いて、各種の手紙に書きなれ、この単元の大きな目標の仕上げにしたいつもりです。

1　各グループで、分担の種類の手紙の書かれる、実際の場面を考える。
（例）　依頼の手紙のグループ
①　中学三年生から、先輩である高校生に、国語の参考書を貸してほしいと頼む。
②　旧職員に、生徒会編集部として、生徒会雑誌のために原稿を頼む。
③　他の地方の中学校の編集部に、こちらの編集部から、学校新聞の交換を頼む。

2　一グループずつ順に、前に考えておいた場面を提出して、みんなで手紙を書く。
○はがき大の紙や、便箋、封筒などはめいめい用意しておく。
○出題にしたがって、適当に用紙を選んで使う。
○時間を何分と、はっきりかぎること。
○書けた手紙は、出題したグループに提出する。

3　書けた手紙について、それぞれ担当のグループで添削したり評価したりする。
○一つ一つの手紙について、評価表をつける。
○全体としての評価をまとめ、成績発表の用意をする。

4　評価の結果をまとめて、クラスに報告する。

よく書けた手紙を掲示する。

（『大村はま　国語教室　第一巻』p81～104）

次は、評価表の項目例である。

1　用件がはっきりわかるか
2　順序がよく整っているか
3　用語が適切であるか
4　文字が誤りなく正しいか
5　それぞれの形式にあっているか
6　全体が整ってみよいか
7　文字の書き方が適当か

A　たとえば注文の手紙のグループから場面が説明されて、みんなで書く。次は、依頼の手紙のグループから場面が説明されて、みんなで書く。次は、というふうに、ずんずん、いく枚も書くわけですね。それから各グループに、成績品が集まったところで、評価をする、その結果を報告しあう、というのですね。

B　つまり『学校ごっこ』ですよ。小さいとき『学校ごっこ』など楽しみにしました。中学上級生になっても、やはり、先生になって、人の書いたものを直したり、評点をつけたりするということは興味深いことのようです。書くときにも、見るときにも、非常にたのしそうに張りきったようすになるのです。

A　私どもが教師になってから、いざ人に聞かれたり、又生徒の作品の評価をしようとすると、わかっていたはずのことがはっきりしなくなって、本気で学びなおしたりすることがある、そういうことが、生徒にもあるでしょうね。

B　そうなのです。評価の段階になりますと、生徒から指導者に投げられる質問がぐっと変わってくるのです。真剣な切実なものになり、聞く意気ごみも、こちらがおされるくらい、真剣になってきます。文字一つ直すのでも、あいまいにはできません。漢字の書き方でも、かなづかいでも、ほんとうに、はっきりさせなくては直すことができなくなります。又、よい手紙の実例を出すにしても、それがグループでなかなか決定ができないのです。こういう場合に当たって、指導者としては、実に骨の折れる、しかし、張りあいのある、活躍の場に立つわけです。各方面からの、解決を得なければやまないというような質問にとりまかれて、一瞬のひまもない、活躍のときです。そしてそれはすなわち、ぐんぐんと生徒の実力を引きあげている時間です。

これでこの単元の主な学習は終りですが、今までの学習の結果をまとめるために二つのことをしたいと思います。

(11)　「共同研究　実用的な手紙の書き方」（一冊）をまとめる。
(12)　「実用的な手紙」展示会をする。

A　『共同研究　実用的な手紙の書き方』は、どんな内容ですか。

B　今までにやってきたものをみなとりあげたいと思いますが、目次の一例をおみせしましょう。

共同研究　実用的な手紙の書き方　目次

はしがき　(研究経過をこめて)

一、実用的な手紙の書き方

○各種類別に。

○学習活動の(9)の、問答や座談の形にした説明をそのまま入れる。

○幻燈にしたのは、図や画を貼り入れながら、それを中心にことばをまとめる。

二、文例集一

○この単元の学習中に書いた、たくさんの手紙の中からよいものを選んで。

三、文例集　二

○作家や著名な人々の手紙、その他、はじめに集めた手紙の中から選んで、うつして入れる。

四、実物見本集

○はがきの表、裏の書き方、をはじめ、便箋、和洋封筒、巻紙、その他各種の実物見本。

五、付録一

1　候文のしおり　2　敬語のしおり　3　日常郵便規則抄　4　分類実用手紙用語集

六、付録二

1　手紙集め苦心談集　2　手紙笑い話

この学習中にあった、大小いろいろの失敗談、苦心談新しくこの編集のために書く、というところは、「はしがき」以外、ほとんどないのです。こうしてながめてみますと、この学習の全体の姿が、まとまって浮かんでくるような気がします。また、こうしてまとめておきますと、次の年の生徒のよい資料にもなります。

A　展示会も、同じ趣旨のかんたんなものですね。

B　そうです、この単元の学習中に書いたものの中で、内容とともに、特に全体の形や文字の書きぶりのすぐれたもの、それから集めた手紙の中の適当なものを展示するのです。

次は「評価」ですが、学習活動の間に、大分まぜてきましたが、まとめる意味で、主なことをお話ししましょう。

〔評価〕

(1)　学習活動の(2)の(二)、手紙を集めにいったことについての報告を聞いて、社会についての認識をどの程度持っているか、観察する。

(2)　学習活動の(4)の(イ)、集めた手紙を分類するとき、いろいろの筆蹟が、どのくらい読めるかを観察する。

(3)　学習活動の(5)の(ロ)、有名な人の実用的な手紙について研究するとき、実用的な手紙の中にある味わいをどのくらい読みとれるかをみる。

(4)　学習活動の(9)の研究発表会を聞いて、各種の手紙の書き方が、どのくらいはっきりと理解されたか、参考書はどのくらい活用されているかを観察する。

(5)　学習活動の(10)などで、各種の手紙の書かれる間、また、書かれたものについて、次のようなところに重点をおいて観察する。

(イ)　用紙用具が適当に選ばれているか。(ロ)　毛筆や硬筆がどの程度に使いこなされているか。(ハ)　どのくらい、速くきれいに書けるか。(ニ)　字が読みやすいように書けるか。(ホ)　文章の要点がはっきりとらくにわかるか。(ヘ)　必要な用件が明確であるか。(ト)　ことばづかいが適当か。(チ)　実用的な手紙なりの趣、味わいがあるか。(リ)　形式が正しく適当であるか。(ヌ)　実物見本などをよく利用しているか。

(6)　終りにまとめられた「共同研究　実用的な手紙の書き方」については、各方面から観察する。

(7)　終りの展示会を見て、書かれたものにつき観察するだけでなく、特にこれを見る生徒の状態について観察する。

(イ)　手紙についてどの程度の関心を持っているか。(ロ)　いろいろの筆蹟をどのくらい読むことができるか。(ハ)　文字の書き方について、どの程度の関心を持っているか。

(8)　予備調査の一の問題を終りにもう一度与えて、同じ手紙に対して、どのくらい前とちがった批評をするか、比べてみる。

(9)　予備調査の二、三も、もう一度書かせて出来映えを比べてみる。

(10)　いろいろな場合の手紙を書かせてみる。

(例)　1　通知（宛先　友だち）＝転居を通知する。現在の住所に転じたことにする。

2　注文（宛先　家具店）＝学級文庫用の書棚を買い入れる。

3　案内（宛先　卒業生）＝新聞グループ主催の、新聞社見学会に参加をすすめる。

4　依頼（宛先　ＰＴＡ委員）＝学級学芸会開催、ＰＴＡの協力を頼む。

5　問い合わせ（宛先　小学校の先生）＝学級会の期日

(11) 実用的な手紙について、一通りの知識を得たかどうか、テストする。

次のは、いろいろな実用的な手紙についての注意すべき事がらです。それぞれ、どの種類の手紙に対しての注意ですか。終りに書いてある手紙の種類の番号を上の（ ）の中に書きこみなさい。


（ ）1　時刻や場所について、はっきり書いておかなくてはいけない。

（ ）2　特に、長い前おきを書かないようにしなければいけない。

（ ）3　往復はがきを使うとよい。

（ ）4　特に、くどく書かないようにしないと、あいてにいやな感じを与える。

（ ）5　遠慮しすぎてまわりくどくならないように、率直にこちらの希望を書くのがよい。

（ ）6　用件を書くのに、箇条書きにした方がよい。

（ ）7　図を使うとよい。

①転居通知　②会合案内　③学用品の注文　④問い合わせ　⑤催促　⑥依頼

(12) 次のような項目について反省させてみる。

(イ) 手紙を書くことが重荷でなくなってきたかどうか。(ロ) 社交的な手紙と実用的な手紙との区別がわかったかどうか。(ハ) 実用的な手紙の種類がわかったかどうか。(ニ) はがきの表が形よく書けるようになったかどうか。(ホ) 封筒がらくに書けるかどうか。(ヘ) それぞれの手紙の用件の軽い重いがわかるようになったか。(ト) 郵便のきまりがだいたいわかったか。(チ) 手紙を書く用具が身近に揃えてあるか。(リ) 手紙の資料を集めたり整理したりしてあるか。

(13) 次のようなことについて、生徒と話しあったり、指導者として反省したりする。
(イ) 計画と準備とが適切で十分であったか。 (ロ) 具体的な指導が適切であったか。 (ハ) 学習作業がかたよりはしなかったか。 (ニ) 時間は適当であったか。
ざっと、以上のような骨組みで評価をしたらと思いますが、実際の方法としては、まだいろいろのくふうがあると思います。たとえば「観察する」といっても、生徒は大勢なのですから、どのようにして短時間に観察したり、それをどんなふうに記録するか、どう処理するか、というような問題があります。しかし、評価については、特に別の章が設けられておりますから、その方でごらんいただきたいと思います。
終りに「資料」についてかんたんに申しあげたいと思います。

〔資料〕
1 各家庭、学校、会社、商店、それから放送局などから、生徒が集めてきた手紙。
2 教科書。
3 作家の著名な人の手紙。
4 手紙の書き方や文体、組み立て、形式を示した書物。
このくらいでした。
A 教科書というのは。
B 教科書に、手紙について書いた文章や、手紙の例がのっておりますし、『実用的な文章と芸術的な文章』というのもありました。
A 主体となった資料はどれですか。
B 1の、生徒の集めた手紙です。これが一ばん役に立ちました。学習の中に使ってみても、何といっても、ほんとうに生きた材料ですから、使いよく、興味も深かったようです。

Ａ　教科書はどこでどのように使うのですか。

Ｂ　学習活動にしたがって必要な場合に使ってその学習活動をするのです。たいていの教科書には、今、あげました資料の３ははいっていますし、１に相当するようなものも、はいっていますから、それらの資料を使っての学習活動のときには、当然教科書を使うわけです。

Ａ　それで『教科書は資料の一つである』ということがわかりました。私どもは『これが教科書にあるから』というので、その取り扱い方を考えるのですが、どういう学習をするかを考えて、それに従って教科書を使うのですね。資料も、教科書だけではたりないからというので『補充』などといって他のものも集めますが、学習のために、いろいろの資料を集める、その時、最も重要な一つとして教科書をとりあげる、ということになりますね。

『単元学習』は、教科書を使わないのだとか、軽んずるのだ、とかいうことは、ほんとうに誤解だということがよくわかりました。それではあまり長くなりましたからきょうはこれだけで。……又伺います。」（『大村はま　国語教室　第一巻』p103～110）

このように、これから単元学習を始めたいが不安をもっている実践主体に、わかりやすく具体的な例を示して説明している。問答形式にして述べていられるのも、大村氏の工夫するという特徴がよく表れている。

大村氏は、若い実践者に、自分の実践してこられた単元学習を伝えたくてしかたがないのだろうと思う。生徒たちにしっかりと国語の力をつけられる単元学習を、多くの実践者に学んでほしいのだと思う。『大村はま国語教室』は、そのような願いを込めて、一人一人の実践者に語りかけるように書かれたものである。そして、一人一人の学習者をとらえるという考えは、紛れもなく、芦田恵之助氏の流れを踏むものであると、わたくしは考える。

10　大村はま「国語教育個体史」

大村はま氏は、「ちょっと風変わりな自伝」を『大村はま国語教室　別巻』のなかに書いていられる。それは、子どものときの作文、学生時代の論文を、今の感想を加えながらまとめられたものである。大村氏は「そのなかに、じかに、私の歩みを見ていただきたいと思います。」と書かれている。これは、作文を中心とした大村氏の「国語学習個体史」であると考えられる。

また、同じように「若い教師のころの、この本巻十五巻におさめたものより以前の指導記録など」を、今の感想を含んで書いていられる。これは「国語教育実践史」と呼ぶことができる。「国語教育個体史」という名前が、まだ定着していなかったこのころ、大村氏は、自分の実践を見直すとき、しぜんこのような「国語教育個体史」を必要と思われて書いていられたのではないだろうか。そのことが、『大村はま国語教室　別巻』を書かれるとき、しぜんなこととして、国語教育に関する自伝を「ちょっと風変わりな自伝」として書くことになられたのではないかと推測できるのである。大村氏の言っていられる「ちょっと風変わりな自伝」とは、国語教育者として生きてこられた大村氏が、国語教育を中心とした自伝を書かれるとき、「国語教育個体史」としてしか書くことのできなかった自分の自伝に対して、自伝と呼ぶには「ちょっと風変わり」と思われたことによると考えられる。

11　大村はまの言語生活

「大村はま先生の話し方の修練」と題して、橋本暢夫氏が書いていられることを次にあげる。橋本暢夫氏は、大村はま氏の言語生活そのものが、生徒たちの規範となっていることを指摘していられる。このことは、芦田恵之助氏の生活そのものが規範であられたことの流れをふまえたものである。

大村氏の授業を参観させていただいて、いつも思うのは、先生のことばやお話が、そのまま教材であり、指導そのものになっていることである。

大村教室では、先生の適切なあいづちによって、話し手の生徒が、明るく、いきいきと話すようになり、工夫された〈てびき〉をともに読み、練習させられることによって、発表者のひとりひとりが、〈間〉のとりかたを会得していく。先生の指示や注意によって学習者が動くのではない。

大村教室に学ぶ生徒たちは、ひとりひとり〈ことば〉の学習が好きで、たえず、テレビ・ラジオ・新聞・日常の会話などから、ことばの問題をみつけてきて話題にしあったりする。（『大村はま　国語教室　月報1』「大村はま先生の話し方の修練」橋本暢夫）

そして、ことばにこまかく気をつけている反面、教室での生徒たちは、級友のあげあしをとるようなことをせず、思いやりのある態度で仲間の発言を聞き、話しあいをすすめていくのである。

このような教室が生まれてくる根底には、大村先生の言語生活者としてのきびしい姿勢がある。いったい、先生は、話法をどのようにしてたかめ、訓練してこられたのであろうか。（同上書）

橋本氏は、大村氏のみごとな話し方や、ことばの生活の向上への努力に関心を抱き、大村氏から話法修練の秘訣についてうかがっていられる。

先生は、まず、国語の先生は、話が上手であるべきだと話された。読むこととか、作文となると勉強をするはずだのに、話しことばの分野では、そういう意識をもたない人が多い。そのことは、みずから話しことば教育をおとしめていることになるのではないかとおっしゃった。（同上書）

そして、自己の話法を向上させようとの覚悟をすれば、方策をもちうるはずだし、「司会が不慣れ」とか、「話が下手で」といった言いわけや、ことわりなど、国語教師として恥ずかしいことは言わなくなると言われたそうである。大下学園で、大村氏は、「一番下手で力を入れていたのは、話すことでした。」と言っていられた。（平成十三年十二月二日　大下学園国語科教育研究会での講演）

大村先生の完璧な話法、大村教室の単元学習は、こうした、先生のきびしい修練のうえに築かれている。
（『大村はま　国語教室　月報1』「大村はま先生の話し方の修練」橋本暢夫）

大村氏が大下学園でお話しくださった、ご自分の勉強の時間をどのようにしてつくりだしていかれたかを聞いて、時間を無駄にしない工夫や仕事を完璧にこなしていくための努力を知ることができた。

橋本暢夫氏は、大村はま氏の研究者として重要な仕事をなさっていられる方である。『大村はま国語教室　別巻』

のなかでも、基礎資料ともいえる「大村はま実践・研究目録」を作成していられる。また、鳴門教育大学図書館の大村はま氏の資料を中心になって整理搬入された。

喜納倭子氏は、「大村先生に学んで」のなかで、次のように書いていられる。

国語の授業のものが、何より生徒の心をまとめ、落ち着かせていたのだ――。（『大村はま　国語教室　月報1』「大村先生に学んで」喜納倭子）

授業がうまくかみ合わない時、生徒が悪いと思うと、ほんとうに苦しいものです。自分がまずかったと思い当たれば、希望が出てきます。（同上書）

自分の工夫がたりず、教材研究が十分でなかったと思えば、またがんばろうと思える。生徒が悪いと思う心に解決の道はないのである。生徒の人格を認めるという当たり前のことを、大村はま氏は実行されていた。それは自然なこととしておこなわれていた。

次の萩原吾郎氏は、「生徒を尊敬しています」という題で書いていられる。

そうですか、ごくあたりまえのことだと思いますけど。もしかしたら、こどもを非常に尊敬しているものですから。何か言っても書いてもらっても、とても及ばないでしょう。いろいろないいことを出すでしょう。ですから、自分の方が偉いなんて夢にも考えられないんですよ。何か話すときでも、生徒だからということは考えず夢中で話しちゃいます、わかんなくなったってかまわず。先生同士で話すときと態度は変らないわね。(『大村はま　国語教室　月報1』「大村先生のことば1」萩原吾郎)

先生はすべての生徒を一個の人格者と認め、認めるだけでなく、尊敬されているのである。生徒全員を敬称付きで呼ぶ、優劣が目立つようなことはしない、個別理解や個別指導を徹底する、などなどのことは、『生徒を尊敬する』精神と裏腹のこと、あるいは『生徒を尊敬する』――人間尊重の生き方から、自然に発する流れであると私は考えている。(同上書)

生徒を尊敬し認めること、一緒に勉強する仲間として認めることが先生と生徒の関係として理想的なことだと思う。

第三章　「個体史」学の成立
――野地潤家博士の国語教育学――

第一節　特別授業　作品を読む

野地潤家博士は、研究者であるとともに、実践者でもあられる。芦田恵之助氏と同じように、教壇研究をしていられる。ここにとりあげる授業記録は、特別授業として、平成十年十一月七日(土曜日)午前十一時から午前十一時四十五分に、大阪教育大学附属天王寺小学校五年一組(中尾学級)にて、おこなわれたものである。教材は、「詩集コスモスⅠ～Ⅴ(野地博士御編纂のもの)」である。

この特別授業をとりあげたのは、芦田恵之助氏から、大村はま氏へ、うけつがれたものと、芦田恵之助氏から野地潤家博士へと、うけつがれたものがあることを、証明したいためである。ビデオテープを通じてであるが、貴重な野地博士のご授業を拝見することができた。

まず、授業記録からとりあげることにする。

野地潤家博士　特別授業記録

作品を読む

博士　じゃ、コスモスの詩の勉強を始めましょう。始めに詩集Iの1番ですが、青木博という先生の作られました「コスモス」という詩です。こちらの方。（野地博士は、参観者のために、前に貼られた詩をお指しになり、児童に対して「皆さんの方は詩集を。」とおっしゃった後、「コスモス」の詩を朗読なさる。）

コスモスが
空の 青さに
力一ぱい 咲いている
風が 吹いても
雨が 降っても
すぐに 立ちなおって
咲きつづけている
バスが ほこりをあげても
脱穀機が もみがらを吹いても
白は どこまでも 白く
紅は どこまでも 紅く
清らかに 咲いている
可憐なんて いうことば
それは まったく 当たらない
鋼鉄線の 茎の先に

開ききった 花びらが
かすかに ふるえるほど
コスモスは
命のかぎり 咲いている

こういう詩です。

この詩は青木博先生が、広島の方で小学校・中学校の先生をなさって、六冊・七冊ほど詩集をお作りになったのですが、その中の『満月中天』という詩集を、昭和四十八年頃に戴きました。大事に手元に置いていたのですが、その中に今の「コスモス」という詩が載っております。青木先生に頼んでぜひ五年一組の皆さんに「コスモス」の詩だけでなくって、この詩だけでなくって、あと五十……コスモスの詩を入れると五十六編詩が納めてありますので、その詩も一緒に読んでほしいと思ってお願いしましたところ、喜んで許可をしてくださいましたので、皆さんのところにお届けしてあります。詩集の複製については、一緒に勉強会をしている広島の先生方のお世話になりました。

もうこの詩集読んでみましたか？

「コスモス」の詩の他に、この詩はいいと思ったとか、この詩は好きだとかいう詩が見つかったでしょうか……。みつかっている人、だれか……手を挙げて。もし見つかっている人。

はい、どうぞ。櫛村さん。

櫛村　四十ページの野菜……

博士　四十ページの野菜の詩の、そのどの詩ですか。

櫛村　いちばん始めの

大根は　白くて　大根
人参は　赤くて　人参
というぶんです。

博士　「野菜讃」という四十ページの、この詩ですね。読んでみますか?

櫛村　大根は　白くて　大根
人参は　赤くて　人参
牛蒡は　黒くて　牛蒡
それぞれに　味よく
それぞれの　成り形で
それぞれに　それでよし

博士　はい。「野菜讃」、四十ページですね。

野菜讃

大根は　白くて　大根
人参は　赤くて　人参
牛蒡は　黒くて　牛蒡
それぞれに　味よく
それぞれの　成り形で
それぞれに　それでよし

こういう野菜のことをたくさん次から次に取り上げていらっしゃるのですね。武者小路実篤という先生がおられまして、青木先生はその武者小路実篤という先生の影響を受けて、毎日毎日食膳にのぼってくる野菜のことも詠まれたようです。櫛村さんが「野菜」のところを取り上げてくれました。他にありませんか。

川上　はい。川上さん。

博士　八十九ページ九十ページの「あじさい」という詩です。

川上　はい。八十九ページ九十ページの「あじさい」という詩ですね。はい、どうぞ。

梅雨を　待ちきれず
庭にあじさいが　咲いた
大きく　ほのかに
ほんのり
淡く
優しくも　さびしく
愁いを　秘めて
あの　大きな花が
咲き　はにかんでいる
あじさいの　花は
人知れず　窓辺で
遠くに　思うもの
わたしも　はたち

あなたも　はたち
たがいに　なにも語らず
なにもしないで　過ぎた日のことが
あじさいが　咲く度に
わたしの胸に　新しい

博士　はい。「あじさい」。櫛村さんは「野菜讃」でしたが、川上さんは「あじさい」の詩を、「花」のなかから見つけて読んでくれました。

あじさい

梅雨を　待ちきれず
庭にあじさいが　咲いた
大きく　ほのかに
ほんのり　淡く
優しくも　さびしく
愁いを　秘めて
あの　大きな花が
咲き　はにかんでいる
あじさいの　花は
人知れず　窓辺で
遠くに　思うもの

わたしも　はたち
あなたも　はたち
たがいに　なにも語らず
なにもしないで　過ぎた日のことが
あじさいが　咲く度に
わたしの胸に　新しい

こういう詩ですね。
まだまだあると思いますが、
この「コスモス」の詩の方ですね。始めに
　コスモスが　コスモスが
　空の　青さに
　力一ぱい　咲いている
というふうに書かれておりまして、それからずっと
　風が　吹いても
　雨が　降っても
　すぐに　立ちなおって
　咲きつづけている
それから
　清らかに　咲いている

　　可憐なんて　いうことば
コスモスは可憐な花だというふうに言われるけれども、
　　可憐なんて　いうことば
　　それは　まったく　当たらない
と青木先生は考えておられる。
　　鋼鉄線の　茎の先に
　　開ききった　花びらが
　　かすかに　ふるえるほど
その次です。その次は「コスモスが」でない。最初は
　　コスモスが
　　空の　青さに
　　力一ぱい　咲いている
となっているのですが、おしまいのところは、
　　開ききった　花びらが
　　かすかに　ふるえるほど
　　コスモスは
　　命のかぎり　咲いている
この青木という先生の「コスモス」の詩の骨組みというのは、
　コスモスが

空の　青さに
　力一ぱい　咲いている
　咲きつづけている
清らかに　咲いている
可憐なんて　いうことば
それは　まったく　当たらない
コスモスは
命のかぎり　咲いている

というふうに歌い出しまして、
可憐というより、もっと強い存在、強い花だということを言いたいのでしょうか。ずっと述べまして、

コスモスが
空の　青さに
力一ぱい　咲いている
開ききった　花びらが
かすかに　ふるえるほど
コスモスは
命のかぎり　咲いている

「コスモスが」というのと、「コスモスは」というのと、コスモスの詩の骨組みを、しっかりつかん

で読んでいく。入れ換えがきかないのですね。この「コスモスが」と「コスモスは」は、入れ換えると、もう詩でなくなってしまう。

これは、桃太郎のお話を思いだしますね。「あるところにおじいさんとおばあさんがおりました。おじいさんは山に柴刈りに、おばあさんは川に洗濯に……」というふうに、「がおりました」「おじいさんは……おばあさんは……」というふうに、「が」があって、「は」が出てきております。そういう骨組みと同じなのですが、そういう詩を読む時に、詩全体の骨組みというものを、しっかり受けとめるということも、これから詩を読むとき、詩集を読むときに、気をつけていただけたらと思います。

二つ目のコスモス、柴野民三さん、これは小学校の五年生に贈られた詩のようです。この詩をぜひ読みたいという人、ありますか。

櫛村　はい、櫛村澄華さん、どうぞ。

コスモス

わたしはコスモスの花がだいすき。
秋ざくらとよばれるコスモス。
さわやかな風ふく道に、
ニワトリがえをあさる庭に、
コスモスの花を見ると、
ああ秋も深くなったと思います。
そして……

つい　手をのばして……
むねにかざりたくなります。
でもせっかく咲いたやさしい花、
わたしは手《て》おらずにすぎます。
咲きみだれた花のすがたと、
花のかおりをむねにつつんで。

博士　わたしは手《た》おらずに。

櫛村　手《た》おらずに

博士　もう一遍読んで。「わたしは手《た》おらずに」、そこから。

櫛村　わたしは手《た》おらずにすぎます。
咲きみだれた花のすがたと、
花のかおりをむねにつつんで。

博士　はい。ぜひもう一度この詩を読みたいという人いますか？よろしいですか。
秋ざくらとよばれるコスモス
春の桜に対して秋の桜、コスモスはメキシコ原産で、幕末から明治の始めごろに日本に入ってきました。ですから、桜の花とか菊の花のように、大昔からずっと日本に育った花とは違うわけです。新しいわけですね。一九世紀の後半から二十世紀にずっと咲いてきた花です。でも、素晴らしい花ですから、秋桜と名づけられています。
もう一つコスモスは宇宙と言う。世界のどの国も、皆コスモスで通用するそうです。そういうふうに書かれておりました。うれしいことですね。どの国へ行っても、コスモスと言うのはこの花だけ。日本で言えば秋桜というこの花ということになります。

　秋ざくらとよばれるコスモス。
　わたしはコスモスの花がだいすき。

　さわやかな風ふく道に、
　ニワトリがえをあさる庭に、
　コスモスの花を見ると、
　ああ秋も深くなったと思います。
　そして……
　つい　手をのばして……
　むねにかざりたくなります。
　でもせっかく咲いたやさしい花、
　わたしは手おらずにすぎます。

　咲きみだれた花のすがたと、
　花のかおりをむねにつんで。

　こういう詩をずっと声に出して読んでいきますときに、おしまいの方をもう一遍繰り返したくなることがありますね。この詩ですと、

でもせっかく咲いたやさしい花、
わたしは手おらずにすぎます。
咲きみだれた花のすがたと、
花のかおりをむねにつつんで。
手折って胸のポケットに差すとかいうのではなくて、手折らないで、咲いているコスモスの花を見て、
咲きみだれた花のすがたと、
花のかおりをむねにつつんで、
わたしは手おらずにすぎます。
というふうに歌っておられるわけです。
それで、この詩を覚えようと思いまして、何遍も何遍も繰り返し読んでいるうちに、
咲きみだれた花のすがたと、
花のかおりをむねにつつんで。　もう一回
咲きみだれた花のすがたと、
花のかおりをむねにつつんで。
というふうに繰り返しますと、ひょっと、あっ！この詩はまた前に返っていくことができるのではないかと思ったのです。
咲きみだれた花のすがたと、
花のかおりをむねにつつんで、
わたしは手おらずにすぎます。

でもせっかくいたやさしい花、
つい　手をのばして
むねにかざりたくなります。
そして……
さわやかな風ふく道に、
ニワトリがえをあさる庭に、
コスモスの花を見ると、
ああ秋も深くなったと思います。

秋ざくらとよばれるコスモス。
わたしはコスモスの花がだいすき。
ずうっと返ってくると、みんな読めますね、そのとおりに。そうすると、始めから読んでいって、秋ざくらとよばれるコスモス。
わたしはコスモスの花がだいすき。
というところから入って、
咲きみだれた花のすがたと、
花のかおりをむねにつつんで、
わたしは手おらずにすぎます。
というところからずっと返ってくる。そうすると滅多にないことですが、往復読みができます。ずっと読んでいって、読んで返ることができます。どの詩もというわけにはいきませんね。青木博先生のですと、「コスモスが」「コスモスは」となっていますから、そう簡単に引き返すことはできないのですけれども、この柴野民三さんの「コスモス」は、読んでいって、また元に戻ることができる。そういう詩ではないかというふうに思いました。それでは、この詩はだれかというのでなくて、皆さんで、少し胸を張ってずっと通して読んで、また返ってくるようにしますから。よろしいですか。

はい、コスモス、柴野民三

秋ざくらとよばれるコスモス

から、はい、声を出して。皆さん一緒に声を出して。

秋ざくらとよばれるコスモス。

わたしはコスモスの花がだいすき。

児童たち

さわやかな風ふく道に、
ニワトリがえをあさる庭に、
コスモスの花を見ると、
ああ秋も深くなったと思います。
そして……
つい　手をのばして……
むねにかざりたくなります。
でもせっかく咲いたやさしい花、

わたしは手おらずにすぎます。
咲きみだれた花のすがたと、
花のかおりをむねにつつんで。

博士　はい、それをまた今度は元に戻るように。「咲きみだれた花のすがた」から。どうぞ。

児童たち
咲きみだれた花のすがたと、
花のかおりをむねにつつんで。
わたしは手おらずにすぎます。
でもせっかく咲いたやさしい花、
つい手をのばして……

博士　慣れませんからね。
咲きみだれた花のすがたと、
花のかおりをむねにつつんで。
わたしは手おらずにすぎます。
でもせっかく咲いたやさしい花、
「つい」というところから一緒に。

児童たち　つい　手をのばして
むねにかざりたくなります。
さわやかな

博士　「そして」のところから。

博士と
児童たち　さわやかな風ふく道に
　　　　　ニワトリがえをあさる庭に、
　　　　　コスモスの花を見ると、
　　　　　ああ秋も深くなったと思います。
　　　　　　秋ざくらとよばれるコスモス。
　　　　　　わたしはコスモスの花がだいすき。

博士　読めるでしょう。滅多にないのですね、読んでいって読んで返ることのできる詩というのは。そんなにたくさんないような気がするのです。その秘密はどこにあるでしょう。

　　秋ざくらとよばれるコスモス。
　　わたしはコスモスの花がだいすき。

　ここの出だしですね。これは始めにきてもズシッとすわっておりますし。ああ、ほんとうに柴野民三さんという方は、コスモスの花が大好きなんだというのが、読む方に伝わってきますね。これがおしまいにきてもいい。

　　秋ざくらとよばれるコスモス。
　　わたしはコスモスの花がだいすき。

　そこに秘密の一つはあると思います。普通は軽く出て、だんだんだんだん重くなっていくとか、いろいろの歌い方があるわけですが、この場合は、ほんとうに好きで、大好きだということを、まず柴野さ

んは言われ、それから、

つい　手をのばして
むねにかざりたくなります。
でもせっかく咲いたやさしい花
わたしは手おらずにすぎます。

咲きみだれた花のすがたと、
花のかおりをむねにつつんで。

もう一度繰り返したくなります。

咲きみだれた花のすがたと、
花のかおりをむねにつつんで。

すると、ふっと、あっ！

わたしは手おらずにすぎます。

と、元に返っていくことができるのではないかと思いました。私、覚えようと思って繰り返し読んでいるうちに、そういう発見があったのです。

この詩集の6番ですから十一ページです。黒柳啓子さんの「コスモス」、7番が「コスモスの花」原田直友さん、8番が「コスモスいろの」三枝ますみさん、9番が「コスモスの花がひらくと」水村左千夫さん10番が「コスモス――宇宙という名の花――」秋葉てる代さん、あと五つおさめてあるのですが、この黒柳啓子さんの「コスモス」から後の五編のなかにも、往復読みといいますか、ずっと読んでいって、読んで返ることのできる詩があるような気がします。皆さん、その詩はどれだと思いますか?五つの詩を全部読まなければなりませんから、すぐには見つからないかと思いますが。少なくとも一つはあるような気がするのですが。柴野民三さんの詩と同じように、すっと読んでいって、もう一回自然に返ってくる、一つの詩を二度も声を出して味わうことができる。作者はそのことに気づいていらっしゃらないかもしれない。だが、読む方には、いろんな発見があっていいのですね。

櫛村　ひょっとして、これではないかというのが見つかりましたか?どうでしょう。はい、櫛村さん。

博士　8番の「コスモスいろの」が往復して読めると思います。

櫛村　8番の「コスモスいろの」の詩ですね。読んでいって、読んで返ってみてください。始めに順番に読んで、それからまた……。

　　コスモスいろの

コスモスいろに　ゆれて
コスモスの　花のかぜ
コスモスの花　みあげる
　　ひかるコスモス
りえちゃんの目のなかに
あきのおわり
コスモスを　のこらずつんだ空

コスモスいろの　ゆうやけ
コスモスいろの　ゆうやけ
コスモスを　のこらずつんだ空
あきのおわり

コスモスの　花のかぜ
コスモスいろに　ゆれて

コスモスの花　みあげる
りえちゃんの目のなかに
　　ひかるコスモス

博士　はい。櫛村さんは、
あきのおわり
コスモスを　のこらずつんだ空
コスモスいろの　ゆうやけ

という三番日の節を読んで、
コスモスの　花のかぜ
コスモスいろに　ゆれて

コスモスの花　みあげる
りえちゃんの目のなかに
　　ひかるコスモス
というふうに読みましたが、
　あきのおわり
コスモスを　のこらずつんだ空
コスモスいろの　ゆうやけ
それからすぐ二番目の
コスモスの花　みあげる
りえちゃんの目のなかに
　　ひかるコスモス
コスモスの　花のかぜ
コスモスいろに　ゆれて
というのもできますね。自由に。

博士　はい、8番「コスモスいろの」ができるのではないかという櫛村さんの意見でした。

糀谷　はい。糀谷さん。

博士　6番の「コスモス」も往復読みができると思います。

はい、糀谷さん読んで。

コスモスの花がすき
コスモスの花は
父さんの想い出をひとつ
だいて咲いている花

コスモスの花の中で
わたしは息をひそめて
かくれんぼする
「まあだ　だよ」
「もういいかい」
コスモスの花をかきわけかきわけ
近づいてくる父さん

コスモスの花がすき
コスモスの花は
父さんとわたしを
みえない糸電話で
つないでいる花

コスモスの花がすき
コスモスの花は
父さんとわたしを
みえない糸電話で
つないでいる花

コスモスの花の中で
わたしは息をひそめて
かくれんぼする
「まあだ　だよ」
「もういいかい」
コスモスの花をかきわけかきわけ
近づいてくる父さん

コスモスの花がすき
コスモスの花は
父さんの想い出をひとつ
だいて咲いている花

博士　はい。これは見事に読んでいって、読んで返ることができますね。

お父さんと本人との間を、見えないコスモスの糸電話でつないでいるというのは、繰り返し読んでいると、胸がじいんとしてくるところがありますね。

往復読みというのは、滅多にないのですけれども、繰り返し繰り返し読んでいるうちに、ひょっと発見することがあります。そうすると、一つの詩を順番に読み、また折り返し読んでいく喜びとかうれしさというものも味わうことができますから、心に留めておいてください。

次は3番の佐藤義美さんの詩です。この詩を是非読みたいという人。

では、手を挙げた人、みんなその場で立ってみてください。

大勢ですね。それでは、むずかしいところもあるかもしれませんが、できるだけ声を揃えて読んでみてください。

児童たち　コスモス　佐藤義美　はい。

コスモス　佐藤義美

みんなで　みどりの　手をくんで
台風と　たたかって
花を　高く　まもりました。

青い空だけかとおもったら
遠い山もしずんでいました。
白と赤の花の中。
列車をひいて駅についた

電気機関車を、
　コスモスが　さわっています。

博士　はい。はい、それでは。

さっきも、皆さんにはお話ししたのですが、大阪の府立高校で長い間先生をなさっていた加藤宏文という先生が、現在山口大学の教授をしておられまして、山口県のＳＬの機関車とコスモスの写真、フォト作品をぜひ手に入れたいのです、とお願いいたしましたところ、早速制作しているところまで訪ねていって、五年生一組の皆さんに差し上げてくださいと言っていただきました。私はコスモスと機関車の、この一枚だけをと思っていたのですが、全部いただきました。大変ありがたいことなのですが。

この
　　列車をひいて駅についた
　　電気機関車を、
　コスモスが　さわっています。
ということろにいく前に、真ん中に、
　青い空だけかとおもったら
　遠い山もしずんでいました。
　白と赤の花の中。
というふうにありますね。これは熊本の一年中の花の名所の写真集ですが、この中にコスモスの花薗が四箇所あります。福岡県にもありますし、宮崎県にもありますし、山口県にもありますし、広島県にも二箇所ありますし、長野県にもあります。たくさんコスモスの咲きみだれているところがあるわけですが、その中で、見えにくいと思いますけれども、こういうのがあります。
それから、

青い空だけかとおもったら
遠い山もしずんでいました。

これは自分の頭の中だけに描くのはむずかしいのですが、この写真集を見ますとわかります。青い空だけかと思ったら、山もよく見るとコスモスの目線で見ますと、ずっとしずんだ色というのがわかるわけですね。これなども非常にきれいですね。これだと、なお遠くの方に、全部しずんで見えるという、それがあります。
三つの「コスモス」と題する詩があるわけですが、それぞれコスモスの歌っておられるところが違うわけです。その中で、さきほどもちょっと申しましたが、大阪出身の詩人で小野十三郎さんという方が詠まれました5番目の「秋の草々」、詩集九ページですね。それをずっといきますと、おしまいの方に、

これはなんじゃや。亀太郎。

ここですね。

これはなんじゃや。亀太郎。

と言われますと、

トラックとコスモス

ここは「機関車とコスモス」ではなくて、トラックとコスモスというのですが、乗り物とコスモス

の取り合わせ。機関車が日本に走るようになりましたのは、明治の始めからですから、コスモスが入ってきて、日本の隅々に育って咲いていくようになるのと、鉄道が発達してきまして全国津々浦々に機関車が走るようになるのと、だいたい同じ時代、十九世紀の終わりから二十世紀を一緒に生きてきているんですね。コスモスと機関車、コスモスとトラック、トラックはちょっと違うところもありますけれども。そういう

列車をひいて駅についた
電気機関車を、

ここはもう電気機関車になっていますが、「コスモスがさわっています。コスモスの優しさ、ずっと働いた、重い列車をひいてきました電気機関車を、慰めるようにコスモスがさわっているというのを、佐藤義美さんという方がちゃんと見つけて詠っていらっしゃるのですね。

それでは次に4番目八十五行もある、ここからあそこまでの、高木あきこさんの「コスモスの海」にいきましょう。さっき皆さんとお話をしたときに、この八十五行の高木あきこさんの「コスモスの海」を全部暗誦できるように……。暗誦してみようという勇気のある人いませんかというふうに話しかけたのですが、よし、これから覚えてみよう、繰り返し読んで覚えてみようという人ありますか。手を挙げてみてください、もしいましたら。途中まで手が挙がっているが、挙げようかどうしようかというふうに……。あっ、ありますね。これは頼もしい。ちょっと数えてみますね。中川さん、射手矢正太郎君、上野さん、櫛村さん、代田さん、それから糀谷さん、それから善利友彦君、それから山尾祐一君、綱木哲也君、はい、これは頼もしい。

私は幸いと覚えたのですが、これから覚えていこうというとき、

コスモスの海　　　　高木あきこ

　コスモスの花
　コスモスの花
というのは、語りかけていますからよろしいのですが、
　あふれて咲いて
というのが、なかなか。いきなり「あふれて咲いて」。様子を見ますと、いっぱいにコスモスが、海のように咲いているわけですが、この「あふれて咲いて」というところ、
　コスモスの花
　コスモスの花
　あふれて
というのを、逃さないように覚えると、後が出やすくなるんですね。
　見わたすかぎり
　明るい日ざしに　さわさわとゆれ
ここで一つですね。それから
　うすももいろの　波のようにゆれ
　コスモスの花
　コスモスの花
　　コスモスの花
　コスモスの花

あふれて咲いて　見わたすかぎり
明るい日ざしに　さわさわとゆれ
うすもいろの　波のようにゆれ
ゆるやかに広がる　山すそは
遠くかすかに　海鳴りがきこえる
晴れてすきとおった日曜日
陽気に窓を光らせて
気まぐれな観光バスがやってきた

ということで、ここが覚えられたら、もうここからは、また勢いがついてきますからね。

気まぐれな観光バスとは、どういうふうに気まぐれなのかは、読んでいくとわかりますね。そうすると、ここのところは、観光バスのお客さんの様子ですね。

お花畑のあちこちに
わらいとおしゃべり　まきちらし
あわただしく出発したあとには
ジュースのあきかん　チェックのハンカチ
カメラのふたと――
眠ってしまった女の子
おでこのばんそうこうに花びら一枚

そこまでいって、それからコスモス畑に返ってきますね。

コスモス畑に　やわらかい風
　コスモス畑に　やわらかい風
　　淡い影
淡い影を、ではなくって
　淡い影おとして　雲が過ぎる
非常に静かなコスモス畑なのに一転して、
　突然　せわしくとびたつ虫たち
それから
　ざわめく花　花
ざわめく、というのが、なかなか出てこないのですが、
　ざわめく花　花
目をさました女の子の瞳に
はげしくゆれるコスモスがうつり
黒くもくもく何かがふくれ
ざざざっ
ざざざっ

コスモスの花　おしわけて
まぶしい太陽を背に

泳いできたのは――くじら
大きなくじら
どうなるかなと思いますと、
女の子を見つけて　どっととまった
どっととまった
「あんたかい？
海の中へ石を投げたの」
女の子は
「ううん」
と言う。
「あんただろ？
おでこにこぶできちゃったよ」
くじらは、石を投げ込まれて、おでこにこぶができているのですね。くじらは、細い目で「ぎろっ」というが普通なんですが、細い目ですから。
細い目で　きろっとにらんで
ふいに　くじらはにっとした
にっとした
「ほう　あんたも
おでこをやられたんだねえ」

海のにおいがする
女の子は　手をのばして
そっとくじらにさわった
「ねえ　いっしょにあそぶ?」
「おう」

くじらが答えまして、ここのところも、「女の子は手をのばして」ですが、その次は「女の子が」、「女の子が」ですね。「が」ですね、ここは。覚えるときに、先ほどの青木先生のと同じように「コスモスの花が」「コスモスの花は」、そこの「は」と「が」をきちっと押さえるようにすると、覚えやすくなります。

女の子が　くじらのしっぽにとりついて
高い背中によじのぼると
くじらは　うすももいろの花の海を
ゆったり泳ぎだした

その次の

花の波が　うねってゆれて
花びらのしぶきが

覚えやすいようで覚えにくい。一生懸命覚えようとしますと、「花の波が　うねって」の「うねって」というのがなかなか出てこない。私のばあい出てきませんでした。それから「花の波が」と「花びらのしぶきが」と使いわけていますね。これをよく覚えて。

それから、ここはほっとする。
　広い　広い　山すその
　広い　広い　コスモスの海
　くじらが泳ぐ　女の子をのせて
　女の子がわらう
　かたぐるまより高いとわらう
それから、ここのところは「高いとわらう」とほっとしておりますから、次がなかなか出にくいのですね。

　うすももいろの波が　寄せては返し
　　うすももいろの波が　寄せては返し
　くじらの背中が　つやつや光る
　女の子の顔に　風があたり
　はるかかなたに
　まっすぐな水平線が見えた

　遠くの岬の山が
　どーんどーんと噴火した
　　「あいつだな
　石ころを投げたやつは」

くじらが泳ぐのをやめてつぶやいた
女の子は
あったかい背中から　すべっておりた
「あたし、海だいすき
いまに海賊になるんだ」

花の波をかきわけ
泳いでいこうとして
くじらはふりむいた
「くじらはふりむいた」というのが、覚えるときになかなか出てこないばあいがありますね。
「こんど会ったとき
あんたがわからないといけないな」
女の子が、
「あたしの船は
くじら丸ってなまえにする!」
「おう　そうして
おでこにばんそうこう貼っててくれよな!」
そうしないと見分けがつきませんので、「貼っててくれよな。」と念を押しております。あとはしめくくりですね。

くじらが泳いでいってしまったあとは
夕方の風がコスモス畑をわたり
さざ波のようにゆれる花　花
その花の向こうから
引き返してくる、気まぐれな観光バス、女の子を置き去りにしていくような、のんきな、気まぐれな観光バスなんですが、しかし、女の子を迎えに帰ってきてくれるわけですね。引き返してくるバスのエンジンの音が
ゆっくりと近づいてきた――
こういう詩です。二十世紀で、コスモスの詩を、くじらと皆さんのような子供を主人公にして作られた詩は、この高木あきこさんの「コスモスの海」という詩だと思います。スケールが大きくて、素晴らしい詩だと思います。皆さんに贈られた詩ですから、ぜひ覚えてやろうというふうにして、覚えてください。八十五行のこの詩を覚えますと、他のことを覚えるときにも、暗誦するとき、全部元気が出てきて、苦にならなくなりますね。

作ったのは高木あきこさんという作者ですけれども、もう完全に皆さん一人一人のものに暗誦してしまいますと、今度はあなた方の詩と言っていいほど、自分の体の中、心の中に溶け込んでくるわけです。そこから高木あきこさんの詩でなく、新しく皆さんが覚えた詩として、次から次に言葉が出てくるわけです。

コスモスの花
コスモスの花

あふれて咲いて　見わたすかぎり
明るい日ざしに　さわさわとゆれ
うすももいろの　波のようにゆれ

というふうに出てくるわけですね。暗誦の喜びをぜひ皆さん今から体験していただきたいと思います。

私の知っている人で、大分県から広島大学へ来た方でしたが、家庭に大変つらいことがありまして、九州大学に行かれたお兄さんから詩集といいますか、選んだ詩、アンソロジーと言いますか、それをもらった。お家のことや御両親のことでつらいから、それを繰り返し繰り返し読んでいるうちに、六十四編全部、六十四編全部、覚えてすらすら出てくるようになった。私の知っているかぎりでは、今のところ、六十四編を全部暗誦した人というのは、どんなにつらかったかということも思われるわけですけれども、この人が初めてです。

つらいことがなくても、希望や喜びにあふれていていいわけですから、ぜひ皆さんも思いついて覚えてください。覚えようと思わなくても、繰り返し読んでいたら、気がついてみたら全部覚えていた、優れた詩というのは、みんな全部すらすら覚えられるようになっている面があるのですね。

５番目、小野十三郎さんの、これは「秋の草々」、「コスモスが四回ほど出てきますね。これは「コスモス」という題にはなっておりませんけれども、もっと広いのですけれども、コスモスが詠んでありま す。五年一組の皆さんが、秋の草々の絵を書いています。中尾先生がずっと……。中尾先生はもっと優しいですね。「なんじゃ。」「だれじゃ。」より中尾先生はもっと優しくおっしゃるでしょうが。

私は始めには、この詩は覚えられないかもしれないと弱気になりました。けれども、そんなことはない、こんないい詩をと思って、繰り返し読んでいるうちに、まだ全部仕上がってはいないのですけれども、大体言えるようになりました。

うん、　これは野菊。

うん、これはコスモス。

はァて、これはなんじゃ、稲の穂?

ちがうよ、先生、猫じゃらしじゃ。

そうか、そうか。

すすきも尾花もあるな。

あ、へんなのがあったぞ。

それから、ここのところに「おや、また、へんなのがあるぞ。」とあります。始めは「あったぞ。」、二番目に出てくるときは「あるぞ。」、「あった」「ある」というところを対して覚えていくわけです。間違いないように。こういうふうに全神経を使って、繰り返し繰り返し読んでいるうちに、きちっと、覚えることができるようになるわけです。

だれじゃ、この絵は。かいた者手あげい。

鈴木か、なんじゃ、この黒いの。八幡さまの杉の木と……

ジェット機。

これがな、うん。

ジェット機の尻っぽじゃ、先生。

そうか。雲のかたまりみたいじゃな。花はかかなかったんか。

かいてあるよ、下の方に。

　なるほど、なるほど。りんどうの花な。
非常にかわいいりんどうの花を描いたのですね。ジェット機のしっぽの下に。
　なるほど、なるほど。りんどうの花な。この小っちゃいの。
吉岡の三平は朝顔と鶏頭。
大次郎はすすき。
由子はコスモス。
みどりもコスモスをかいとる。
もうみな書いたか。
はよ出せよ。
おや、また、へんなのがあるぞ。
これはなんじゃ。亀太郎。
トラックとコスモス。
ほう。
そして、これは鉄かぶとの警官か。
うん、そうだァ。
トラックの上のまるいものはなんじゃ。
どぶろくの甕じゃ。先生。
こらっ、舌出すな。
正太は野菊。

あけみは朝顔。

「あけみは朝顔。」というときは、「あけみ」と「朝顔」の「あ」とを結びつけて、それないように気をつけます。

正太は野菊。

あけみは朝顔。

五兵衛はすすき。

「五兵衛はすすき。」というところは、「大次郎はすすき。」とここに出ておりますので、この小野十三郎先生は、すすきがお好きなのですね。

もう、みな出たな。これで。

陽子はコスモス。

「もう、みんな出たな。」と言いながら、また陽子ちゃんがもってくるのを「陽子はコスモス」。こうやって繰り返し読んでおりますと、涙がこみ上げてきます。この詩は。クラスの様子をこんなにまで気持ちを込めて、小野十三郎さんが詠っていらっしゃると思うと……。ずっと私は繰り返し読んでいるうちに、始めは暗誦できないかもしれないと思ったのですね。思ったのは小野十三郎さんに失礼で、そうでなくて、きめこまかに、すみずみまで気をつけて完成しておられますので、そのつもりで読むと暗誦できます。八十五行もの「コスモスの海」も「秋の草々」も全部暗誦できます。そういう暗誦のよろこびというものを、ぜひ皆さんもこれから味わってください。

『万葉集』という古い日本の歌集は、全二十巻で、四千五百十六首あります。これは大学の先生ですけれども四千五百十六首を全部覚えて、国学院大学の教室に来られるときはテキストの『万葉集』

を持って来られないで、何番の歌——全部番号が打ってあります。四千五百十六首まで全部覚えていらっしゃった。これは専門の先生ですから、そういうことも言えますけれども、そういうことがなされていると思いますと、気にいった「コスモス」の詩、コスモスでなくても、できるだけ繰り返し読んで覚えて、自分の心の宝石をふやしていくように、ということができればと思います。

それで、先ほど介護のことが書かれたコスモスの美しい絵の本と、私の子どもに話した「コスモスの花」の本とは、大きくなって、あるいは子ども時代のことを大事にしてくださいと言ったのですが、その他に、おしまいの方に載っておりますが、「文学作品に現れるコスモス」というのが一枚ありますね。明治の三十年代から四十年代、一九〇〇年の始めごろに、文学作品にもコスモスが出てくるようになります。夏目漱石は日記に、森鴎外は『青年』という小説に、田山花袋という作家は『田舎教師』という作品に、それから文章家として有名な徳富蘆花、徳富健次郎という方は『みみずのたはごと』という随想集に、その他、泉鏡花の『白鷺』——泉鏡花の『白鷺』はつきとめることができませんで、名前だけあげてあります。

これは、これから中学校・高校・大学と進んでいかれるうちに、そういう作品を皆さんが手に取ることがあれば、ほんの片隅の方にコスモスが出ておりますので、また、それを見逃さないように、立ち止まって見るようにしていただけたらと思います。

あと「詩集Ⅱ」は、広島の吉島東小学校の五年生の詩、「詩集Ⅲ」の方は、一年生から六年までのコスモスの詩を集めました。

先ほどクラスの櫛村澄華さんが、「コスモスの詩ができました。」と言って届けてくれました。

コスモス　　櫛村澄華さん

コスモス
弱々しいコスモス
しかし、あの茎は
しっかりと花を持ち上げ
その下の根は
しっかりと体をささえている
コスモスには強さがある
大木にはない強さがある
私はその強さがほしい

という詩です。

できれば皆さんも、五年一組の、中尾学級のコスモスの詩集、急がなくてもいいと思います。できましたなら、吉島東小学校の五年生の皆さんと同じように詩集を作って……。人に言われてするというのは、いい作品がなかなかできませんので、櫛村さんと同じように、あくまでも皆さんがコスモスの詩を作ろうという気持ちになったときでいいですから、もしできましたら私のところにも送っていただけたらと思います。

この度御縁があって、皆さんと一緒にコスモスの詩を勉強することができ、こんなに大勢の先生方に見守っていただき、大変ありがたく思っております。どうぞ中尾先生の御指導を受けて、これからも伸び伸び育ってください。

それでは、これで終わりましょう。

この授業の指導案は次の通りである。

国語科学習指導案

指導者　野地潤家

一、日　時　平成十年十一月七日(土)　十一時～十一時四十五分
二、学年組　大阪教育大学附属天王寺小学校五年一組(中尾学級)
三、教　材　詩集コスモスI～V　のじじゅんや編
四、教材について
主教材　コスモスの花をとり上げている詩作品をさがし、授業者が、ほぼ十編をめどに詩集に編成したもの
(詩集　コスモスI～V)。
発展教材　(1)「父・丹羽文雄　介護の日々」本田桂子著　一九九七年六月　中央公論社
(2)「生いたちの記――父からわが子へ」野地潤家著　一九九六年十月　渓水社刊
(3)「文学作品に現れるコスモス」(のじじゅんや作成)

五、指導にあたって

研究授業に与えられた課題は、『作品を読む』であります。コスモスの詩を、また、「詩集コスモス」（Ⅱ～Ⅴ）を、どこまで楽しく読むことができるか、また、読む意欲、読書への、さらには創作への意欲をどう高めていくことができるか、心をこめて工夫し、指導にあたりたいと思います。

六、本時の展開（全一時間）

「詩集コスモスⅠ」から、五編（1～5）をとり上げる。

1　コスモス（青木博）作品（コスモス）読みから、詩集「満月中天」読みへと方向づける。
2　コスモス（柴野民三）新しい読み方を工夫していく。
3　コスモス（佐藤義美）コスモスと機関車の結びつきを考える。
4　コスモスの海（高木あきこ）全詩暗誦への工夫。
5　秋の草々（小野十三郎）詩集コスモスⅡ、Ⅳへと読みを進める。
6　発展読みへのすすめ。

七、付記

コスモスの詩をさがすうえで、多くの方々の協力をえました。深く感謝しております。

教材　コスモスの詩

1　詩集　コスモスⅠ　のじじゅんや編

1　コスモス　青木　博
2　コスモス　柴野　民三
3　コスモス　佐藤　義美
4　コスモスの海　高木　あきこ
5　秋の草々　小野　十三郎
6　コスモス　黒柳　啓子
7　コスモスの花　原田　直友
8　コスモスいろの……　三枝　ますみ
9　コスモスの花がひらくと　水村　三千夫
10　コスモス――宇宙という名の花　秋葉　てる代

2　詩集　コスモスⅡ　のじじゅんや編（広島市立吉島小学校五年生）

1　ゆれるコスモス　つぼい　りょうすけ
2　コスモスの花　井手　範子
3　コスモスの花　三浦　祐樹
4　コスモスへ　稲見　ちあき

5　コスモス　藤谷　由花
6　花の一生　福原　ゆか利
7　かがやく　コスモス　谷川　久美子
8　わたしの友達　木脇　千幸
9　コスモスの花　前本　祐輔
10　コスモス　伊達　雄一郎
11　一輪のコスモス　谷川　久美子

3　詩集　コスモスⅢ　のじじゅんや編（小一～小六）

1　こすもす　小一　すやま　はるな
2　コスモス　小二　水村　由美子
3　秋の風ってすずしいね　小二　西村　浩美
4　秋を見つける　小三　きっ高　あきら
5　コスモスの花　小三　藤田　夕子
6　コスモス　小三　松浦　圭佑
7　秋の庭　小四　西口　能久
8　コスモストンネルの中――「一つの花」――　小四　森　知子
9　秋見つけ　小四　おかざき　みつ葉
10　コスモス　小五　黒田　範子

11　コスモス　小六　森岡　由美子
12　コスモス　小六　奈良　裕美
13　コスモス　小六　原田　真智子
14　コスモス　井関　直
15　短歌　小六　俵内　利雄

4　詩集　コスモスⅣ　のじじゅんや編

1コスモスの夜　村野　四郎
2秋の犬　村野　四郎
3秋の日　村野　四郎
4秋へ　村野　四郎
5秋の日のクッション　高田　敏子
6夕風　高田　敏子
7コスモス「花詩集」から
8秋桜　さだ　まさし
9コスモス(俳句)

5　詩集　コスモスⅤ　のじじゅんや編

1　コスモス　蓬莱　泰三

2　朝のコスモス　高木　あきこ
3　コスモスをあげよう　間所　ひさこ
4　コスモス　星野　富弘
5　コスモス　金井　直
6　コスモス　小五　亘理　聰
7　コスモスとノン子先生　三越　左千夫
8　コスモス　阪田　寛夫
9　あきがしずかに　香山　美子
10　わらいんぼコスモス　まど　みちお

6　発展教材　（読書）「父・丹波文雄　介護の日々」本田桂子著　一九九七年六月　中央公論社刊

7　発展教材　（読書）「生いたちの記――父からわが子へ」野地潤家著　一九九六年十月　渓水社刊

8　「文学作品に現れるコスモス」のじじゅんや作成

1　高山樗牛　消息(手紙)　明治三十五(一九〇二)年十月

2　田山花袋　小説「田舎教師」　明治四十二(一九〇九)年

3　泉　鏡花　小説「白鷺」　明治四十二(一九〇九)年

4　夏目漱石　日記「修善寺日記」　明治四十三(一九一〇)年

5　森　鷗外　小説「青年」　明治四十三(一九一〇)年

6　徳富健次郎　随想「みみずのたはごと」　明治四十四(一九一一)年

（「花の文化史」春山行夫に拠る。）

7　今西祐行　童話「一つの花」　昭和二十六(一九五一)年

ほかに、コスモスを詠んだ短歌・俳句が数多く見いだされる。

資料1

詩集　コスモスⅠ　のじじゅんや編（水色表紙）

1　詩集　コスモスⅠ　のじじゅんや編

1　コスモス　青木　博
2　コスモス　柴野　民三
3　コスモス　佐藤　義美
4　コスモスの海　高木　あきこ
5　秋の草々　小野　十三郎
6　コスモス　黒柳　啓子
7　コスモスの花　原田　直友
8　コスモスいろの……　三枝　ますみ
9　コスモスの花がひらくと　水村　三千夫
10　コスモス——宇宙という名の花　秋葉　てる代

1

コスモス

青木　博

コスモスが
空の　青さに
力一ぱい　咲いている
風が　吹いても
雨が　降っても
すぐに　立ちなおって
咲きつづけている
バスが　ほこりをあげても
脱穀機が　もみがらを吹いても
白は　どこまでも　白く
紅は　どこまでも　紅く
清らかに　咲いている
可憐なんて　いうことば
それは　まったく　当たらない
鋼鉄線の　茎の先に
開ききった　花びらが
かすかに　ふるえるほど

2

コスモスは
命のかぎり　咲いている

コスモス　　　　柴野　民三

秋ざくらとよばれるコスモス。
わたしはコスモスの花がだいすき。

さわやかな風ふく道に、
ニワトリがえをあさる庭に、
コスモスの花を見ると、
ああ秋も深くなったと思います。
そして……
つい　手をのばして……
むねにかざりたくなります。
でもせっかく咲いたやさしい花、
わたしは手おらずにすぎます。

咲きみだれた花のすがたと、

花のかおりをむねにつつんで。

3

コスモス　　佐藤　義美

みんなで　みどりの　手をくんで
台風と　たたかって
花を　高く　まもりました。

青い空だけかとおもったら
遠い山もしずんでいました。
白と赤の花の中。

列車をひいて駅についた
電気機関車を、
コスモスが　さわっています。

4

コスモスの海　　高木　あきこ

コスモスの花

コスモスの花
あふれて咲いて　見わたすかぎり
明るい日ざしに　さわさわとゆれ
うすももいろの　波のようにゆれ

ゆるやかに広がる　山すそは
遠くかすかに　海鳴りがきこえる
晴れてすきとおった日曜日
陽気に窓を光らせて
気まぐれな観光バスがやってきた

お花畑のあちこちに
わらいとおしゃべり　まきちらし
あわただしく出発したあとには
ジュースのあきかん　チェックのハンカチ
カメラのふたと――
眠ってしまった女の子
おでこのばんそうこうに花びら一枚

コスモス畑に　やわらかい風
淡い影おとして　雲が過ぎる
突然　せわしくとびたつ虫たち
ざわめく花　花
目をさました女の子の瞳に
はげしくゆれるコスモスがうつり
黒くもくもく何かがふくれ
ざざざっ
ざざざっ

コスモスの花　おしわけて
まぶしい太陽を背に
泳いできたのは――くじら
大きなくじら！
女の子を見つけて　どっととまった
「あんたかい？
海の中へ石を投げたの」

「ううん」
「あんただろ？
おでこにこぶできちゃったよ」
細い目で　きろっとにらんで
ふいに　くじらはにっとした
「ほう　あんたも
おでこをやられたんだねえ」

海のにおいがする
女の子は　手をのばして
そっとくじらにさわった
「ねえ　いっしょにあそぶ？」
「おう」
女の子が　くじらのしっぽにとりついて
高い背中によじのぼると
くじらは　うすももいろの花の海を
ゆったり泳ぎだした
花の波が　うねってゆれて
花びらのしぶきが　空へ舞あがる

広い　広い　山すその
広い　広い　コスモスの海
くじらが泳ぐ　女の子をのせて
女の子がわらう
かたぐるまより高いとわらう

うすもいろの波が　寄せては返し
くじらの背中が　つやつや光る
女の子の顔に　風があたり
はるかかなたに
まっすぐな水平線が見えた

遠くの岬の山が
どーんどーんと噴火した
「あいつだな
石ころを投げたやつは」
くじらが泳ぐのをやめてつぶやいた
女の子は
あったかい背中から　すべっておりた

「あたし　海だいすき
いまに海賊になるんだ」

花の波をかきわけ
泳いでいこうとして
くじらはふりむいた
「こんど会ったとき
あんたがわからないといけないな」
「あたしの船は
くじら丸ってなまえにする！」
「おう　そうして
おでこにばんそうこう貼っててくれよな！」

くじらが泳いでいってしまったあとは
夕方の風がコスモス畑をわたり
さざ波のようにゆれる花　花
その花の向こうから
引き返してくるバスのエンジンの音が
ゆっくりと近づいてきた――

5

秋の草々

小野　十三郎

うん、これは野菊。
うん、これはコスモス。
はアて、これはなんじゃ、稲の穂?
ちがうよ、先生、猫じゃらしじゃ。
そうか、そうか。
すすきも尾花もあるな。
あ、へんなのがあったぞ。
だれじゃ、この絵は。かいた者手あげい。
鈴木か、なんじゃ、この黒いの。八幡さまの杉の木と……
ジェット機。
これがな、うん。
ジェット機の尻っぽじゃ、先生。
そうか。雲のかたまりみたいじゃな。花はかかなかったんか。
かいてあるよ、下の方に。
なるほど、なるほど。りんどうの花な。この小っちゃいの。
吉岡の三平は朝顔と鶏頭。
大次郎はすすき。

由子はコスモス。
みどりもコスモスをかいとる。
もうみな書いたか。
はよ出せよ。
おや、また、へんなのがあるぞ。
これはなんじゃや。亀太郎。
トラックとコスモス。
ほう。
そして、これは鉄かぶとの警官か。
うん、そうだァ。
トラックの上のまるいものはなんじゃや。
どぶろくの甕じゃや。先生。
こらっ、舌出すな。
正太は野菊。
あけみは朝顔。
五兵衛はすすき。
もう、みな出たな。これで。
陽子はコスモス。

6

コスモス

黒柳　啓子

コスモスの花がすき
コスモスの花は
父さんの想い出をひとつ
だいて咲いている花

コスモスの花の中で
わたしは息をひそめて
かくれんぼする
「まあだ　だよ」
「もういいかい」
コスモスの花をかきわけかきわけ
近づいてくる父さん

コスモスの花がすき
コスモスの花は
父さんとわたしを
みえない糸電話で

つないでいる花

7

コスモスの花　　　原田　直友

がけの上のうちに
今年も　いちめん
みごとな
コスモスの花が咲いた

花のすきな
あのすま子ちゃんが
種をまくとき
たなごころから　こぼれて落ちて
風に飛んだんか

がけの中ほどにも
一つ
みごとなコスモスの花が咲いた

8

コスモスいろの……　　　　　三枝　ますみ

コスモスの　花のかぜ
コスモスいろに　ゆれて
コスモスの花　みあげる
りえちゃんの目のなかに　ひかるコスモス
あきのおわり
コスモスを　のこらずつんだ空
コスモスいろの　ゆうやけ

9

コスモスの花がひらくと　　　　水村　三千夫

コスモスの花が　ひらくと
乳母車の　幌のひだまで　深めに見える
いつものように
行ったり来たりして　わだちの跡も
多すぎる

10

コスモスの花が　ゆれると
籾むしろの　籾のうずまで　くずれて光る
かわいた風が
竿でもとどかない　大きな柿を
みがいてる

コスモスの花が　しぼむと
赤とんぼの　羽の影まで　うっすら写る
貼り替えすんだ
まぶしい障子に　つぐみの影も
ふえてくる

コスモス――宇宙という名の花――　秋葉　てる代

うす紅色の　花びらは
やさしいだけでは　ないのです
折れそうに　細いくきは
弱いだけでは　ないのです
だれが　つけたのでしょう

この花に
「宇宙《コスモス》」という名を――

どんな荒地にも　根をおろし
風にむかう　強さを
群れだって　咲き
満天の星をも　包みこんでしまいそうな
広さを
その姿に　ひめている花
コスモス――

それは一つの世　一つの宇宙
コスモスの群れの中に　すわって
じっと　目をとじてごらんなさい
ときの流れが　きこえてきませんか

2　詩集　コスモスII　のじじゅんや編（田原和子先生指導広島市立吉島小学校五年生）（ももいろ表紙）

1　ゆれるコスモス　つぼい　りょうすけ
2　コスモスの花　井手　範子
3　コスモスの花　三浦　祐樹
4　コスモスへ　稲見　ちあき
5　コスモス　藤谷　由花
6　花の一生　福原　ゆか利
7　かがやく　コスモス　谷川　久美子
8　わたしの友達　木脇　千幸
9　コスモスの花　前本　祐輔
10　コスモス　伊達　雄一郎
11　一輪のコスモス　谷川　久美子

1

ゆれるコスモス　　　つぼい　りょうすけ

秋風がふいて　弱々しい
コスモスが　ゆれる

ゆれると　キラキラ　かがやく
まるで　コスモスの　おひめさま

レースのような　はっ葉のドレスきて
秋風　ふいて　おどりだす
ドレスと　いっしょに　おどりだす

2

コスモスの花　　　井手　範子

どんな時でも
生きることを　あきらめない
自分の「生命力」で
空にむかってのび続ける
花をかがやかせ

「やさしさ」「あたたかさ」をくれる
それがコスモス
そんなコスモスが　ずっと
地球にありますように

3

コスモスの花　　　三浦　祐樹

コスモスよ
コスモスという
名前は　だれに
つけられたんだ

コスモスよ
どこで　さいて
いたんだ

コスモスよ
弱そうだけど
一生けん命

4

生きている

コスモスへ

稲見　ちあき

一

コスモスは
きれいな　レモン色の花
コスモスは
はちきれそうな　緑色の葉と　つぼみ
今にもたおれそうな
弱々しいコスモス

二

コスモスは
小さく　かわいく　美しい
コスモスを　見ていると

心がせつなく　なごませる
自然の森で生まれた
コスモス

5

コスモス　藤谷　由花

コスモスを　みていると
なんだか
元気が　出てくる
まるで
コスモスが
パワーをくれてるみたい

6

花の一生　福原　ゆか利

葉は　弱そうだけど
茎は　しっかりしている
その上に　花は　のっかって

元気を　ふりまいて　いる

もう　すぐ　花になる　つぼみは
ひっそりと　まちながら
花に　なる　日を　夢見ている

花は　やがて　つぼみに　ゆずり
ひっそりと　花びらを　ちらせる

ひっそりと　はじまり
ひっそりと　おわる

7

かがやく　コスモス　　谷川　久美子

まぶしい　黄色
やさしい　心
夢や　希望を
ありがとう

いつまでも
わたし　と　きみは
友達だよ

小さな幸せ
大きな幸せ

いつまで　たっても
コスモス
一生けん命
生きて　いこう

8

わたしの友達　　木脇　千幸

明るい　花　勇気が　出そう
光に　あたりが　かがやいて　みえる
風が　ふく　よわよわしい

9

コスモスの花

前本　祐輔

コスモスは　わたしの　友達
ずぅーと　ずぅーと　友達さ
ステキな　コスモス
大事な　コスモス

コスモスは
何を　考えて　いるのかな
やりたいことは　ないのかな
なやみごとって　あるのかな
コスモスって
ふしぎだな

10

コスモス　伊達　雄一郎

コスモスとは　どんな　花だろう
コスモスは　汚ない　ところで　生える
ことが　できる　ほどの　強く　たくましい
花なのだろうか

それとも
弱々しい花なのだろうか
コスモスは　少し　なぞが　ある　花だ

11

一輪のコスモス　谷川　久美子

コスモスよ
きみは　どうして
かわいいの

いったい　どこで
生まれたの

小さな　小さな
つぼみから
大きく　育って
花と　なり
美しく　さけて
うれしいか

かれてしまうと
悲しいな

みんなに
やさしさ
ありがとう

3　詩集　コスモスⅢ　のじじゅんや編（小一～小六）（白表紙）

1　こすもす　小一　すやま　はるな
2　コスモス　小二　水村　由美子
3　秋の風ってすずしいね　小二　西村　浩美
4　秋を見つける　小三　きっ高　あきら
5　コスモスの花　小三　藤田　夕子
6　コスモス　小三　松浦　圭佑
7　秋の庭　小四　西口　能久
8　コスモストンネルの中――「一つの花」―　小四　森　知子
9　秋見つけ　小四　おかざき　みつ葉
10　コスモス　小五　黒田　範子
11　コスモス　小六　森岡　由美子
12　コスモス　小六　奈良　裕美
13　コスモス　小六　原田　真智子
14　コスモス　井関　直
15　短歌　小六　俵内　利雄

1

こすもす

小一　すやま　はるな
東京都多摩市東永山小学校

こすもすってかわいそう。
こうしゃのかげでふるえてるみたい。
それにかぜだってふいてるんだもん。
あみものができるようになったら
こすもすのえりまきを
つくってあげようかな。
てぶくろもつくろうかな。

一九七七・十一（指導）河合　郁子

2

コスモス

小二　水村　由美子
東京都西多摩郡瑞穂第二小学校

糸みたいな葉。
八まいの小さな花びら。
ピンク、赤、白、いっぱいさいている。
コスモスの学校みたい。
白いコスモスが、
木によりかかって休んでいる。

3

赤とピンクがからまってふざけている。
赤が一列にならんで朝礼している。
あ、白いチョウチョがとんできた。
「ここにとまって。」
コスモスたちが葉をゆすってる。
白いチョウチョが
白いコスモスにとまった。
その下をカマキリが
こっそり歩いている。

（指導）山下　妙子

秋の風ってすずしいね

小二　西村　浩美（東京都西多摩郡瑞穂第二小学校）

朝おきて外に出ました。
少したったらすずしい風がふいてきて、
三つさいたピンクのコスモスの花を
ゆすっていました。
「とおくから、秋の風をはこんでいるんだよ。」
と、お母さんが教えてくれました。
夏休みも、あしたでおわりです。

（指導）山下　妙子

4

秋を見つける　　　　　　袋町小　小三　きっ高　あきら

ベランダにあがると、
ひんやりとした風がほおをなでる。
すずしく感じていた風が、
このごろでは、つめたさを感じる。
いままで、さいていたあさがおの花が、
たねをのこして、すがたをけした。
そのあとに、コスモスが高くのび、
赤白の花をつけている。
うすい花びら、細いくき、
このすがたにも、なんとなくすずしさを感じる。
ぼくは、ほんとうに秋になったなあと思う。

5

コスモスの花　　　　　　口田小　小三　藤田　夕子

せんろの横にさいているコスモスの花。
くきがほそくて、すぐおれると思った。
でも、汽車が通って

おれそうなほどゆれていたのに、
ぴっと、もとどおりにかえった。
じょうぶなんだなあ。
手でおろうとしてもおれない。
むりにひっぱると手にあとがついた。
はさみできって、花びんに入れると、
やさしくゆれていた。
わたしは、弱くて、すぐ病気になる。
せもひくい。
コスモスみたいに、
せが高くて強い子になりたいな。

一九八四年度　「文集ひろしま」

6

コスモス

青崎小　小三　松浦　圭佑

コスモスは、
いつも風にふかれて、
ゆらゆらゆれて、
気持ちよさそう。
赤・白・ピンク、

7

なかよくゆれて、
楽しそう。

「コスモスかい道」
お母さんが、言った。
「秋だね。」
「うん、秋だね。」

一九九二年度「文集ひろしま」

秋の庭

千田小　小四　西口　能久

かきねのそばに、
もも色のコスモスがさいている。
ぼくを見ながら、ゆれている。
黄色い花の中心は、
王女みたいだ。
花びらが、ひらひらとまいながら、
落ちていった。

かれかかった、ダリアのくきに、

おんぶばったが止まっている。
うす茶色のばったは、
じっと、空を見つめている。
何を考えているのだろう。
ピョンと一はねして
動かなくなった。

一九六七年度「文集ひろしま」

8

コスモストンネルの中――「一つの花」――　比治山小　小四　森　知子

コスモストンネルの中は、
一体どうなっているんだろう。
お父さんが取ってくれた、
さいごの一輪のコスモス。
その花が、いっぱいに育って、
お父さんの心がコスモスになった。
お父さんの心がいっぱい。
コスモスがいっぱい。
そして、コスモストンネルに。
すごく長いトンネル。

ふしぎなコスモストンネル。
お母さんは、にこっとわらう。
ゆめのようなコスモス畑。
きっと、トンネルの中は、
ゆみ子・お父さん・お母さんの、
気持ちが一つになっているだろう。
だから、「一つの花」なのかな。
ふしぎな一つのトンネル。
楽しくスキップをしながら、
わらっているゆみ子。
お父さん、よかったね。
ゆみ子とお母さんは、しあわせだよ。
コスモストンネルの中で。

一九八八年度「文集ひろしま」

9

秋見つけ

三入小　小四　おかざき　みつ葉

もう秋だね。
庭を見ると、コスモスの花が満開。
赤・白・ピンク、

いろいろな色の花がいっぱい。
学校に行くときや、遊びに行くとき、
たくさんコスモスがさいていて、
「きれいだな。」と思うと、
コスモスが風にゆれて、
「きれいだよ。」と、わらって言ってるみたい。
夜は寒いよ。
秋なのに、冬みたいに寒いよ。
もみじはまだ赤くなってないけど、
もう秋だよ。
早く、赤や茶色の、
きれいな色にそまってよ。
コスモスみたいにね。

一九九三年度「文集ひろしま」

10

コスモス　　　小五　黒田　範子

かきねのそばのコスモス、
もも、白、赤、
かたまっている。

11

まっすぐにのびた枝。
ぐんにゃりまがった枝。

風のふくたびに、
花びらがたたき合う。

花びらがとれないかと心配になる。

一九六九年度「ひろしまの子の作文のすすめ」

コスモス　　　　　　　　小六　森岡　由美子

朝
コスモスの花がさいていた。
もも、赤のうすい色
とても美しい。
すずしい風に
左右にゆれている。
糸のように細い葉が
小切れにゆれている。

一九五九年度「作文通信」

12

コスモス

東京・池上小　小六　奈良　裕美

細い茎で立っている。
風よ、やさしくふけ。

一九八八年発行「児童詩教育のすすめ」江口季好著（百合出版）（二四三ページ）

13

コスモス

草津小　小六　原田　真智子

つめたいこさめにうたれながら、
コスモスがさいている。
白色、もも色、赤色と、
いちめんに
さきつづくコスモスの花。
雨にうたれるたびにその花びらが
こきざみにふるえている。
もう冬が目の前にきている。

一九八九年度「文集ひろしま」

14　コスモス　井関　直

コスモスが　ゆれよる
かぜが　ふきました
いいきもちです

＊愛媛県東宇和郡野村町の町立知的障害児施設の作品
続『どろんこのうた』　仲野　猛　編著(合同出版)

15　短歌　大芝小　小六　俵内　利雄

やわらかい秋のひざしを受けながら
　さきつづいているコスモスの花

一九六四年度「文集ひろしま」

4　詩集　コスモスⅣ　のじじゅんや編（黄色表紙）

1

コスモスの夜

村野　四郎

「きみは死んだんじゃなかったのか」と
彼はムササビのように手をひろげた
「病気だったんだよ」と応えると
「どっちでもおなじことだ」といった
彼の方が　ずっと死面の顔いろをしている

彼には　ぼくの存在が信じられない
人造牛酪を手にして立っている　ぼくの
生命が信じられないのだ

彼こそ死んでいたのではなかったかと
ひょっと考えてみる――
いや　彼はやはり病気のせいにちがいない
コスモスが幽霊のように見えるのも
そして　コスモスとぼくとの間の
些細な距離に気づかないのも――

2

彼は　ふらふらと
壊れたコンクリートの塀の角を
むこうの方へ曲がって消えた
つめたい空気のなかで
コスモスがおよいでいる夜
みんな病気のせいなのだ
全世界がコスモスの夜なのだ

秋の犬　　　村野　四郎

夏桃のくろい茂みが虫にくわれて
そのむこうから
空が剥がれてきた

街には　コスモスが
恋愛のように咲いたりしていた
だが神さまに似た人は
ひとりも通らなかった
とある道ばたの　積みかさなった石塊の間に

おれは　犬のようにすわっていた
ガラスの眼球に桔梗の空間がうつっていた

けれども　おれは知っていた
永遠などというものは
結局　どこにも無いということ
それは　虫といっしょに
おれの内部にしか無いということを

何かやさしいものが
耳もとを掠めていったが
振りむいて見ようともしなかった
はじめから　おれには主人がなかったことを
憶えきれないほどの多くの不幸が
おしえていて呉れたからだ

おれは　熱い舌を垂らしていた

3

秋の日

村野　四郎

私はきょう
死んだ彼と一緒に歩いた
木犀やコスモスの　の向うに
青い空のある道を

私は花をとって彼の釦の穴にさしてやろうとした
すると彼は痩せた胸骨を硬くしてあらぬ方を見ていた

遠く流れていた雲
涯なく深い青空
彼の眼を捉えていたものは何であったろう
道には枯れた蔓草が乱れていた
鶏があわてて遁げた
彼の冷たい影の中で虫がないていた

言おうとして言えなかった
私のたくさんの言葉

きこうとしてきけなかった
彼のたくさんの言葉
それから悲哀の中で騒いでいた
よわよわしい鶸のこえ――

4

秋へ　　村野　四郎

コスモスの向うを
傷兵がとおる

あかい帽子と
白い衣服と

手を執るひとと
手を曳かれるひとと

あたたかく
きよらかに

冬へ傾く
秋の中を

5

秋の日のクッション　　高田　敏子

花びんに咲くコスモスの花を
糸と針で布地に写してゆく
花びらの色　花びらのかたち
花はそのまま布地に咲いてゆく

クッションの出来上がる日
花は散っているでしょう
花は咲いた日から散ることを約束されて
季節もまた訪れては去ってゆく

高原の風にゆれるコスモスの花かげで
私がひととかわした約束は
果されないままに消えていった

すべて消えてゆくものの
いのちの意味を計りながら
あの秋の日の花の姿も
私の椅子の私のクッションに咲かせている

6

夕風

高田　敏子

夕風に
コスモスの花がゆれ
垣根のそとを
口笛が流れてゆく

すばやく過ぎていった夏よ
私の胸のどこかに
熱いまなざしをやきつけたまま

素足に
風の冷たい　秋

7

コスモス　――10月4日――　「花詩集」(野口家嗣著)から

そっとコスモス　だいたなら
あの日の想い出　湧いて来る
　あの子を送って　村はずれ
　泣いて別れた　辻堂を

そっとコスモス　だいたなら
あの日の想い出　湧いて来る
　あの子が泣いて　ほろ馬車で
　振って落とした　この花を

そっとコスモス　だいたなら
あの日の想い出　湧いて来る
　あの子と何時も　かくれんぼ
　かげにかくれた　この花を

　コスモス　コスモス　赤い花
コスモス　コスモス　白い花

乱れて咲けど　空家には
あの子はもうもう　帰らない

8

秋桜《コスモス》

作詞　さだ　まさし　　作曲　さだ　まさし
編曲　萩田　光雄　　歌　山口　百恵

淡紅の秋桜が秋の日の
何気ない陽留りに揺れている
此頃涙脆くなった母が
庭先でひとつ咳をする

縁側でアルバムを開いては
私の幼い日の思い出を
何度も同じ話くりかえす
独言みたいに　小さな声で

こんな小春日和の穏やかな日は
あなたの優しさが浸みて来る
明日嫁ぐ私に苦労はしても

笑い話に時が変えるよ
心配いらないと笑った

あれこれと思い出をたどったら
いつの日もひとりではなかったと
今更乍ら我儘な私に
唇かんでいます

明日への荷造りに手を借りて
しばらくは楽し気にいたけれど
突然涙こぼし元気でと
何度も何度もくりかえす母

ありがとうの言葉をかみしめながら
生きてみます私なりに
こんな小春日和の穏やかな日は
もう少し　あなたの子供で
いさせてください

9

コスモス

キク科の一年草。メキシコ原産で日本には明治になって渡来。栽培しやすいため最近は街道沿いにも花が群れる。高さ一、二メートル。直立する茎は枝を分け、羽状の葉を対生する。八～十月まで枝の先に頭花をつける。白・淡紅・紅色の一重咲、八重咲もある。秋桜ともいう。

風船をつれコスモスの中帰る　　石原　八束

コスモスの乱れて智恵子生家かな　　森田　峠

湖に指話千本の秋桜　　松沢　昭

八束の句は、風船とコスモスの花が揺れて、秋の風物詩を奏でる。峠の句は『智恵子抄』の智恵子の姿が彷彿する。昭の句は夥しいコスモスが「指話」(手話)を交わしている、ほほえましい風景。

5

詩集　コスモスⅤ　のじじゅんや編（黄緑表紙）

1　コスモス　蓬莱　泰三
2　朝のコスモス　高木　あきこ
3　コスモスをあげよう　間所　ひさこ
4　コスモス　星野　富弘
5　コスモス　金井　直
6　コスモス　小五　亘理　聰
7　コスモスとノン子先生　三越　左千夫
8　コスモス　阪田　寛夫
9　あきがしずかに　作詞　香山美子　作曲　小森昭宏
10　わらいんぼコスモス　作詞　まど　みちお　作曲　磯部　俶

1

コスモス

蓬莱　泰三

原っぱに　風が吹いてる
コスモスの花が　さいてる

どこへ行ったのかな　あの子
ひとりぼっちの草むらで
爪をかみかみ　しゃがんでた
仲間はずれのミソッカス
もういない
いつのまにか
おかあさんと引越してった

どうしてるかな　あの子
夜の通りで　出あったら
この花あげると　いったっけ
原っぱの花　コスモス一本
だのに　わたし
知らん顔して

2

そっぽむいて帰って来ちゃった
なぜだろうな
なぜ　あの子
わたしに花をくれようとしたのかな
なぜだろうな

原っぱに　風が吹いてる
コスモスの花が　ゆれてる

朝のコスモス

高木　あきこ

コスモスの花
コスモスの花
山のふもと　いちめんに
うすべに色の　コスモスの花
ゆれる　ゆれる
朝の風に

遠く　かすかに
海鳴りの音
きのうのかなしみ
やさしく溶かして
コスモスの花
はにかむように
うなずきながら

山の上
雲が流れる
ゆったりと
雲が流れる

3

コスモスをあげよう　　　間所　ひさこ

いらっしゃい。
秋のなかを駆けていらっしゃい。

コスモスのはなをあげよう。
両うでいっぱいの
とびきり大きな花束をつくってあげよう。

夏が去るのはさびしいと
いつか　あなたはいったっけ
きんのひまわりが錆びる
水着のあとが消える
海が遠くにいってしまうって――。

でも、いらっしゃい。
はやくいらっしゃい。
コスモスのはなが咲いたから。

夏にさよならばかりいわないで
秋にこんにちはもしましょうよ。
さあ、コスモスの花火をあげて
秋をいっしょに祝いましょうよ。

4

コスモス　　星野　富弘

風は見えない
だけど木に吹けば
緑の風になり
花に吹けば
花の風になる

今、私を
過ぎていった
風は
どんな風に
なったのだろう

5

コスモス　　金井　直

あなたたちはどんなにわずかな風にもさからわない　それぞれの色を大切にしながらだまって支え合っている　誰に見せるためでも誰にほめられる

6

ためでもない　みんな自分だけを相手にしている
自分を信じている　人があなたの美しさを持ちた
いと願っても　うけつけない　人は手出しするこ
ともできない　あなたたちの中に住みたいと思っ
ても　這入りこむすきがない　みんな自分自身に
充ちている　人はせめてひとときでもあなたたち
のそばに在りたいとのぞむ　そして　胸につけて
は歩きびんに活けては部屋をかざる　それでもあ
なたたちは人の愚かさをわらうでもなく　やはり
それぞれのいのちを一所懸命に生きている

コスモス　　　　　小五　亘理　聰（東京都）

春、種をまいたコスモスが
庭一面に芽を出した。
母といっしょに春のある日にうえたっけ。
それから入梅だったな。
夏になったらぼくは草とりをした。
夏休みに、海へ、

いなかへ行って帰ったら、
雨で何本かたおれていた。
そのうちに台風がきた。
水が出たりしてさわいだあと、
せっかくのびたコスモスが、
ぼくのせいくらいになったのに、
だいぶたおれちゃった。
ぼくは土の中に根をうえたけど
みんなかれてしまった。
そして、知らないうちに、
ゴミタメにすてられた。
しかし、残ったコスモスは
雨にも風にもまけないで、
秋風にそよそよふかれて、
陽ざしをあびながら、
白、紅、もものやさしい花をさかせた。
つぼみもたくさんつけている。

日本作文の会　小学生の詩の教室「五年生の教室」　あすなろ書房

7

コスモスとノン子先生

三越　左千夫

コスモスって
ノン子先生だ
ノンコ先生って
コスモスだ
うなずいたりして　きれいだから
ノン子先生　すてきだから

うすもも色の花びらに
そおっとほおをなでてもらったら
いっそう目がほそくなつた
いっそうノン子先生好きになった

花びらだから
コスモス　もうすぐ散るね
ノン子先生
まもなくやめるんだって
コスモスとノン子先生

やっぱりにているね
まわりから　そよそよと

8

コスモス　　阪田　寛夫

秋のさくら　コスモス
蝶々がまちがえて
こんどは
菜の花をさがしました
蝶々　蝶々
おいそぎなさい
もう十月よ

9

あきがしずかに　　香山　美子

コスモスのはなが　ゆれている
しずかにしずかに　ゆれている
あきがしずかに　きてるから

10

ゆびさしのゆびに　さわってる
そーっとそーっと　さわってる
あきがしずかに　とおるから

コスモスのはなが　あそんでる
ひとりでひとりで　あそんでる
あきがしずかに　きてるから

わらいんぼコスモス　　まど　みちお

コスモスコスモス　わらいんぼわらいんぼ
かぜさんに　いらっしゃいってわらう
コスモスコスモス　わらいんぼわらいんぼ
ゆうびんやさんに　ごくろうさんってわらう
コスモスコスモス　わらいんぼわらいんぼ
ゆうやけに　またあしたってわらう

野地潤家博士は、この授業の課題「作品を読む」で、「読む」ことをとりあげ、「コスモスの詩」をどのように読むか、また、ご自身で編集し準備された、五冊五十五編の「コスモスの詩」を「詩集コスモス」(I～V)のなかで、「どこまで楽しく読むことができるか」の工夫を凝らし、また、読む意欲、読書への、さらには創作への意欲をどう高めていくことができるか、を心をこめて独自な指導で、実践されている。ビデオではあるが、実際の野地潤家博士の授業実践を拝見して、わたくしは、「国語教育個体史研究」を拠点として、研究を長年続けてこられると、こんなになめらかな、自由自在の児童を惹き込む授業ができるのかと、「国語教育個体史研究」の成果を目の当たりにしたように、この「作品を読む」の授業を「国語教育個体史研究」の象徴としてうけとめたのである。授業は四十五分あったが、ひかれるまま「コスモス」の詩を読むうちに、文字通りあっという間に惜しまれるように終わった。ビデオテープを何度見ても、心地よい想いは同じであった。

授業の展開は、「詩集コスモスI」から、五編(1～5)をとり上げ、まず、「コスモス(青木博)」の朗読からはじまった。野地博士は、淡々と静かによどみなく読みすすめられ、お話をきかせていただいているような、なごやかなかに、朗読を終えられた。朗読というと、声をはりあげ、はっきりと大きな声で読むものと思いがちであった、わたくしの耳に、野地博士の朗読は、不思議と昔話を聞かせていただくように、やわらかく、浸透するかのように、心にまで、届いたのである。会場で直接聞かれた先生方も、子どもたちも、おそらく同じ思いで、最初の「コスモス(青木博)」の作品の朗読で、野地博士の授業に惹き込まれたのではないであろうか。これは、魔法でも何でもなく、野地博士の、朗読の力であると、分析できるのである。四国の郷里で、毎朝、教師になる日のために、発声練習にはげまれ、腹式呼吸できたえられたお声は、静かななかにはりがあり、よくとおる、耳に心地よい朗読となっていられたのであった。もちろん、朗読の練習を何回となくしていられたことは、明白である。一回朗読されたあと、野地博士は、青木博氏の紹介をされ、青木氏の詩集『満月中天』(五十六編)の中から、いいと思う詩、好きだという詩が見つかったかどうかを尋ねていられる。ここで、一冊の詩集読みへと進み、五十六編の詩をとりあつかったことになる。『満月中天』のなかから、「野菜讃」「あじさい」をふたりの女子がえらんで、それぞれ朗読している。野地博士は、ふたりの朗読を静かに聞かれ、ご自分でもふたりに応えるように朗読なさって、もとの「コスモス(青木博)」にかえり、二、三行ごとに、説明を加えながら、読んでいかれる。その中で、「コスモスが」というのと、「コスモスは」というのと、コスモスの詩の骨組みを、しっかりつかんで読んでいくことと、「が」と「は」を入れ替えると、もう詩ではなくなることをあげ、ひとつのひらがなの重さを、この詩のなかで教えていられる。詩の骨組み(構成)を考えて、一字にも気をつけて、読むという、詩の読み方を教授していられるのである。しかも、詩から詩集へと導いていられる。ややもすると、好きな詩だけで、ひとつだけを覚えておわりになりがちであるが、同じ詩人の詩が、五十六編載っている詩集を用意し、一つの詩の背景にあるものを知らせていられる。同じ詩人の他の詩を好む児童もいるであろう。詩の授業では、多くの詩を教材として準備したいと思う。それが、児童を詩の世界へいざなう最良の方法であると思う。一人の詩人の一つの詩を扱うのではなく、その背景にある一冊の詩集をとりあげること、また、その人物について深く理解することは、「国語教育個体史」の研究方法である。一つの詩をとり扱ううえで、詩人を深く研究することは、直接には目にみえて役立つことはなくても、ことばの端々からにおいたつものがあり、児童から見れば、先生の友人のような親しい人として、詩人がうつることになる。そのことを、野地潤家博士は、実践して示していられた。

次に、「コスモス(柴野民三)」では、新しい読み方を工夫していく方法を教えていられる。倒置法で終わる詩の、最後をもとの文の形につなぐことにより、おわりの三行を繰りかえす読み方である。野地博士は、この詩を覚えようとされて、何度も繰りかえし読んでいるうちに、この詩が繰りかえしだけでなく、往復読みもできることを発見された。作者の気づいていないかもしれないことを発見する読みもあることを、野地潤家博士は、ここで指摘し鑑賞の仕方を教えていられる。野地潤家博士の指導のすばらしさはそれに終わらず、自作の資料の同じ詩集に、同じ往復読みのできる詩を集めていられることにある。なかなかこのように特殊な性格を持つ詩を集めるのは、至難の技である。普段からさまざまな詩集に親しみ、詩を自然に覚えてしまうほどに繰り返し読み込んでいないと、必要な時に必要な詩がすぐに集められるものではない。それだけではない。二つ目の往復読みができる詩は、自由にどの連を読んでも詩として成り立つのである。その他にも往復読みのできる詩を集めてある。こんな発見が授業のなかにあったら、朗読の確かさだけではない、国語科への興味がますます湧くことであろう。二つ目の往復読みの詩にはただおもしろさだけではなく、父娘の愛情をうたってある。叙情詩の性格の強い作品を往復読みもできる作品として、ふたつの味のあるものとしてあつかっていられることは、児童の鑑賞の目を開くことにもなったのではないだろうか。このような作品の収集には、日頃から「国語教育個体史研究」として一つの詩を学ぶだけでなく、一人一人の詩人を理解しようとつとめていることがあると思われる。

「コスモス(佐藤義美)」では、コスモスと機関車という異質のものを組み合わせている詩を紹介している。写真とともに詩を鑑賞することと、コスモスとトラックの組み合わせの詩もあることをとらえさせ、結びつきを広げる効果を考えていられる。そうして、コスモスと機関車の詩とコスモスとトラックの詩を、詩同士を比較させることで、ふたつの詩を比べたり、組み合わせたりする鑑賞方法もあることを、示していられる。写真と詩の組み合わせ、コスモスと乗り物の組み合わせ、詩と詩の組み合わせである。いろいろなものと組み合わせることによって鑑賞を深め広がりを持たせることができることが、ここではとりあげられている。働いてきた機関車をコスモスがいたわるようにさわっているという、コスモスのやさしさを見つけた詩人の目を、ものを見る視点としてとらえることを学ばせていられる。

四つ目の詩、「コスモスの海(高木あきこ)」では、全詩暗誦への工夫を考えていられる。全詩暗誦といっても、八十五行もある詩である。一見無茶な課題のようでもあるが、野地潤家博士は、ちゃんと暗誦の工夫を考えていられる。その工夫は、自らが全詩暗誦を試みることにより、気づかれた実践から生まれた工夫である。要所要所を解説しながら、長い詩でも、おぼえられるということを身をもって知らせていられる。ご自分が覚えるのに苦労したところをあげ、注意を喚起させるとともに、その箇所の覚え方の工夫を教えていられる。これは、ご自分が実践したからこそ、指導できることであろう。このような何よりも自分の実践をたいせつに取り扱い、中心にすえることも「国語教育個体史研究」の方法の一つである。長くても、物語性があり、場面の変化がはっきりしている暗誦に向く詩を選んでいられることも、注目に値する。ここで、野地潤家博士は、暗誦することの意義について話していられる。長い詩を暗唱することにより、他のものの暗誦が苦にならなくなること、暗誦すると、自分の体の中、心の中に言葉がとけ込んで次々に出てくること。それは、暗誦することの喜びであることを語っていられる。いい詩は暗誦に値することを述べられ、暗誦の喜びを、今からぜひ、みなさんに体験してほしいと思うと話していられた。ある女学生が厳しく苦しい生活の中で、兄からおくられた六十四編の詩のアンソロジーを、苦しいので何度も何度も繰りかえし読んでいるうちに、いつの間にかすべて覚えられて、詩を暗誦することが、その人の生きることの支えになっていたという話をされた。暗誦するためには、一つの詩を自分のものになるくらい、繰り返し読まなくてはならない。このような一つのことに深くとりくみ、暗誦とまではいかなくても、暗誦に近いくらい自分のものにする研究の方法が、「国語教育個体史研究」の方法である。こう考えると、この授業は、「国語教育個体史研究」に深く根ざしているということができる。

続いての「秋の草々(小野十三郎)」の詩も、長い詩であるが、先生がクラスの様子をくわしく詩に書いていることに、野地潤家博士は、感動され、暗誦していられる。暗誦の例として『万葉集』全二十巻四千五百十六首の和歌を暗誦されている大学の先生をあげ、気にいった詩をできるだけ繰り返し読んで覚えて、心の宝石をふやしていくよう論されている。その後、「詩集コスモスⅡ、Ⅳ」へと読みを進め、発展読みへのすすめは、今日習ったコスモスの詩が、折りにふれ、思い出され、コスモスを扱った作品を手に取ることがあれば、それを見逃さずに立ち止まって見るようにしていただきたいと、将来の文学につながるいざないをされた。野地潤家博士は、あざやかな授業の進め方をされた。野地潤家博士は、この児童たちに、百十六編の詩を贈られたことになる。これは何よりの心に残る贈り物となったことであろう。この「作品を読む」の授業は、野地潤家博士の心にしみいるような朗読とともに忘れられないものとなるであろう。

この特別授業から、野地潤家博士の特徴として次のようなことが、考えられる。

まず、資料作りについてであるが、五種類計五十五編の手作りの詩集と、『父・丹羽文雄　介護の日々』『生いたちの記――父からわが子へ』「文学作品に現れるコスモス」(のじじゅんや作成)を用意されている。この資料準備は、日頃からの読書量や、研究分野の広範なことを物語る。研究とは積み重ねの成果であるということを実証されている。

次に、準備についてであるが、周到な用意をされている。授業の間際まで、授業の工夫を考えていられることがわかる。

これは、芦田恵之助氏の教壇行脚に通じるものがある。誠実に真摯な態度で力いっぱいつくそうとしていられる心意気が伝わってくる。

第三に、教育話法についてであるが、静かにやさしく、落ち着いたはやさで、話される。藤原与一氏の「考へてものを言ふ、静かにものを言ふ」の教えにしたがって、一九四三(昭和一八)年から続けてこられた、話し方の修行が、野地博士をこの当時の「話術」にまで、高められたのであろう。野地博士は、質問の仕方にも、引き出す言葉をつかわれる。これは、国語教育実践者にとっては、ぜひ身につけたいことであるが、臨機応変にその場で生きる適切なことばをえらんでつかうということは、至難の技である。ここでも、普段からの「ことば自覚」による、自分自身を国語教育することのたいせつさが教えられるところである。

最後に、野地潤家博士の真髄ともいうことができる、人間愛と国語愛にあふれた授業ということを、特徴としてあげたい。児童ひとりひとりの顔と名前を、ただ一度かぎりの一時間だけの授業のために覚えていかれる。このことは、ひとりひとりの人格を認めようとされた、芦田恵之助氏の心に通じるものがあると、わたくしは考える。

では、芦田氏の愛情とは、どのようなものであったのか。芦田恵之助氏は、岡田虎次郎氏の「岡田式静坐」によって、自己改革をされた。岡田虎次郎氏の影響は大きかったといえる。岡田虎次郎氏の考える「愛の教育」とは、どのようなものであったのであろうか。岡田虎次郎氏の述べたことばとして、次のようなものがある。

「教育の根本は愛である。太陽の光の様な愛である。」

芦田恵之助氏も、太陽のような愛で、児童を育ててこられたのではないだろうか。太陽の愛は、どんなものにも、公平に注ぐ、見返りを求めない愛である。わたくしは、野地潤家博士にも、芦田恵之助氏と同じ、太陽のような愛が、ひとにも、国語教育にもそそがれていると思う。

以上、みてきたように、野地潤家博士には、芦田恵之助氏の国語教育の精神がみごとに継承されている。

第二節　国語教育実習個体史

『国語教育実習個体史』は、野地潤家博士が、広島高等師範学校附属中学校における教育実習の記録を書かれたものである。教育実習の期間は、昭和十七年(一九四二)六月十八日(木)から七月四日(土)までの十五日間である。この書は、昭和三十二年(一九五七)五月執筆された一編をのぞいて、昭和四十三年(一九六八)秋から昭和四十六年(一九七二秋にかけて執筆された。

教育実習における指導教官の師範授業に使用された教材、教生として実地授業にとりあげた各種教材、教育実習に際して、附属中学校から配布された資料の類も、この書には、収載されている。

「国語科授業成立の過程と淵源」として、「平家の都落」を中心にすえられた、論文も収められている。この中には、教育実習の、①「平家の都落」の教材研究及び指導　②「平家の都落」の授業のあらましと批評とともに、広島高等師範学校での「国語教育者成長史」といえる、③林　実教授の「平家物語」講読と試問　④林　実教授への夏期休暇レポート「平家物語の文学的性格と其の文学精神」⑤林　実教授との出会い、⑥自主研究「戦記文学と我が国民性」序説、の他に、後輩の講義ノートを通じて藤原与一先生の授業に学んだ、⑦原文解釈における藤原与一先生の感化、遡って、「国語学習個体史」とよべる、⑧小学校での「平家物語」との出会い　⑨旧制中学校で学んだ戦記物教材、そして、高師二年生の夏のレポート(④)でも読み、「国語教育実践主体」としても読まれた、⑩高木市之助氏の「戦記物と国語教育」、さらには、「平家物語」に関係する文章、⑪川端康成氏の「平家物語」文章観にいたるまで、「平家物語」に関するものを集めて、野地潤家博士の、教育実習実地授業六「平家都落」にいたる「個体史」としての過程と淵源をまとめ得ていられる。

「個体史研究」の一環としてまとめられた『国語教育実習個体史』は、「国語教育個体史」の在り方をしめすものである。

野地潤家博士と芦田恵之助氏に、共通する第一の特徴は、すべてを記録するということである。芦田氏も自分の歩んできた道を、よくふりかえっていられる。そして、自分の経験をもとに、随意選題を発見された。

野地潤家博士が、教育実習の準備として学ばれた核となったのが、芦田恵之助氏の教えである。記録をだいじにする野地潤家博士が、国語教育個体史研究を思いつかれたのは、当然のことといえるかもしれないが、必然のことであるように、わたくしには考えられる。ひとつのことをふかくふかくほりさげて考える方法は、芦田恵之助氏が、随意選題ひとすじに綴り方の指導をされたことと酷似している。

野地潤家博士が、教育実習をもとに、『国語教育実習個体史』を書いていられるが、そのなかの実地授業六「平家の都落」についての記述は、四十三ページにおよぶ。ご自身の国語学習個体史にさかのぼられての記録まで書いていられる。ひとつの授業の成立に、どれだけの営みがその基底、背後にあるのか、そう考えると、国語科の授業が、授業者のすべてにかかっているといわざるをえない。国語教育実践者として、責任の重さが肩にのしかかってくる。非力と学の貧しさを思い知らされずにはいられない。国語教育のふかさにめまいすら感じるのである。

第三節　国語教育個体史　実践編

『国語教育個体史　実践編』では、野地潤家博士が、初めて新任教諭として、愛媛県松山城北高等女学校に赴任された、昭和二十一年(一九四六)九月から、昭和二十三年(一九四七)三月までの、二年生・三年生の二百四十八名を対象としておこなった、国語科教育の実践を中心として書かれたものである。愛媛県松山城北高等女学校併設中学校における在任期間を、年度によって二分し、それぞれの期間内の実践事実を、授業実践次序にしたがって記述されている。実践史記述の単位は、一つの主題を中心とする実践営為のまとまりとされている。

各記述単位の構成は、1　教材提示、2　教材研究の採録、3　学習者のノート・各種記録の採録、4　実践経過概要の記述、5　自己反省・自己批判、6　参考資料の提示、7　関連事項の補記など、の項目を立てて記述されている。

4　実践経過概要の記述は、詳細な実践記録とはなっていない。これは、実践記録が残されていないためで、「国語教育個体史」の記述として、いちばん中心となる「授業実践」の記録欠如は、実践史記述に最も重要である条件が欠けるということで、如何ともしがたい。残念なことである。しかし、現場の煩雑多忙な生活のなかで、生活日記を詳細に書いていられたことが、この『国語教育個体史　実践編Ⅰ～Ⅲ』の記述を可能にしたといえる。この『国語教育個体史　実践編Ⅰ～Ⅲ』は、国語教育実践を個体の歴史としてとらえ、具現態としての歴史的価値をみとめたうえで、書かれたものして、その独自性と革新的な考え方は、注目されるものである。

この『国語教育個体史　実践編Ⅰ～Ⅲ』は、昭和二十七年七月二十三日から昭和二十八年十一月二十六日まで、およそ一年五ヶ月をかけて書かれたものである。

1　赴任まで——野地潤家博士とわたくしの共通点——

野地潤家博士が、国語教育者として、赴任されたのは、昭和二十一年(一九四六)九月二日である。二十五歳の秋である。あと二月で二十六歳になられようというときである。国語教育者として、この出発は早いとはいえない。なにもなければ、大学卒業とともに、就職が決まったはずである。野地潤家博士の、大学の教育実習は、昭和十七年(一九四二)の六月十八日(木)から七月四日(土)にかけての二十一歳のときであるから、教育実習終了後、約四年二ヶ月ぶりに、教壇に立つことになる。わたくしが教育実習に行ったのが二十一歳の初夏、臨時の教員として教壇に立ったのが、二十六歳の秋であるから、約五年四ヶ月ぶりに教壇に立ったことになる。実に久しぶりに初めて試みる授業は、緊張したとともに、やっと念願かなって教師になったという思いのやる気十分のものであったと、自分の経験から推測できるのである。

その理由であるが、野地潤家博士は、戦争のために、總司令部から、復員者の就職・復職が禁止せられて、およそ一年間を、故郷ですごされた。教職員適格審査委員会の適格審査に合格することが必要であった。わたくしは、徳島県の公立中学校採用試験の定欠(一年間の臨時教員)合格通知が、事務の出し忘れで、わたくしに届かなかったのである。株式会社ナリス化粧品に就職するための荷物を送った夜、徳島県教育委員会から、わたくしだけ「行くという返事が来ない。どうしたのか。」と、どなりつけるような電話があり、わたくしは自分の合格していたことを知ったのである。わたくしは、株式会社ナリス化粧品に就職することをえらんだ。

野地潤家博士の初めての赴任先は、松山城北高女であった。わたくしの最初の勤務地も松山であった。松山市駅から五分のところに、当時、株式会社ナリス化粧品松山出張所はあったのである。松山城の南に松山ナリスはあり、四階の寮の廊下から、真北に松山城が見えた。朝夕に松山城を見ながら、登ることはないほど忙しい日々であった。

九月二日、職員室に於いて、諸先生方に紹介されたとき、野地博士は、「よろしくおねがひ致します。」と一言言われただけである。ご自分でも、「相変わらずぶつきらぼうである。」と書いていられるが、今の野地博士からは、信じられないが、つめえりで、坊主頭の学生のような野地博士が直立不動の姿勢から、深々とお辞儀をしていられる様子が、想像できる。わたくしは口べたで、おせじなど全く言えない方で、思ったことしか言えないので、二十五歳の野地博士には、共通点を思ってしまう。

九月三日、一日松山城の天守閣を見守りながら、野地博士は、何を考えていられたのであろうか。真南に松山城を見ていられたのである。わたくしもいろいろな思いで、松山城を見つめた。不思議と松山城を見ることで、心は落ち着いていたようである。一年もこの日を待ったのである。一日くらい待つ事はなんでもないと、野地博士は、ゆったりと構えていられたのであろうか。何もすることのない一人の日曜日、寮の廊下から時を忘れて松山城をながめたことを思い出す。職員室の椅子にもたれ、腕組みをして松山城を見つめていられる野地博士の姿が目に浮かぶ。

この日、仲田先生のお宅で、心をこめたお祝いをして下さる。野地博士は、「涙ぐましいものになつた。」と書いていられる。このすぐに涙ぐむところが、似ている。野地博士は、純粋な青年の心のまま、成長していられたのではないだろうか。

野地潤家博士は、「当時、愛媛師範に勤められる仲田先生のお世話で、国語教育に造詣の深い大野校長のもとに、城北高女に赴任するのは、言いがたい喜びであり、それだけ、わたくしは緊張した。」と、校長について考えをのべていられる。校長の統轄力は大きい。この人のもとでなら、努力できる、頑張れると思える校長のもとで、働きたい。国語教育に造詣の深い校長なら、理想的である。

2　新任の辞――同じ思い――

野地潤家博士の「新任の辞」には、「年久しく憧憬(あこがれ)を持つて参つた教育のことに、今新しく就かんとするにあたつて、わが胸に溢れて来るよろこびを禁ずることが出来ません。」「何にもたとへがたいしあはせでございます。」「希望に溢れて赴任してまいりました。」と言われる。初めて教職に就く者は、皆このようなよろこびに溢れた思いで、臨むことであろう。会社を退職して、教師への道を歩み始めたわたくしに、臨時教員の話があった。教師になろうとの決意が湧いてきたときのことである。わたくしも、しあわせな気持ちで、よろこびに満ちて、最初の赴任地、吉野中学校へ行ったものである。月曜日からの勤務だったので、土曜日の朝のフェリーで、京都へナリス化粧品の写真部のメンバーと最後の撮影旅行に行く予定であった。ところが、学校へ着ていくスーツを用意するため、フェリーを一便遅らせていたのである。母とフェリーを待っている所へ、父が、今すぐ吉野中学校へ挨拶に来るようにと電話があったと、追いかけてきた。京都への撮影旅行に行けなかったことは、残念であったが、吉野中学校へ行くことは楽しみで、喜んで行ったことを覚えている。野地博士の、赴任時の気持ちはよくわかる。わたくしも同じ思いだった。

四月四日の、野地博士の日記には、「昨夜来雨になつた。山櫻や巴旦杏の花のことが心にかゝってならなかつた。」と、雨による花の被害を心配していられる。ここを読むたび、愛媛のご実家をお訪ねしたい気持ちにかられる。わたくしの母の里、祖母の里も山にある。わたくしの家の墓所も山に残っている。山には山の良さがある。子どものころ、山道をあるいてお墓参りに行った和やかな風景が、脳裏に浮かぶ。

松山で仕事をしていたころ、わたくしのなかでは、花地図ができていた。染井吉野のみごとな庭を右にまがって、すみれの花の群生している空き地を過ぎたところなどと道を教えて、それではわからないと言われたことも、今では懐しい思い出である。

「雨はあがりさうである。でも、何処か暗い。雛祭と言ふのに、何かうらぶれた感じである。」旧暦、桃の花の時期にひなまつりを祝うのも、わたくしの小さいころと同じ風習である。愛媛と徳島同じ四国である。もしかしたら、巴旦杏の花の心配をしていられるのは、桃の花のかわりに、巴旦杏の花を使われたのであろうか。田舎では、花桃はそう植えていなかったようである。桃の花は、出荷などの関係で、そうひなまつりのためには切らせてもらえなかったと思う。そう考えると、子どものためにおやつとして植えられていた巴旦杏の花は、気軽に手折ることのできる身近な花ではなかったろうか。しかし、二十五歳の兄が、十七歳の妹のひなまつりを思って、雨にぬれる巴旦杏の花の心配をするであろうか。兄弟のないわたくしには、わからない。だが、虎杖の花に心よせられる、野地潤家博士なら、心配しても許される。

同じ気持ちで、女の子のお節句が晴れてほしいと願うのは、やはり兄のこころであられるのだろうか。外に遊びに行かなくていい雨の日が、子ども心に好きであったわたくしも、ひなまつりだけは、晴れてほしかった。なぜなら、わたくしの誕生日でもあったからである。

野地潤家博士は、いつかわからない教師になる日を夢みて、

「夜も、『細道』の朗読のことを研究する。むつかしい。よみにくい。〈下略〉

この草稿は、ふるさとの山の中の生家にあって、一人座敷に留守番をしながら、幾度か繰りかえして、練習するために用いられた。」というように、自宅で一年近く、国語教師になるために、懸命な努力をなさっていられた。

野地潤家博士のお姿は、そのまじめさが、わたくしの父を思わせる。明日のための授業研究に追われているわたくしとは、ずいぶん違う。

3　言葉の扉——このように生きたい——

野地潤家博士は、最初の赴任地、「城北高女では、専攻科三時間と、二年生四組〈松・竹・梅・櫻〉とを持つことになった。」と書いていられる。わたくしは、吉野中学校で、二年一二三四組を持つことになった。二年生の四組は同じである。

わたくしは、初めての臨時教員でありながら、二年三組の担任をすることになり、やる気に燃えていた。家庭訪問をして、保護者に挨拶をしておくべきだ、大切なお子さんをあずかるのに、と思った。やる気満々だった。

昭和二十一年九月六日(金)野地潤家博士による、松山城北高女二年生の最初の時間は、「言葉の扉」というテーマで、国語教育への招待が行われた。

「あなたがたは、いかにして、ことばの扉をひらこうとせられるのであろうか。扉を開こうと求める人のみ、こと

ばの扉をひらきうるのである。

思うに、ことばの扉を開くには、まずことばへの思いやりが、何よりだいじである。ことばへの愛情が、何よりたいせつである。考えながら、しずかにはっきりとものをいうことが緊要である。」

今、わたくしのなかで、「扉を開こうと求める人のみ、ことばの扉をひらきうるのである。」のことばが重い。わたくしは、「ことばの扉」を開こうとしていたであろうか。いつのまにか、「ことばの扉」の外へ出てしまってはいなかっただろうか。今のわたくしに「ことばの扉」のなかへはいる資格があるだろうか。

十一歳で詩を書きはじめたとき、わたくしが願っていたのは、詩のような生活をおくることであった。わたくしは、詩と文学のなかにいた。なんの苦労もなく、純粋に生きていた。

「清冽な散文詩のごとき小説を書く」中勘助氏に「銀の匙」という小説がある。この小説のなかのような生活のなかにいた。詩のように生きたいと願っていたころ、美しいものだけに囲まれていた。文学はそのままわたくしの生活の中にあった。本と花とねこがいつもわたくしをとりまいていた。

『銀の匙』のなかのお母さまのことば、

『『大事にとっておほきなさい。』』――なんという落ち着いた美しいことばであろう。ものしずかで、とてもよいことばである。このひとことだけで、お母さまのよさは、じゅうぶん想像することができるのである。」

こんなことばをつかいたい。ひとことだけでその人がどんな人かわかる。わたくしは、生徒に話していたはずである。

「ことばというものは、どこまでもついてくる。美しく正しいことばを身につけることは、なによりも美しい宝石をいつも身につけているのと同じ。しかも、だれにでも努力すれば、身につけられるもの。話すたびに口から宝石のこぼれる『真珠ひめ』になりましょう。」

わたくしは、正しい美しいことばを、いつも話したいと思っていたはずである。想像力と話しことばは、わたくしの武器であったはずだ。いつのまに詩を読まなくなって、ことばを気づかわなくなったのであろうか。「ひとつまの肩につもるかなしみのようなもの」が、わたくしの肩にも知らぬ間につもっていたのであろうか。言語生活を振り返るとき、反省をしながらも、こころからの反省ができない厳しい現実があった。心のゆとりを失っていた。詩をくちずさんでいたわたくしは、どこへ行っていたのであろう。詩をくちずさむことさえ忘れていたわたくしであったことに、今、気づくのである。

野地潤家博士の「話しことば」を、初めて拝聴させていただいたとき、わたくしのなかで非常に懐しい気持ちがかえってきたおもいがした。目がさめた思いであった。あたたかいおもいやりにあふれた、しかも、国語教育への情熱がはげしくもえるように伝わってくる。大勢の方々にお話ししていられるのにもかかわらず、わたくしひとりのために、お話しいただいているような錯覚をおぼえるほど、こころにとどくのである。それは、大和ことばの伝統の美しさというのであろうか。とてもわかりやすいことばで、胸を打つおことばであった。

「ことばは手短かに、しかも深さがあって、しずかにかわしたいものである。」

と言っていられるように、無駄がなく、短いなかに、笑いあり涙がある。一瞬にして惹きつけられるような魅力のあるえもいわれぬ美しさ、心地よさのある「話しことば」であった。

「このようなことばは、やはり一朝一夕に謂い得るものではなくて、長い修練を要することもとよりである。いつも、あらゆることに心をはたらかせ、おもいやりをゆき通わして、深く美しいことばをゆたかに身につけるようにすべきである。」

という思いのもと、修練してこられたことがわかるような、「話しことば」であられた。

「しずかに、はっきりと、落ち着いて発する。それがたいせつである。念々、ことば自覚に立つことがたいせつである。」

発声練習をしていないと、「しずかに、はっきり」と話すことは難しい。

ことばというのは、一度きりのもので、同じことばを同じ人がつかっても、同じ場面で同じ相手に同じように伝わることはない。それゆえに、やり直しができないだけに「話しことば」というのは、つかみにくい。また、準備してつかえるものでもない。いつ、だれに対して何を話すか、すべて本番かぎりの打ち合わせなしのことが多いのが普通である。準備して用意していても、相手のあることなので、自分の思うような話の展開になるとはかぎらない。こんな「話しことば」であるから、より一層周到な訓練が必要となる。

野地潤家博士が、昭和十八年、東宇和郡石城村郷内で、亡くなった学友の墓参をされた時のことである。「その時、おばあさまがわたくしをもてなしてくださって、わたくしの『御馳走さまでした。』ということばに、『おしずかに』と挨拶をなされたのである。『おしずかに』――わたくしには、実に思いがけないことばであった。しかも、美しい深さのあることばである。もう頭のまっしろになったおばあさまが、いともねんごろに、落着いたことばでおっしゃったのである。わたくしは、純粋で美しい日本語を耳にしたうれしさに心をあたためずにはおられなかった。こういう清らかに美しいことばを聴いた時のうれしさは、今に忘れることができない。」

この体験を話された後、挨拶のことばも、数えきれぬほど、繰りかえすことばに、深まりがなくてはならないと話していられる。ことばの深まりは、心の深まりとなっていくこと、だからこそ、ことばをいい加減にしないで、なげやりにしないで、いつもきちんと心をこめて発することを、なによりたいせつな心得と話された。念々、ことば自覚に立つことのたいせつさを説いていられる。これは、忘れずに心にとどめておきたいことばである。

4　「春夫の詩」

松山城北高女での実践「春夫の詩」は、「わがねがふところを月輪も知らぬ」この一行の詩をとりあげている。季節にふさわしい詩歌作品を、時にふれ機に応じて提示することを、野地潤家博士は、努めてこられたのである。どのようなお声でどのようなお話をなされたのであろうか。「コスモス」の授業を、詩をつくりはじめたころに、うけたかったものである。春夫の詩は、わたくしの経験からしても、中学生には一番ぴったりくるものがある。

きよく
かがやかに
たかく
ただひとりに
なんぢ
星の　ごとく

ただひとつの漢字、星がよくきいている。
野地潤家博士は、次のように解釈していられる。

「日本語一杯に歌ってある。形容詞も副詞もありふれていて、しかもぴったりとよくきいている。この『なんぢ』は、相手の汝でも第三者の汝でもなく、自らによびかけた『汝』であると解釈する。『孤独』のいたましさよりも、孤独であろうとするつめたねがいが出ている。愛読書や日記の扉に刻みつけておきたいほどの作品である。」

佐藤春夫は、わたくしの中学時代いちばんよりそっていた詩人である。その春夫をとりあげていられるのが、わたくしには、たまらなくきよいことに思われる。そして、えらばれた詩も、女学生には、ふさわしいと思われる。そして、最後に紹介されたのは、春夫の次の詩である。

われらみな人にして
人の世のなど生きがたき
みづから死にし　わが友の
みたりはあれど
いかにしてか生きんとぞわが思ふ
死ぬすべはみたり教へぬ
とこしへに睡りぐすりをのみし友
朝明けの五月の海に入りし友
花咲ける椿がもとにくびれたる友もあれども
生きんすべ教へたる友しなければ
世に生きんすべなき道ぞ
おのがじし知るべかりける
いかにしてか　いかにしてか
われら世に生きてまし
生きがたき人の世を

生きやすきものにせん力は既にあらずとも
老らくのよしあらずとも
生きがたき人の世のさまを
あるかぎりわれ見てん
生きがたく生きんとぞわが思ふ
あるかぎりわれ見てん
生きがたく生きんとぞわが思ふ
わが夜夜のいね難くとも
あけぼのに鳥啼くかぎり
わが敵の呪はんかぎり
抱く乳児の笑まふかぎりは
わが生きて世にあらまはし　（「生きんとぞわが思ふ」）

野地潤家博士は、「孤独に立ちつつ、人生別離のみのおもいに住しつつ、切実に生きてゆこうとする情熱を出している。人生は、自らひらくよりほかはない。形なき人生に形を与えてゆくのは、自らではなくてはならぬ。藤村も『自分のやうな者もどうかして生きてゆきたい。』と言う。その気持は一つである。」と解説していられる。

感受性が強すぎる中学時代に、このような詩を、生きることの糧として与えられた者は幸せである。中学時代に死を考えるような悲しい子どもをつくらないように、というのが、わたくしが中学校の教員をめざした理由である。わたくしも中学時代、春夫や藤村、八十の詩にささえられた。

野地潤家博士は、詩を「詩ははかないものである。しかし、それは、はかなくもまた力強いものなのである。人生をはげましてゆくのは詩である。その詩を大切にしたい。」と、とらえていられる。詩にはげまされ、詩をささえとして生きていながら、わたくしはそのことに気づけていなかった。詩を常に口ずさまずには生きていかれない中学時代のわたくしがあった。それほど詩はわたくしの生活とともにあったのである。そのことを、わたくしは生きることに必死で忘れてしまっていたのである。詩のない生活はみじめなものであった。心貧しいものであった。夢の中に生きている、現実性がない、先生は普通の先生らしくないと言われながら、詩とともに生きていた頃のわたくしは、真の国語の教師としての資格を持っていたように思う。今は、先生らしくなっていたかもしれないが、それは、生きていくすべとして、ごまかしと小手先の少しの技術を身につけたにすぎず、毎日をどうにかこうにか過ごしていたにすぎないと、今はわかる。国語の教師として地に落ちていたと反省している。

国語教育とは、深く広いものである。わたくしはまだ、入口に立っているにすぎない。しかし、これからは、自分を内省しつつ、詩や文学の世界の中に生きて、その中に生徒たちを導けるような授業をしたいと思う。「個体史」学を成立させた野地潤家博士の国語教育学に学び、国語教育個体史研究にはげみたいと願う。

結　章　研究のまとめと今後の課題

第一節　研究のまとめ

第一部では、国語教育個体史研究とは何か、ということから、国語教育個体史の定義について考察をおこなった。国語教育個体史とは、国語教育実践主体としての個体の歴史のことである。

国語教育個体史の記述は、実践を主体的なものにし、継続的な国語教育研究への意欲を生み、つねに積極的な活動を営むことに役立つ。それは、国語教育の現場の実質的前進となる。これが、わたくしの考える国語教育個体史記述の意義である。

続いて、国語教育個体史論の先行研究として、先行実践としての自分史をとりあげた。『野地潤家著作選集別巻②野地潤家国語教育論を読む』(中西一弘編集)をとりあげることによって、個体史研究がどのようなものであるかをつかみ得た。そのなかの大槻和夫氏の論を個体史研究のとらえ方の基本的な枠組みとして採用し、考察をすすめた。第二部では、野地潤家博士の国語教育個体史の思想の萌芽が、芦田恵之助氏の随意選題にあったのではないか、という仮説のもとに、学生時代から長く学ばれた芦田恵之助氏の綴り方教授論を考察した。

「個体史」思想の発生は、芦田恵之助氏の実践研究のなかに明らかにみとめることができる。芦田恵之助氏は、自分の学習のあとをふりかえることによって、あるべき学習指導を探求する手段とし(こうして随意選題の主張がおこなわれた）、また教師になってからの歩みを常にふりかえりつつ指導者としての成長を自己確認しながら進まれた。芦田恵之助氏の随意選題の発想は、芦田氏自身の綴り方学習個体史から生まれ、実践個体史のなかで確信を得て、成長をとげたものである。児童が、芦田氏の描くのぞましい姿にのびのびと育っていく様子は、作文指導の理想としてわたくしの目に映った。

大村はま氏は、昭和九年頃から「国語筆記帖」の実践によって学習指導の拠点を築き、記録することを、学習者を育てる重要な方法として獲得された。この「国語筆記帖」は、戦後の学習記録による指導に直接つながっていくものである。これらの筆記帖、学習記録ともに、学習者自身にとっては自らの学びのあと、即ち、「国語学習個体史」を具体化する手段となるものである。この実践の上に展開された大村はま氏の言語生活指導・学習記録については、今後さらに研究を深めていかなければならない。

大村はま氏の学習記録は、芦田恵之助氏の個体史的方法の基礎を、さらに広く深くすえる働きをもつものである。芦田恵之助氏が、作文——綴り方の指導でなしとげたことを、大村はま氏は、学習記録の指導によってなしとげたといえる。

「個体史」学を成立させた、野地潤家博士は、国語教育学を『国語教育実習個体史』と『国語教育個体史実践編』を基礎として展開された。本稿では、その出発点となった二つの個体史を考察した。「国語教育個体史」が授業にいきた例として、特別授業「作品を読む」をとりあげ考察した。

「国語教育個体史研究」について野地潤家博士の理論および実践を考察し、芦田恵之助氏、大村はま氏の実践とあわせて、「国語教育個体史」の考え方の発生・発展・展開をとらえ、その意義をあきらかにするという研究の目的は、

①野地博士の個体史の創見の源には、野地博士自身の卓越した資質の他に、学生時代に学ばれた芦田恵之助氏か

らの大きな影響がみられる。
②個体史的研究法には、国語教育実践の基本問題をとらえ、その問題の解決をはかって答えを手に入れるだけの働きがある。
ということをあきらかにすることができた。

野地潤家博士の『国語教育個体史主体篇その1～その3』は、A5判の謄写印刷で自費出版されたものである。松山城北高等女学校における一年七か月の実践の詳密な記録がなされている。これによって、国語科教師のありかたとして、
①授業準備にどうとりくむか。
②生徒をいかにとらえるか。
の二点において、一つの極北ともいうべき姿がとらえられる。

この論文では、細部の具体的な考察にふみこむことはできなかったが、その入口に立つための基礎固めをおこなうことはできた。

「国語教育個体史研究」を自分のものにし、わたくし自身も国語教育個体史的研究法を身につけていくために、国語教育個体史とは何か、それはどういう意義をもつかを考察した。そのことにより、あらためて、国語教育個体史の緊要さがよくわかった。

国語教育個体史は、毎日の国語教育実践営為の向上をはかるために役立ち、「読み、書き、話し、聞く」ことの指導の向上のために、かけがえのない足場(拠点)をすえてくれるものであることが、あきらかになった。

第二節　今後の課題

今後の課題としては、

実践面では、

①国語教育研究の方法として、国語教育個体史を書くことを国語教育実践営為の拠点とする。

②詩、短歌・俳句などの創作をする。

③文章を書く訓練をする。

④ことば自覚を持つ。――特に話しことば――

⑤大村はま氏の実践に学ぶ。――学習記録を中心に――

研究面では、

①野地潤家博士の「国語教育個体史」の実践から学ぶ。――『国語教育実習個体史』を中心に――

②明治期以来の「国語教育個体史」の勉強をさらに進める。

③芦田恵之助氏の随意選題を中心とした国語教育精神史の追究をする。

④垣内松三氏の『国語の力』を解明し、実践に生かす。

⑤垣内松三、西尾実、芦田恵之助、五十嵐力、古田拡、その他の関係を知り、国語教育の歴史を学ぶ。

⑥野地潤家博士の研究に続く道を歩む。

以上が考えられる。山のようにするべきことがある。研究対象をさがし得たよろこびは大きい。

あとがき

国語教育者に憧れ、国語教育にかける「おもい」に流されるように書き上げた修士論文です。あこがれのなかに身をおいて、よろこびのうちに、本にしあげることができました。

このような形にできましたことは、野地潤家先生のお力添えとお励ましによります。本として世間に出すということは、考えてもみないことでした。野地潤家先生のお勧めに、わが身を省みずに出版を決意しました。ところが、手離し難く、いとおしく、三年もの間、あたためていたのでした。

村井万里子先生のお導きにより、この修士論文を書き上げましたが、後半は独走してしまい、自己満足で終わったように思います。これから、国語教育個体史を研究し、実践にいかして生活することで、たしかな国語教育者としての足跡を残していきたいと思います。自分の国語教育に自信をもち、工夫しながら記録を残し、次の実践にいかせることは、生きるよろこびです。国語教育個体史という拠点を見つけて迷いがなくなりました。

大学院へ送りだしてくださった、小野寺武久校長先生はじめ板野中学校の諸先生方、板野町教育委員会、徳島県教育委員会の諸先生方にも、この場を借りて御礼を申し上げます。また、大学院で出会うことのできた方々の励ましとご協力を忘れることはできません。ありがとうございました。出会うことのできたすべての方々、ともに歩いた生徒達に感謝します。支えてくれた家族にもお礼申します。

なお、本書の刊行にあたりましては、渓水社の木村逸司社長様に、格別のご配慮をいただきました。心から御礼を申し上げます。

平成十七年六月七日

小西寿津実

引用・参考文献

『野地潤家著作選集　第一巻』　野地潤家　明治図書出版　一九九八年三月
『野地潤家著作選集　第二巻』　野地潤家　明治図書出版　一九九八年三月
『野地潤家著作選集　第三巻』　野地潤家　明治図書出版　一九九八年三月
『野地潤家著作選集　第四巻』　野地潤家　明治図書出版　一九九八年三月
『野地潤家著作選集　第五巻』　野地潤家　明治図書出版　一九九八年三月
『野地潤家著作選集　第六巻』　野地潤家　明治図書出版　一九九八年三月
『野地潤家著作選集　第七巻』　野地潤家　明治図書出版　一九九八年三月
『野地潤家著作選集　第八巻』　野地潤家　明治図書出版　一九九八年三月
『野地潤家著作選集　第九巻』　野地潤家　明治図書出版　一九九八年三月
『野地潤家著作選集　第十巻』　野地潤家　明治図書出版　一九九八年三月
『野地潤家著作選集　第十一巻』　野地潤家　明治図書出版　一九九八年三月
『野地潤家著作選集　別巻①』　野地潤家　明治図書出版　一九九八年三月
『野地潤家著作選集　別巻②』　野地潤家　明治図書出版　一九九八年三月
『国語教育の根源と課題』　野地潤家　渓水社　昭和五九年三月二十日
『国語教育通史』　野地潤家　共文社　平成五年二月二十日
『国語教育学史』　野地潤家　共文社　平成五年二月二十日
『国語教育原論』　野地潤家　共文社　昭和六十年十一月二十五日

『国語教育実習個体史』　野地潤家　渓水社　昭和五十六年九月二十日
『国語教育の創造』　野地潤家　国土社　一九八二年七月三十日
『生いたちの記　父よりわが子へ』野地潤家　渓水社　平成八年十月二十日
「昭和五十七年度　大村はま国語教室の会　発表大会　研究発表Ⅲ　国語学習事例の考察——諏訪高女　小坂安都子さんの場合——」　野地潤家
『芦田恵之助国語教育全集　第五巻　綴り方実践編　その四』芦田恵之助　編者　古田拡　石井庄司　青山広志　井上敏夫　野地潤家　明治図書出版　一九八八年刊
『芦田恵之助国語教育全集　第六巻　綴り方実践編　その五』芦田恵之助　編者　古田拡　石井庄司　青山広志　井上敏夫　野地潤家　明治図書出版　一九八八年刊
『国語教育基本論文集成第八巻　国語科表現教育論Ⅰ　作文教育論（1）』監修飛田多喜雄・野地潤家　一九九四年　明治図書
『国語教育基本論文集成第九巻　国語科表現教育論Ⅱ　作文教育論（2）』監修飛田多喜雄・野地潤家　一九九四年　明治図書
『国語教育史資料　第一巻　理論・思潮・実践史編』責任編集野地潤家　東京法令　昭和五十六年四月一日
『国語教育史資料　第六巻　年表』責任編集野地潤家　東京法令　昭和五十九年五月一日
『野地潤家先生に学びて』大槻和夫編　渓水社　昭和五十九年八月一日
『京都哲学撰書第五巻　九鬼周造「偶然性の問題・文芸論」』坂部恵編　燈影舎　二〇〇〇年四月二十五日
『詩の朗読』遠藤慎吾　芸術学院出版部　昭和十八年四月一日
『話の技術』内藤濯　芸術学院出版部　昭和十七年二月十五日

「文学」「日本語教育のために」岩波書店　昭和十五年四月号
『昭和国語教育個体史』輿水実　渓水社　平成二年十月一日
『臨床教育学入門』河合隼雄　岩波書店　一九九五年九月十六日
『実践記録の分析方法』大西忠治　明治図書出版　一九八四年八月
『教育実践記録選集』2　宮原誠一・国分一太郎監修　新評論　一九八一年十月三十一日
『ポートフォリオ学習と評価』小田勝己　学事出版　二〇〇〇年十二月二十日
『傑作選　こころの自分史』足立倫行　新潮社　一九九五年八月二十五日
『自分史――その理念と試み』色川大吉　講談社　一九九二年十月九日
『山のあなたの空遠く――わが生の軌跡――』村上久美子　渓水社　平成十二年二月一日
『ある昭和史――自分史の試み』色川大吉　中央公論社　昭和五十年八月十日
『大村はま国語教室　第一巻』大村はま　筑摩書房　一九八八年二月十日
『大村はま国語教室　第二巻』大村はま　筑摩書房　一九八八年二月十日
『大村はま国語教室　第三巻』大村はま　筑摩書房　一九八八年二月十日
『大村はま国語教室　第四巻』大村はま　筑摩書房　一九八八年二月十日
『大村はま国語教室　第五巻』大村はま　筑摩書房　一九八八年二月十日
『大村はま国語教室　第六巻』大村はま　筑摩書房　一九八八年二月十日
『大村はま国語教室　第七巻』大村はま　筑摩書房　一九八八年二月十日
『大村はま国語教室　第八巻』大村はま　筑摩書房　一九八八年二月十日
『大村はま国語教室　第九巻』大村はま　筑摩書房　一九八八年二月十日

『大村はま国語教室　第一〇巻』大村はま　筑摩書房　一九八八年二月十日
『大村はま国語教室　第十一巻』大村はま　筑摩書房　一九八八年二月十日
『大村はま国語教室　第十二巻』大村はま　筑摩書房　一九八八年二月十日
『大村はま国語教室　第十三巻』大村はま　筑摩書房　一九八八年二月十日
『大村はま国語教室　第十四巻』大村はま　筑摩書房　一九八八年二月十日
『大村はま国語教室　第十五巻』大村はま　筑摩書房　一九八八年二月十日
『大村はま国語教室　別巻』　大村はま　筑摩書房　一九八八年二月十日
『大村はま国語教室　資料篇　第一巻』大村はま　筑摩書房　一九八八年二月十日
『大村はま国語教室　資料篇　第二巻』大村はま　筑摩書房　一九八八年二月十日
『大村はま国語教室　資料篇　第三巻』大村はま　筑摩書房　一九八八年二月十日
『大村はま国語教室　資料篇　第四巻』大村はま　筑摩書房　一九八八年二月十日
『大村はま国語教室　資料篇　第五巻』大村はま　筑摩書房　一九八八年二月十日
『大村はま先生教職五十年の歩み』大村はま先生教職五十年記念行事実行委員会　昭和五十二年十一月一日
『大村はまの国語教室　ことばを豊かに』大村はま　小学館　一九八七年三月一日
『大村はまの国語教室　さまざまのくふう』大村はま　小学館　一九九〇年三月十日
『大村はまの国語教室学ぶということ』大村はま　小学館　一九九〇年三月十日
『新編　教室をいきいきと１』大村はま　筑摩書房　一九九七年六月十五日
『新編　教室をいきいきと２』大村はま　筑摩書房　一九九四年七月七日
「国語筆記帖に就いて」大村はま　雑誌「同志同行」第七巻第二号、昭和十三年五月一日、同志同行社

「国文鑒」教授指導書二学年用　垣内松三　昭和八年十二月三〇日　第二版　文学社
「國文選」第二版　垣内松三　明治書院　昭和八年十二月九日
『「源氏物語」教材化の調査研究』一色恵里　渓水社　平成十三年三月一日
「N個体史記述の問題点」野宗睦夫　二七会・6月例会・研究発表資料　二〇〇一年六月二十四日
『銀の匙』中勘助　岩波書店　一九八九年五月十六日
『中勘助詩集』谷川俊太郎編　岩波書店　一九九一年十一月十八日
『武蔵野』国木田独歩　岩波書店　一九八九年二月五日
『九鬼周造随筆集』菅野昭正遍　岩波書店　一九九一年九月十七日
『きけ　わだつみのこえ』日本戦没学生記念会　岩波書店　一九九五年六月二十二日
『第二集きけ　わだつみのこえ』日本戦没学生記念会　岩波書店　一九八八年十一月十六日
『日本詩人全集17　佐藤春夫』新潮社　昭和四十二年十月十日

参考資料1　個体史の定義

◎国語教育個体史　国語教育者（実践主体）が、国語教育者への成長過程、国語教育者としての実践営為の展開、国語教育者としての生活を、主体的に組織的有機的に記述したもの

○国語教育実践史　国語教育者（実践主体）の国語教育実践営為の事実を記述するもの

○国語教育生活史　国語教育者（実践主体）の生活そのものを記述するもの

○国語教育者成長史　国語教育者（実践主体）への成長過程を記述するもの

◎国語学習個体史　国語学習活動の軌跡を記述したもの

参考資料2　構造図1

- 国語教育個体史
  - 国語教育実践史（　教師　）
  - 国語教育生活史（　教師　）
  - 国語教育者成長史（　学生　）
- 国語学習個体史
  - （　児童・生徒　）

参考資料3　構造図2　国語教育個体史

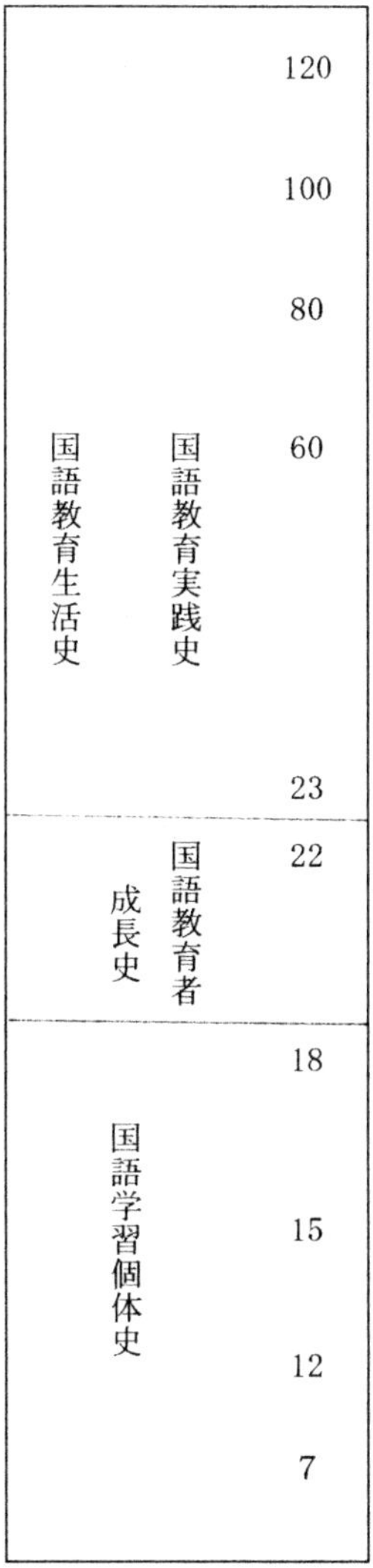

参考資料4　構造図3　国語教育個体史

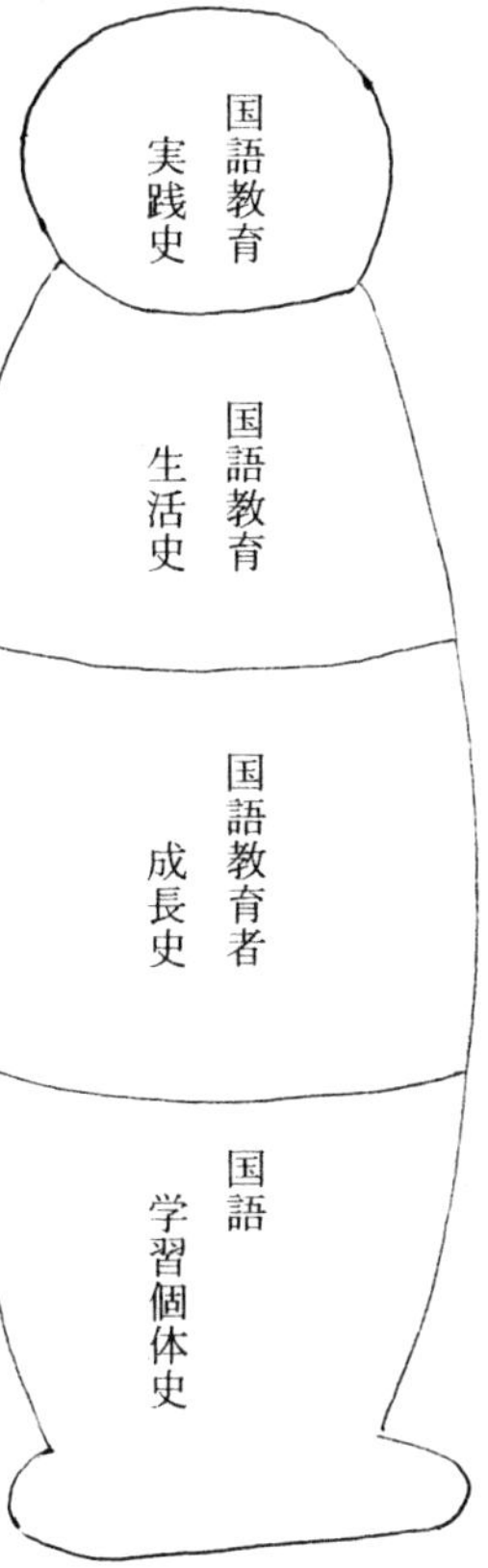

〈著者紹介〉

小西　寿津実（こにし　すづみ）

昭和35年（1960）　徳島県板野郡土成町に生まれる。

昭和57年（1982）　3月、四国女子大学文学部（国語国文学科国文学国語学コース）卒業。

4月、株式会社ナリス化粧品入社。

昭和61年（1986）　8月、株式会社ナリス化粧品退社。

10月、吉野町立吉野中学校で助教諭として勤務。板野町立板野中学校助教諭、吉野町立吉野中学校学習会専任指導員、藍住町立藍住中学校助教諭を経る。

平成元年（1989）　藍住町立藍住中学校教諭として赴任。以降、上板町立上板中学校、板野町立板野中学校に勤務。

平成12～13年（2000～2001）　鳴門教育大学大学院学校教育研究科教科・領域教育専攻言語系コース（国語）に学ぶ。

平成14年（2002）　3月、大学院を修了後、藍住町立藍住中学校に勤務、現在にいたる。

国語教育個体史研究の考察

平成17年8月1日　発　行

著　者　小 西　寿 津 実

発行所　株式会社　溪水社
広島市中区小町1－4（〒730-0041）
電　話（082）246-7909
ＦＡＸ（082）246-7876
E-mail: info@keisui.co.jp

ISBN4-87440-854-0 C3081